Kunstsammlungen der Veste Coburg

Kataloge der Kunstsammlungen der Veste Coburg

Herausgegeben von Joachim Kruse

Luthers Leben
in Illustrationen
des 18. und 19. Jahrhunderts

23. April bis 5. Oktober 1980

Kunstsammlungen der Veste Coburg
Coburger Landesstiftung

Katalog: Dr. Joachim Kruse, Dr. Minni Maedebach
Fotografien: Klaus Leibing

ISBN 3-87472-052-7

Lithos: Coburger Klischee und Litho Anstalt GmbH
Gesamtherstellung: DRUCKHAUS Neue PRESSE
Coburg

Vorwort

Die Ausstellung „Luthers Leben in Illustrationen des 18. und 19. Jahrhunderts“ findet aus Anlaß der 450. Wiederkehr des Aufenthaltes Martin Luthers auf der Veste Coburg statt. Sie ist die vierte in einem Katalog dokumentierte Ausstellung, die zu Ehren Martin Luthers in den Kunstsammlungen der Veste Coburg veranstaltet wird. Die erste „Luther-Gedächtnisausstellung auf der Veste Coburg 1917“ in der „Herzoglichen Kunst- und Altertümer-Sammlung“ hatte in mehreren Abteilungen Gegenstände der Sammlung selbst und der damals noch auf der Veste sich befindenden „Lutherbibliothek“ sowie der „Coburger Hof- und Staatsbibliothek“ zusammengetragen.[1)] Die zweite, von Dr. Ludwig Kaemmerer bearbeitete „Luther-Gedächtnis-Ausstellung auf der Veste Coburg“ wurde 1930 wie die unsrige vom 23. April bis 5. Oktober gezeigt. Sie verstand sich als Ergänzung der gleichzeitig in Augsburg stattfindenden großen Reformationsschau. Der Inhalt der Ausstellung war systematisch geordnet und bezog in dem Anhang „Luther in der Coburger Kunst“ Arbeiten des 19. Jahrhunderts in den Zusammenhang des Ganzen mit ein: Gustav König (1808–1869) und Gustav v. Dornis (1812–1881). Die Ausstellung war durch Leihgaben der Stadtbibliothek Nürnberg, der Ratsschulbibliothek Zwickau und des Schloßmuseums Weimar ergänzt.[2)] 1967 fand eine „Martin-Luther-Ausstellung“ „zur Erinnerung an die 95 Thesen Martin Luthers vom Jahre 1517“ statt, deren illustrierter Katalog von Dr. Heino Maedebach, Dr. Minni Gebhardt (-Maedebach) und Dr. Lissi Bauer bearbeitet worden ist. Im Vorwort des Katalogs wird darüber berichtet, was alles seit der 1. Hälfte des 19. Jahrhunderts wegen der besonderen Verbindung Coburgs mit Luther auf der Veste in baulicher und anderer Hinsicht veranstaltet wurde. Die Ausstellung von 1967 bestand im wesentlichen aus Werken der Kunstsammlungen selbst, war aber durch Leihgaben der Landesbibliothek Coburg, des Germanischen Nationalmuseums, Nürnberg, des ev.-luth. Pfarramts St. Moriz, Coburg, der ev.-luth. Pfarrkirche Nürnberg-Mögelsdorf, der Stiftung der Herzog von Sachsen-Coburg und Gotha'schen Familie, Coburg, und des Bayerischen Staatsarchivs, Coburg, vermehrt worden.[3)]

Unsere vierte Lutherausstellung unterscheidet sich dadurch von den vorangegangenen, daß sie sich inhaltlich auf Illustrationen zum Leben Luthers beschränkt, zeitlich auf Darstellungen von etwa 1700 bis 1850. Diese zunächst willkürlich erscheinende zeitliche Abgrenzung erweist sich, bezogen auf das Thema „Lutherlebenillustrationen“, als sinnvoll, wie in der Einführung dargelegt wird.

Das Thema „Luther in Coburg“ stellt ein wichtiges Kapitel in der Biographie des Reformators dar. Der Grund seines Zurückbleibens in Coburg Ende April 1530, nachdem sein Landesherr, Kurfürst Johann der Beständige, und seine Freunde Melanchthon, Jonas, Spalatin und Agricola mit vielen anderen Begleitern weitergezogen waren zum Augsburger Reichstag, seine leidenschaftliche Anteilnahme an den fernen Vorgängen, seine unermüdliche Arbeit als Schriftsteller und Übersetzer, der betende Luther – hierüber wird in jeder Lebensbeschreibung Martin Luthers von neuem berichtet. 1730 erschien in Coburg ein erstes „Diarium Oder Tag-Register“ des Aufenthalts Luthers auf der Veste Coburg.[4)] Im 19. und 20. Jahrhundert wurden weitere Publikationen und Aufsätze herausgebracht, die sich alle speziell mit dem „Coburger Luther“ beschäftigt haben.[5)] Coburg und die Reformation sowie die Jubelfeste zur Reformation in Coburg sind Gegenstände lokaler und überörtlicher Forschung zur Reformationsgeschichte in Deutschland gewesen.[6)] Über den Aufenthalt Luthers in Coburg sind Bühnenstücke geschrieben worden.[7)]

Von alledem ist in diesem Katalog nicht die Rede. Er nimmt sich eines Themas an, das lange verachtet worden ist: der *nicht-authentischen* Lutherillustration. In entschiedener und, wie es schien, endgültiger Reaktion auf die Historienmalerei des 19. Jahrhunderts, deren Produkte so überreich in Fibeln und Religionsbüchern in Erscheinung getreten waren und die Bildvorstellungen ganzer Generationen geprägt hatten, von diesen Surrogaten historischer Bildüberlieferung hatte das 20. Jahrhundert den Tempel der Geschichte gründlich gereinigt. Die Geschichte zu illustrieren waren nur noch authentische Bilddokumente zugelassen. Das jedenfalls war die Regel. Dieser Purismus hatte einen Nachteil. Viele dieser authentischen Bilddokumente illustrieren, d. h. erleuchten den Text keineswegs unmittelbar. Sie tragen nicht ohne weiteres zum größeren Verständnis des Geschriebenen bei, weil sie selbst als Dokument der Vergangenheit einer inhaltlichen und formalen Erläuterung bedürfen: sie teilen sich nicht ohne Interpretation mit, sondern hinterlassen ohne sie vielfach nur ein vages Gefühl. Gute Historienmalerei hatte dagegen bei einem voraussetzbaren allgemeinen Vorwissen den Vorteil, dem Zeitgenossen des 19. Jahrhunderts im Bilde Geschichte bereits interpretiert darzubieten. Die Historienmalerei konnte und kann z. T. heute noch damit rechnen, in Gestik, Mimik, Komposition richtig verstanden zu werden. Sie machte die Texte verständlicher, sie blieb bis zu einem gewissen Grade verständlich auch ohne Text. Man konnte sich in ein Historienbild hineindenken und sich mit ihm identifizieren.

Unsere Ausstellung wird jedoch nicht dieser Auffassung wegen veranstaltet. Das Thema ist einem Zufall zu verdanken: dem Ankauf

einiger Lutherillustrationen des 19. Jahrhunderts und der Schwierigkeit, sie einzuordnen. Außerdem einem weiteren „Zufall": es stellte sich heraus, daß das Kupferstichkabinett der Kunstsammlungen relativ viele Lutherillustrationen des 18. und 19. Jahrhunderts besitzt. So lag es nahe, den eigenen Bestand an Lutherillustrationen zu sichten, zu bearbeiten und der Öffentlichkeit vorzustellen.[8)]
Bei der Durcharbeitung dieses Bestandes wuchs das Bedürfnis, nach Vergleichsbeispielen auszuschauen. Einiges konnte gefunden werden, auf anderes wurden wir hingewiesen. So entwickelte sich allmählich dieser Katalog. Er verzeichnet den Bestand an Lutherillustrationen des 18. und der 1. Hälfte des 19. Jahrhunderts der Kunstsammlungen der Veste Coburg und ergänzt diesen Bestand mit Stücken aus dem Germanischen Nationalmuseum, Nürnberg, mit Leihgaben aus der Königlichen Bibliothek in Windsor Castle, aber auch mit Illustrationen, die sich gar nicht in der Ausstellung befinden, seien es Einzelblätter oder Buchillustrationen. Dieses Zusammentragen von Lutherlebenillustrationen des genannten Zeitraums konnte nicht systematisch erfolgen. Der Katalog ist daher nur ein *Beitrag* zum Thema, und er wird alle Nachteile der ersten Bearbeitung eines neuen Stoffgebietes enthalten. So konnten zum Beispiel nicht alle aus der Literatur übernommenen Angaben überprüft werden. Auch ging es weniger um die Akzentuierung des Stoffs als um das Sammeln und Kennenlernen des Neuen selbst. Der Stoff ist seiner Art nach „interdisziplinär". Er gehört z. T. in die Fächer Kulturgeschichte, Volkskunde und Theologie. Das Lutherjahr 1983 wird vielleicht den einen oder anderen dazu verlocken, den vorliegenden Katalog als Ausgangspunkt für weitere Forschungen zu nehmen.
Unsere Ausstellung ist mit wichtigen Leihgaben ergänzt worden. Herrn Dr. Jürgen Erdmann, Direktor der Landesbibliothek Coburg, danke ich nicht nur für die Hergabe erbetener Leihgaben, sondern auch für Hinweise und Anregungen, die den Plan der Ausstellung gefördert haben. Herr Dr. Helmut Richter, Leiter des Stadtarchivs und Stadtmuseums Erlangen, hat mir freundlicherweise gestattet, den dort deponierten Gustav-König-Nachlaß durchzusehen und Leihgaben daraus mit nach Coburg zu nehmen. In diesen Dank ist derjenige an Frau Ursula Sykora, Löffingen, mit eingeschlossen. Frühe und entwicklungsgeschichtlich interessante Lutherlebenillustrationen stellte uns das Germanische Nationalmuseum, Nürnberg, leihweise zur Verfügung. Frau Dr. Monika Heffels und Herrn Dr. Axel Janeck möchte ich für ihr kollegiales Entgegenkommen vielmals danken; Herrn Dr. Janeck darüber hinaus für die Freundlichkeit, daß er mir bisher unveröffentlichtes Material über Gustav König zur Auswertung überlassen hat. Der Royal Library, Windsor Castle, spreche ich meinen Dank für die Leihgabe von Zeichnungen Gustav Königs aus dem Besitz I. M. der Königin von England aus, insbesondere Sir R. Mackworth-Young und Mrs. Jane Roberts. Die Zeichnungen Königs waren seit ihrem Verkauf an Queen Victoria 1870 nicht in Deutschland ausgestellt.
Für Auskünfte und Hinweise haben wir zu danken: Herrn Professor Dr. Fedja Anzelewski, Staatliche Museen Preußischer Kulturbesitz, Kupferstichkabinett, Berlin; Herrn Studiendirektor Dr. Harald Bachmann, Coburg; Herrn Professor Dr. Wolfgang Brückner, Institut für deutsche Philologie der Universität Würzburg; Herrn Dr. Peter Krieger, Staatliche Museen Preußischer Kulturbesitz, Nationalgalerie, Berlin; Herrn Direktor Dr. Dieter Kuhrmann, Staatliche Graphische Sammlung, München; Herrn Professor Dr. Volker Neuhaus, Köln; Frau Dr. Christa Pieske, Lübeck; Frau Dr. Ursula Perucchi, Kunsthaus Zürich; Herrn Dr. Gottfried Riemann, Staatliche Museen zu Berlin, Kupferstichkabinett und Sammlung der Zeichnungen; Frau Bibliotheksdirektorin Dr. Elisabeth Rücker, Germanisches Nationalmuseum, Nürnberg, Bibliothek; Herrn Dr. Martin Scharfe, Ludwig-Uhland-Institut der Universität Tübingen; Herrn Museumsdirektor Helmut Scherf, Thüringer Museum, Eisenach; Herrn Professor Dr. J. A. Schmoll gen. Eisenwerth, München; Herrn Dr. Svetozar Sprusansky, Landeskirchliches Archiv, Nürnberg; Frau Direktorin Elfriede Starke, Lutherhalle Wittenberg; Herrn Direktor Heinz Wiegand und Herrn Dr. Helmut Steiner, Museen der Stadt Gotha; Herrn Professor Dr. Gerhard Winkler und Herrn Karl-Heinz Mehnert, Museum der bildenden Künste, Leipzig; Herrn Dr. R. Arnim Winkler, München; dem Stadtarchiv Stuttgart sowie dem Wittelsbacher Ausgleichsfond, München.
Das evang.-luth. Dekanat, Coburg, hat den Plan an die Kunstsammlungen herangetragen, 1980 eine Ausstellung zum Andenken an Luthers Aufenthalt in Coburg zu veranstalten. Herrn Dekan Erwin Haberer und Herrn Pfarrer Klaus Zimmermann möchte ich herzlich für ihr förderndes Interesse an der Sache danken. Für Überprüfungen lateinischer Übersetzungen habe ich Herrn Oberstudiendirektor Erich Böhm, Coburg, Herrn Gymnasialprofessor Dr. Friedrich Klose, Coburg, und Herrn Pfarrer Klaus Zimmermann, Coburg, zu danken!
Ich möchte allen Mitarbeitern der Kunstsammlungen für ihre gewissenhafte Arbeit bei der Vorbereitung der Ausstellung und den Vorarbeiten zum Katalog danken! Frau Dr. Minni Maedebach hat die Umrißstichfolge „Dr. Martin Luther's Verherrlichung auf zwölf Blättern" von Johann Erdmann Hummel bearbeitet (Kat.-Nr. 18). Vorarbeiten leistete Herr Dr. Günter Irmscher für die Baron v. Löwensternsche Lutherfolge (Kat.-Nr. 34). Leopold Viktor Freiherr von Parnegg als Restaurator, Herr Harry Herr als Oberamtsmeister des Kupferstichkabinetts und Herr Johann Karl Hentsch sowie Herr Klaus Leibing als Fotomeister und Herr Heinz Stüpfert haben die Hauptlast der praktischen Arbeit getragen. Herr Rudolf Schäfer und Herr Dipl.-Kfm. Joachim Zimmerlein förderten die

Vorbereitungen durch wichtige Zuarbeiten. Frau Ruth Asmalsky und Frau Marianne Bauer danke ich für die Erledigung der umfangreichen Schreibarbeiten. Für das Lesen von Korrekturen danke ich außer Frau Dr. Maedebach und Herrn Dipl.-Kfm. Zimmerlein meiner Frau, Karin Kruse, sowie Herrn Dr. Friedrich Schilling, Coburg.

Der Coburger Landesstiftung gebührt mein Dank in besonderem Maße: Herrn Oberbürgermeister Karl Heinz Höhn, Vorsitzender der Stiftung, Herrn Regierungspräsident Wolfgang Winkler, stellvertretender Vorsitzender, Herrn Studiendirektor Dr. Harald Bachmann, Coburg, Herrn Präsident Hanns-Jürgen Freiherr von Crailsheim, Bayerische Verwaltung der staatlichen Schlösser, Gärten und Seen, München, und Herrn Landrat Helmut Knauer, Coburg. Wie stets gilt mein Dank auch dem Dienststellenleiter der Hauptverwaltung der Coburger Landesstiftung, Herrn Regierungsamtsrat Konrad Fastnacht!

Bedanken möchte ich mich bei dem Druckhaus Neue PRESSE Coburg und Herrn Roland Schorr, der uns wieder mit Umsicht geholfen hat.

Der hier vorliegende Katalog ist zwar im Zusammenhang mit unserer zeitlich begrenzten Ausstellung entstanden, stellt aber darüber hinaus einen Beitrag zur Lutherforschung und zur Geschichte der Illustration im 18. und 19. Jahrhundert dar.

Coburg, 9. Juli 1980 Joachim Kruse

Anmerkungen

1) I. Oelgemälde: A. Bildnisse, B. Geschichtsbild. II. Kupferstiche, Radierungen und Holzschnitte: A. Bildnisse, B. Geschichtsbilder und satirische Darstellungen. III. Handzeichnungen. IV. Selbstschriften. V. Druckwerke. VI. Luther-Reliquie. VII. Münzen und Medaillen (Gedächtnisprägungen). VIII. Das sogenannte „Flacianer-Geschützrohr".

2) Übersicht über die ausgestellten Gegenstände: I. Schriften Luthers in Drucken des XVI. Jahrhunderts bis zum Jahr 1530. II. Flugblätter und Kampfbilder der Reformationszeit. III. Der Reichstag zu Augsburg 1530. IV. Luther in Coburg. V. Luther in der Coburger Kunst.

3) Die Ausstellung gliederte sich in folgende Abteilungen: Martin Luther im Bildnis, Luther und die Einführung der Reformation, Luther auf der Veste Coburg, Der Reichstag zu Augsburg, Schrift und Druck der Reformation, Flugblätter der Reformation, Gedächtnis und Allegorie der Reformation, Graphik der Reformationszeit, Lutherkapelle auf der Veste Coburg, Das Lutherzimmer der Spätromantik auf der Veste Coburg, Verschiedenes.

4) Diarium Oder Tag-Register, Dessen, was sich Zeit des Auffenthalts Des sel. Herrn D. Martini Lutheri Auf der Veste Coburg, Vom April bis in den October 1530. So wohl mit diesem Manne Gottes selbst, als andern Protestanten zugetragen, Aus beglaubigten Nachrichten in Ordnung gebracht, Von Georg Friedrich Bernharden, von Weitramsdorff im Fürstenthum Sachsen-Coburg, Stud. Publ. Gymn. Cob. Im andern Jubel-Jahr der Augsp. Confession. Coburg (1730).

5) Ernst Pfeilschmidt, Luther in Coburg, Dresden 1853. — C. Bellermann, Luther auf der Coburg, oder was sich im Jahre 1530 auf der Veste Coburg zugetragen. Fragment einer deutschen Reimchronik, zum ersten Male ans Licht gestellt und den im Jahre 1853 zu Coburg versammelten werthen Genossen des evangelischen Gustav-Adolf-Vereins gewidmet, Berlin 1853. — Zitzlaff, Luther auf der Koburg, Wittenberg 1882. — Johannes Luther, Die Beziehungen Dr. Martin Luthers zur Wartburg und Koburg, Berlin 1900. — Dr. Berbig, Luther in Coburg, in: Luther Kalender 1911, H. Haessel-Verlag, Leipzig — Wolfgang Schanze, Luther auf der Veste Coburg, Coburg 1927. — Hermann Bechmann, Der Coburger Luther 1530, Coburg (1930). Heimatglocken, Evangelisches Gemeindeblatt für das Coburger Land, 17. Jg., 1930: Coburger Lutherkalendarium 1530 (Nr. 15, 13. 4. 1930, S. 113 — Nr. 40, 5. 10. 1930). Hierin weitere Aufsätze, Gedichte, Romanauszüge zum Thema „Luther auf der Veste Coburg". — Hans v. Schubert, Luther auf der Coburg, in: Lutherjahrbuch 1930, S. 109-161. — Coburger Heimatblätter, Heft 11, April 1930: „Zum vierhundertjährigen Gedächtnis des Aufenthalts Luthers auf der Veste Coburg", mehrere Aufsätze enthaltend, u. a. über den „Luther-König" (vgl. Kat.-Nr. 62) von Ludwig Kaemmerer. — Hermann Schleder, Luthers Beziehungen zu Coburg, in: Coburger Heimat, 2. Jg., Nr. 2, 29. 10. 1932 u. Nr. 3, 12. 11. 1932. — Hermann Schleder, Der kurfürstliche Hof und Luther in Coburg, in: Coburger Heimat, 2. Jg., Nr. 22, 30. 10. 1933, Nr. 23, 11. 11. 1933, u. Nr. 24, 29. 11. 1933. — Leopold Oelenheinz. Geschichte der echten Lutherstuben auf der Veste Coburg, (1934?). — Joachim Behrens, Der Coburger Luther, Worte und Werke, Predigten und Schriften. Neubearbeitung: Herbert Appeltshauser, Coburg 1974. — Walther von Loewenich, Der „Coburger Luther", in: Ausstellungskatalog „Martin Luther Ausstellung", Kunstsammlungen der Veste Coburg 1967, S. 6—12. — Wolfgang Schanze, Luther auf der Veste Coburg, 1980 (Neuauflage einer älteren Ausgabe). — Walter Schneier, Luther in Coburg, in: Neue Presse, Coburg, 6 Folgen, März/April 1980. — Vgl. ferner: Friedrich Wilhelm Hopf (Hg.), Martin Luther, Briefe von der Veste Coburg, München 1967 (gekürzte Neuauflage des Bandes „Des Glaubens Trost und Trutz", der in den Jahren 1930, 1936 und 1938 in drei Auflagen erschienen ist). — Julius Seebass, Luther als Seelsorger in seinen Koburger Predigten, Schriften und Briefen, Gütersloh o. J. (Hefte der Sydower Bruderschaft. H. 4). — William Ernst Nagel, Luthers Anteil an der Confessio Augustana. Eine historische Untersuchung, Gütersloh 1930. — Zur Coburger Lutherbibliothek vgl.: Oskar Lenz, Die Gründung der Lutherbibliothek auf der Veste, in: Aus der Heimat, Wochenbeilage zu den „Heimatglocken", Jg. 1931, Nr. 25/26. — Franz Georg Kaltwasser, Die zeitgenössischen Luther-Drucke der Landesbibliothek Coburg. Katalog der Landesbibliothek Coburg IV, Coburg 1961. — Vgl. das Gedicht „Die Festung Koburg" von Ottfried, in: Coburgisches Taschenbuch für das Jahr 1821, S. 151.

6) Erdmann Rudolph Fischer, Des Coburgischen Zions Heilige Jubel-Freude, Oder Eine umständliche Erzehlung alles dessen, was bei der Coburgischen Kirche, Gymnasio und Schule zur feyerlichen Begehung Des andern Augspurgischen Confessions-Jubel-Festes 1730 vorgenommen . . . ., Coburg 1731. — Wilh. Aug. Friedr. Genßler, Die Feier der evangelischen Jubelfeste in dem Herzogthume S. Coburg, Coburg 1830. — Albert Greiner, Eingang und Einführung der Evangelischen Lehre im Coburger Land, Coburg 1917.

7) Wilhelm Arminius (d. i. Wilhelm Hermann Schultze), Luther auf der Coburg, Schauspiel in einem Aufzuge, Halle 1910. — Hans von Wolzogen, Luther auf der Coburg 1530. Mit Federzeichnungen von Franz Stassen, Berlin 1917. — Wilhelm Henzen, Veste Coburg, Volksbühnenspiel in drei Teilen, Coburg 1899. — Frdl. Mitteilung von Dr. Jürgen Erdmann, Coburg. Vgl. dessen Aufsatz: Die Wirkungsgeschichte Grabbes, Büchners, Hauptmanns und Wedekinds auf der Coburger Bühne. in: 150 Jahre Coburger Landestheater. Festschrift, Hg. v. Harald Bachmann und Jürgen Erdmann, Coburg 1977, S. 202.

8) Oskar Thulin hat sich in zwei Aufsätzen mit Darstellungen Luthers — vornehmlich als Porträt — in der Kunst beschäftigt: Das Lutherbild der Gegenwart, in: Lutherjahrbuch 1941, S. 123—148 (mit zahlr. Abbildungen). — Ders., Luther in den Darstellungen der Künste, in: Lutherjahrbuch 1965, S. 9—27. Dieser Aufsatz ist folgendermaßen untergliedert: A.) Luther in den bildenden Künsten. I.) Das zeitgenössische echte Lutherbildnis. I. 1.) Literarische Aussagen. I. 2.) Die Bilder. II.) Das Lutherbild als geistige Waffe. III.) Luthers Bekenntnis auf den monumentalen Cranachaltären der Reformation. IV.) Gedächtnisbild, Lutherverehrung im 17.—19. Jahrhundert. V.) Das Lutherbild der Gegenwart. VI.) Luther im Film. B.) Luther in Literatur und Dichtung: Schauspiel und dramatische Literatur, Romane und Novellen, Gedichte. C.) Luther in der Musik. — Die Lutherillustration in unserem Sinne wird von Thulin nicht erwähnt.

Einführung

Heinrich Bornkamm hat im Vorwort seines Buches „Luther im Spiegel der deutschen Geistesgeschichte" die Aufgabe, die er sich gestellt hat, als „Geschichte des *Lutherbildes*" umschrieben.[1] Eine große Zahl von Theologen und Historikern, Dichtern, Schriftstellern und Politikern hat sich im Laufe der Jahrhunderte mit Luther auseinandergesetzt. „So spiegelt das Lutherbild mit großer Schärfe die geschichtlichen Phasen des deutschen Geisteslebens."

Das Lutherbild im *wörtlichen*, nicht *übertragenen* Sinn ist jenem geistesgeschichtlichen Lutherbild sowohl unter- als auch überlegen. Es ist ihm *unterlegen* durch eine schlichte biologische Tatsache: das authentische Lutherbild der bildenden Kunst war an die leibliche Gegenwart Luthers gebunden; es ist für alle Zeiten von Lucas Cranach d. Ä. geschaffen worden. Das geistesgeschichtliche Lutherbild ging und geht aus von Luthers Wort, und zwar dem schriftlich fixierten, das von der ersten Stunde Luthers öffentlichen Wirkens an bis heute unmittelbar zugänglich war und ist. Dies ist ein Grund dafür, daß das geistesgeschichtliche Lutherbild dem kunstgeschichtlichen überlegen ist durch Viefalt der Ansichten und Höhe der Reflexion. Die Authentizität des geistesgeschichtlichen Lutherbildes von 1980 unterscheidet sich nicht wesentlich von dem von 1530, im Gegenteil: das gegenwärtige kann authentischer sein als das vergangene.

Das authentische Bildnis Luthers, wie es von Cranach und anderen gemalt wurde, ist — auf der anderen Seite — jedem metaphorischen Lutherbild *überlegen* durch seine unmittelbare Anschaulichkeit, seine mannigfaltige Deutbarkeit und seine Zeitlosigkeit, eine ständige Gegenwart. Wenn ich mir Luther vorstelle, sehe ich ein Porträt vor mir und nicht das „Lutherbild" Lessings, Herders oder Rankes. Es ist eine alte Streitfrage, worauf man eher verzichten könnte, die griechische Philosophie und Dichtkunst oder die griechische Plastik, den griechischen Tempel. Luther ist durch seine Taten und sein Werk geistig lebendig, anschaulich wird er im Bildnis.

Aber schon zu Lebzeiten Luthers kannten nicht alle Künstler, Formschneider und Kupferstecher, die ihn dargestellt haben, Luther von Angesicht. Sehr bald schon bildeten sich Bildformeln für das aus, was mehr und mehr für die Allgemeinheit „Luther" geworden ist. Cranach, der Luther in verschiedenen Stadien seines Alters gemalt hat, hat auch — allein schon durch die große Verbreitung seiner Lutherbildnisse — das standardisierte Porträt des Reformators geschaffen. Wir alle sind von diesem Standard so sehr geprägt, daß wir Abweichungen davon als Abweichungen von der Wahrheit empfinden.

Keine Zeit, die überhaupt Interesse am Bildnis hatte, verzichtete darauf, einen Menschen bildnerisch darzustellen, auch wenn er gestorben war. Gerade der Tod, der Tod im Leben ist einer der Väter des Porträts. „Mitten wir im Leben sind mit dem Tod umfangen." Nicht in jeder Zeit aber war das Bedürfnis nach dem Bildnis gleich groß, und nicht immer war der Personenkreis, der die Auszeichnung erfuhr, im Porträt fortzuleben, beliebig. Einschränkungen dieser Art vermehren sich, wenn man das Porträt des Einzelnen ausweitet auf das mehrfigurige geschichtliche Ereignisbild oder das Historienbild. Bezogen auf Luther heißt das: es gab das Einzelbildnis Luthers, bevor Luther innerhalb eines geschichtlichen Geschehens dargestellt worden ist. Luther, begriffen als Individualität in seinen jeweiligen Befindlichkeiten, aktiv oder passiv teilnehmend am Geschehen seiner Zeit, umgeben von seinen Zeitgenossen, ist Bildthema im wesentlichen erst nach seinem Tode geworden. Alle diese Darstellungen stehen nicht unmittelbar, sondern nur mittelbar „zu Luther", was sie grundsätzlich von ernstzunehmenden postumen Lutherbildern der Geistesgeschichte unterscheidet, die gestern wie heute die unmittelbare Begegnung mit Luther geradezu voraussetzen.

Dies bedeutet nicht, daß das Lutherbild der Kunstgeschichte grundsätzlich als zweitrangig gegenüber jenem der Geistesgeschichte angesehen werden müßte. Es ist jedoch bemerkenswert, daß bildliche Darstellungen des in Geschehensabläufe hineingestellten Luther die Tendenz besitzen, Bilderfibeln für das Volk zu werden. Tatsache ist, daß sich keiner der ganz Großen im Reich der bildenden Kunst mit dem Thema beschäftigt hat, wie Luther zu seinen Lebzeiten auch „nur" von Cranach, nicht von Dürer gezeichnet und gemalt worden ist. Wenn Gustav König 1843 einige seiner schon vorliegenden Lutherlebenbilder an Leopold von Ranke schickte, war er sich des Abstandes bewußt, den seine Bilder von Rankes in denselben Jahren entstehender deutscher Geschichte im Zeitalter der Reformation trennte. Und doch: mit *einem* Blick schon kann ein kleines Bildchen Königs dauernder, innerer Besitz des Betrachters werden, möglicherweise bestimmender für ihn, als die ausgiebige Lektüre einer Reformationsgeschichte, Lutherbiographie oder Theologie des Luthertums. Trotzdem dürfte Geschichte (weniger oder gar nicht die Glaubenslehre) für das Bild bedingender sein als das Bild für die Geschichte.

Unser Katalog beschränkt sich auf die Aufzählung von Illustrationen zu Luthers Leben, die in den 150 Jahren von etwa 1700 bis 1850 entstanden sind, lange nach Luthers Tod. Die zeitliche Abgrenzung ist insofern sinnvoll, als um 1700 die ersten heute bekannten Lutherillustrationen auftauchen — wenn man von einigen unten näher beschriebenen Ansätzen des 16. Jahrhunderts absieht —, und

in der Mitte des 19. Jahrhunderts erneut eine entscheidende Wendung in der Entwicklung des Lutherbildes zu bemerken ist.
Darstellungen von Luthers Leben sind nur dann in den Katalog aufgenommen worden, wenn in ihnen in Form eines Geschehens die Tatsächlichkeit eines Stückes Lutherüberlieferung ausschließlich oder überwiegend wiedergegeben worden ist. Daher findet man im Katalog kein Bildnis Luthers im engeren Sinne, keine allegorischen Lutherbilder, wie sie uns vor allem in den Flugblättern des 16. Jahrhunderts und den Jubiläumsgraphiken des 17. und 18. Jahrhunderts begegnen, auch keine synoptischen Lehrtafeln etwa des Augsburgischen Glaubensbekenntnisses oder der geistlichen Inhalte der evangelischen Kirche (eine Art Bild-Katechismus), wie sie seit dem endenden 16. Jahrhundert entstanden, schließlich auch nicht Kaulbachs „Zeitalter der Reformation" (1862-64). Die bildliche Lutherüberlieferung kann historisch wahr, sie kann aber auch Legende, ja tendenziöse Verfälschung sein. Einen Grenzfall bilden Illustrationen von poetischen Bearbeitungen des Lebens Luthers, etwa Zacharias Werners Luthertragödie (Kat.-Nr. 19), die spätere Parallelen hat.
Gustav Königs Lutherillustrationen könnte man als Historienbilder im kleinen begreifen. Die inhaltliche Definition des „Historienbildes" und der „Illustration" und ihre Abgrenzung voneinander ist von Peter Brieger versucht worden.[2] Als Historienbild bezeichnete er ein abgeschlossenes Kunstwerk, das allein durch die Anschauung verständlich werden müsse; die Illustration dagegen bezöge sich auf einen zugehörigen Text und sei ohne ihn nicht verständlich. Diese Definition ist jedoch nicht befriedigend: jedes Historienbild setzt zum Verständnis Kenntnis voraus, und sei sie noch so gering; ein allein durch die Anschauung verständliches Historienbild gibt es nicht. Viele Illustrationen wurden mit der Zeit zu Sammelobjekten, manche werden als gerahmtes Bild an die Wand gehängt worden sein, was bestätigt, daß sie als selbständige Bilder angesehen worden sind. Und tatsächlich haben viele Historienmaler Historienbilder *und* Illustrationen geschaffen, deren Kompositionen sich oft kaum voneinander unterscheiden (z. B. Schnorr v. Carolsfeld). Gustav König, der überwiegend Illustrationen hervorgebracht hat, nannte sich Historienmaler.

Melchior Lorck (1526/27 — 1583 oder später), Martin Luther am Tischpult, 1548. Kupferstich, 25,6 x 17,2 cm. Inv.-Nr. I, 232, 118

Im 16. Jahrhundert sind erste Ansätze für Lutherillustrationen vorhanden. Zwei Jahre nach dem Tod Martin Luthers (1483-1546) hat Melchior Lorck eine Darstellung Luthers gestochen, die über ein reines Porträt hinausgeht: Luther sitzt hinter einem mit Büchern, Briefen, einem Tischpult vollgepackten Tisch und hält, aufblickend, gerade im Schreiben inne (entstanden 1548).[3] Das Blatt, das nicht ohne Kenntnis von Dürers Kupferstich des Erasmus von Rotterdam (1526) entstanden sein dürfte und in der Tradition des Gelehrtenbildes steht, suggeriert dem Betrachter die Teilhabe an einem alltäglichen Vorgang in Luthers Leben, ohne daß Lorck die Illusion des Geschehens, die Psychologie des Augenblicks hätte ausspielen wollen und können. Eine sich im Germanischen Nationalmuseum, Nürnberg, befindliche freie Kopie des Lorckschen Stiches aus der Zeit um 1600 stellt dem alten (Lorckschen) Luther den jugendlichen

Unbekannter Stecher, Martin Luther als Mönch und als Professor, um 1600. Radierung, 17,9 x 26,2 cm. Germanisches Nationalmuseum, Nürnberg, Inv.-Nr. H. B. 79

Augustinermönch (Cranachscher Prägung) gegenüber und bringt damit das Moment der Zeit in die Statik der Komposition hinein.[4] Von diesen Darstellungen, die man unter unserem Gesichtspunkt mit Vorbehalten schon mit einem Situationsbild vergleichen kann, sind zu trennen Identifikationen Luthers mit Dürers Hieronymus im Gehäus[5] (eine auch auf andere Personen übertragbare Identifikationsmöglichkeit[6]) und die Darstellung Luthers als Evangelist Matthäus bei der Bibelübersetzung[7], weil die zum Inhalt der Bilder wesentlich dazugehörenden Anspielungen in beiden Fällen die Möglichkeit ausschließen, die Darstellungen als Wiedergabe wirklich gelebten Lebens zu deuten. Von den monumentalen Ganzporträts Lucas Cranachs d. J. führte anscheinend erst 1730 der Weg zu Interieurs, die die Bedeutung von Luthers Arbeitszimmer haben sollen, der Lorckschen Formulierung vergleichbar, doch wesentlich entwickelter.[8] Dieser Bildtypus wurde dann ins 19. Jahrhundert weitergetragen (Kat.-Nrn. 34.1., 36.1. u. w.). Auch der am Schreibtisch arbeitende Luther wird erneut im 18. Jahrhundert dargestellt (Kat.-Nr. 6).

Eine weitere Form des 16. Jahrhunderts, Luther in Geschehenszusammenhänge einzubinden, liegt dann vor, wenn man ihn (und andere Reformatoren) in thematisch bekannte, bereits „vorhandene" Bildkompositionen aufnimmt, die mit dem historischen Luther allerdings gar keine Verbindung haben, wie es in Gemälden Lucas Cranachs d. J. der Fall ist: bei der „Taufe Christi" von 1556[9]; bei dem Epitaph für Kurfürst Johann Friedrich d. Großmütigen von Sachsen mit der „Kreuzigung Christi",[10] 1555; bei der „Auferweckung des Lazarus", dem im letzten Weltkrieg verschollenen Epitaph des Bürgermeisters von Nordhausen, Michael Meyenburg, von 1558[11] und bei dem „Abendmahl" von 1565, einem Epitaph für den Fürsten Joachim von Anhalt in der Dorfkirche zu Dessau-Mildensee.[12] Bildet man die Porträts Luthers und der übrigen dargestellten historischen Persönlichkeiten isoliert vom Bildthema, als Ausschnitt, ab, wie es in Lutherbüchern häufig geschieht, wird der Eindruck etwa einer Zusammenkunft der Reformatoren – zu welchem Zweck auch immer – erzeugt, also wiederum eine gewisse Suggestion historischen Geschehens. Die Aufreihung von Reformatorenporträts, auch solcher, die nicht gleichzeitig gelebt haben, läuft einerseits über Zwischenstufen[13] hin zu einst verbreiteten Trivialdarstellungen des 19. Jahrhunderts („Die Männer der Reformation"), andererseits zum Bildthema „Bibelübersetzung" und damit tatsächlich zu einem historischen Thema.[14]

Werden Luther und seinen Freunden in diesen Fällen inhaltlich festgelegte Rollen zugewiesen, die sie in ihrem Leben nie gespielt haben, ja die sie gar nicht haben spielen können, üben sie in anderen Darstellungen des 16. Jahrhunderts Tätigkeiten aus, die zu ihrem Beruf gehörten, ohne daß damit aus den Bildern Ereignis- oder Historienbilder werden würden. Es gibt einige Darstellungen des predigenden[15] und des das Abendmahl austeilenden[16] Luther: alle diese Darstellungen wollen jedoch nicht schlicht einen von Luther oft wiederholten gottesdienstlichen Vorgang schildern, schon gar nicht einen historisch festlegbaren! Sie haben übergeordnete Zwecke didaktischen oder bezeugenden Charakters. Die Predigtszenen Luthers waren für den Zeitgenossen des 16. Jahrhunderts allein schon dadurch in ihrer spezifischen Bedeutungsmöglichkeit relativiert, daß das Bild des Predigers zu einem bekannten feststehenden Bildtypus gehörte.[17]

Einen wiederum anderen Realitätsbezug haben zwei Holzschnitte, die Luther im Kreise der Reformatoren sitzend zeigen. Einer dieser Holzschnitte ist in einer Ausgabe der „Tischreden Oder Colloquia Doctor Martin Luthers", die seit den 60er Jahren des 16. Jahrhunderts erschienen sind, enthalten, er ist von der Funktion her also eine Illustration.[18] Mag sein, daß die Reformatoren tatsächlich so zusammengesessen haben. Es ist aber zu offensichtlich, daß das Wort „Tischreden" diese Szene am *Tisch* hervorgerufen hat, als daß man dem Bild einen direkten dokumentarischen Wert beimessen könnte. Zudem steht seiner inhaltlichen Aussage die formale Verwandtschaft mit Abendmahlsdarstellungen im Wege. Den Männern gegenüber befindet sich eine Gruppe von Knaben. Alle verharren im Gebet, als feierten sie das Abendmahl. Lutherszenen in die Nähe von Heiligen- oder Christuslebenthemen zu bringen, wurde auch noch im 19. Jahrhundert beabsichtigt.[19] In einem wohl

Cranach-Schule, Allegorie auf die Reformation, um 1550. Luther und Hus teilen das Abendmahl in beiderlei Gestalt aus. Links Luther und Kurfürst Johann der Beständige von Sachsen, rechts Hus und Kurfürst Friedrich der Weise

erst gegen Ende des 16. Jahrhunderts entstandenen Holzschnitt des Tischgesprächsthemas wird das Bedürfnis spürbar, die illustrative Komponente der Komposition zu verstärken.[20]
Hier lassen sich zwei von ihren Bildelementen her vergleichbare „Lutherillustrationen" von 1523 und 1524 anschließen, die einerseits wie die vorhergehenden in formal bestimmenden Bildtraditionen stehen, andererseits illustrativ werden und damit auf noch anzuführende Darstellungen Luthers hinführen. Johannes Ficker hat eine Lutherillustration von 1523 veröffentlicht, die zum Bildtypus des studierenden Mönchs in einer Zelle gehört (Schreibpult, Bücherbord, schreibender Mönch). Der Mönch ist durch eine Überschrift als Luther ausgewiesen, über ihm die Taube des heiligen Geistes. Ein Bote ist hereingetreten, der ihm mit der Linken „einen gesiegelten Brief reicht: den Sendbrief der Böhmen."[21]

Eine formal ähnliche Illustration zeigt einen Boten der Hölle, der im Begriff steht, Luther den Fehdebrief des Teufels zu überreichen (1524).[22] Bei keinem dieser und der folgenden Illustrationen des 16. Jahrhunderts wird Wert darauf gelegt, Luther porträtähnlich wiederzugeben. Das ist auch dort nicht der Fall, wo historische Begebenheiten aus Luthers Leben dargestellt worden sind. Luther wurde im 16. Jahrhundert physiognomisch nur dann als individuelle Persönlichkeit charakterisiert, wenn die Bilder gerade keine historische, sondern allegorische Bedeutung besitzen oder mit Luthers Leben nichts zu tun haben. Luthers Physiognomie war nur dann erforderlich, wenn er nicht durch eine bestimmte historische Szene ausgewiesen war.
Kommen wir nun zu einigen Lutherillustrationen des 16. Jahrhunderts, die sich am meisten *den* Vorstellungen nähern, die seit dem 18./19. Jahrhundert mit dieser Bildart verbunden worden sind. Sie seien in der Reihenfolge der Lebensgeschichte Luthers aufgeführt. In den „Historien Der Heyligen Außerwölten/Gottes Zeugen, Bekennern und Martyrern" von Ludwig R. Rabus (1524 Memmingen — 1592 Ulm), in Straßburg 1556-58 erschienen, sind eine Reihe schlichter Holzschnittillustrationen abgebildet, die mit dem Verhör Luthers durch den Kardinal Cajetan im Fuggerhaus zu Augsburg beginnen.[23] Mit formelhaften Ausdrucksmitteln werden ein Kardinal, Mönche, vornehme Herren, ein wohnliches Interieur mit brennendem Kamin (das Verhör fand Mitte Oktober statt) wiedergegeben, eindeutig auf den historischen Augsburger Vorgang bezogen und nur diesen meinend, und doch durch die Allgemeinheit künstlerischer Formulierung gewissermaßen übertragbar. Tatsäch-

Verhör Luthers durch den Kardinal Cajetan in Augsburg 1518. Aus: Ludwig R. Rabus, Historien Der Heyligen Auserwölten Gottes Zeugen . . . , 1556 — 58. Holzschnitt.

lich ist der Holzschnitt „mehrmals in dem Werk (von Rabus) für ähnliche Verhöre und Rechtfertigungen verwendet worden" (Josef Bellot). Wiedergegeben ist ferner die Leipziger Disputation zwischen Luther und Eck in Anwesenheit Herzog Georgs von Sachsen. Die beiden Doktoren sitzen sich links und rechts am unteren Bildrand gegenüber, im übrigen entspricht die symmetrische Komposition einer Bild-Formel der Zeit für Veranstaltungen dieser Art.[24] Es folgt die Verbrennung der päpstlichen Bulle durch Luther vor den Toren Wittenbergs; die teilnehmenden Personen scheinen, der Jahreszeit entsprechend (10. Dezember), winterlich gekleidet.[25] — Das Auftreten Luthers vor dem Reichstag in Worms 1521 (17./18. April) wurde noch im Jahr dieses welthistorischen Ereignisses bildlich dargestellt. In einer reicheren Komposition stehen sich Eck und Luther gegenüber, zwischen sich Luthers Schriften, hinter ihnen stehen Personen weltlichen und geistlichen Standes, im Hintergrund um den thronenden Kaiser Karl V. symmetrisch angeordnet sechs Kurfürsten.[26] In einer weniger aufwendigen, abstrakteren Komposition — ebenfalls von 1521 — stehen sich Luther als Einzelner und Karl V., gefolgt von geistlichen und weltlichen hohen Herren, auf einem Felde im Freien mit feindlich gespreizten Händen gegenüber.[27] Die Illustration desselben Vorgangs im 35 Jahre später erschienenen Buch von Rabus vermittelt wiederum sehr viel mehr Milieu: wie bei dem Augsburger Verhör liegt keine Zentralkomposition vor, sondern ein von links nach rechts bildparallel sich abwickelnder Vorgang, rechts thronend mit Szepter und Krone Kaiser Karl V., links, mit seinem Rechtsbeistand, Luther als Mönch. Hinzu kommen Kurfürsten und weitere Personen.[28] Die Darstellung der Verbrennung von Luthers Büchern im Beisein des Papstes und der Kardinäle (1524), ein Vorgang, der in Wirklichkeit so nie stattgefunden hat, gehört in den Bereich agitatorischer Fiktion im Streite der Parteien.[29] Ebenso ist die Verbrennungsszene in Anwesenheit eines Kardinals einzuordnen, ein Holzschnitt vom Titelblatt der Huttenschen Streitschrift gegen die Verbrennung von Luthers Büchern in Mainz.[30] Die Darstellung des miteinander sprechenden Ehepaares Luther und Katharina von Bora zählt nur noch am Rande zum Thema.[31]

Eine reportagehafte Berichterstattung über Luther, ausgerichtet auf die Wiedergabe der äußeren (und inneren) Vorgänge, wie sie „wirklich gewesen", hat es im 16. Jahrhundert nicht gegeben. Die Holzschnitte im Buch von Rabus kommen den erst viel später aufkommenden Wünschen an die Reproduktion historischer Ereignisse oder Zustände noch am weitesten entgegen. Lucas Cranach war Trauzeuge bei Luthers Hochzeit. Gezeichnet oder gemalt hat er die Hochzeit nicht! Die „Ware Contrafactur Herrn Martin Luthers / wie er zu Wurms auff dem Reichstag gewesen / und was er Gebettet habe" enthält nicht ein Zitat, daß sich auf Worms bezöge! Dargestellt ist vielmehr — in Anspielung auf den Johannes d. Ev. der Apocalypse — der kniende Luther in einer dramatischen Landschaft; der Himmel ist aufgerissen, Gottvater, Sohn und Heiliger Geist erscheinen.[32] Wenn in einem modernen Bilderbuch der Geschichte eine *exemplarische* Gerichtsszene des 16. Jahrhunderts als Reichstag von Worms abgebildet wird, steckt darin sogar ein Körnchen Berechtigung.[33]

Das 17. Jahrhundert feierte zwei hundertjährige Lutherjubiläen, 1617, ein halbes Jahr vor Ausbruch des Dreißigjährigen Krieges, und 1630. In beiden Jahren erschienen Gedenk- und Jubelblätter.[34] Doch erst aus dem Ende des Jahrhunderts liegt eine Radierung mit Illustrationen zum Leben Luthers vor. Sie ist die früheste Lutherlebenfolge, die mir bisher bekannt ist (Kat.-Nr. 1). Die Folge ist durchsetzt mit emblematischen und sinnbildlichen Anspielungen, etwa auf die legendäre Weissagung des böhmischen Reformators Jan Hus, und enthält neben einigen Hauptszenen aus Luthers Leben wie dem Verhör durch Cajetan, der Verbrennung der Bannbulle, Tod und Überführung Luthers, nebensächliche, ohne Erläuterung nicht eindeutig erklärbare Szenen, die zum Teil in einem lapidaren Volkston vorgetragen sind, wie das Blatt überhaupt stilgeschichtlich schwer einzuordnen ist. Ernst Gustav Vogel führt in seiner in Halle erschienenen „Bibliotheca Biographica Lutherana" von 1851 ein mir bisher unbekannt gebliebenes Buch an, das bestätigt, daß gegen Ende des 17. Jahrhunderts „Luther-Kupfer" (Illustrationen?) aufgekommen sind: „Lieblicher Rosengeruch des unbefleckten Wandels und immerwährenden Namens des weil. theuren Mannes Gottes Dr. M. Lutheri mit XVI. Kupfern und deren Erklärung nebst einigen Predigten und Reden von und über ihn. Hamburg 1695, 4°."

Im Jahr 1700 wurde ein katholisches Lutherbild herausgebracht (Kat.-Nr. 3), das 1730 Nachahmung fand (Kat.-Nr. 4), wirkungsvolle demagogische Flugblätter, die heute ihrer zwischen Naivität und Raffinesse schwankenden Direktheit wegen überkonfessionelles Vergnügen auslösen dürften. Fragt man nach dem Grund, warum ausgerechnet von katholischer Seite so früh in der (bisher überblickbaren) Geschichte der Lutherillustration Beispiele auftauchen, bietet sich als Erklärung ein Satz Heinrich Bornkamms an: „Ebenso geschlossen wie die Front des Luthertums war selbstverständlich zunächst (nämlich bis zur Aufklärung) die seiner katholischen Gegner. Nur richtete sie von vornherein neben allen theologischen und exegetischen Argumenten ihre Aufmerksamkeit weit mehr als die Lutheraner auf seine *Person*, um durch eine Kritik an dem Mann, bei der ein fester Bestand häßlicher Verleumdungen von Generation zu Generation mitgeschleppt wurde, sein Werk zu treffen."[35]

Auch noch das 18. Jahrhundert hat relativ wenig Lutherillustrationen hervorgebracht. Die im Zusammenhang mit dem Lutherjubiläum 1717 und 1730 entstandenen Arbeiten können als Gruppe zusammengefaßt werden.[36)] Sie unterscheiden sich ihrem Inhalt und Stil sowie ihrer Funktion nach von den wenigen, seit den 90er Jahren des 18. Jahrhunderts entstehenden Lutherillustrationen, die ihrerseits den Beginn einer mehr oder weniger kontinuierlich sich entwickelnden und ausbreitenden künstlerischen Beschäftigung mit Luthers Leben darstellen.
Die mir bekannten Lutherillustrationen des Jahres 1717 dürften insofern typisch sein, als darin spezifische personalgeschichtliche Interessen nicht erkennbar sind. In der wichtigsten Arbeit, einer großformatigen Radierung von Johann August Corvinus (1683–1738), wird noch im Sinne des 17. Jahrhunderts ein systematisches, objektives Gesamtbild der historischen Entwicklung seit der Reformation gezeichnet, in dem die völlig unspezifischen Lutherdarstellungen nur Bestandteile einer übergeordneten Einheit sind. Luther porträtähnlich darzustellen ist nicht als Problem bewußt (Kat.-Nr. 5). Die Radierung von Gustav Adolph Müller (1694 – 1767) versetzt Luther ins Milieu eines Arbeitszimmers des 17. Jahrhunderts, an dessen Rückwand die Porträts seiner Eltern und seiner Frau hängen: eine in Szene gesetzte Aneinanderreihung von Einzelporträts, noch keine eigentliche Illustration (Kat.-Nr. 6). Ein unbekannter Kupferstecher wohl etwas späterer Zeit beschränkte sich darauf, in ein Gruppenbild der Familie Luther die Lebendigkeit des Moments hineinzubringen, indem er einen der Söhne, der sich selbst vorstellt, gerade zur Tür eintreten läßt (Kat.-Nr. 7).
Die Zeit von 1717 bis 1730 wird, bezogen auf unser Thema, ausgefüllt mit „Illustrationen", in denen Luther in dieser oder jener Form dargestellt wird oder doch im übertragenen Sinn gegenwärtig ist. Es handelt sich um Kompositionen, die zur Erinnerung an den Westfälischen Frieden jährlich in Augsburg aus Anlaß von Kindergottesdiensten („Kinder-Friedens-Festen") angefertigt worden sind, „Friedens-Gemälde" genannt. Sie sind 1730 von Johann Michael Roth, Augsburg, in einem Kupferstichband herausgegeben worden (Kat.-Nr. 7a). Das erste Bild dieser Reihe ist 1651 datiert; mit Ausnahme des Jahres 1653 ist die Folge bis 1730 lückenlos. Es ist sehr aufschlußreich, daß das Leben Luthers bis 1718 nicht einmal andeutungsweise thematisiert wird. 1718 taucht im Hintergrund einer Darstellung aus der Apostelgeschichte (Paulus vor Agrippa und Festus) zum erstenmal eine Lutherszene auf: das Verhör Luthers durch Cajetan in Augsburg. Man nimmt Bezug auf eine historische Begebenheit aus Luthers Leben, die genau 200 Jahre zurückliegt und in Augsburg geschehen ist. Luther ist als Mönch, Cajetan als Kardinal charakterisiert – keiner jedoch physiognomisch. Beide Bilder, die Paulus- und die Lutherszene, sind aufeinander bezogen, eins ohne das andere unselbständig. Sie rechtfertigen sich gerade dadurch, daß sie nicht Eigenwert für sich beanspruchen, sondern wechselseitig Sinn abgeben. In einem die Bilder erläuternden Text wird von „Denck-Bildern" gesprochen im Sinne von Gedächtnisbildern, vielleicht aber auch schon verstanden in der direkten Wortbedeutung: Bilder, über die man nachdenken soll, Bilder als Denkübungen. Es wird hier das komplizierte Verhältnis des Protestantismus zur Sinnlichkeit des Kunstwerks greifbar. Das „Bild" *muß* sich durch ein „Gegenbild" legitimieren, will es sich vom „Götzen" unterscheiden (vgl. Kat.-Nr. 7a.7.). Häufig werden eine Fülle von „Gegenbildern" im Bild aneinandergefügt, die fast übereifrig versuchen, den Betrachter über die sinnliche Hülle des Gedankens hinwegzuführen. Selbst da, wo er meint, ein reines Historienbild vor sich zu haben wie beim Auftritt Luthers vor dem Reichstag zu Worms (Kat.-Nr. 7a.4.), haben die Gemälde im Hintergrund die Bedeutung von „Gegenbildern", was, wie in fast allen Blättern dieser Reihe, durch die Anwesenheit von Schrift im Bild – eines „Verfremdungseffekts" – noch betont wird. Mit dem Bildthema kann der *Inhalt* des Bildes abstrahiert werden: die Darstellung der Barfüßerkirche in *Augsburg* muß der Betrachter gedanklich als eine Kirche in *Jena* ansehen, damit dem Gegenbild im Bild der richtige Sinn verliehen werden kann (Kat.-Nr. 7a.7.). Einige Male verflüchtigt sich die Lutherillustration in einem biblischen Geschehen und den hierzu gehörenden, tradierten Bildformeln. Der didaktische Grundzug des Ganzen, gesteigert durch die spezielle Aufgabe, Glaube und Geschichte *Kindern* nahezubringen, trocknet die Kompositionen manchmal geradezu aus (Kat.-Nr. 7a.11.).
Die einzige Lutherlebenfolge des Jahres 1730, kleinformatige Radierungen von Elias Baeck gen. Heldenmuth (1679 – 1747), die ebenfalls in Augsburg entstanden und herausgebracht worden sind, steht noch ganz in der soeben beschriebenen künstlerischen Auffassung. Schematische Lutherszenen (die nicht alle deutbar sind) hat Baeck jeweils mit emblematischen Darstellungen verknüpft, wodurch er seine Absicht erkennen läßt, nicht auf Luthers Leben allein zu reflektieren, sondern auf ein über Luther Hinausweisendes. Johann Michael Roth hat die Baecksche Folge in seinen Sammelband „Augspurgisches Jubel-Gedächtnüs . . ." von 1730 aufgenommen. Im Zusammenhang des Ganzen stellt die Lutherfolge Baecks, so eng sie mit der gleichzeitigen Augsburger Graphik zusammenhängt, eine Randerscheinung dar (Kat.-Nr. 8). 1730 hat der am Hof zu Worms tätige Maler Johann Ludwig Seekatz (1711 – bis nach 1740) nach dem Remshartschen Stich von 1721 aus der Reihe der „Friedensgemälde" für die Dreifaltigkeitskirche in Worms ein Gemälde „Luther auf dem Reichstag zu Worms" gemalt (vgl. Kat.-Nr. 7a.4.).
Die wenigen Lutherillustrationen des endenden 18. Jahrhunderts und der Zeit um 1800, in zwei Fällen Einzelblätter, sonst kleinere unsystematische Folgen, sind von den vier damals wohl bekannte-

sten Illustratoren der deutschsprachigen Länder gezeichnet und radiert worden: Daniel Chodowiecki, Berlin (1726 – 1801), Johann Heinrich Lips, Zürich (1758 – 1817), Johann David Schubert, Dresden (1761 – 1822) und Johann Michael Mettenleiter, München (1765 – 1853), der der „bayerische Chodowiecki“ genannt worden ist. Ihre Blätter sind für Bücher oder Periodika der Zeit geschaffen, sind Buchillustrationen und ganz aus dieser Tradition, die von ihnen wesentliche Impulse erhalten hat, zu verstehen. Im Gesamtwerk der jeweils nach vielen Tausenden zählenden Arbeiten der genannten Illustratoren spielen die Lutherillustrationen eine ganz untergeordnete Rolle. Auffällig ist es, daß die Illustrationen alle nahezu gleichzeitig entstanden sind. Man könnte den Eindruck gewinnen, jeder von ihnen habe das Bedürfnis verspürt, in einer bestimmten historischen Situation sein Wort zum Thema Luther zu sagen. So klein und nebensächlich diese Lutherillustrationen sein mögen, sie signalisieren eine historische Zeitenwende.

Die Voraussetzungen für eine neue Geschichtsauffassung werden im ausklingenden 18. Jahrhundert gelegt. Geniekult, unerhörter Subjektivismus, Charakter und Nerv für das Charakteristische, Selbstanalyse und Beobachtung des Nächsten, das Denken radikaler Gedanken, Revolution, Krieg, das Zerbrechen uralter Bindungen, das erwachende Nationalgefühl sind Voraussetzungen für eine bis dahin unbekannte Form und Intensität jedweder Geschichtsbegeisterung und -aneignung. Eine Stimme im Chor der Neuerer dieser Jahre war diejenige des Chemnitzer Verlegers und Buchhändlers Karl Gottlieb Hofmann, der 1794 eine Buchreihe herauszugeben begann, die bezeichnenderweise den Titel „Pantheon der Deutschen“ erhielt. Sie besteht aus einer Sammlung von *Biographien* großer Deutscher, deren erste diejenige Luthers gewesen ist.[37] K. G. Hofmanns Ziel war es, „einen litterarischen Tempel der Verherrlichung zu errichten, wo Litteratur und Kunst sich vereinigen, die Geschichte des deutschen Ruhms darzustellen.“[38] Diese Reihe mit einer Lutherbiographie zu beginnen, kam nicht von ungefähr. In einem Brief an Goethe vom 17. September 1800 zog Schiller eine direkte Verbindungslinie seiner Zeit zu derjenigen Luthers: „Ich habe dieser Tage Woltmanns Schrift über die Reformation[39], die bis an Luthers Tod fortgeführt ist, gelesen und bin durch jene theologische Revolution an die neueste philosophische erinnert worden. In beiden war etwas sehr bedeutend Reales, dort der Abfall von Kirchensatzungen und die Rückkehr zu den Quellen, Bibel und Vernunft: hier der Abfall vom Dogmatismus und der Empirie.“[40] Die in den Geistern der Zeit wachsende hohe *Auffassung der Geschichte,* insbesondere auch derjenigen der Reformation und Luthers, kontrastierte in auffälliger Weise mit einer schwankenden künstlerischen *Auffassung des Historienbildes* (im großen Format wie in der Illustration), die noch stark vom Sonnenglanz des Rokoko erwärmt, durch Winckelmanns Ethos gebannt ist. Bornkamm hat dargestellt, wie in der Zeit der Aufklärung ein neues Lutherbild entworfen worden sei: „Man interessierte sich jetzt weit mehr für seine Persönlichkeit als für seine Theologie . . .“[41] Dieses Lutherbild wurde in der Umbruchzeit des endenden 18. Jahrhunderts verwandelt, um dann ans 19. Jahrhundert weitergegeben zu werden. In verstärktem Maße scheint diese merkwürdige Zwischenstellung des endenden 18. Jahrhunderts Situation und Qualität der beginnenden Historienmalerei in Deutschland zu charakterisieren: Abkömmling des Rokoko, nur Brücke zum Neuen.[42] Die Lutherillustrationen Chodowieckis, Lips', Schuberts und Mettenleiters stehen im Zusammenhang der Zeit und der Kunst vereinzelt da. Sie sind weder getragen von der normativen Kraft einer objektivierenden Tradition, noch belebt von einem wirklich neuen Geist. Diese Künstler waren letzten Endes zu sehr verliebt in ihre eigene Zeit, um sich in eine vergangene, ihnen fremde Epoche hineinleben zu können. Schubert wurde zwar noch 1801 Professor für Geschichtsmalerei an der Dresdener Akademie, seine Lutherillustrationen wirken aber zum Teil wie Illustrationen zu einem Roman aus der Fülle des 18. Jahrhunderts.

H. V. F. Schnorr von Carolsfeld (1764 – 1841), Die Reformation, 1795. Radierung (17,1 x 9,1 cm) von Jakob Mangot, Leipzig. Inv.-Nr. V, 374, 21

Wilhelm Weber hat am Beispiel früher Projekte und Verwirklichungen von Lutherdenkmälern dargestellt, wie sich unmittelbar nach 1800 der Gedanke Bahn brach, Luther als nationalen Helden, als Bringer des Lichts und der Glaubensfreiheit, als Lehrer des Volkes und Vater der Wissenschaft, als Theologe und Philosoph, vielleicht auch noch immer als „Karakter“ und „Kerl“ in großartiger Weise öffentlich und weithin sichtbar zu ehren.[43] Minni Maedebach zog in diesem Katalog (Nr. 18) die Verbindungslinien von den Gedanken und Plänen der Architekten und Bildhauer Heinrich Gentz (1766–1811), Leopold Klenze (1784–1864), Karl Friedrich Schinkel (1781–1841) und Gottfried Schadow (1764–1850) zu denen des Malers und Graphikers Johann Erdmann Hummel (1769–1852), die alle um die Idee eines Luthermonuments in dieser oder jener Form kreisten. In den Jahren 1804 und 1805 wurde das Projekt eines Lutherdenkmals von verschiedenen Seiten im „Reichsanzeiger“ diskutiert, ebenfalls in der „Neuen Berliner Monatsschrift“ (1805). Daneben wurden 1805 und 1806 selbständige Publikationen zum Thema herausgebracht (Vaterländisch-literarische Gesellschaft der Grafschaft Mansfeld, Leopold Klenze, K. D. Hüllmann, K. Schaeffer; eine weitere Veröffentlichung erschien unter dem Titel „Luthers Denkmal zu Eisleben“ in Frankfurt und Leipzig 1806).[44]
Alle Künste schienen sich 1805/06 in Deutschland zusammentun zu wollen, um Luther zu verherrlichen: *Architektur, Skulptur, Malerei* und *Graphik,* die *Dichtkunst* mit Zacharias Werners (1768–1823) Tragödie „Martin Luther, oder die Weihe der Kraft“, die 1806 im Königlichen Nationaltheater in Berlin uraufgeführt wurde,[45] die *Musik,* die von Bernhard Anselm Weber (1766–1821) zum Wernerschen Stück geschrieben worden ist,[46] und schließlich die *darstellende Kunst:* August Iffland (1759–1814) spielte die Hauptrolle in der Berliner Aufführung der Wernerschen Luthertragödie.[47] *Verwirklicht* wurde in diesen Jahren nur sehr wenig! Napoleon war im Herbst 1805 in Süddeutschland eingefallen, im Oktober 1806 siegte er über die Preußen bei Jena und Auerstedt, am 27. Oktober 1806 marschierte er in Berlin ein – nur wenige Monate nach der Aufführung der Luthertragödie im Berliner Nationaltheater. Es folgten die langen Jahre der Besetzung und Neuordnung der deutschen Staaten sowie die Zeit der Befreiungskriege, eine Epoche, die erst 1815/1816 ihren Abschluß gefunden hat.
Es kann kein Zufall sein, daß in der napoleonischen Zeit in Deutschland eine Fortführung der Ideen, Luther ein Denkmal zu setzen, unterblieb. Um so wichtiger wird die Lutherfolge J. E. Hummels, die unter dem Titel „D. Martin Luther's Verherrlichung auf 12 Blättern“ 1806 erschienen ist (Kat.-Nr. 18). Sie steht am Anfang der modernen Lutherillustration und erhält allein daher – unabhängig von einer künstlerischen Bewertung – ihre entwicklungsgeschichtliche Bedeutung. Wer sich in die Blätter vertieft, wird auch heute noch den anspruchsvollen Ernst spüren, der Hummel und mit ihm seine Künstler-Freunde beseelt hat, als sie daran gingen, inhaltliche und formale Möglichkeiten zu erkunden und zu erproben, Luther als Reformator mit den Mitteln der bildenden Kunst zu feiern. In keinem anderen Lutherzyklus findet sich diese fast bis zur Anstrengung gehende Schwere und Bedeutsamkeit des Ausdruckswollens wie in den klargegliederten Kompositionen Johann Erdmann Hummels. In keinen früheren oder späteren Blättern leuchtet ein nahezu überirdisches Licht, das aus der antiken Welt des Mittelmeeres nach Deutschland hinüberzustrahlen scheint. So vollgültig diese Radierungen Hummels sind, man darf nicht vergessen, daß sie für ihn selbst nur einen Ersatz dargestellt haben für die nicht ausgeführte monumentale Fassung eines altarähnlichen Gemäldes, das man sich gut in einer der strengen Architekturen seiner Freunde vorstellen kann.
1811 wurde Catels bereits 1806 in der Akademischen Kunstausstellung in Berlin gezeigtes Gemälde „Martin Luther verbrennt die päpstliche Bulle und das canonische Recht vor Wittenberg“ von Ludwig Buchhorn gestochen und in Berlin verlegt (Kat.-Nr. 20). Das im Laufe des 19. Jahrhunderts häufig kopierte und variierte Blatt ist das einzige von Bedeutung, das während der Franzosenherrschaft in Deutschland veröffentlicht worden ist. Erst 1817, im Jahr des 300jährigen Jubiläums des Thesenanschlags in Wittenberg,

G. Schnorr, „Wallfahrt nach Luthers Zelle in dem ehemaligen Augustiner-Kloster zu Erfurt, während den Tagen der Saecular Feier des Reformations Festes 1817“. Aus: Allgemeine Chronik der dritten Jubel-Feier der deutschen evangelischen Kirche im Jahre 1817. Hg. von Christian Schreiber u. a., Erfurt und Gotha 1819. (Aquatintaradierung, 11,4 x 16,25 cm). Landesbibliothek Coburg

sind wieder Lutherillustrationen geschaffen worden. Sie sind künstlerisch weder mit den Arbeiten Hummels noch mit der Komposition Catels zu vergleichen. Wie die in ganz Deutschland begangenen Reformationsfeste 1817 von der Masse des Volkes mitgefeiert wurden, wandten sich jetzt eher unscheinbare Blätter mit Darstellungen aus dem Leben Luthers an das Volk, das nicht mehr im anspruchsvollen Sinne der Vorkriegszeit begriffen wurde, sondern als das einfache Volk, die breite Masse. Dieser Trend nahm im Laufe des 19. Jahrhunderts mehr und mehr zu, so daß man seit 1817 von einer Zweigleisigkeit der Entwicklung der Lutherillustration sprechen muß, die ihre Wurzeln zum Teil in den gleichzeitigen Erweckungsgedanken haben könnten.[48]

Das Reformationsfest 1817 fiel in eine besondere politische Situation. 1819 erschien der erste Band einer auf drei Bände berechneten „Allgemeinen Chronik der dritten Jubel-Feier der deutschen evangelischen Kirche. Im Jahre 1817. Herausgegeben von Christian Schreiber, Valentin Carl Veillodter und Wilhelm Hennings in der Hennings'schen Buchhandlung, Erfurt und Gotha." Dies dem König von Preußen, Friedrich Wilhelm III., und allen Herzögen der Sachsen-Ernestinischen Linie gewidmete große Werk nannte das Reformationsfest des 31. Oktober 1817 in einem Atemzug mit den seit 1814 jeweils am 18. Oktober begangenen Erinnerungsfesten an die Völkerschlacht bei Leipzig (16.–19.10.1813), verband die politische Freiheit und Befreiung mit derjenigen des Glaubens und machte alles zu einer nationalen Angelegenheit, ohne die Auswirkung auf die ganze Welt zu vergessen. „Die Feier des großen Jubel-Festes der Reformation im Jahre 1817 steht als eine lichte herrliche Erscheinung unter den ewig denkwürdigen Begebenheiten, welche das erste Viertel dieses Jahrhunderts auszeichnen ... Die Feier des 18ten Octobers im Jahre 1814, die Freudenfeuer, die da auf Deutschlands Boden loderten, die Hochgesänge, die in nächtlicher Stille erschallten, die Schwüre, die der Erhaltung vaterländischer Freiheit gebracht wurden, zeugen vor die Mit- und Nachwelt, daß auch eine furchtbare Tyrannei und jahrelanges Elend den Geist der deutschen Völker nicht zu ertöden, ihren Sinn für Freiheit nicht zu ersticken, ihre Liebe zum heiligen Recht nicht zu schwächen, ihre Kraft für Tapferkeit nicht zu vernichten vermochten. Auch die Feier des 31ten Octobers im Jahre 1817 steht da als erhebender Zeuge für die ewige Dauer und Wirksamkeit des Höhern im Menschen, daß sich getröstet wieder aufrichte, wer über die Verirrungen, Thorheiten, Laster und Entartungen trauert, deren Schilderung so viele Blätter der Geschichte füllt. Das Säcularfest der Reformation hat einen großen Charakter. Es verherrlicht eine weltgeschichtliche Begebenheit, die tief eingriff in die Bildung der Nationen, sie in ein neues, geistiges Leben rief, ihre Kräfte aufregte, neue Ideen aufschloß, Reiche anders gestaltete, und Ereignisse herbeiführte, deren Wirkungen sich durch alle ihr folgenden Jahrhunderte ziehen. Sie gehört also nicht blos einem Volke ..."[49]

Am 18. Oktober 1817 hatte auch das Wartburgfest stattgefunden, angeregt von der Jenaer Burschenschaft, „um die dritte Säkularfeier der Reformation mit der Erinnerung an die Leipziger Schlacht zu verbinden und dadurch die nationale Bedeutung beider Ereignisse zum allgemeinen Bewußtsein zu bringen."[50] Die politischen Geschehnisse dieses mehrtägigen Festes hatten den Beginn reaktionärer Maßnahmen zur Folge (Demagogenverfolgung), die die von der „Heiligen Allianz" bestimmte Restaurationsepoche der ersten Hälfte des 19. Jahrhunderts einläuteten. Diese doppelte Bedeutung des Jahres 1817 – Höhepunkt nationaler, freiheitlicher, protestantischer Gefühle und Ansprüche sowie der Beginn ihrer Eindämmung – muß man im Auge behalten, wenn man die Entwicklung der Lutherillustrationen in der folgenden Zeit verstehen will.

Außer dem merkwürdigen Einzelblatt Carl Wilhelm Kolbes d. J. mit der Darstellung des Besuches Kohlhases bei Luther (Kat.-Nr. 23) sind mir aus dem Jahr 1817 nur volkstümliche Lutherfolgen (Kat.-Nrn. 22 u. 24) oder moritatenhaft aneinandergereihte Lutherszenen auf einem Blatt, formal vergleichbar mit den katholischen Tendenzblättern des ersten Drittels des 18. Jahrhunderts (Kat.-Nrn. 3 u. 4), bekannt, letztere in Nürnberg bei seit dem ersten oder zweiten Jahrzehnt in der Stadt ansässigen „Bilderfabriken" produziert (G. P.Buchner, Kat.-Nr. 25; Friedrich Campe, Kat.-Nr. 26). Hieran anschließen läßt sich von der Naivität der Auffassung her eine kuriose Lithographie von F. L. Schuldt, Luthers Einzug in Worms, die, unbekümmert um historische Gegebenheiten, eine kleine Volksszene mit der Stadtansicht von Worms verbindet (Kat.-Nr. 28).

1817 wurde die Idee eines Lutherdenkmals wieder aufgenommen. Schinkel führte seine Pläne weiter,[51] Friedrich Weinbrenner,[52] Karl Alexander von Heideloff[53] und Johann Gottfried Schadow machten neue Pläne oder entwickelten ältere Vorkriegsprojekte. Aber nur Schadows Denkmal wurde in dieser Zeit verwirklicht und am 21. Oktober 1821 auf dem Marktplatz von Wittenberg eingeweiht. Der König von Preußen, Friedrich Wilhelm III., der sich für „die Personifizierung Luthers" entschieden hatte, nahm an der Einweihungsfeier teil.[54] Auf weitere Bestrebungen und Realisationen im Zusammenhang des Reformationsfestes 1817 hat Wilhelm Weber in einem eigenen Abschnitt seines Aufsatzes hingewiesen.[55] Schadows Wittenberger Lutherdenkmal war das erste Denkmal des Reformators. Es vergingen Jahrzehnte, bis weitere folgten. Das bekannteste unter ihnen, das von Ernst Rietschel (1804–1861) seit 1858 entworfene Lutherdenkmal in Worms, wurde nach Rietschels frühem Tod im wesentlichen von seinen Schülern Adolf Donndorf (1835–1916) und Gustav Adolph Kietz (1824–1908) ausgeführt und erst 1868 vollendet.[56]

G. Schnorr, „Fackelgesang auf dem großen Marktplatze zu Erfurt zum Schluß des Reformationsfestes. Aus: Allgemeine Chronik der dritten Jubel-Feier der deutschen evangelischen Kirche im Jahre 1817. Hg. von Christian Schreiber u. a., Erfurt und Gotha 1819. (Aquatintaradierung, 17,1 x 22 cm). Landesbibliothek Coburg

Eigenartigerweise haben Lutherillustrationen in den vielen Almanachen, Jahrbüchern, Kalendern und Taschenbüchern der 20er/30er Jahre des 19. Jahrhunderts kaum eine Rolle gepielt. Heideloffs Marburger Gespräch dürfte für eine dieser Publikationsformen benutzt worden sein (Kat.-Nr. 30.1.). Im übrigen läuft die Entwicklung der Lutherillustrationen zunächst hauptsächlich im Bereich volkstümlicher Graphik weiter. Eine zweite Produktion des Nürnberger Verlages Friedrich Campe von etwa 1825, und zwar die von Peter Carl Geißler gezeichnete achtteilige, aus einzelnen kolorierten Radierungen bestehende Folge „Luthers Leben" (Kat.-Nr. 33), ist insofern von Bedeutung, als sie das Vorbild für die bei einem Baron von Löwenstern in Stuttgart seit 1827 entstehenden Lutherlebenfolge abgegeben hat. Diese Lithographienfolge mittelgroßen Formats (Kat.-Nr. 34), von der insgesamt 16 Themen bekannt wurden, die, mit einer Ausnahme, in v. Löwensterns Verlag häufig variiert worden sind (Variantengruppen), ist wiederum unmittelbar nach Erscheinen in Stuttgart selbst nachgeahmt worden (Kat.-Nr. 39), außerdem (in zwei verschiedenen Fassungen) von der lithographischen Anstalt Louis Sachse & Co. in Berlin (Kat.-Nr. 36), von der lithographischen Anstalt Beck in Berlin (wohl auch als Folge) (Kat.-Nr. 37), von einem Verlag Otto's Buchhandlung in Burg (Kat.-Nr. 38), von der bekannten Frankfurter Bilderfabrik Eduard Gustav May (Kat.-Nr. 40) und von weiteren Graphikern und Verlagen bis in die zweite Hälfte des 19. Jahrhunderts hinein. Die v. Löwensternsche Lutherlebenfolge und deren Nachahmungen dürften die am meisten verkauften Illustrationsfolgen des 19. Jahrhunderts gewesen sein. Deren Blätter hatten den Vorteil, auch als Wandschmuck benutzt werden zu können. Es wäre reizvoll und Aufgabe volkskundlicher Sachforschung, dem sich allmählich lichtenden Dunkel der vielfältigen Verbindungen und Verflechtungen dieser in die Breite gehenden Massenauflagen (?) nachzuforschen. Die Bedeutung der v. Löwensternschen Lutherlebenfolge ist bisher übersehen worden, nicht zuletzt wohl deswegen, weil die zweite Ausgabe der Berliner Firma Sachse & Co. mit dem Namen Adolph Menzels verbunden ist — der direkt oder eher indirekt Kompositionen der v. Löwensternschen Ausgaben als Vorlage benutzt hat (Kat.-Nr. 36). Die in der Lithographischen Anstalt Wenzel Pobudas und J. Rees' in Stuttgart erschienene, auf ein bisher unbekanntes Vorbild zurückgehende Lutherlebenfolge, wohl in den 30er Jahren des 19. Jahrhunderts herausgebracht, sei nur erwähnt (Kat.-Nr. 56).

Mit dem Lutherjubiläum von 1830 dürften zwei großformatige Illustrationen in Verbindung gebracht werden können, in denen das Auftreten Luthers in Worms 1521 dargestellt worden ist, eine Lithographie nach einer Zeichnung des Corneliusschülers Peter Wilhelm App, die in der Repoduktion H. Anschütz' 1829 ediert worden ist (Kat.-Nr. 54), sowie Martin Distelis Aquatintaradierung aus dem in den Jahren 1828—32 erschienenen zweibändigen Werk „Pantheon der Geschichte des teutschen Volkes" von Ernst Münch (also nicht mehr „Pantheon der Deutschen", wie es noch 1794 geheißen hatte) (Kat.-Nr. 55).

In den 30er und 40er Jahren des 19. Jahrhunderts sind Lutherillustrationen im allgemeinen *Buchillustrationen.* Ferdinand Fellners und Dietrichs Lutherdarstellungen sind Gustav Pfizers Buch „Martin Luther's Leben", Stuttgart 1836, beigeheftet (Kat.-Nr. 57); die Illustrationen Georg Emanuel Opiz' sind geschlossen wie ein Tafelwerk F. W. Genthes Buch „Das Leben Dr. Martin Luthers", Leipzig 1841, vorgebunden (Kat.-Nr. 58); Ludwig Richters Zeichnungen sind zuerst als Lithographien in Moritz Meurers „Luthers Leben aus den Quellen erzählt", Dresden 1843—46, veröffentlicht worden; auch E. T. Jäkels „Leben und Wirken Dr. Martin Luther's im Lichte unserer Zeit. Ein Gedenkbuch für die ganze Christenheit", Leipzig 1840—46, ist mit einer Folge von Lutherillustrationen versehen (Kat.-Nr. 61). Reproduktionstechniken sind die Lithographie und der Stahlstich. Das Format der Blätter ist entsprechend den Bücherformaten kleiner als etwa das der v. Löwensternschen Lutherfolge (größer aber als das der Almanache etc. des endenden 18. Jahrhunderts). Die Illustrationen sind an das Buch gebunden, wenn man sie nicht herauslöste, was natürlich geschehen ist. Sie besitzen insofern eine geringere Breiten- und Dauerwirkung als alle Einzelblätter oder leicht voneinander trennbare Blattfolgen der Zeit, die man als Bilder an die Wand hängen konnte. Die Lutherfolge Gustav Königs, die als Buch 1851 in Gotha und Hamburg herausgekommen ist, steht in dieser Tradition (Kat.-Nr. 62). In der ersten Auflage ist das Lutherleben Königs wie bei dem Buch Genthes/Opiz' als in sich geschlossener Tafelteil, nur mit wenigen Bilderläuterungen versehen, vor die Biographie — in diesem Fall Heinrich Gelzers — eingebunden worden. Was Königs Ausgabe aber von den vorhergehenden unterscheidet, ist nicht nur der Umfang der Lutherfolge, die aus 48 Illustrationen besteht, sondern vor allem der Umstand, daß die Illustrationen in diesem Fall nicht Beigaben zum Text, sondern umgekehrt der Text Gelzers Beigabe zu den Bildern Königs ist. So heißt der Buchtitel bezeichnenderweise: „Dr. Martin Luther der deutsche Reformator. In bildlichen Darstellungen von Gustav König. In geschichtlichen Umrissen von Heinrich Gelzer." Es lag in der Konsequenz dieses Verhältnisses von Bild und Text, daß in einer „Volksausgabe" von 1857 nur der Bildteil Königs auf den Markt gebracht wurde — eine Ausgabe, die sicherlich eher dazu verführen konnte, in Einzelblätter aufgelöst zu werden —, und daß 1883 die Bildfolge mit dem Text eines anderen, seinerzeit moderneren Autors, Julius Koestlin,

Friedrich August Fricke (seit 1815 in Leipzig nachweisbar), Die Übergabe der Augsburger Confession den 25. Juny 1530. Lithographie, 60,3 x 51,7 cm. Gedruckt in der Steindruckerei F. W. Thümeck, Leipzig. 1830. Inv.-Nr. L 654

versehen worden ist. Als Loseblattfolge ließ seit 1843 über viele Jahre verteilt Carl August Schwerdgeburth seine Lutherlebenfolge hinausgehen (Kat.-Nr. 60). Sie ist ebenfalls 1883 – in gebundener Form – erneut erschienen. Ein neues Verhältnis von Bild und Text – nämlich deren unmittelbare Zuordnung zueinander: die in den Text „eingestreute" Illustration – ermöglichte die Technik des Holzstichs. Mit dieser Entwicklung ist in Deutschland in erster Linie der Name Adolph Menzels verbunden, der 1839 den Auftrag erhielt, für Franz Kuglers Buch über Friedrich den Großen 400 Holzstiche zu liefern.

Die im vierten und fünften Jahrzehnt des 19. Jahrhunderts entstandenen Lutherlebenfolgen haben – über alle stilistischen und qualitativen Unterschiede hinweg – Gemeinsames. Die politische Stille der Zeit hat dazu beigetragen, daß, wie Peter Brieger formulierte, „die Generation der dreißiger und vierziger Jahre glaubte, in den großen Zeiten deutscher Geschichte ihre eigenen Gefühle und Wünsche bestätigt zu finden."[57] In Reaktion auf Friedrich Overbecks für den Städel in Frankfurt a. M. bestelltes Gemälde „Der Triumph der Religion in den Künsten" (1831–1840)[58] erhob der temperamentvolle Ästhetiker Friedrich Theodor Vischer (1807–1887) die Frage: „Wer stellt den Heiligen Geist würdiger dar, derjenige, der ihn als eine Taube über einem Bündel von Strahlen malt, oder derjenige, der einen edlen und großen Mann, einen *Luther,* einen Hus, im Feuer der göttlichen Begeisterung vor mich hinstellt?"[59] Vischer sprach die Ansicht seiner Zeit aus, wenn er forderte, daß an die Stelle der religiösen Malerei „jetzt das sogenannte profanhistorische Gemälde" treten solle."[60] Hand in Hand mit diesen Vorstellungen richteten sich an den Historienmaler und -illustrator der Zeit ganz konkrete Forderungen in bezug auf das richtige Kostüm der handelnden Personen, die wirkliche Landschaft und Architektur, in der die Geschichte spielt, schließlich auf die *Bildnistreue,* soweit sie sich aus zeitgenössischen Porträts ablesen ließ, Forderungen, über die sich Cornelius noch weitgehend hinweggesetzt hat. Der Historienmaler war im Idealfall ein halber Historiker, und von Gustav König wissen wir, daß er unter den Reformationshistorikern seiner Zeit einen gewissen Namen hatte. Die Wünsche der Künstler und des Publikums, die sich wie nie zuvor bedingten und gegenseitig steigerten, liefen letzten Endes auf eine totale Reproduktion der Vergangenheit hinaus, eine Wiederbelebung des Toten nicht nur in der Phantasie, sondern in der Realität von Kunstwerken – und des Theaters. Spielen, Mitspielen, Nachspielen gehörte zu den subtilen Genüssen der Zeit. Der Künstler wurde mehr und mehr der begeistert applaudierte Vorspieler, seine Produkte zuweilen Sensationserfolge des Tages, bis sich der Rausch allmählich verlor oder in die trockne Richtigkeit und Wichtigkeit des eigentlichen Historismus überging. Bornkamm charakterisierte die Darstellung Luthers in Leopold von Rankes „Deutscher Geschichte im Zeitalter der Reformation", die in den Jahren 1839–47 erschien, folgendermaßen: „Sein Luther ist zum ersten Male ein geschichtlicher Mensch von Fleisch und Blut, keine Inkarnation eines guten oder verwerflichen Prinzips." Zehn Jahre nach Vollendung des Rankeschen Werkes, 1857, wischte Anselm Feuerbach Nationalismus und Historienkult vom Tisch: „Deutsche Historie! Luther in Worms? Fort damit!"[62]

Die Bedeutung der Lutherlebenfolgen von Carl August Schwerdgeburth und Gustav König – um diese zu nennen – lag und liegt auch heute noch in einem ausgeprägten künstlerischen Taktgefühl und in persönlicher Zurückhaltung gegenüber dem historischen Stoff, im Moment des Dienens. Diese Haltung bleibt erträglich, weil sie mit einem gesunden Wirklichkeitssinn gepaart ist, bei König zudem mit intellektueller Beweglichkeit und der Lust am Widerspruch. Es ist kein Wunder, daß diese beiden Folgen im Bürgerhaus des 19. und auch noch des 20. Jahrhunderts beliebt waren. Ihre scheinbare Authentizität, begründet teilweise allein schon in ihren Stilmitteln, nahm im Laufe der Zeit sogar zu, das „Als-ob" ab, so daß sie zuweilen wie Zeugnisse des 16. Jahrhunderts selbst betrachtet worden sind.

Gustav König war der Meinung, der erste wirkliche Künstler gewesen zu sein, der einen Zyklus zum Lutherleben geschaffen habe. Die Aufarbeitung des Stoffes hat gezeigt, daß er eher den Schlußpunkt unter eine längere Entwicklung gesetzt hat.[63] Zwei Jahre nach Herausgabe des Königschen Buches (1851) trat Karl Friedrich Lessing, genauer Altersgenosse Gustav Königs, mit seinem Gemälde „Luther verbrennt die Bannbulle und päpstlichen Decretalen zu Wittenberg am 20. December 1520" hervor (Kat.-Nr. 65).[64] Mit diesem der Düsseldorfer Malerschule angehörenden Gemälde begann in der Geschichte der Lutherlebenbilder eine neue Entwicklung, die die bis dahin erfolgte im Bewußtsein der Öffentlichkeit bald in den Schatten stellen sollte.[65]

Joachim Kruse

Das ehemalige Lutherzimmer auf der Veste Coburg. Kolorierter Stahlstich von Andreas Fleischmann (1811 Nürnberg – 1878 München), 22,1 x 29,4 cm. Aus: Das Luther-Zimmer, eines der Prachtzimmer in dem nach Director Carl Heideloffs Angaben von dem Architecten Carl Görgel wiederhergestellten Fürstenbau auf der Veste Coburg, gezeichnet und herausgegeben von Georg Rothbart . . . , Nürnberg 1845. Kunstsammlungen der Veste Coburg

Anmerkungen

1) Zweite, neu bearbeitete und erweiterte Auflage, Göttingen 1970, S. 5
2) Peter Brieger, Die deutsche Geschichtsmalerei des 19. Jahrhunderts, Berlin 1930, S. 3. — Vgl. Werner Hager, Das geschichtliche Ereignisbild, München 1939, S. 1, sowie die Definition in der Brockhaus-Enzyklopädie: „Geschichtsbild" als „zeitgenössische künstlerische Darstellung einer geschichtlichen Gestalt oder eines Ereignisses (‚Ereignisbild') von dokumentarischem Wert im Unterschied zur Historienmalerei (Bd. 7, 1969, S. 192) — und „Historienmalerei": „eine Gattung der Malerei, die geschichtliche Ereignisse, aber auch sagenhafte und dichterische Themen zum Bildgegenstand hat . . . Im Unterschied zum Geschichtsbild kommt es der Historienmalerei nicht auf historische Treue an" (Bd. 8, 1969 S. 527).
3) „Martin Luther am Tischpult", vgl. Erik Fischer, Melchior Lorck, Kopenhagen 1962, S. 13 f. — Lutherkat. der Kunstsammlungen der Veste Coburg, 1967, Nr. 19 — Seitenverkehrte Kopien von Balthasar Jenichen (gest. vor 1621) im KK Coburg (vgl. Nagler, Monogr. I, 2, Nr. 1868, 12). Thieme-Becker 18, 1925, S. 504.
4) GNM Nürnberg, Inv.-Nr. H.B. 79, Kapsel 1247.
5) Vgl. z.B. H. Lilje, Martin Luther, Hamburg 1967, S. 167. — P. Schreckenbach / F. Neubert, Martin Luther, Leipzig 1916, S. 145. — Oskar Thulin, Martin Luther, Berlin 1964², S. 67. — Ausst.-Kat. „Von der Freiheit eines Christenmenschen", Berlin 1967, S. 97, Abb. 162.
6) Kardinal Albrecht von Brandenburg, Erzbischof und Kurfürst von Mainz.
7) Roland H. Bainton, Martin Luther, Göttingen 1980⁷, S. 170.
8) Vgl. den Kupferstich Michael Kauffers (1673-1756) aus dem „Augspurgischen Jubel-Gedächtnüs" von 1730 (KK Coburg, Inv.-Nr. III, 283,2), eine seitenverkehrte Kopie, herausgebracht von Andreas Maschenbaur (KK Coburg), und eine Radierung desselben, „Augspurgischen Jubel-Gedächtnüs" von 1730 (KK Coburg, Kp. B. 93a).
9) Berlin, Jagdschloß Grunewald. Vgl. Werner Schade, Die Malerfamilie Cranach, Dresden 1974, Farbtafel 220.
10) Weimar, Stadtkirche St. Peter und Paul. Vgl. Werner Schade, op. cit., Farbtafel 229.
11) Ehem. in der St. Blasiikirche, Nordhausen. Vgl. Werner Schade, op. cit., Tafel 232.
12) Aus der Marienkirche zu Dessau. Vgl. Werner Schade, op. cit., Farbtafel 250, Taf. 251 u. 252.
13) Vgl. ein holländisches Flugblatt auf die Reformatoren, Germanisches Nationalmuseum, Nürnberg, um 1620, Inv.-Nr. H.B. 24 705, Kapsel 1247a. — O. Thulin (Hg.), Reformation in Europa, Leipzig 1967, S. 81
14) Vgl. Kat.-Nrn. 18.8.; 62.32.
15) Vgl. z. B. die Darstellung der Predella des Altars in der Wittenberger Stadtkirche, um 1547 (M. Hürlimann (Hg.), Martin Luther, Berlin 1933, S. 22,23.; O. Thulin, Martin Luther, Berlin 1964², Abb. 67; P. Schreckenbach u. F. Neubert, Martin Luther, Leipzig 1916, S. 61; Werner Schade, op. cit., Taf. 199); die Gegenüberstellung der rechten und der falschen Kirche, Holzschnitt von Lucas Cranach d. J. um 1550 (Werner Schade, op. cit., Abb. S. 90; Paul Drews, Der evangelische Geistliche in der Vergangenheit, Jena 1924², S. 29; Ausst.-Kat. „Reformation in Nürnberg", Nürnberg 1979, Kat.-Nr. 122, S. 121 /122; A. G. Dickens, Reformation and Society in sixteenth-century Europe, London 1966, S. 59); einen thematisch gleichen Holzschnitt, nach 1547, ebenfalls von Lucas Cranach d. J. (Ausst.-Kat. Nürnberg, op. cit., 1979, Kat.-Nr. 133, S. 130 (131); „Martin Luther predigt Angehörigen des pommerschen Fürstenhauses", Wirkteppich, Universität Greifswald (H. G. Dahms, Deutsche Geschichte im Bild, Frankfurt a. M./Berlin 1969, S. 74).
16) Allegorie auf die Reformation, Holzschnitt der Cranachschule (Coburger Luther-Katalog 1967, Kat.-Nr. 45, Abb. 15; Hanns Lilje, Martin Luther, Hamburg 1964, S. 199; O. Thulin (Hg.), Reformation in Europa, Leipzig 1967, S. 61; Ausst.-Kat. „Von der Freiheit eines Christenmenschen". Berlin 1967, S. 128, Kat.-Nr. 206).
17) Vgl. z. B. H. Brosamer (um 1500—1554 oder später), Holzschnitt um 1550 (Coburger Luther-Katalog 1967, Kat.-Nr. 22, Abb. 17); Kupferstich nach Maarten van Heemskerck (1498—1574) in: F. W. Hollstein, Dutch and Flemish Etchings, Engravings and Woodcuts, Bd. 8, S. 248, Nr. 571; Hans Holbein, „Der Tod und der Prediger" (H. Lilje, op. cit., S. 87) usw.
18) Vgl. Wolfgang Brückner (Hg.), Volkserzählung und Reformation, Berlin 1974, S. 579 (Abb.), S. 774 (Lit.)
19) Vgl. Kat.-Nrn. 18.8. (J. E. Hummel), 62.41.2. (G. König).
20) Luther und die Reformatoren Melanchthon, Creutziger, Jonas, Eber, Dietrich, Bugenhagen und Forster. Vgl. H. Lilje, Martin Luther, Hamburg 1964, S. 195. — Paul Drews, Der evangelische Geistliche in der Vergangenheit, Jena 1924², S. 24. — Roland Bainton, Martin Luther, Göttingen 1980⁷, S. 260. — Der Tisch ist schräg in den Raum gestellt, Fenster und eine Tür gewähren Ausblicke ins Freie, die Reformatoren wenden sich z. T. zueinander, die Knaben befinden sich in höflichem Abstand von den Männern, beten sie aber nicht mehr an.
21) Johannes Ficker, Älteste Bildnisse Luthers, Magdeburg 1920, S. 24, Taf. 13: „Rückseite des Titels von der czechischen Ausgabe von Luthers „Vom Anbeten des Sakraments", 1523, Leitomischl, Stadtbibliothek Breslau (noch vorh.?)
22) H. Fehr, Recht im Bilde, 1923, Nr. 217. — O. Thulin (Hg.), Reformation in Europa, Leipzig 1967, S. 23. — W. Brückner (Hg.), Volkserzählung und Reformation, Berlin 1974, Abb. d. Schutzumschlages, vgl. Text S. 276. — Roland H. Bainton, Martin Luther, Göttingen 1980⁷, S. 274.
23) Vgl. H. Boehmer, Der junge Luther, Gotha 1925, S. 219. — H. Lilje, Martin Luther Hamburg 1964, S. 141. — C. J. Roepke, Die Protestanten in Bayern, München 1972, S. 154. — Roland H. Bainton, Martin Luther, Göttingen 1980⁷, S. 74. — Ausst.-Kat. „Welt im Umbruch, Augsburg zwischen Renaissance und Barock", Augsburg 1980, I, S. 145 f., Kat.-Nr. 38 mit Abb. (Text von Josef Bellot).
24) H. Boehmer, op. cit., S. 256. — H. Bainton, op. cit., S. 92
26) O. Thulin (Hg.), Reformation in Europa, Leipzig 1967, S. 45: Titelblatt zu Martin Luthers öffentlichem Verhör zu Worms; Spalatins Übersetzung von Luthers Rede, Augsburg 1521 (Lutherhalle Wittenberg). — Ausst.-Kat. „Welt im Umbruch" (op. cit.), S. 156, Kat.-Nr. 60.
27) Johannes Luther, Luther, Leipzig 1918, S. 61. — R. H. Bainton, op. cit., 1980⁷, S. 156.
28) H. Boehmer, op. cit., S. 370. — H. Lilje, op. cit., S. 18. — R. H. Bainton, op. cit., S. 159.
29) Martin Hürlimann (Hg.), Martin Luther, Berlin 1933, S. 145. — O. Thulin (Hg.), Reformation in Europa, Leipzig 1967, S. 41.
30) R. H. Bainton, op. cit., S. 134.
31) O. Thulin (H.), Reformation in Europa, Leipzig 1967, S. 57: Verunglimpfung von Luthers Person, Holzschnitt aus einem Leipziger Fastnachtsspiel von H. Hosenbergius Bohemus, 1530 (Lutherhalle Wittenberg).
32) Hans Fehr, Massenkunst im 16. Jahrhundert, Berlin, 1924, Taf. 11.
33) Die bei H. G. Dahms, Deutsche Geschichte im Bild, Frankfurt a. M./Berlin 1969, S. 71 wiedergegebene Illustration „Der Kaiser und die Kurfürsten auf dem Reichstag zu Worms 1521. Kupferstich von Hans Sebald Beham" ist dem Titelblatt des Buches „Gerichtliche Proceß / Auß geschriebenen Rechten / und nach Gemeinen / im Heiligen Reich Teutscher Nation gebrauch / und ubung . . . , Durch Herrn Justinum Goblerum / der Rechten Doctor . . . 1578" (und vielleicht früherer Auflagen) entnommen. Es handelt sich um einen Holzschnitt, inhaltlich von exemplarischer Bedeutung. Vgl. G. Pauli, Hans Sebald Beham, Ein kritisches Verzeichnis seiner Kupferstiche, Radirungen und Holzschnitte, Straßburg 1901, Nr. 1116, 7 (S. 391 f.). — F. W. H. Hollstein, German Engravings . . . , Vol. III Hans Sebald Beham, Amsterdam o. J., S. 229 (Abb.).
34) Vgl. W. Drugulin's Historischer Bilderatlas, Verzeichnis einer Sammlung von Einzelblättern zur Cultur- und Staatengeschichte . . . , 2. Theil, Chronik der Flugblätter, Leipzig 1867, S. 117 f. (1617) u. S. 167 f. (1630).
35) H. Bornkamm, Luther im Spiegel der deutschen Geistesgeschichte, Göttingen 1970²), S. 14. Dort weitere Literatur.
36) Vgl. W. Drugulin, op. cit., S. 340 (1717) u. S. 352 f. (1730)
37) Vgl. Kat.-Nr. 11 (Johann David Schubert).
38) „Pantheon der Deutschen", Band 1, 1794, ohne Seitenangabe.
39) Geschichte der Reformation in Deutschland, Altona 1800—1805.
40) Der Briefwechsel zwischen Schiller und Goethe in drei Bänden, Leipzig 1955, Bd. 2, Nr. 764, S. 332; Bd. 3, Nr. 764, S. 192.
41) Heinrich Bornkamm, op. cit., S. 16.
42) Die Literatur über die Zeit des Wandels vom endenden 18. Jahrhundert zum 19. Jahrhundert ist sehr umfangreich. Bezogen auf unser engeres Thema vgl. an älterer Literatur: Peter Brieger, op. cit., S. 1 ff. — Werner Hager, op. cit., S. 166 (negative Beurteilung des Neuansatzes). — Hermann Beenken, Das neunzehnte Jahrhundert in der deutschen Kunst, München 1944, S. 274 ff. Das neueste Buch zum Thema: Herbert von Einem, Deutsche Malerei des Klassizismus und der Romantik, 1760—1840, München 1978, (Rez. u. a. im „Pantheon" XXXVII, 1979, S. 179 f.: Frank Büttner).
43) Wilhelm Weber, Luther-Denkmäler — Frühe Projekte und Verwirklichungen. In: Denkmäler im 19. Jahrhundert. Deutung und Kritik. Hg. von Hans-Ernst Mittig

u. Volker Plagemann (Studien zur Kunst des 19. Jahrhunderts, Bd. 20), München 1972, S. 183 ff.

44) Vgl. Kat.-Nr. 17 (Anhang).

45) Vgl. Kat.-Nr. 19.

46) Vgl.: Karl Frhr. von Ledebur, Tonkünstler-Lexicon Berlin's, Berlin 1861, S. 627, Nr. 16: Musik zu Schauspielen (hier wird aufgeführt: „Die Weihe der Kraft", Ritterschauspiel in 5 Akten von (Zacharias) Werner, d. 11. Juni 1806 ebda."
Das letztere Datum bezieht sich wohl auf die Aufführung in Berlin. Sowohl in Ledeburs Lexikon als auch in der 1807 bei Johann Daniel Sander in Berlin erschienenen Buchausgabe der Luthertragödie Werners erfolgt ein Hinweis darauf, daß ein Klavierauszug „zu den Chören und Gesängen" bei Rudolph Werkmeister, Berlin, (für 16 Groschen) zu haben sei. B. A. Weber war gebürtiger Mannheimer, nahm seit 1787 eine Musikdirektorenstelle des Großmannschen Orchesters in Hannover und seit Anfang der 90er Jahre neben Wessely am Kgl. Nationaltheater in Berlin ein. Er hat sich um moderne Musik verdient gemacht. Am 24. 2. 1795 konnte er die erste Gluckoper (Iphigenie in Aulis) in Berlin aufführen.

47) August Wilhelm Iffland, gebürtiger Hannoveraner, war, nach Engagements in Gotha und Mannheim, seit 1796 Direktor des Nationaltheaters in Berlin. Seit 1811 Direktor der königlichen Schauspiele. Er hat zahlreiche Schauspiele, auch eine „Theorie zur Schauspielkunst" (Berlin 1815) geschrieben sowie viele Aufsätze zum Thema verfaßt.

48) Hinweis von Dr. Günter Irmscher. Vgl. Erich Beyreuther, Die Erweckungsbewegung, Göttingen (1963). — Heinrich Bornkamm, op. cit., S. 81.

49) S. VII. S. X ff. folgte eine kurze Geschichte der reformatorischen Jubelfeste seit 1617.

50) Meyers Gr. Konvers.-Lex., 20^6, 1909, S. 390

51) W. Weber, op. cit., S. 195 ff.

52) W. Weber, op. cit., S. 198.

53) W. Weber, op. cit., S. 202, Vgl. Kat.-Nr. 30.

54) W. Weber, op. cit., S. 198 ff., 212.

55) W. Weber, op. cit., S. 201 ff.

56) W. Weber, op. cit., S. 204 ff

57) Peter Brieger, op. cit., S. 14.

58) Ausst.-Kat. „Die Nazarener", Städel, Frankfurt a. M., 1977, S. 263, S. 271 (Kat.-Nr. F 19), Farbabb. S. 288.

59) F. Th. Vischer, Kritische Gänge, Tübingen 1844, Bd. 1, S. 195. Zitiert nach P. Brieger, op. cit., S. 1.

60) F. Th. Vischer, op. cit., Bd. 1, S. 193 ff. Zitiert nach H. Beenken, op. cit., S. 274.

61) Heinrich Bornkamm, op. cit., S. 48.

62) J. Allgeyer, Anselm Feuerbach, Berlin-Stuttgart 1904, Bd. 1, S. 351. Zitiert nach P. Brieger, op. cit., S. 43.

63) Bei F. v. Boetticher, Malerwerke des neunzehnten Jahrhunderts, Leipzig 1891-1901, sind noch einige Lutherlebenbilder angeführt, die bis zur Mitte des 19. Jahrhunderts entstanden sind: Moritz Berendt, Luther als Chorknabe, auf der Straße Almosen empfangend, 1836 (B. I, 1, S. 87, Nr. 5), vgl. Kat.-Nr. 50. — Paul Bürde, Luther von der Wartburg geflüchtet, wird von zwei Studenten in einem Wirtshaus zu Jena erkannt, (1844) (B. I, 1, S. 153, Nr. 3). — Georg Cornicelius, Luther hat die Thesen an die Schloßkirche zu Wittenberg angeschlagen, 1852 (B. I, 1, S. 200, Nr. 2). — Anton C. A. Evers, Luther als Junker Georg auf der Wartburg, die Bibel übersetzend, 1837 (B. I, 1, S. 297, Nr. 4). — Karl Fielgraf, Luther, die Thesen anschlagend, (1842) (B. I. 1, S. 321, Nr. 15); Kaiser Karl V. am Grabe Luthers, (1844) (B. I. 1, S. 321, Nr. 18). — Edouard-Jean-Conrad Hamman, Luther im Familienkreise, (1849) (B. I. 1, S. 476, Nr. 2). — Karl-Friedrich Hampe, Luther-Stube in Wittenberg. Luther steht im Chorrock, ein Buch in der Hand, mit Melanchthon im Gespräch, 1821 (B. I. 1, S. 478, Nr. 11.) — Paul Emil Jacobs, Luther auf dem Reichstag zu Worms am 18. 4. 1521, (1852) (B. I. 2, S. 631, Nr. 26). — Ferdinand Jagemann, Luther auf dem Reichstag zu Worms, 1817 (B. I. 2, S. 633, Nr. 8). — Friedrich Wilhelm Martersteig, Luther auf dem Reichstag zu Worms, 1847 (B. I. 2, S. 983, Nr. I, 13); Luther vor dem Eintritt in den Reichstag in Worms (Luther und Frundsberg), 1849 (B. I. 2, S. 983, Nr. I, 15). — Meno Mühlig, Luther wird von zwei verkappten Rittern nach der Wartburg entführt, (1846) (B. II. 1, S. 90, Nr. 2). — Johann Gottfried Schadow, Bruder Martin Luther, Augustinermönch, läßt an die Tür der Kirche zu Wittenberg seine 95 Thesen heften wider den päpstlichen Ablaß (Zeichnung mit Gold gehöht), (1832) (B. II. 2, S. 525, Nr. 8). — August Friedrich Siegert, Luthers Eintritt in die Reichsversammlung zu Worms (Luther und Frundsberg), (1843) (B. II. 2, S. 747, Nr. 3).

64) Eine Zeichnung Lessings zum Thema in zwei Kreiden auf blauem Papier ist schon 1848 entstanden (v. Boetticher, Malerwerke des 19. Jahrhunderts, I. 2, Nr. II 99).

65) Nach Friedrich von Boetticher, op. cit., haben sich außer den bereits in Anm. 63) Genannten folgende Maler mit Lutherlebenbildern befaßt: Albert Anker, Wilhelm Beckmann, Arnold Corrodi, Friedrich Ernst Dannhauser, Anton Dietrich, Otto Donner, Karl Ludwig Adolf Ehrhardt, Peter Johann Nepomuk Geiger, Leonhard Gey, Ferdinand Graf von Harrach, Carl Gustav Hellquist, August Jacob Theodor von Heyden, Ernst Hildebrand, Rudolf Julius Benno Hübner, Peter Johann Theodor Janssen, Adolf Jebens, Eduard Kaempfer, Gaston Lenthe, Karl Friedrich Lessing, Jan August Hendrik Leys, Wilhelm Lindenschmit, Willem Linnig (malte den Lutherzyklus auf der Wartburg zusammen mit Pauwels, Thumann und Struys), Bernhard Mannfeld, Charles François Marchal, August Noack, Ernst Erwin Oehme, Clara Wilhelmine Oenicke, Wilhelm Ferdinand Pauwels, Daniel Penther, Carl Gottfried Pfannschmidt, Ludwig Pietsch, Hermann Freihold Plüddemann, Paul Poetzsch, (Alfred Rethel), Joseph Scheurenberg, Julius Schnorr von Carolsfeld, Julius Scholtz, Wilhelm Ferdinand Souchon, Gustav Adolf Spangenberg, Eduard Steiner, Heinrich Stelzner, Alexandre Struys, Emil Teschendorf, Friedrich Paul Thumann, Hugo Vogel, Anton Weber, Konrad Weigand, Anton von Werner, August von Wille, Hermann Wislicenus, Michael von Zichy. — Hinzuzufügen wären: Caspar Bosshardt (Thieme-Becker 4, 1910, S. 404), Peter Geh (TB 13, 1920, S. 337), Alexander Rudolf Gruenenwald (TB 15, 1922, S. 130), Jakob Grünenwald (TB 15, 1922, S. 130), Joseph Noel Paton (Ausst. „Zwei Jahrhunderte englischer Malerei", Haus der Kunst, München 1979—80, S. 487 f., Nr. 330, Abb.), Schweissinger (TB 30, 1936, S. 376), Wilhelm Weimar (TB 35, 1942, S. 286). Hinzu kämen Reliefs mit Lutherszenen. Im 20. Jahrhundert wären zu nennen: Friedrich Georg Wilhelm Pape (TB 26, 1932, S. 219); Bernhard Winter (vgl. das Buch: Bernhard Winter 1871—1964, Oldenburg 1971; hierzu: Herbert Wolfgang Keyser, Dresdener Akademiejahre 1887—1891, S. 31 ff. Hinweis von Dr. Karl Veit Riedel, Oldenburg i. O.); Hugo L. Braune (TB 4, 1910, S. 551; Vollmer 1, 1953, S. 303); Franz Stassen (TB 31, 1937, S. 488 f.); Lovis Corinth (1920/21); Joseph Sattler (TB 29, 1935, S. 487); Heinrich Dittmar (1956).

Katalog

Der Katalog ist, soweit möglich und wünschenswert, zeitlich geordnet. Eine Ausnahme bilden einige volkskundlich interessante Lithographien der Mitte und zweiten Hälfte des 19. Jahrhunderts, die im Anschluß an ihre Vorbilder bzw. inhaltlich nahestehende Arbeiten eingereiht worden sind (Kat.-Nrn. 36–53). Der Katalog wird durch ein Künstler- und Verlegerverzeichnis erschlossen. Leihgaben sind als solche gekennzeichnet. Die nur mit einer Inv.-Nr. oder mit KK Coburg versehenen Objekte gehören dem Kupferstichkabinett der Kunstsammlungen der Veste Coburg. Im allgemeinen stehen diese Angaben am Schluß der Katalognummern; Ausnahmen bilden Blätter, auf denen mehrere Darstellungen enthalten sind. In diesen Fällen stehen sie bei der Beschreibung des gesamten Blattes. Um die Übersichtlichkeit zu erhöhen und den Zusammenhang von Illustrationsfolgen erkennbar zu machen, haben Einzelblätter wie Folgen oder von *einem* Künstler stammende Arbeiten jeweils nur eine Hauptnummer erhalten, die durch Dezimalziffern untergliedert worden sind. Bei den Maßen steht Höhe vor Breite. Gemessen ist in Zentimetern. Die Gesichtspunkte beim Anlegen des Maßes haben gewechselt bzw. richten sich nach fremden Angaben, wenn ausnahmsweise eigenes Ausmessen nicht möglich war. Es ist aber stets angegeben, worauf sich die Maße beziehen. In einigen Fällen findet sich die Bezeichnung: Gruppe, Nr. NN. Diese Angabe bezieht sich auf folgende Literatur: Heidemarie Gruppe, Katalog der Luther- und Reformationssagen des 19. Jahrhunderts, in: Wolfgang Brückner (Hg.), Volkserzählung und Reformation. Ein Handbuch zur Tradierung und Funktion von Erzählstoffen und Erzählliteratur im Protestantismus, Berlin 1974, S. 295–324. Es wurden – z. T. um den Preis größerer Formate – so viel Abbildungen wie möglich in den Katalog aufgenommen, um Vergleiche und Identifikationen zu erleichtern.

J.K.

1
Unbekannter Künstler

Luthers Leben in 16 Illustrationen auf einem Blatt, 17. Jahrhundert
Die einzelnen Szenen sind numeriert, außerdem sind einige Inschriften vorhanden, sonst keine Bezeichnungen.
Radierung. Bildgr. (mit Rahmenlinie): 18,9 x 30,75 cm
Germanisches Nationalmuseum, Nürnberg, Inv.-Nr. M.S. 1139, Kapsel 1431

Eine voraussetzbare Erläuterung der Szenen ist nicht mehr vorhanden. Die Szenen im einzelnen:

1.1. Geburt Luthers. Luther in einer Wiege liegend, die im Freien steht, beschützt oder gewiegt von einem Engel, gesegnet von Gottvater.

1.2. Luther als Schüler. Luther in Schrittstellung, mit einem Buch unter dem Arm, neben einem altarähnlichen Tisch, auf dem eine Kerze brennt. Die Darstellung von Tisch und Kerze folgt wörtlich zeitgenössischen emblematischen Darstellungen (vgl. Jacobus Boschius, Symbolographia sive de arte symbolica sermones septem, 1702; Nachdruck von 1972: I, XXXIX, CCXLVII, CCCXCVII u. a.). Da hier eine erläuternde Devise fehlt, ist eine speziellere Ausdeutung des Emblems vorerst nicht möglich.

1.3. Jan Hus (1369–1415), der böhmische Reformator, mit Gans und Schwan. Diese Szene spielt auf die angebliche Weissagung von Jan Hus an, der 1415 auf dem Scheiterhaufen ausgerufen haben soll, jetzt brate man eine Gans (Husa), nach hundert Jahren werde ein Schwan seinen Gesang hören lassen, ohne gebraten zu werden. Diese Prophezeiung wurde auf Luther bezogen. Der weiße Schwan galt u. a. als rein und tapfer. Vgl. zum Schwanmotiv: Martin Scharfe, Evangelische Andachtsbilder, Stuttgart 1967, S. 189 ff.

1.4. Hinweis durch einen Mann auf Luther (in Mönchstracht). Durch wen? Es könnte ein weiterer Vorläufer Luthers gemeint sein, etwa John Wyclif (1330 oder früher – 1384), der englische Reformator und Bibelübersetzer. Seine Gebeine wurden aufgrund eines 1415 gefaßten Beschlusses des Konzils von Konstanz 1428 verbrannt. „Hus war sein größter Schüler und übersetzte Wyclifs Schriften"(R. Friedenthal, Luther, S. 372).

1.5. Luther hinter einem Altar stehend, auf dem Münzen liegen. Dazu die Inschriften: „1517" und „Peccata Germanorum" (Die Sünden der Deutschen). Von links tritt ein Mann in weltlicher Kleidung heran, mit einem Kasten unter dem Arm. Sicherlich Anspielung auf den Ablaßhandel. 1517 veröffentlichte Luther seine 95 Thesen dagegen. Sollte Karl von Miltitz mit dem weltlichen Herrn gemeint sein? Er verhandelte mit Luther allerdings erst 1519, nach dessen Verhör durch Cajetan (Szene 6).

1.6. Luther vor Kardinal Cajetan in Augsburg 1518.

1.7. Luther verbrennt die Bannbulle und das kanonische Recht in Wittenberg 1520.

1.8. Luther mit der Einladung zum Wormser Reichstag in der Hand 1521. Darauf steht: „Carl. Rom. Imp. S.A." (Carolus Romanorum Imperator semper Augustus).

1.9. Luther wird nach Worms gefahren oder kehrt von dort nach Thüringen zurück.

1.10 Luther wendet sich gegen den Bildersturm.

1.11. Verlesung des Augsburgischen Glaubensbekenntnisses am 25. 6. 1530 vor Kaiser Karl V. – Wann wurde dieser Bildtyp erfunden? Er begegnet noch in der sog. Kurfürstenbibel von 1744 als Hintergrund einer Darstellung des Kurfürsten Johann des Beständigen, radiert von Andreas Nunzer, einem Nürnberger Graphiker der 1. Hälfte des 18. Jahrhunderts (Abb. in: Peter Rudhart (Hg.), Dr. Martin Luther und die die Reformation fördernden Churfürsten und Herzoge zu Sachsen . . . , Dresden-Blasewitz 1907, S. 13).

1.12. Luther betend.

1.13. Luther, segnend, wird mit einem Wagen durchs Land gefahren. Wohl Anspielung auf die Gründung der evangelischen Kirchenorganisation (Kirchenvisitation?).

1.14 Luther mit weiteren Reformatoren: Bibelübersetzung? Im aufgeschlagenen Buch die Zeilen: „forschet in der Schrift".

1.15 Luther auf dem Sterbebett.

1.16. Luthers Leiche wird von Eisleben nach Wittenberg überführt (oder: Begräbnis?). Darüber befindet sich eine Inschrift: „Pestis eram vivens, Moriens ero Mors tua Papa 1546" (Im Leben war ich Dein Verderben, als Toter werde ich Dein Tod sein, Papst).

Die Datierung und Lokalisierung des Blattes ist bisher nicht gelungen. Es dürfte erst gegen Ende des 17. Jahrhunderts oder um 1700 entstanden sein. Die reihenweise Anordnung von Illustrationen hat alte Tradition.

1
2
3
4
5
Peccata Ger
manorum
6
7
8
9
10
12
13
14
16
Pestis eram vivens, Moriens
ero Mors tua Papa
1546

1

2
Unbekannter Künstler

Geistlicher Sauff Duell Zwischen D. Luther Und M: Eißleben Anno 1540, 17. Jahrhundert
Bez. o. r.: N. XI (möglicherweise gehört das Blatt zu einer Folge).
Radierung und Kupferstich. Bildgr. (ohne Schrift): 14,5 × 16,75 cm
Der links Sitzende ist im Blatt als „D. Luther", der rechts Sitzende als „M. Eisleben" benannt. Vgl. H. Gruppe, 189: „Luther polemisiert gegen Magister Eißleben. 1540 in Wittenberg bietet er ihm ein Glas mit drei Ringen (die Viertel bedeuten: Gebote, Glaube, Vaterunser, Katechismus) an, woraus Eißleben nur bis zum 1. Ring trinkt." Das Blatt stellt rechts Johann Agricola, Schüler und Freund, später Gegner Luthers dar. Es ist ein Spottbild auf ihn und die von ihm mit Melanchthon und Luther ausgefochtenen antinomistischen Streitigkeiten (seit 1527, mit Luther seit 1537). Agricola war Schulleiter (Magister) in Eisleben (daher M. Eißleben) und seit 1540 Hofprediger in Berlin. — Abb. in: Paul Drews, Der evangelische Geistliche in der Vergangenheit, Jena 1924, 2. Aufl., S. 62.
Germanisches Nationalmuseum, Nürnberg. Inv.-Nr. H.B. 1669, Kapsel 1336a

2

3
Unbekannter Künstler

Kurtzer Bericht des schandtlichen/lasterhafften/und ärgerlichen Lebens des Doctors Martin Luthers/Hassers der Wahrheit/Pflegers der Uneinigkeit/Vorstehers des Irrthumbs/Vatters der Unzucht/unglückseligen Innwohners der ewigen Verdamnuß ... Mit Bewilligung der Hohen Geistlichen Obrigkeit. Gedruckt im Jahre 1700.
Das Flugblatt liegt mir nur in Form einer verblichenen Fotografie vor (Germanisches Nationalmuseum, Nürnberg, Inv.-Nr. H. B. 5444, Kapsel 1337). Auf der linken Seite befindet sich ein fortlaufender deutscher Text, in dem 15 Luther-Illustrationen und ein Lutherporträt der rechten Seite erläutert werden. Im hochrechteckigen Mittelteil stehen zwei Felder übereinander: Brustbild Luthers im Rund oben und darunter die Übergabe von Luthers Sarg an Teufel. 14 regelmäßig angeordnete, gleichgroße Szenen umlaufend, von A bis O bezeichnet. Sie beginnen in der Mitte links und folgen im Uhrzeigersinn aufeinander. Lateinische Beischriften.

Die Szenen im einzelnen (nach dem erläuternden deutschen Text):

3.A. Geburt Luthers „auß Catholischen Aeltern“. — Dargestellt ist die Geburtsstube mit Bett und Wiege.

3.B. Luthers Eltern lassen ihn „von Kindheit in guten Sitten und wahren Catholischen Glauben unterweisen“. — Dargestellt ist eine Schulklasse.

3.C. Luthers Eltern schicken ihn „in die Hohe Schul nach Magdeburg und Eisenach“. — Dargestellt ist ein französischer Garten, in dem Luther und Alexius spazierengehen. Alexius wird vom Blitz getroffen.

3.D. Luther ging in sich, stand ab vom lasterhaften Leben und trat 1504 „in den heiligen Orden der Einsidlern des H. Augustini“ zu Erfurt ein. — Dargestellt ist Luthers Einkleidung als Mönch.

3.E. Luther wird 1512 ein „berümbter Prediger und Doctor zu Wittenberg“. — Dargestellt ist der predigende Mönch auf der Kanzel.

3.F. Luther „ist worden aber so auffgeblasen, ungehorsamb und ehrgeitzig, daß er mit keinen Geistlichen sich nicht vergleichen kunte, seinen Obern nichts nachgebete, nach seinen Kopff lebete, und thate was ihm beliebig ware“: er gelangte zu keinen geistlichen Ehren und Würden und wollte nicht mehr unter dem heiligen Gehorsam leben. — Dargestellt ist Luther als Mönch im Kreis seiner Klosterbrüder.

3.G. Luther verläßt 1521 das Kloster „wider seiner Oberer und Bischoffen geistreiche Ermahnung, wider die Güttigkeit des Kaysers, wider dem heilsamen Rath des allgemeinen Concilii, wider die Vätterliche Liebe des Römischen Pabstens und also wider alle Vernunft“. — Dargestellt ist Luther (in Mönchstracht), ein großartiges Gebäude, das Kloster, hinter sich lassend.

3.H. Luther schließt sich von den Auserwählten Gottes aus, begibt sich auf den Weg der Verdammnis, frißt und säuft mit „sehr liederlichen Purschen und Buben, Spilleuth und Dudelsackpfeiffer“ in den Wirtshäusern, führt darin ein unzüchtiges Leben, speit lasterhafte Wörter aus, vergißt sein erstes Leben und bricht seine Gelübde. — Dargestellt ist, wie Luther von Burschen zum Besuch eines Wirtshauses überredet wird, in dessen Tür ein Mädchen wartet.

3.I. Luther entführt mit Gewalt acht Klosterjungfrauen „zu Erfurt auß dem Closter der Heiligen Monica“ und führt mit ihnen 16 Wochen ein unzüchtiges Leben. — Dargestellt ist der lange Zug der Nonnen, der aus dem Kloster herauskommt, angeführt von Luther.

3.K. Luther hat „darnach mit der Schönsten auß ihnen Catharina von Born genandt im Jahr Christi 1523 (Luther heiratete 1525) sich öffentlich vermählet“. — Dargestellt ist die Vermählung, im Hintergrund ein Tischgelage.

3.L. Luther ficht den „wahren Catholischen Glauben schmählich“ an, verwirft die guten Werke, vermaledeit Keuschheit, Fasten, Beten, züchtiges und tugendsames Leben, verunehrt die heiligen Sakramente. — Dargestellt ist der predigende Luther auf der Kanzel.

3.M. Luther kommt in Glaubensstreit mit Calvin, Bucer, Melanchthon und anderen Ketzern, „wo einer dem andern die Fehler gezeiget und vorgeworffen, weilen ein jedweder sonderlichen Glaubens Band stifften und beweisen wollen, daß sein Glaub der rechte Glaub seye, solches aber keiner nicht bewiesen noch beweisen können“. — Dargestellt ist eine Disputation, in der Mitte Luther. Im Hintergrund eine Bücherwand.

3.N. Weil Martin Luther „öfters zu der Gasterey eingeladen war“ und von den Dörfern, Städten, Herrn und Fürsten „größere Geschänck bekommen“, „geschahe das im Jahr Christi 1546. den 18. Tag des Hornungs, seines Alters 63., da er ein gastreiches Abendmahl einnahm, wie wol er nur Knack Würste, Sauerkraut und Schwein Brättl auf dem Tische hatte“, daß er die Nachricht vom Tod Papst Pauls IV. erhielt (Paul III. starb 1549, Paul IV. 1559), sich seine Mahlzeit in Säure verwandelte, so daß er unter schrecklichen Umständen bald starb. — Dargestellt ist Luther auf dem Sterbebett, sich wälzend und den Leib haltend. Er ist von Wehklagenden umgeben. Im Hintergrund die übrigen Zecher.

3.O. Luthers „stinckendes Aas wurde hernach mit Begleitung vieler Raaben von Eißleben nach Wittenberg geführet“. — Dargestellt ist ein längerer Trauerzug, vorn der Leichenwagen.

3.P. Luther wird in die Wittenberger Pfarrkirche geführt und ist „ohne allen Verzug gerad in die Höll begraben worden, umb zu willfahren seinem Gebet, welches er öffters in seinen Tisch-Reden . . . außgerühltzet“. Es folgen vier Gebete, das letzte lautet: „Im Himmel da der Luther sitzt/Von lauter Gold es alles glitzt/Schön guldene Schlangen/Wantzen/Läuß/Auch Brotzen/Katzen/Ratzen/Mäuß. Amen“. — Dargestellt ist, wie Teufel beim Wittenberger Stadttor den Sarg Luthers in Empfang nehmen. Links steht Luther mit erhobenen Armen in den Flammen.

4

Unbekannter Künstler

Martinus Lutherus ein Doctor der Gottloßigkeit, ein Lehrmaister der Schalckheit, ein schändlicher Apostata ein Gottsrauberischer Ehemann, der Urheber der Augspurg. Confession. 1730 (?)

Nicht bez.
Radierung.
Ehem. im Besitz der Staatl. Graphischen Sammlung, München. Kriegsverlust.
Aus der Unterschrift des Flugblatts scheint hervorzugehen, daß es gegen die Jubiläumsfeier der Confessio Augustana 1730 erschienen ist. Da das Blatt direkt auf Kat.-Nr. 3 zurückgeht, soll es schon an dieser Stelle stehen.

Die Illustrationen beginnen ebenfalls in der Mitte links und folgen im Uhrzeigersinn aufeinander. Die Szenen im einzelnen mit ihren deutschen Unterschriften:

4.A. Luther wird von Catolische: Elteren gebohren.

4.B. Luther wird in Röm. Catol. Glaubens Lehr unterwisen.

4.C. Luthers Spies Gesell wird ihme an der seithen vom Donner erschlagen.

4.D. Luther tritt in den Orden der Eremiten S. Augustini.

4.E. Luther nimbt zu an Gelehrtheit, nimbt ab an Tugend.

4.F. Luther haderet mit seinen Ordens Brüderen umb zerschiedene Aembter.

4.G. Luther wird das Vorsteher Ambt abgeschlagen: verlasst also das Closter.

4.H. Luther führt ein Lotterbübisch Leben.

4.I. Luther endführet 8. Gott geweyhte Jungfrauen.

4.K. Luther begibt sich mit Catharina de Born in eine Gottsrauberische Ehe.

4.L. Luther verkehret die wahre Lehr und streuet seine Kezereyen aus.

4.M. Luther entzweyet sich mit Calvino u. Melanchton in ihren Glaubē̄s Sätzē.

4.N. Luther gantz Berauscht stirbt an der Collic.

4.O. Luthers Cörper wird von Eisleben nach Wirtemberg geführt.

4.P. Luther wird begraben. NB. Dahinab.
Die Unterschrift des Flugblatts lautet:

„Luterisch-Evangelischer Leßer! Hier sichest du den sauberen Baum, von welchem keine bessere frucht, verstehe deine Augspurg. Confession entsprossen: Dero wegen selbe auf dem Ao. 1530 gehaltenen Reichs-Tag in Augspurg, nach eygener bekanntnus Luthers selbst, als Kezerisch verdambt, und sothanes Decret v . . . Weiland Glorwürdigst Regirenden Kayßer Carolo V. 6. Churfürsten, 30 Geistlichen, und 33. Weltlichen Fürsten, 22. Praelaten, 32. theils Graffen teils Freyherren u. 30. Stätt unterschribē wordē. O wie unrecht dan frolocken die Erbarmūgs — würdige Herrē Confessiōisten in den allerbosesten Dingen. Prov."

Das Flugblatt ist von Paul Drews, Der evangelische Geistliche der Vergangenheit, Jena 1924, 2. Aufl., als Beilage 2 veröffentlicht worden. Er datiert das Blatt auf ca. 1730. Martin Scharfe hat in seinem Buch „Evangelische Andachtsbilder", Stuttgart 1967, S. 193 das Blatt beschrieben und die Bildunterschriften abgedruckt. Er datiert das Flugblatt zu früh, nämlich in das frühe 17. Jahrhundert.

4.H.

4.I.

Luthers Spies gesell wird ihme an der seithen vom Donner erschlagen.
Luther tritt in den Orden der Eremiten S. Augustini.
Luther nimbt zu an gelehrtheit; nimbt ab an Tugend.
Luther hadert mit seinen Ordens Brüderen umb Verschidene Clembter.
Luther wird in Röm. Catolisch glaubens Lehr unterwisen.
Martinus Lutherus ein Doctor der Gottlosigkeit, ein Lehrmaister der Schalckheit, ein schändlicher Apostata ein Gottes lästerischer Ehemann, der Urheber der Augspurgischen Confession.
Luther wird das Vorsteher Ambt abgeschlagen verlasst also das Closter.
Luther wird von Catolische Elteren gebohren.
Luther führt ein Lotterbübisch Leben.
Luther wird begraben
Luthers Cörper wird von Eisleben nach Wirtemberg geführt.
Luther endführet 8. Gott geweyhte Jungfrauen.
Luther gantz Berauscht stirbt an der Colic.
Luther entzweyet sich mit Calvino u. Melanchton in ihren glaubes Sätze
Luther Verkehret die wahre Lehr und streuet seine Kezereyen aus.
Luther begibt sich mit Catharina de Bora in eine Gottsrauberische Ehe.
Lutterisch Evangelischer Leser: hier siehest du den sauberen Baum, von welchem keine bessre frucht, verstehe deine Augspurgische Confession entsprossen. Dero wegen selbe auf dem A: 1530 gehaltenen Reichs-Tag in Augspurg nach eygener bekanntnus Luthers selbst, als Kezerisch verdambt, und sothanes Decret v Weiland Glorwürdigst Regirendem Kayser Carolo V. 6. Churfürsten, 30 Geistlichen, und 33 Weltlichen Fürsten, 22 Pralaten, 32 theils Grafen u Freyherren u. 39. Statt unterschribē wordē. O wie unrecht dan frolocken die erbarmungs würdige Herrē Confessionisten in den allerbösesten Dingen! Prov.

4

5
Johann August Corvinus

1683 Leipzig – 1738 Augsburg

Corvinus „war zu seiner Zeit geschätzt als geschickter Stecher von architektonischen und perspektivischen Prospekten, von denen eine größere Zahl im J. Wolff'schen und A. Pfeffel'schen Verlage zu Augsburg herausgekommen ist" (Thieme-Becker 7, 1912, S. 500). Vgl. W. Drugulin, Historischer Bilderatlas, 1867, II, S. 340.

Erinnerungsblatt zum Lutherjubiläum 1717: Das Älteste Reine Alterthum der Evangelisch Lutherischen Kirche . . . , 1717.
Bez. u.r.: Johañ August Corvinus Sculps. et excudit Aug. Vindel.
Radierung. Bildgr. (bis zur äußeren Rahmenlinie): 42,6 x 50,5 cm; Plattengr.: 44 x 52 cm
In den verschiedenen Texten sind mehrere Achrostika enthalten. Sie ergeben alle das Jahr 1717.
Ein breiteres Mittelfeld mit verschiedenen Darstellungen und Inschriften ist von zwei Seitenfeldern gerahmt, die in jeweils zehn Felder unterteilt sind. Links sind „Merkwürdigkeiten des XVI. Seculi", rechts „Merkwürdigkeiten deß XVII. Seculi" wiedergegeben. Unter jenen befinden sich vier Lutherszenen:

5.1. „Lutherus mit dem Tetzel ficht, Dadurch der Ablaß wird zernicht."

5.2. „Luther vor Cajetan zu dreyenmahlen steht, zu Augspurg, u. mit Gott der Feinde Netz entgeht."

5.3. „Zu Worms aufs Kaysers wort Lutherus stellt sich ein, Und lässet leuchtē dar deß Wortes Gottes Schein."

5.4. „Der Catechismus wird gelehrt zum erstē mahl, Damit vermehret werd der Kinder Gottes Zahl."

Außerdem ist dargestellt:

5.5. „Lutheri Lehre wird zu Augspurg übergebē, Darauß man lernē kan wie man mög ewig leben."
Inv.-Nr. III, 106, 3
Neg.-Nr. 13821, 13821 a–e

5.2

5.4

6
Gustav Adolph Müller

1694 Augsburg – 1767 Wien

Müller war Reproduktionsgraphiker, seit 1727 Professor an der Wiener Akademie. Vgl. Thieme-Becker 25, 1931, S. 230. Dort weitere Literaturangaben.

Abschilderung Herrn D. Martin Luthers und Seiner Famille, 1717
Bez. u. l.: Gust: Ad: Müller Augustan (us) fecit Norimbergae, 1717.
Radierung. Bildgr. (bis zum äußeren Rand): 33,65 x 20,3 cm
Bei diesem Blatt liegt eine Mischform aus einer Illustration (Luther am Schreibtisch arbeitend), und einer Aneinanderreihung von Porträts vor, die letztenendes auf Lucas Cranach d.Ä. zurückgehen.
Luther ist schon im 16. Jahrhundert, am Tisch oder Pult sitzend und arbeitend, dargestellt worden. Johannes Ficker hat in seinem Buch: Älteste Bildnisse Luthers, Magdeburg 1920, Taf. 13, einen Holzschnitt mit Luther als Mönch, in seiner Zelle schreibend, abgebildet (1523). Bekannt sind die Kupferstiche von Melchior Lorck (1526/27 – 1583 oder später) „Martin Luther am Tischpult", 1548, und von Balthasar Jenichen (gest. vor 1621) „Martin Luther", vor 1621, die ihrerseits mit dem Kupferstich Dürers des Erasmus von Rotterdam, 1526, zusammenhängen. Bekannt ist ferner der Kupferstich „Martin Luther als Hl. Hieronymus im Gehäuse" des Monogrammisten WS, der ebenfalls auf Dürer zurückgeht. Roland H. Bainton bildet in seinem Buch: Martin Luther, Göttingen 1980, 7. Aufl., S. 170 „Luther als Evangelist Matthäus bei der Bibelübersetzung" ab. Noch 1764 wird Luther von Johanna Dorothea Sysang (1729 – 1791) als Mann des Schreibtisches dargestellt (Frontispiz aus Friedrich Siegemund Keil, „Des seligen Zeugen Gottes, D. Martin Luthers, merkwürdige Lebensumstände . . .", Leipzig 1764).
Neben der Darstellung Luthers am Schreibtisch hatte die Aneinanderreihung von Porträts aus Luthers Familie Tradition. Neben Luther wurden seine Frau und seine Tochter Magdalena sowie seine Eltern wiedergegeben. So zum Beispiel auf einem undatierten Blatt von Engelhard Nunzer, einem Kupferstecher in Nürnberg (gest. 1733), Inv.-Nr. III, 100, 10. Diese Fünfzahl taucht auch noch, aufgelöst in Einzelporträts, 1796 in dem in Halle erschienenen Buch von Johann Friedrich Wilhelm Motz „Leben, Meinungen und Schicksale D. Martin Luther's . . ." auf.

Der Bruder Engelhard Nunzers, Andreas Nunzer, ebenfalls Kupferstecher in Nürnberg, hat die Müllersche Radierung kopiert. Sie ist erschienen in der sog. Kurfürstenbibel von 1744, wohl als Frontispiz (Abb. in: Peter Rudhart (Hg.), Dr. Martin Luther und die die Reformation fördernden Churfürsten und Herzoge zu Sachsen . . . , Dresden-Blasewitz 1907). Zu den Nunzers vgl. Thieme-Becker 25, 1931, S. 538.
In den Blättern G.A. Müllers und A. Nunzers fehlt das Bildnis der Tochter Magdalena. Das Mobiliar des „Lutherzimmers" ist, von 1717 aus gesehen, zwar altmodisch, entspricht jedoch nicht dem der Zeit Luthers. Offenbar genügte dem Zeitgenossen diese leichte Verfremdung, um den Eindruck eines historischen Geschehens zu bewirken.

Inv.-Nr. III, 287, 1 Neg.-Nr. 13355

6

Engelhard Nunzer, Porträts aus Luthers Familie. Inv.-Nr. III, 100, 10.

7
Unbekannter Künstler

D. Luther die Frau Käth und liebe Jugendt, 1. Hälfte 18. Jahrhundert
In der Darstellung werden die Namen der Lutherschen Kinder angegeben: Hänßgen, Lenchen, Paulus, Gretel, Martin, Lißel. Der in die Tür eintretende Sohn sagt: Ich heiß Andraesel. Sonst nicht bez. — Martin Scharfe, Evangelische Andachtsbilder, Stuttgart 1967, hat S. 195, Anm. 234, im Zusammenhang mit dem Aufkommen „familiär-traulicher Züge“ in Lutherbildern auf dies Blatt hingewiesen.
Kupferstich. Bildgr. (mit Schrift):
12,85 x 15,5 cm; Plattengr.: 13,3 x 15,9 cm
Germanisches Nationalmuseum Nürnberg, Inv.-Nr. H.B. 5448, Kapsel 1248 a

7

7a
(Johann Michael Roth)

Der „bestellte Musicus in Augsburg“, Johann Michael Roth, hat 1730 einen Kupferstichband herausgebracht, in dem sich einige wichtige Lutherillustrationen finden: „Augspurgisches Friedens-Gedächtnis/Das ist: Alle/so genannte/Friedens-Gemählde/Welche seit Anno 1650. biß auf gegenwärtige Zeit jedes Jahr An dem/von Einer Hohen Obrigkeit Aug. Conf. allhier verordneten Kinder-Frieden-Feste/nemlich Mittwochs nach dem 8. Augusti, Der sämmtlichen Evangelischen Schul-Jugend/Dieselbe zu einer hertzlichen Dancksagung gegen Gott für das Anno 1648. durch den Westphälischen Friedens-Schluß hergestellte freye Religions-Exercitium zu erwecken und aufzumuntern/Sowohl mit einem beygedruckten Carmine ausgetheilet/als auch in der Kirche in einem Sermone deutlich erkläret worden/Nun aber wegen ihrer Sinn-reichen/theils aus der Heil. Schrifft/theils aus der Kirchen-Historie geschöpfften Inventionen/von geschickten Meistern verfertigten Kupfer-Stiche/Auf vieler Nachfragen und Verlangen diß gantze Werck mit grosser Mühe zusammen colligiret Johann Michael Roth in Augspurg“, (1730). J. M. Roth hat im selben Jahr ein weiteres umfangreiches Sammelwerk herausgebracht: „Augspurgisches Jubel-Gedächtnüs . . .“ (vgl. Kat.-Nr. 8).

In diesem hochinteressanten Sammelwerk kann man Jahr um Jahr verfolgen, wie sich Inhalt und Form der „Friedensgemälde“ in der Zeit von 1651 bis 1730 verändern. Die erste Lutherillustration erscheint 1718 und befindet sich im Hintergrund einer Darstellung „Paulus vor Gericht“. Es handelt sich um das Verhör Luthers durch Cajetan in Augsburg 1518 — zweihundert Jahre vor dem betreffenden Augsburger Gottesdienst. Das Bestreben geht in den folgenden Jahren bis 1730 — in diesem Jahr endet das Buch — dahin, eine Beziehung zwischen zwei Bildern zu schaffen, dem „Bild“ und „Gegenbild“, die sich gegenseitig erläutern und rechtfertigen. Die Darstellungen bringen jeweils ein zweihundert Jahre zurückliegendes Ereignis aus der Reformationsgeschichte in Erinnerung. Dieses Prinzip wird aber nicht konsequent durchgeführt. Die Darstellung aus der Reformationsgeschichte bleibt meistens im Hintergrund, die biblische Geschichte steht im Vordergrund. Es kann aber auch umgekehrt sein oder eine von beiden fallengelassen werden. In letzterem Fall wird das „Gegenbild“ in den begleitenden Text verlegt. Im folgenden werden alle Augsburger „Friedens-Gemälde“ zwischen 1718 und 1730 aufgeführt.

7a.1. Luther vor Cajetan in Augsburg 1518, 1718
Bez. u. l.: J. A. Telott del.; u. r.: Carolus Remshart Sculpsit. 1718
Kupferstich und Radierung. Bildgr. bis zum äußeren Rand: 22,75 x 29,8 cm; Plattengr.: 23,6 x 30,65 cm
Im Vordergrund steht Paulus vor Gericht in Caesarea. Links unter einem Thronhimmel König Agrippa mit Berenike, davor auf einem runden Podest der römische Statthalter Festus (Apg. 25, 26). Im Hintergrund Luther und Staupitz vor dem Kardinal Cajetan in Augsburg 1518. Im begleitenden Text heißt es u. a.: „Ihr könnet Paulum hier und auch Lutherum schauen, von denen jeglicher den Sieg durchs Wort erhielt.“
Johann Andreas Thelott (1655 Augsburg — 1734 ebda.) war Goldschmied, Zeichner und Kupferstecher in Augsburg. Er entstammte einer Künstlerfamilie französischer Herkunft, die seit 1585 in Augsburg nachweisbar ist. Es haben sich von ihm zahlreiche Werke erhalten, vor allem Goldschmiedearbeiten. Er hat aber auch viele Illustrationen geschaffen (Thieme-Becker 32, 1938, S. 591 ff.) — Karl Remshart (1678—1735) war Kupferstecher und Zeichner in Augsburg. Er hat eine größere Anzahl von Büchern illustriert und viel nach Vorlagen anderer reproduziert. Thelott und Remshart haben des öfteren zusammengearbeitet (Thieme-Becker 28, 1934, S. 151 f.).
Inv.-Nr. III, 81, 3 Neg.-Nr. 14456

7a.1.

7a.2. Disputation zwischen Luther und Eck auf der Pleißenburg, 1519, 1719

Bez. u. l.: J. A. Thelott delin.; u. r.: Carolus Remshardt Sculpsit, 1719.

Kupferstich und Radierung. Bildgr. bis zum äußeren Rand: 23,2 x 30,2 cm; Plattengr.: 23,95 x 31,15 cm

Im Vordergrund predigt Paulus auf dem Areopag in Athen auf den Stufen des Altars, der „Dem unbekannten Gott" geweiht war (Apg. 27, V. 22 ff.). Die Lutherszene ist hineinkomponiert in das offene Stockwerk einer antiken Phantasiearchitektur (links oben). Im begleitenden Text tauchen die Begriffe „Bild" und „Gegenbild" auf. Es heißt u.a.: „Wohlan! was Paulus hat im Geist und Krafft gesaget, Da er den wahren Gott den Heyden kund gemacht, Das hat Lutherus auch mit gleichem Muth gewaget, Da er die wahre Lehr von neuem wieder bracht."

J. A. Thelott und K. Remshart vgl. Kat.-Nr. 7a.1.

Inv.-Nr. III, 81,4 Neg.-Nr. 14457

7a.3. Die Austeilung des Abendmahls in beiderlei Gestalt, 1720

Bez. u. l.: J. A. Thelott delin.; u. r.: Carolus Rembshart Sculpsit.

Kupferstich und Radierung. Bildgr. bis zum äußeren Rand: 23,25 x 29,9 cm; Plattengr.: 24,1 x 30,8 cm

Im Vordergrund ist das heilige Abendmahl dargestellt mit Christus und den zwölf Aposteln, im Hintergrund die lutherische Austeilung des Abendmahls in beiderlei Gestalt. Im Text wird verwiesen auf: Mt. 26,26; Mk. 14,22, Lk. 22,19; 1. Kor. 11,23. Die Darstellungen in den Medaillons beziehen sich auf das Hauptthema (von links nach rechts): Joh. 15,1: „Ich bin der Weinstock . . .". — 2. Mose 16,15; Joh. 6,48: Speisung mit Wachteln und Manna; „Ich bin das Brot des Lebens". — 2. Mose 12,3: Einsetzung des Passafestes. — 1. Mose 14,19: Abraham und Melchisedek („trug Brot und Wein heraus"). — 5. Mose 12,6 ff.; 1. Kor. 10,18: Die von Gott erwählte Opferstätte.

J. A. Thelott und K. Remshart vgl. Kat.-Nr. 7a.1.

Inv.-Nr. III, 81,5 Neg.-Nr. 14458

7a.4. Luther auf dem Reichstag zu Worms 1521, 1721

Bez. u. l.: Carolus Remshart del. et Sculps.

Kupferstich und Radierung. Bildgr. bis zum äußeren Rand: 23,65 x 30,6 cm; Plattengr.: 24,2 x 31,7 cm

Die Lutherszene füllt das gesamte Bild aus. Die Komposition weist auf diejenige P. W. Apps voraus (vgl. Kat.-Nr. 54). Links und rechts von Kaiser Karl V. befinden sich zwei Gemälde, deren Themen sich auf die Hauptszene beziehen. Links der Psalm Davids 119, 46: „Ich rede von deinen Zeugnissen vor Königen und schäme mich nicht." Rechts Apg. 9,15: (Bekehrung des Paulus) „Doch der Herr sagte zu ihm: Geh nur hin, denn gerade dieser ist mein auserwähltes Werkzeug und soll meinen Namen vor Heiden, vor Könige und vor das Volk Israel tragen."

Johann Ludwig Seekatz (1711 — nach 1740) hat diesen Kupferstich als Vorlage für ein Gemälde in der Dreifaltigkeitskirche in Worms benutzt, bez.: L. Seekatz pinxit 1730. Vgl. Thieme-Becker 30, 1936, S. 428 und Wilhelm Weber, Luther-Denkmäler . . . , in: Denkmäler im 19. Jahrhundert, München 1972, S. 204 (dort wird als Entstehungsdatum 1733 angegeben).

K. Remshart vgl. Kat.-Nr. 7a.1.

Inv.-Nr. III, 81,6 Neg.-Nr. 14459

7a.5. Luther auf der Wartburg 1522, 1722

Bez. u. l.: J. A. Thelott del.; u. r.: Carolus Remshart Sculpsit.

Kupferstich und Radierung. Bildgr. bis zum äußeren Rand: 23,1 x 30,5 cm; Plattengr.: 23,8 x 30,3 cm

Die Hauptszene zeigt Luther, die Bibel übersetzend. Vom Tisch herab hängt ein Notenblatt: „Ein feste Burg ist unser Gott." Das Hauptthema „Rettung vor Gefahr" wird in den übrigen drei Szenen weitergeführt. So heißt es im begleitenden Text: „Du kannst deutlich hier in drei Exempeln schauen, Wie er zu aller Zeit die Seinen wohl bedacht." Die Gemälde an der Wand zeigen „Die Flucht nach Ägypten" und „Die Rückkehr aus Ägypten ins Land Israel" (Mt. 2, 13 u. 19). Links im Hintergrund 1. Kön. 18,4: Obadja, Hofmeister Ahabs, hat aus Furcht vor Isebel 100 Propheten genommen „und versteckte sie in Höhlen, hier fünfzig und da fünfzig, und versorgte sie mit Brot und Wasser . . ." — Im Hintergrund rechts sieht man Eisenach mit der Wartburg.

J. A. Thelott und K. Remshart vgl. Kat.-Nr. 72.1.

Inv.-Nr. III, 81,7 Neg.-Nr. 14460

7a.6. Reichskonvent in Nürnberg 1523, 1723

Bez. u. l.: Carolus Remshart del. et Sculps.

Kupferstich und Radierung. Bildgr. bis zum äußeren Rand: 23,7 x 31 cm; Plattengr.: 24,25 x 31,7 cm

Die Hauptszene des Blattes stellt den „Reichskonvent in Nürnberg" dar. In der Mitte thronend Erzherzog Ferdinand oder ein anderer Vertreter des Kaisers, rechts vom Thron Kurfürsten und weltliche Herren, links die Geistlichkeit. Im Begleittext heißt es: „Wo auf dem Reichs-Convent von den gesamten Ständen Des Papsts Gesandten, der an sie war abgeschickt, Der Klagen hundert sind gestellt zu seinen Händen, Deß Inhalts: Daß das Volk zu Seel und Leib gedrückt Sey von der Clerisey . . ." Das Thema dieser Hauptszene und aller weiteren Darstellungen im Blatt ist die Reinheit des Glaubens und die Reinigung der Kirche von Aberglauben. Die Statuen und die sich darüber befindenden Medaillondarstellungen von links nach rechts: Josias (König von Juda 639—608 v. Chr., während der von ihm befohlenen Restaurierung des Tempels wurde das Gesetzbuch Moses gefunden. Seine Verkündigung bewirkte eine religiöse Reform) und 1. Kön. 18 (Elia baut den Altar des Herrn wieder auf); Moses mit den Gesetzestafeln und 2. Mose 32, 19 (Moses erblickt den Tanz ums Goldene Kalb); Christus mit der Weltkugel und Lk. 19, 45 (Die Tempelreinigung); Kaiser Konstantin (erhob 324 das Christentum zur Staatsreligion) und Sozom I, 19 (Hermeias Sozomenos, Sachwalter in Konstantinopel nach 443, schrieb eine von 323—439 reichende Fortsetzung der Kirchengeschichte des Eusebios). In den oberen Kartuschen von links nach rechts: Ri. II, 10 (Israels Untreue gegen Gott während der Richterzeit: Bildersturm); 1. Mose 6 und 7 (Ankündigung der

Sintflut, Sintflut); Jos. 24, 2 f. (Josuas Landtag zu Sichem: „Ich und mein Haus wollen dem Herrn dienen"), Apg. 15,10 (Apostelversammlung in Jerusalem).
Seit Herbst 1521 tagte das Reichsregiment in Nürnberg (bis 1523). In dieser Zeit wurde die Sache der Reformation besonders vom Hauptprediger von St. Lorenz, Andreas Osiander (1498–1552), und vom Ratsschreiber Lazarus Spengler (1479–1534) gefördert. Als päpstlicher Legat stellte Kardinal Chieregatti die Forderung, die evangelischen Prediger in Nürnberg gefangenzunehmen, der nicht entsprochen wurde (vgl. Claus-Jürgen Röpke, Die Protestanten in Bayern, München 1972, S. 45 ff.). Vgl. außerdem: Adolf Engelhardt, Die Reformation in Nürnberg, 3 Bände, Nürnberg 1936–39, Bd. 1, Kap. V (Der Reichstag in Nürnberg 1522–23), S. 93–126, speziell S. 96: Der päpstliche Nuntius sollte „mit allen Kräften dahin wirken, daß auf dem Reichstag zur Ausrottung der Ketzerei Mittel beschlossen und angewandt werden."
Beim Reichsabschied vom 9. 2. 1523 wurde aber lediglich beschlossen, „daß allenthalben im Reich das Evangelium, ‚nach Auslegung der Schriften von der christlichen Kirche approbiert und angenommen', rein und lauter verkündet werden solle" (Gerhard Pfeiffer, Nürnberg, Geschichte einer europäischen Stadt, München 1971, S. 149). – Eugen Franz, Nürnberg, Kaiser und Reich, Studien zur reichsstädtischen Außenpolitik, München 1930 (S. 85 ff.: Reichstage). Frdl. Mitteilungen von Dr. Svetozar Sprusansky, Landeskirchliches Archiv, Nürnberg. – Der im Bild dargestellte Vorgang der Übergabe einer Klage, die der päpstliche Nuntius mit erschrockener, abwehrender Geste in Empfang nimmt, konnte bisher in der Literatur nicht ermittelt werden.
K. Remshart vgl. Kat.-Nr. 7a.1.

Inv.-Nr. III, 81,8 Neg.-Nr. 14461

7a.4.

7a.5.

7a.7. Luthers Predigt gegen die Bilderstürmer in Jena 1524, 1724

Bez. u. r.: Carolus Remshard fecit.

Kupferstich und Radierung. Bildgr. bis zum äußeren Rand: 23,5 x 31,2 cm; Plattengr.: 24,2 x 32 cm

Das Blatt ist für eine „Illustration“ dieser Zeit sehr charakteristisch, und zwar in der Art, wie „Bild“ und „Gegenbild“ ineinander verschränkt werden. Die Hauptszene zeigt eine versammelte Gemeinde in einer Kirche, in der ein Pastor predigt. Tatsächlich dargestellt ist die renovierte Barfüßerkirche in Augsburg. „Und dieses Kirch-Gebäu *soll* dißmahl seyn ein Bilde Der Kirche, die da ist in Jena angelegt, Worinn Lutherus einst die tapff're Predigt hielte, Als falscher Lehrer Wuth gantz Sachsen-Land erregt.“ Eine Realität also kann zwar nicht in der Vorstellung, aber in Gedanken anstelle einer anderen treten. In diesem Sinn ist eine Bemerkung des Begleittextes über in Kirchen aufgehängte Bilder (was grundsätzlich erlaubt ist) zu verstehen: „Weil aber Mißbrauch sich einschleicht bey allen Sachen, So höre, was ein Bild vom Götzen unterscheid': Ein *Bild* muß man zu erst dem *Gegenbild* gleich machen, Mit diesem hat ein Götz gantz keine Ähnlichkeit.“ – Links und rechts je zwei weitere Szenen: Links Luther und Karlstadt(?) sowie darüber 2. Mose 24, 17 f. (Gnadenthron auf der Gesetzeslade, zwei Cherubim: als Beweis dafür, daß Bilder in Gotteshäusern zugelassen sind) und rechts Luther in Orlamünde(?) sowie darüber 4. Mose 21, S. 8 f. (Aufrichtung der ehernen Schlange). Zum Gesamtthema „Bilderverehrung – Bildersturm“ gehören die beiden Inschriften: „Bilder haben ist erlaubt, Wo man Gott sein Ehr nicht raubt“ und „Lutherus imagines contra Bodenstein longe propugnatur“.

K. Remshart vgl. Kat.-Nr. 7a.1.

Inv.-Nr. III, 81,9 Neg.-Nr. 14462

7a.8. Drei Anspielungen auf Luthers Lehren und Leben, 1725

Bez. u. l.: Balthas. Friderich Lutz del.; u. r.: Joh. Christian Leopold Sculps. Aug. Vind.

Kupferstich und Radierung. Bildgr. bis zum äußeren Rand: 23,25 x 31 cm; Plattengr.: 23,7 x 31,4 cm

Die drei von hohen Arkaden eingefaßten Szenen sind keine Lutherillustrationen im engeren Sinne. Von links nach rechts: „Obrigkeiten sind zu ehren Wie bezeugen Luthers Lehren“, „Die Lutherus tüchtig fand Ordinirt er mit der Hand“, „Luther tritt in Ehestand Weil Gott selbst geknüpfft diß band.“ In dieser letzten Szene segnet Christus ein Paar in antikischem Gewand.

Balthasar Friedrich Lutz (1690 – 1726) lebte als Kupferstecher und Zeichner in Augsburg (vgl. Thieme-Becker 23, 1929, S. 489 f.). – Johann Christian Leopold (1699 – 1755) war Kupferstecher und Verleger in Augsburg. Er hat u. a. Bildnisse gestochen, z. B. dasjenige Herzogs Karl Friedrich von Schleswig-Holstein-Gottorf).

Inv.-Nr. III, 301,1 Neg.-Nr. 14463

7a.9. Anspielung auf Luthers Katechismus, 1726

Bez. u. l.: Paul Decker delineavit; u. r.: Johann Christian Leopold Junior fecit.

Kupferstich und Radierung. Bildgr. bis zum äußeren Rand: 22,9 x 30,8 cm; Plattengr.: 23,85 x 31,5 cm

Dargestellt ist Mt. 19, 13 f. (Die Segnung der Kinder). Eine Anspielung auf Luthers Katechismus erfolgt indirekt in der Bibelunterschrift („Kinder-Lehren soll man halten, Mit den Jungen und den Alten“) und im begleitenden Text („dieses güldne Werck der Catechismus-Lehre“). – Luther hat den Großen und Kleinen Katechismus nicht schon, wie hier gesagt, 1526, sondern im April/Mai 1529 herausgegeben. Auch der ihm vorausgegangene Katechismus von Andreas Althamer ist erst 1528 (in Nürnberg) erschienen; vgl. Claus-Jürgen Roepke, Die Protestanten in Bayern, München 1972, S. 111 f. u. Ausst.-Kat. „Reformation in Nürnberg“, German. Nat. Mus. Nürnberg 1979, S. 209, Nr. 230 (Dr. Svetozar Sprusansky, Nürnberg).

Paul Decker (1685 Nürnberg – 1742 ebda.) war Maler und Zeichner in Nürnberg, seit 1739 Direktor der Malerakademie. (Es gab noch andere Künstler seines Namens). – J. C. Leopold vgl. Kat.-Nr. 7a.8.

Inv.-Nr. III, 101,3 Neg.-Nr. 14464

7a.10. Ausbreitung und Eindämmung des Luthertums, 1727

Bez. u. l.: J. A. Thelott del.; u. r.: Johann Matthias Steidlin sculpsit A. V.

Kupferstich und Radierung. Bildgr. bis zum äußeren Rand: 23,4 x 31 cm; Plattengr.: 24,8 x 33,2 cm

Im Vordergrund neben der weiblichen Figur des Glaubens (?) weibliche Figurationen von Hamburg, Dänemark, Schweden und Magdeburg (von links nach rechts) als Beispiele für die Ausbreitung der Reformation. Im Hintergrund vier Szenen, die Schicksalsschläge oder Widerstände gegen die Reformation zeigen: Die Pest in Wittenberg, Verbrennung eines Priesters Leonhard Kayser in Schärding (vgl. Claus-Jürgen Roepke, op. cit., S. 22.) (links) und Luther in innerer Not betend, darunter: Herzog Georg von Sachsen entsetzt den Hofprediger mit Gewalt seines Amtes (rechts). – Die Inschrift bezieht sich auf das Hauptthema: „Psalm 147, 15. Gott sendet seine Rede auf Erden, sein Wort laufft schnell. Ist auch das Evangelium aufzuhalten?“

J. A. Thelott vgl. Kat.-Nr. 7a.1. – Johann Matthias Steudlin war als Zeichner und Kupferstecher in Augsburg tätig, danach in Frankfurt und Regensburg (vgl. Thieme-Becker 32, 1938, S. 20).

Inv.-Nr. III, 235, 3 Neg.-Nr. 14465

7a.11. Evangelische Kirchenvisitation, 1728

Bez. u. l.: Elias Riedinger delin.; u. r.: Joh. Jacob Kleinschmidt Sculpsit

Kupferstich und Radierung. Bildgr. bis zum äußeren Rand: 22,65 x 30,05 cm; Plattengr.: 23,7 x 31,7 cm

Am Tisch sitzt Luther (in der Mitte) mit sechs Männern. Hinter ihnen im Halbkreis vor einer Wandverkleidung befinden sich zahlreiche weitere Männer. Auf dem Tisch steht ein Kruzifix, davor liegt ein geöffnetes Buch: „Joh. V. 39. Suchet in der Schrift.“ In der Fensterzone des Innenraums sieht man fünf Bilder (von links nach rechts): 1. Sam. 7, 16 („Samuel aber richtete Israel sein Leben lang und zog Jahr für Jahr umher . . .“); 2. Kön. 2, 1 f. (Elia wird entrückt und Elisa tritt seine Nachfolge an); Mt. 9, 35 („Jesus ging ringsum in alle Städte und

2 Mos. XXV.
v. 17. 20.
4. Mose. XXI.
8. 9.
BILDer haben Ist er,
LaVbt,
Wo Man Gott seIn ehr
nICht raVbt.
LVtherVs IMagInes
Contra BoDensteIn
Longe propVgna=
VIt.

7a.7.

Dörfer, lehrte in ihren Synagogen und predigte das Evangelium vom Reich ..."); Apg. 8, 14 („Als aber die Apostel in Jerusalem hörten, daß Samarien das Wort Gottes angenommen hatte, sandten sie Petrus und Johannes zu ihnen ..."); Apg. 15, 36 („Nach einigen Tagen sagte Paulus zu Barnabas: Laß uns wieder aufbrechen und in allen Städten, in denen wir das Wort des Herrn verkündigt haben, nach unsern Brüdern sehen, wie es um sie steht").

Johann Elias Riedinger (1698 Ulm — 1767 Augsburg) war Graphiker und Graphikverleger in Augsburg. Er ist besonders durch seine Tier- und Jagddarstellungen bekannt, hat aber auch u. a. religiöse Darstellungen gezeichnet. Unser Blatt bei G. A. W. Thienemann, Leben und Wirken des ... Thiermalers und Kupferstechers J. E. Riedinger, Leipzig 1856, Nr. 1381 (vgl. Thieme-Becker 28, 1934, S. 308 ff.). — Johann Jacob Kleinschmidt (gest. 1772 in Augsburg) war Kupferstecher in Augsburg (vgl. Thieme-Becker 20, 1927, S. 462).

Inv.-Nr. III, 151,15 Neg.-Nr. 14466

7a.12. Die Protestation in Speyer 1529, 1729

Bez. u. l.: J. A. Thelot delin.; u. r.: P. G. Harder sculp.

Radierung. Bildgr. bis zum äußeren Rand: 21,8 x 29,5 cm; Plattengr.: 23,2 x 31,3 cm

Die Überschriften des Begleittextes lauten: „Die protestirenden Apostel" und „Die Apostolischen Protestanten". Im ersten Fall (im Vordergrund) stehen die Apostel vor dem Hohen Rat, links thronend der Hohepriester. Petrus: „Man muß Gott mehr gehorchen als den Menschen"; im zweiten Fall (Hintergrund) die Darstellung der Protestation in Speyer 1529.

J. A. Thelot vgl. Kat.-Nr. 7a.1. — Philipp Gottfried Harder (1710—1749) war Kupferstecher in Augsburg (vgl. Thieme-Becker 16, 1923, S. 24).

Inv.-Nr. III, 239,1 Neg.-Nr. 14467

7a.13. Der Augsburger Reichstag 1530, 1730

Bez. u. l.: Joh. Lor. Haid inv. et del.; u. r.: Balth. Sigm. Setlezky sculp. Aug. Vindelicorum

Radierung und Kupferstich. Bildgröße: 22,4 x 29 cm; Plattengr.: 23,1 x 30,4 cm

Im Vordergrund ist das Pfingstwunder dargestellt (Apg. 2, 1 f.). Im Hintergrund auf einem von zwei Putten getragenen Bild erscheint der Augsburger Fronhof, in dem die Augsburgische Konfession am 25. Juni 1530 verlesen worden ist.

Joh. Lorenz Haid (1702 Kleineislingen — 1750 Augsburg) war Zeichner und Stecher in Augsburg. — Balthasar Sigmund Setletzky (1695 Augsburg — 1771 ebda.) war Zeichner, Kupferstecher und Radierer in Augsburg (vgl. Thieme-Becker 30, 1936, S. 536).

Inv.-Nr. III, 282,1 Neg.-Nr. 14468

In der Biographie von Karl Remshart (Thieme-Becker 28, 1934, S. 151 f.) wird eine „Sammlung aller Denkmale des Westphälischen Friedens, welche vom Jahr 1650 an biß 1789 ... ausgetheilt worden" erwähnt, die möglicherweise die Fortsetzung des „Augspurgischen Friedens-Gedächtnisses" enthält?

8

Elias Baeck gen. (alias) Heldenmuth

1679—1747 Augsburg

Baeck hat in Rom (wo er seinen Beinamen erhielt), in Venedig und Ljubljana (Laibach) gelebt, bevor er nach Augsburg kam. Nach Brückner war er nicht nur Maler und Kupferstecher, sondern auch Verleger. Vgl. Thieme-Becker 2, 1908, S. 337. Bei Nagler, Monogr. II, 1513 und bei Julius Meyer, Allg. Künstler.-Lex., 2. Bd., 1878, S. 534 f. ist die Lutherfolge nicht verzeichnet. Hinweis auf Baeck in: Wolfgang Brückner, Populäre Druckgraphik Europas. Deutschland vom 15.—20. Jh., München 1969, S. 214, u. a.: „Der am Protestantenschicksal 1732 engagierte, fertigte keine katholischen Andachtsbilder, umso mehr profane Graphik" (Ludwig Baron Döry, Die profanen Stichfolgen im Kellerschlössel Dürnstein. In: König Richard I. Löwenherz von England, Dürnstein 1966, S. 116—120). Vgl. auch Martin Scharfe, Evangelische Andachtsbilder, Stuttgart 1967, S. 193.

Luthers Leben in 15 Darstellungen und ein Titelblatt, 1730

Blatt 15 ist bez. u. l.: I (?) A.M. del., u. r.: E.B.a.H. sculp. — Der Name des Zeichners konnte bisher nicht herausgefunden werden.

Die Blätter im einzelnen:

8.1. Titelblatt. Zwei schwebende Putten halten ein ovales Bildnis Martin Luthers. Unten sitzt eine weibliche Gestalt (Fama), die die Geschichte Luthers schreibt. Im Buch stehen die Worte: Historia B. Lutheri (B = Beati?). Darüber in einer Kartusche: Testis temporu(m). Lux Veritatis etc. (Zeuge der Zeiten, Licht der Wahrheit). Radierung, 12,5 x 6,9 cm

KK Coburg Neg.- Nr. 12953

Bei den folgenden Blättern stehen jeweils zwei Darstellungen übereinander, eine emblematische oben (etwa quadratisch), eine Szene aus Luthers Leben unten (oval). Beide sind inhaltlich aufeinander bezogen und durch Inschriften erläutert. Es wird zunächst immer die Lutherillustration genannt, danach die emblematische Darstellung mit Devise und Zweizeiler.

8.2. Luthers Geburt. — Schiff in Seenot, Stern am Himmel. Devise: Felice hoc sidere tuti (Unter diesem Stern beschützt). Darunter: Der Sturm, der unserm Schiff den Untergang vermeint, Verschwind zu unserm Heil, da dieser Stern erscheind.
Radierung, 12,6 x 6,9 cm
Vgl. Arthur Henkel und Albrecht Schöne (Hg.), Emblemata, Stuttgart 1967, Sp. 1465: Schiff im Unwetter. Unsere Variante ist nicht aufgeführt.
KK Coburg Neg.-Nr. 12954

8.3. Luther als Schüler. — Aufgehende Sonne am Meer, ein Mann weist darauf hin. Devise: Quantus in meridie (Wie groß wird sie am Mittag sein). Darunter: Steigt früh die Sonne schon aus Thetis nasen Reichen, So dencket man dabey im Mittag, sonder gleichen.
Radierung, 12,5 x 6,9 cm
Vgl. Emblemata, Sp. 18 f.: aufgehende Sonne. Unsere Variante ist nicht aufgeführt.
KK Coburg Neg.-Nr. 12955

8.4. Luther im Unwetter. — Schwan unter einem Lorbeerbaum bei Gewitter. Devise: Nil fulmina curat (Schert sich nicht um Blitze). Darunter: Es krache wie es will, bey Doñer und bey Blitzen, So kan doch jeder Zeit ihn dieser Lorbeer schützen.
Radierung, 12,5 x 6,9 cm
Vgl. Emblemata, Sp. 817: es wird ein sehr ähnliches Emblem abgebildet, dort weitere Hinweise.

KK Coburg Neg.-Nr. 12956

8.5. Luther im Studierzimmer. — Kompaß, Segelschiff auf dem Meer. Devise: Centru mihi stella polaris (Für mich ist der

8.1.

8.2.

8.3.

8.4.

Polarstern das Zentrum). Darunter: Mein Centru ist allein nach dem Polar gericht, Sonst acht ich keinen Stern und suche keinen nicht.
Radierung, 12,6 x 6,9 cm
Vgl. Emblemata Sp. 1471 f.: Kompaß und Polarstern. Unsere Variante ist nicht aufgeführt. Vgl. ferner Jacobus Boschius, Symbolographia, 1702, Neudruck von 1972, I, CCCXXXIV.
KK Coburg Neg.-Nr. 12964

8.6. Luthers Thesenanschlag. – Ein geflügelter Putto pflanzt in einem von einer Mauer umgebenen Bezirk einen jungen Baum. Devise: Favente Deo (Unter der Gunst Gottes). Darunter: So ferne Gottes Macht will diesen Baum erhöhen, Wird er im größtē Sturm den̄och beständig stehen.
Radierung, 12,6 x 6,9 cm
Vgl. Emblemata Sp. 160 f.: Junger Baum wird gepflanzt. Unsere Variante ist nicht aufgeführt.
KK Coburg Neg.-Nr. 12957

8.7. Verbrennung der Bannbulle und des kanonischen Rechts. – Getreidefeld, das vom Sturm niedergedrückt wird. Devise: Frustraque laborant (Und sie arbeiten vergeblich). Darunter: Was Gott erhalten will, bleibt bey dē größtē stürmē Beständig unversehrt bey solchem Schutz u. schirmen.
Radierung, 12,5 x 6,8 cm
Vgl. Emblemata Sp. 321: Kornfeld vom Regen niedergedrückt. Unsere Variante ist nicht aufgeführt.
KK Coburg Neg.-Nr. 12959

8.8. Luthers Verhör in Augsburg durch Kardinal Cajetan. – Vogelsteller. Devise: Horret adire locum (Mich schauderts, den Ort zu betreten). Darunter: Ich bleibe, wie ich bin, lockt, schmeichelt wie ihr wist, Mich fanget, glaubt es nur, gewislich keiner nicht.
Radierung, 12,6 x 6,8 cm
Vgl. Emblemata Sp. 1107 ff.: Vogelsteller mit Netz als Hinweis auf Verführung, betrügerische Schmeichelei, List des Teufels. Unsere Variante ist nicht aufgeführt.
KK Coburg Neg.-Nr. 12958

8.5.

8.6.

8.7.

8.8.

8.9. Luther vor Kaiser Karl V. auf dem Reichstag in Worms. – Nadelbaum im Regensturm. Devise: Et aestu et frigore constans (In Hitze und Kälte unwandelbar). Darunter: Es wittere wie es will, in Hitze und in Kält, Er seine Farb und Krafft doch unversehrt behält.
Radierung, 12,5 x 6,9 cm
KK Coburg Neg.-Nr. 12960

8.10. Luther wird auf die Wartburg entführt. – Frau, im Ungewitter, trägt ein Lamm im Arm. Devise: Ferendum (Man muß es ertragen). Darunter: Ein recht geduldigs Hertz weist alle Noth u: Plagen, Mit unerschrocknem Muth beständig zu ertragen.
Radierung, 12,5 x 6,9 cm
KK Coburg Neg.-Nr. 12961

8.11. Luther betritt die schützende Wartburg, von zwei Männern verfolgt. – Gemse auf hohem Felsen, vergeblich von Hunden und Jägern verfolgt. Devise: Supergressus (Ich bin hinübergeschritten). Darunter: Hat man mir nachgestelt, u: vormals Furcht gemacht, Wird es an diesem Ort doch nun nicht mehr geacht.
Radierung, 12,6 x 6,9 cm
KK Coburg Neg.-Nr. 12968

8.12. Luther im Zwiegespräch mit dem Kruzifix. – Geflügelter Putto mit Anker, der oben Kreuzform annimmt, am Meeresstrand. Devise: In cruce spes mea (Im Kreuz meine Hoffnung). Darunter: Raß, Unglück, wie du wilt, ich achte solches nicht, Den̄ meine Hoffnung ist allein zum Creutz gericht.
Radierung, 12,6 x 6,9 cm
Vgl. Emblemata Sp. 1475 f. Unsere Variante ist nicht aufgeführt.
KK Coburg Neg.-Nr. 12962

8.13. Luther heiratet Katharina v. Bora. – Zwei geflügelte Putten reichen einander die Hand. Devise: Mors sola separabit (Der Tod allein wird uns scheiden). Darunter:

8.9.

8.10.

8.11.

8.12.

Die Hertzē, die sich stets treu gesiñet kennen, kan niemals etwas sonst, als nur der Todt zertreñē.
Radierung, 12,5 x 6,9 cm
KK Coburg Neg.-Nr. 12963

8.14. Luther als Katechet. — Ein Schwan mit drei Jungschwänen auf einem regulierten Teich, der durch ein Wehr abgetrennt und aufgestaut ist. Devise: Candore insignis (Ausgezeichnet mit Klarheit). Darunter: Es wird sein weißer Schnee auch noch die Jungē zierē, Wan nur die selbē erst die rechte größe spüren.
Radierung, 12,6 x 6,9 cm
Vgl. Jacobus Boschius, Symbolographia, 1702, Neuausgabe der Akademischen Druck- und Verlagsanstalt, Graz 1972, I, DCCCLXIX (Schwan: Candor illaesus), III, DCLXXIII (Schwan: Cum candore canor).
KK Coburg Neg.-Nr. 12967

8.15. Luther am Bett eines Sterbenden (oder Toten). — Verbrennende Kreuze; aus dem Feuer fliegt ein Vogel empor zur Sonne. Devise: Haec dant mihi funera vita (Dieses Leichenbegängnis gibt mir das Leben). Darunter: Es kan mir diser Todt allein das rechte Leben, Wornach ich stets gestrebt, u: mein vergnügē gebē.
Radierung, 12,6 x 6,9 cm
Der auffliegende Vogel begegnet sehr häufig in der zeitgenössischen Emblematik. Vgl. z. B. Jacobus Boschius, Symbolographia, 1702, Neuausgabe von 1972, I, C.
KK Coburg Neg.-Nr. 12965

8.16. Luther aufgebahrt. — Weinender geflügelter Putto; untergehende Sonne. Devise: Etiam extintus amabitur (Auch nach seinem Tod wird er geliebt werden). Darunter: Ist die beliebte Sonn schon völlig untergangen, So träget man doch stets nach selbiger verlangē.
Radierung, 12,6 x 6,9 cm
Bez. u. l.: I (?) A.M. del., u.r.: E.B. a.H. sculp.
Vgl. Emblemata Sp. 19 f. Unsere Variante ist nicht aufgeführt.
KK Coburg Neg.-Nr. 12966

8.13.

8.14.

8.15.

8.16.

Die Illustrationen zu Luthers Leben beschränken sich auf die notwendigsten Angaben bei Personen und Örtlichkeiten. Einige Szenen sind nicht auf bestimmte, historisch überlieferte Ereignisse beziehbar (Nr. 3, 5, 11, 12, 14, 15). Luther trägt nie das Mönchsgewand.

Die Kunstsammlungen besitzen die Baecksche Folge in zwei Exemplaren: einmal als Einzelblätter und zum anderen aufgeklebt auf ein großes Blatt als eine Seite des Sammelbandes „ Augspurgisches Jubel-Gedächtnüs, daß ist, Alle sin̄reiche Inventiones oder so genandte Jubel-Gemählde, welche im Jahr Christi 1730. auf daß von einer hohen Obrigkeit A: C: allhier verordnete und mit der sämtlichen Evangelischen Kirche wegen der Anno 1530, den 25. Iuny Dem Kayser, Churfürsten, Fürsten und Ständten des Heiligen Röm. Reichs nach ihrer Ablesung übergebenen Confession Danckbarlich zu celebrirenden Jubel-Festes, von unterschiedlichen u. berühmten Künstlerī in Kupfer gestochen, Nun aber auf vieler begehren complet zusammen gesamlet worden, und so wohl gebunden, als ungebunden zu bekom̄en seind Bey Johann Michael Roth bestelten Musico in Augspurg, o.J." — Die Baecksche Folge ist die einzige des Bandes, die sich auf die Darstellungen aus Luthers Leben beschränkt. Was die Verwendung emblematischer Bilder betrifft, steht diese Lutherfolge im Zusammenhang der 1730 in Augsburg erschienenen Jubelfest-Blätter jedoch nicht allein da, auch nicht in der Kombination von Devisen und gereimten Zweizeilern in deutscher oder lateinischer Sprache. So hat Gabriel Bodenehr, Kupferstecher in Augsburg, eine 13teilige Radierungsfolge für Kinder herausgebracht, die halb emblematischen, halb historisch-didaktischen Charakter besitzt. Hierzu gehören eine Reihe von beidseitig bedruckten Radierungen in Briefform. Sind diese meistens kleinformatig, haben andere sehr großes Format. Ihnen sind z.T. ausführliche gedruckte Erklärungen beigefügt, damit die „Emblematische und Historische Fürstellungen", „Evangelischer Christen Augen-Weide und Gemüths-Freude", die „Christlich-wohlgemeynte Gedancken Und Emblematische Vorstellungen" auch wirklich verstanden würden (Radierungen von Joh. Christ. Kolb nach Gottfried Kogg, von Joh. Aug. Corvinus, vgl. Kat.-Nr. 5, und von Balth. Sigm. Setlezky nach Joh. Lor. Haid).
Von Elias Baeck sind im Sammelband außer der Lutherfolge folgende Radierungen enthalten: Bildnis Luthers nach Lucas Cranach (wiedergegeben wird darunter ein Brief, den Luther auf der Veste Coburg 1530 geschrieben hat), eine allegorische Darstellung auf den Sieg der Reformation sowie die Wiedergabe der 1730 in der Augsburger Jakobskirche errichteten Ehrenpforte. (Kp. B. 93 a).

9
Augsburger Kupferstecher

Beidseitig bedruckter Brief zur 200. Wiederkehr der Verlesung des Augsburgischen Glaubensbekenntnisses, 1730
Nicht bez.
Radierung. Bildgr. der gesamten Radierung: 17,6 x 28,8 cm, der Lutherszene: 7,6 x 7,1 cm

Unter den Darstellungen des Blattes befindet sich diejenige Luthers auf der Wartburg. Ähnlich wie bei der gleichen Szene in der Radierung von J.A. Corvinus (Kat.-Nr. 5.4.) sitzt Luther in einem sehr großen Raum schreibend an einem Tisch. Dazu die Unterschrift: Als unser Luther war in ban̄ u: Acht erkläret, War er in Wartenburg aufs sicherste verwahrt. Da hat der grosse Gott Ihn seiner bitt gewähret, da hat ER seinen Fleiß im Schreibē nicht gespahrt, Sein Geist war in dē Schloss mit nichtē eingeschlossen. Im Schreibē u: Gebet war Er stets ausgeflossen.

Inv.-Nr. Kp. B. 93 a
Neg.-Nr. 13876, 13876 a

9.

10
Johann Heinrich Lips

1758 Kloten bei Zürich – 1817 Zürich

Lips wurde durch Joh. Casp. Lavater gefördert und entwickelte sich zu einem der besten Reproduktionsgraphiker der Zeit, der etwa 1400 Kupferstiche und Radierungen geschaffen hat, vor allem Illustrationen für Almanache, Romane, Rittergeschichten und Modejournale. Nach dem Tode des Berliner Illustrators Daniel Chodowiecki (1801) stiegen Bestellungen bei ihm noch mehr an. Bei einem zweiten Aufenthalt in Rom ab 1786 lernte Lips Goethe kennen, „der ihm nach seiner Rückkehr nach Weimar im Namen des Herzogs den Vorschlag machte, als Professor der Zeichenakademie dorthin zu kommen. Er folgte 1789 diesem Ruf und bekleidete die Stelle bis 1794, als er gesundheitshalber in sein Vaterland zurückkehren mußte“ (Carl Brun, Schweizerisches Künstler-Lex., 1908, S. 266 ff.). Die Zürcher Kunstgesellschaft besitzt außer Aquarellen und Zeichnungen von Lips „die komplette Sammlung seiner Kupferstiche in vier mächtigen Bänden, von ihm selbst chronologisch geordnet und mit Register versehen“ (ebda.).

10.1. Luther und Georg v. Frundsberg in Worms 1521, (1791)
Bez. u. l.: H: Lips del.
Lavierte Federzeichnung, schwarze Tusche, montiert auf eine z. T. hellgrün getönte Unterlage; Korrekturen mit Deckweiß.
Blattgr.: 16 x 9,2 cm; Bildgr.: 15,45 x 8,85 cm

Die Zeichnung dürfte in Weimar entstanden sein. – Dargestellt ist eine legendäre Begegnung Luthers und Frundsbergs, des bekanntesten deutschen Landsknechtsführers (1473–1528), vor Luthers Auftreten vor Kaiser Karl V. und dem Reichstag in Worms. Frundsberg soll gesagt haben: „Mönchlein, Mönchlein, du gehst einen Gang, einen Stand zu thun, dergleichen ich und mancher Oberster auch in unsern allerernstesten Schlachtordnungen nicht gethan haben; bist du auf rechter Meinung und deiner Sache gewiß, so fahre in Gottes Namen fort und sei nur getrost, Gott wird dich nicht verlassen.“ (zit. nach: Georg Buchwald, Doktor Martin Luther, Leipzig und Berlin 1902, S. 213).

Inv.-Nr. Z 1412 Neg.-Nr. 13643

10.2. Luther in Worms, 1791
Bez. u. r.: H. Lips del. et sculp.
Radierung. Bildgr.: 15,45 x 8,7 cm; Plattengr.: 17,3 x 10,25 cm.
Eigenhändige Radierung nach der Zeichnung 10.1. – Nach Mitteilung von Frau Dr. Ursula Perucchi, Zürcher Kunstgesellschaft, ist die Radierung 1791 entstanden. Frau Dr. Perucchi teilt ferner mit: „Wir haben in unserer Sammlung keinen weiteren Stich von H. Lips, der Luther darstellt.“

Inv.-Nr. V, 128, 472 Neg.-Nr. 13644

10.3. wie 10.2., jedoch mit der Unterschrift: Luther in Worms. Der Druck hat etwas andere Maße, die aber im Rahmen der üblichen Unterschiede liegen. Bildgr.: 15,3 x 8,6 cm; Plattengr.: 17 x 10,1 cm

Inv.-Nr. V, 128, 473 Neg.-Nr. 13645

10.1.

10.3.

11
Johann David Schubert
1761 Dresden – 1822 ebda.

Schubert war Schüler der Dresdener Akademie. Seit 1781 arbeitete er in der Porzellanmanufaktur Meißen, seit 1795 als Ober-Maler-Vorsteher. 1801 wurde er Professor der Geschichtsmalerei an der Akademie in Dresden. Nagler 16, 1846, S. 36 urteilt über Schubert treffend: „Schubert hatte . . . Talent zur Composition, mußte es aber nur für kleine Arbeiten im Buchhandel zersplittern, die ihm meistens nicht so viel Zeit ließen, um sie gehörig zu durchdenken, und in allen Theilen correkt zu verfahren. Seine Zeichnungen zum Stiche sollen sich auf einige Tausende belaufen." Seine Zeit hat ihn sehr geschätzt. So spricht der Göttinger Taschen-Calender für das Jahr 1795 vom „vortrefflichen Herrn Schubert in Meißen" (S. 215). Illustrationen von Schubert finden sich u. a. im Leipziger Taschenbuch für Frauenzimmer und im Göttinger Taschenkalender. Vgl. Thieme-Becker 30, 1936, S. 305.

11.1. Der junge Luther wird von Conrads Cotta Ehefrau zu Eisenach ins Haus genommen, 1793
Bez. u. r.: Schubert del: 1793; außerdem Titel (s. o.)
Lavierte Federzeichnung, schwarze Tusche.
Blattgr.: 14,25 x 9,05; Bildgr.: 13 x 8,1 cm
Vgl. H. Gruppe, 2
Inv.-Nr. Z 1798 Neg.-Nr. 13648

11.2. Luther verbrennt die canonischen Rechtsbücher und die päpstliche Bannbulle. 10. Dec. 1520.
Bez. u. r.: Schubert del:; außerdem Titel (s. o.)
Lavierte Federzeichnung, schwarze Tusche.
Blattgr.: 14,65 x 9,15 cm; Bildgr.: 13 x 8,05 cm.
Inv.-Nr. Z 1799 Neg.-Nr. 13647

11.3. Luther an der Tafel des Churfürsten Richard von Trier, 1794
Bez. u. r.: Schubert del:; u. l.: Meissen 1794; außerdem Titel (s. o.)
Lavierte Federzeichnung, schwarze Tusche.
Blattgr.: 14,8 x 9,2 cm; Bildgr.: 13,05 x 8,05 cm
Vgl. H. Gruppe, 30
Inv.-Nr. Z 1800 Neg.-Nr. 13649

11.4. Luthers gewaltsame Entführung auf die Wartburg
Bez. u. r.: Schubert del:; außerdem Titel (s. o.)
Lavierte Federzeichnung, schwarze Tusche.
Blattgr.: 14,7 x 9,45 cm; Bildgr.: 13 x 8,05 cm
Vgl. H. Gruppe, 31
Inv.-Nr. Z 1801 Neg.-Nr. 13650

11.5. Katharina v. Bora findet ihren drei Tage vermißten Gatten, Luther, im tiefen Nachdenken am Studier-Tische
Bez. u. r.: Schubert del:; außerdem Titel (s. o.)
Lavierte Federzeichnung, schwarze Tusche.
Blattgr.: 15,15 x 10,1 cm; Bildgr.: 13 x 8,05 cm
Inv.-Nr. Z 1802 Neg.-Nr. 13652

11.6. Luthers Tod zu Eisleben
Bez. u. r.: Schubert del:; außerdem Titel (s. o.)
Lavierte Federzeichnung, schwarze Tusche.
Blattgr.: 14,55 x 9,3 cm; Bildgr.: 13 x 8 cm
Inv.-Nr. Z 1803 Neg.-Nr. 13651

Diese sechs Zeichnungen sind von verschiedenen Reproduktionsgraphikern für ein sehr ehrgeiziges Buchunternehmen der Zeit radiert worden: das in drei Bänden in Chemnitz 1794, 1795 bei Karl Gottlieb Hofmann, 1800 bei Friedr. Gotthold Jacobäer erschienene „Pantheon der Deutschen".
K. G. Hofmann hat im ersten Band die Beweggründe für die auf eine ganze Reihe von Bänden geplante Buchreihe mitgeteilt, die so zeittypisch und auch für die eigentliche Entstehung einer neuen Auffassung von Lutherlebenbildern charakteristisch sind, daß sie im folgenden auszugsweise zitiert seien. Der Band ist Kaiser Franz I. gewidmet. „Das Andenken des mit glänzenden Charakterzügen verherrlichten Deutschen Ruhms, unvergeßlicher Deutscher Geschichtsszenen und der Deutschen großen und edeln Geister, die der Stolz und die Zierde ihres Vaterlandes sind, gewährt eine Empfindung, die der ganzen Nation angehört, jedes deutsche Herz entflammt, den Patriotismus belebt, den Gemeingeist veredelt und aus der schönen Idee entspringt, daß die Deutschen, obgleich durch einzelne Staaten und abweichende Religionsgrundsätze unter sich verschieden, unter dem Szepter ihres erhabenen Oberhaupts nur Eine Nation sind, und ein gemeinsames Vaterland haben." Sein Buch sei „ein Versuch, der Ehre und dem Geist der Nation zu huldigen."
Im Vorwort „An die deutschen Patrioten" heißt es werbend, daß Hofmann „es der Ehre unserer treflichsten Schriftsteller und Künstler für werth hielt, zur Ausführung einer Idee mitzuwirken, für die der aufgeklärte Theil unserer Nation gewiß empfänglich seyn wird." Sein Ziel ist es, „einen litterarischen Tempel der Verherrlichung zu errichten, wo Litteratur und Kunst sich vereinigen, die Geschichte des deutschen Ruhms darzustellen, wo der deutsche Patriot in einer Reihe historischer Gemälde die Tugenden und Verdienste seiner Nation entwickelt findet."
Der Aufruf und Plan Karl Gottlieb Hofmanns kam zehn Jahre zu früh. Im zweiten Band beklagte er sich zwischen den Zeilen, daß weder das Publikum noch berühmte Schriftsteller für die Buchreihe zu erwärmen waren. Nach Erscheinen des schon nicht mehr von ihm herausgebrachten dritten Bandes brach das Unternehmen ab.
Die Diskrepanz zwischen den hochfliegenden Ideen Hofmanns und den Verwirklichungsmöglichkeiten im Bereich der bildenden Kunst und der Geschichtsschreibung wird in der Art der Illustrationen – Historienbildern – des „Pantheons der Deutschen" sichtbar: sie stehen in einem merkwürdigen Kontrast zum Pathos der Worte und Gedanken Hofmanns.
Mitzuteilen wäre noch, welche Biographien im „Pantheon der Deutschen" veröffentlicht worden sind: 1. Band: D. Martin Luther, Friedrich II., König von Preußen.

Der junge Luther wird von Conrads Cotta Ehefrau
zu Eisenach ins Haus genommen. Schubert del: 1793.

11.1.

11.7.

Luther verbrent die canonischen Rechtsbücher und die päbstliche Bannbulle. 10. Dec: 1520.
Schubert del.

11.2.

Luther an der Tafel des Churfürsten Richard von Trier.
Meissen 1794.
Schubert del.

11.3.

2. Band: Kaiser Rudolph von Habsburg, Gottfried Wilhelm Freyherr von Leibnitz, Gotthold Ephraim Lessing. 3. Band: Herrmanns Schlachten, Ulrich von Hutten, Nicolaus Copernicus, Moriz von Sachsen.

Die Lutherbiographie beginnt mit einem Lutherbildnis von Johann Friedrich Bolt (1769 – 1836) nach Lucas Cranach. Danach folgen sechs Illustrationen nach den oben aufgeführten Zeichnungen J. D. Schuberts.

11.7. Der junge Luther wird von Conrads Cotta Ehefrau zu Eisenach ins Haus genommen, 1794
Bez. u. l.: Schubert del.; u. r.: C. Schule sc. 1794. Oben r.: I. Unten Titel (s. o.).
Radierung. Bildgr.: 13 x 8 cm; Plattengr.: 16,4 x 10 cm
Aus: Pantheon der Deutschen I, 1794, S. LXXII/LXXIII
Christian Schule (1764 Kopenhagen – 1816 Leipzig) war Zeichner und Reproduktionsgraphiker in Leipzig. Vgl. Thieme-Becker 30, 1936, S. 321.
Die Radierung ist gegenüber der Zeichnung seitenverkehrt. Bei den übrigen Reproduktionen bleibt das Seitenverhältnis erhalten. Die Szene ist ausführlich im Text erläutert (S. LXXII ff.).

11.8. Luther verbrennt die canonischen Rechtsbücher und die päbstliche Bannbulle. d. 10ten Dec: 1520, 1794
Bez. u. l.: Schubert del.; u. r.: D. Berger. sc: 1794. Oben r.: II. Unten Titel (s. o.).
Radierung. Bildgr.: 13,1 x 8,1 cm; Plattengr.: 16 x 10,1 cm
Aus: Pantheon der Deutschen I, 1794, S. LXXIV/LXXV
Daniel Berger (1744 Berlin – 1824 ebda.) war Reproduktionsgraphiker in Berlin. Er arbeitete viel nach D. Chodowiecki. 1778 wurde er Mitglied der Akademie der Künste zu Berlin, 1787 Professor und Lehrer der Kupferstecherkunst. Zu seinen Schülern zählten Joh. F. Bolt (s. o.) und J. S. Ringk (s. u.).
Die Szene ist im Text ausführlich erläutert (S. LXXIV ff.).

Inv.-Nr. IV, 409, 1421
Neg.-Nr. 13324, 13646

11.9. Luther an der Tafel des Churfürsten Richard von Trier, (1794)
Bez. u. l.: Schubert del:; u. r.: Dornheim sulps. (!). Oben r.: III. Unten Titel (s. o.)
Radierung. Bildgr.: 13 x 8 cm; Plattengr.: 17,8 x 12,1 cm
Aus: Pantheon der Deutschen I, 1794, S. LXXVIII/LXXIX
Johann Carl Dornheim (1760 Gotha, tätig um 1780 – 1810 in Leipzig und Gotha) war Reproduktionsgraphiker „in der Art Chodowieckis sowie Roßmaeßlers und anderer Stecher der Oeser-Schule" (Thieme-Becker 9, 1913, S. 484 f.).

Die Szene wird S. LXXVIII ff. erläutert. Da die legendäre Begebenheit relativ unbekannt ist, sei sie im folgenden zitiert. Kurfürst Richard von Trier versuchte, den Konflikt mit Luther in Worms einzudämmen und lud ihn zu einer Abendtafel ein. „Bei dieser Abendmahlzeit war es eben, wo sich der Zufall ereignete, der den Gegenstand des dritten Kupferblattes ausmacht. Der Trierische Kanzler D. Johann von Eck brachte Luthern über der Tafel seine Gesundheit zu. Dieser setzte, um die Höflichkeit zu erwiedern, sein Glas an den Mund; aber in demselben Augenblick zerspringt das Glas, und sogleich äußerten verschiedene Herren aus der Gesellschaft ihr Muthmaßung, daß der Wein in dem zersprungenen Glase wohl vergiftet gewesen seyn müsse. Nur Luther, der auch bei diesem, wenn gleich überraschenden, doch ganz natürlichen Vorfall seine gewöhnliche Fassung nicht verlor, nicht sogleich, wie es alltägliche Menschen an seiner Stelle gethan haben würden, sich aller wirklichen und vermeinten geheimen Nachstellungen, denen er schon ausgesetzt war, voll kleinmüthiger Furcht erinnerte, war weit davon entfernt, eine Vergiftung zu muthmaßen. „Lieben Herren", sagte er zu seinen erstaunten Mitgästen, „der Trunk ist mir entweder nicht bescheert oder nicht gesund gewesen; und gewiß sprang das Trinkgeschirr, weil man es in kaltem Wasser abkühlte." Vgl. H. Gruppe, 30.

Inv.-Nr. VI, 64,37 Neg.-Nr. 13326

11.5.

11.6.

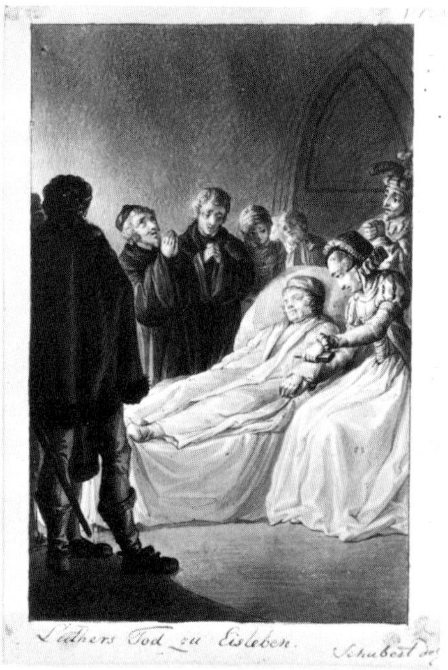

11.10. Luthers gewaltsame Entführung auf die Wartenburg, (1794)
Bez. u. l.: Schubert del.; u. r.: Geyser sc. Oben r.: IV. Unten Titel (s. o.)
Radierung. Bildgr.: 13 x 8 cm
Aus: Pantheon der Deutschen I, 1794, S. LXXXII/LXXXIII
Christian Gottlieb Geyser (1742 Görlitz – 1803 Leipzig) war „einer der fruchtbarsten und erfolgreichsten Schüler Oesers" (vgl. Thieme-Becker 13, 1920, S. 514 f.). Er arbeitete in Leipzig. Die Zeitgenossen priesen den „duftenden Schmelz" seiner Technik. Er genoß „den Ruf, einer der größten Meister der Radierung in- und außerhalb Deutschlands zu sein".
Die Szene wird S. LXXXII ff. erläutert.

11.11. Katharina v. Bora findet ihren drey Tage vermisten Gatten Luther im tiefen Nachdenken am Studier-Tische, (1794)
Bez. u. l.: Schubert del.; u. r.: I. S. Ringk sc. Oben r.: V. Unten Titel (s. o.)
Radierung. Bildgr.: 12,9 x 8,1 cm; Plattengr.: 16,4 x 10,7 cm
Aus: Pantheon der Deutschen I, 1794, S. LXXXVI/LXXXVII
Johann Samuel Ringk (gest. 1814) war seit 1779 Schüler von Daniel Berger (11. 8.) an der Berliner Akademie, seit 1795 dort Lehrer, seit 1805 Professor der Zeichenkunst. Vgl. Thieme-Becker 28, 1934, S. 369. – Nagler 13, 1843, Nr. 2.

Die Szene wird S. LXXXVI ff. erläutert. Luther habe sich, um ungestört über die Auslegung des 22. Psalms („Mein Gott, mein Gott, warum hast Du mich verlassen?") nachdenken zu können, in sein Studierzimmer zurückgezogen und „vertiefte sich dergestalt in seinen Auslegungshypothesen, daß er drey Tage und eben so viele Nächte unbeweglich an seinem Schreibtische sitzen blieb". Seine Frau forschte vergebens im ganzen Haus und im Garten nach ihm. Schließlich ließ sie die verschlossene Tür des Studierzimmers gewaltsam öffnen. Sie fand ihn wie beschrieben, nicht sehr erfreut über die Störung, denn er „hätte

11.10.

gewünscht, die Ideenreihe, die ihm die unternommene Auslegung jenes Psalms in die Seele brachte, ungestört verfolgen zu können".

Inv.-Nr. V, 14, 25 Neg.-Nr. 13325

11.12. Luthers Tod zu Eisleben, 1794
Bez. u. l.: Schubert del.; u. r.: W. Arndt sc: Berlin 1794. Oben r.: VI. Unten Titel (s. o.)
Radierung. Bildgr.: 12,95 x 7,85 cm
Aus: Pantheon der Deutschen I, 1794, S. XC/XCI
Wilhelm Arndt (geb. in Berlin, gest. 1813 in Leipzig) war im wesentlichen Reproduktionsgraphiker in Berlin, Wörlitz und Dessau.
Die Szene wird S. XCI ff. beschrieben.

Im dritten Band des „Pantheon der Deutschen" sind zwei weitere Illustrationen, die direkt oder indirekt mit Luther in Verbindung stehen, enthalten, die, obwohl sie nicht von J. D. Schubert gezeichnet sind, hier folgen mögen:

11.13. Luthers Weissagung über Moritz von Sachsen, 1797
Bez. u. l.: Kininger del.; u. r.: C. Schule sc. 1797. Unten Titel (s. o.)
Radierung. Bildgr.: 12,9 x 7,8 cm
Aus: Pantheon der Deutschen III, Leipzig 1800, in der Biographie „Moriz, Kurfürst von Sachsen" von Professor Woltmann, Jena, S. 10/11.
Vincenz Georg Kininger (1767 Regensburg – 1851 Wien) war seit den 80er Jahren des 18. Jahrhunderts sehr vielseitig als Maler, Zeichner und Graphiker (hervorragend in der Schabkunst) in Wien tätig. „1807 erhielt Kininger auf Antrag die durch den Tod J. P. Pichlers erledigte Professur an der Schabkunstschule der Wiener Akademie übertragen" (Thieme-Becker 20, 1927, S. 331 f.).
Christian Schule (1794 Kopenhagen – 1816 Leipzig) s. Kat.-Nr. 11.7.
Die Szene wird S. 8 ff. beschrieben. Moritz von Sachsen war als Jüngling zu Besuch am Hof seines Vetters, des Kurfürsten Johann Friedrich des Großmütigen, in Torgau. Johann Friedrich zweifelte, „ob er sich von diesem sonderbaren, von diesem allgeliebten und allgefürchteten jungen Mann mehr Gutes als Böses auf die Zukunft versprechen sollte". Er bat Luther um ein Urteil. „Luther faßte den jungen Herzog scharf ins Auge, kehrte sich dann gegen den Kurfürsten und sprach weissagend: ‚Sehet wohl zu, gnädiger Herr! daß ihr nicht einen jungen Löwen auferziehet!'"

11.13.

11.14. Ulrich von Hutten liest auf Ebernburg seinem Freunde Sikingen bey Tische Luthers Schriften vor, 1796
Bez. u. l.: Kininger del.; u. r.: C. Schule sc: 1796. Unten Titel (s. o.)
Radierung. Bildgr.: 12,8 x 7,7 cm
Aus: Pantheon der Deutschen III, Leipzig 1800, S. 76/77. Enthalten in der Biographie „Ulrich von Hutten", geschildert von Christian Jakob Wagenseil, Kaiserlicher Majestät Pfalzgrafen und Reichsstadt Kaufbeuren Kanzlei-Direktor. Die Szene wird beschrieben S. 77 ff.
Zu Vincenz Georg Kininger und Christian Schule vgl. Kat.-Nrn. 11.13. u. 11.7.

12
Unbekannter Künstler

Dr. Mrt. Luthers gewaldsame Entführung auf die Wartenburg, um 1800
Nicht bez. Unten Titel (s. o.)
Deckfarbenmalerei und Aquarell. Bildgr.: 33,1 x 47,7 cm; Blattgr.: 36,9 x 47,7 cm
Das Blatt ist wahrscheinlich etwas beschnitten.
Die Figurengruppe ist kopiert nach J. D. Schuberts Zeichnung bzw. Chr. G. Geysers Radierung im „Pantheon der Deutschen" I, 1794, nach S. LXXXII. Vgl. hier Kat.-Nr. 11.4. u. 11.10.
Die schmale, hochrechteckige Komposition des Vorbildes ist in ein behäbiges Querformat verändert.
Die Baumstaffagen links und rechts im Vordergrund sind zu der Schubertschen Erfindung hinzugefügt worden. Wie dort fehlt auch in dieser Wasserfarbenmalerei der sonst obligatorische Blick auf die Wartburg.
KK Coburg Neg.-Nr. 12998

13
Daniel Nikolaus Chodowiecki
1726 Danzig – 1801 Berlin

Chodowiecki wandte sich erst 1758 der Radierung und verwandten graphischen Techniken zu. Er war der fruchtbarste Illustrator seiner Zeit. Seit 1764 war er Mitglied der Berliner Akademie, 1790 wurde er Vizedirektor, 1797 Direktor der Akademie. Vgl. Thieme-Becker 6, 1912, S. 519 ff.

Luther verbrennt den 10. Dezember 1520 vor dem Tor von Wittenberg auf einem Scheiterhaufen in Gegenwart vieler Professoren, Studenten und Einwohner die päpstliche Bulle und das kanonische Recht, 1799
Bez. u. l.: D: Chodowiecki del et (Kürzel) sculps.
Radierung. Bildgr. (bis zur Rahmenlinie!) 16 x 9,3 cm; Blattgr.: ca. 21 x 12,8 cm
Die Radierung existiert in zwei Zuständen. Die Illustrationen selbst sind miteinander identisch, bei einem Blatt befinden sich darunter aber einige Einfälle, die Engelmann genau beschrieben hat: allegorische, gepanzerte weibliche Figur, darunter „Rache"; auf einem Postament die Papstkrone, die von einem auf einem Esel sitzenden Kind herabgezogen wird, darunter: „Unwissenheit"; allegorische, bekränzte weibliche Figur, in der erhobenen Rechten ein Szepter, während die Linke auf dem Haupt eines Löwen liegt, darunter: „Herzhafftigk:"
Nach Hirsch ist die Radierung 1799 im 3. Band der „Deutschen Monatsschrift" erschienen. Es ist die einzige Lutherillustration aus dem sehr umfangreichen graphischen Werk Chodowieckis.
Vgl.: Wilhelm Engelmann, Daniel Chodowiecki's sämtliche Kupferstiche, Leipzig 1857, S. 505, Nr. 940 I u. II. – Robert Hirsch, Nachträge und Berichtigungen zu Daniel Chodowieckis sämtliche Kupferstiche beschrieben von Wilhelm Engelmann, Leipzig 1906, S. 62, Nr. 938-943.

Inv.-Nrn. IV, 18, 308 (mit Einfällen), IV, 18, 309. Neg.-Nrn. 13822 (mit Einfällen), 13823

13.

14
F. Conrad Krüger

Stellte 1786–1802 Graphiken in der Berliner Akademie aus. Krüger war Schüler der Berliner Akademie. Vgl. Thieme-Becker 21, 1927, S. 593.

Luther vertheidigt die Wiederherstellung des Christenthums, Ende 18. Jahrhundert
Bez. u. r.: F. C. Krüger sc. Unten Titel (s. o.)
Radierung. Bildgr.: 12,8 x 8,5 cm; Rahmengr.: 14,6 x 8,7 cm
Dargestellt ist Luthers Auftreten vor Kaiser und Reich in Worms 1521 (spätbarocke Stilmittel).

Inv.-Nr. IV, 324, 9 Neg.-Nr. 13334

14.

15
Johann Michael Mettenleiter
1765 Großkuchen – 1853 Passau

Mettenleiter, der einer weitverzweigten Künstlerfamilie des 18./19. Jahrhunderts entstammte, lebte nach vorübergehendem Aufenthalt in Rom und Augsburg ab 1782 in München. Hier wurde er 1790 zum Hofkupferstecher ernannt. Mettenleiter war, ähnlich wie Chodowiecki, Lips und Schubert (s. o.), ein ungemein produktiver Illustrator. Nagler: „Ein bedeutendes und sehr schätzbares Unternehmen war damals die Herausgabe von Westenrieders bayerischer und deutscher Geschichte in Calenderform . . . Mettenleiter lieferte dazu eine Menge schöner und zierlich radirter Blätter . . . (er) steht dem berühmten Chodowiecky nicht nach, in vielen Blättern wußte er sogar eine größere Vollkommenheit zu erreichen, besonders in plastischer Rundung der Gestalten." Mettenleiter spielte neben Senefelder eine sehr wichtige Rolle in der Entwicklung der lithographischen Technik in München und andernorts (Nagler, S. 180 ff.). Vgl. G. K. Nagler, Neues allgemeines Künstler-Lex., München 1840, S. 179 ff. – Thieme-Becker 24, 1930, S. 442.

15.1. Reichstag zu Worms; im Jahr 1521, 1799
Bez. u. l.: J. M. Mettenleiter inv. et fec. 1799; o. r.: I (1. Blatt des Westenriederschen Bandes für 1800).
Radierung. Bildgr.: 8,55 x 5,7 cm
Aus: Historischer Calender für 1800 von L. Westenrieder. München bey Jos. Lindauer, S. 138/139. Lorenz Westenrieder (1813 geadelt) war Geistlicher und, überwiegend in München, Geschichtsforscher. Der „Historische Calender" erschien von 1790 bis 1815. In jedem Band befinden sich numerierte Illustrationen von Mettenleiter, meistens zwölf oder sechs. In den Bänden von 1800 und 1801 ist die Reformationszeit abgehandelt worden. Das hier wiedergegebene Blatt ist die einzige Lutherillustration aus dem Westenrieder. Vgl. Ehrfried Baumgärtel, Die Almanache, Kalender und Taschenbücher (1750–1860) der Landesbibliothek Coburg, Wiesbaden 1970, S. 57, Nr. 206.

Landesbibliothek Coburg, Alm 403

15.1.

Reichstag zu Worms; im Jahr 1521.

15.2. Luther verbrennt die Bannbulle, 1801
Bez. u. l.: J. M. Mettenleiter inv. et fec. 1801. Radierung. Bildgr.: 8,9 x 5,8 cm

KK Coburg Neg.-Nr. 12991

15.3. Luther wird auf die Wartburg entführt, 1801
Bez. u. l.: J. M. Mettenleiter inv. et fec. 1801 Radierung. Bildgr.: 8,9 x 5,8 cm

KK Coburg Neg.-Nr. 12992

Beide gleichgroße Radierungen entsprechen in den Maßen fast der Radierung 15.1. Ob sie ursprünglich für die Jahrgänge 1800 oder 1801 des Westenriederschen „Historischen Calenders" bestimmt waren (aber nicht verwendet wurden) oder ob sie in einem anderen Buch, Almanach o. ä. verwendet worden sind, konnte bisher nicht geklärt werden.

16
Unbekannter Radierer

Luther in Worms, um 1800
Der Titel unter der Illustration ist zweisprachig, deutsch und französisch. Oben r.: II Radierung. Bildgr.: 7,3 x 4,9 cm. Größe der einfassenden Linie: 8,5 x 4,9 cm
Die Radierung geht auf das Blatt von Heinrich Lips aus dem Jahr 1791 zurück. Sämtliche Bestandteile der Lips'schen Komposition sind in etwas veränderter, z. T. vereinfachter Form übernommen, auch der Bildtitel. Aus dem Ritter Georg von Frundsberg ist ein Höfling geworden. Vgl. Kat.-Nrn. 10.1. – 10.3.

KK Coburg Neg.-Nr. 12993

15.2.

15.3.

17
Leopold Klenze

1784 Bockenem bei Hildesheim – 1864 München

Leo von Klenze (von König Ludwig I. von Bayern erblich geadelt) gilt neben Karl Friedrich Schinkel und Gottfried Semper als der bedeutendste klassizistische Architekt des 19. Jahrhunderts in Deutschland. Er trat als 21jähriger Architekturstudent mit einer wichtigen Lutherschrift an die Öffentlichkeit, seiner ersten Publikation überhaupt. Leopold Klenze verfaßte, nach seinen Studienjahren in Berlin (bei Aloys Hirt und David Gilly) und in Paris, in Jernstädt bei Hildesheim die Schrift „Entwurf zu einem Denkmale für Dr. Martin Luther", die 1805 bei Friedrich Vieweg in Braunschweig herauskam. Diese Schrift konkretisierte vier Jahre vorher, 1801, in Deutschland ausgesprochene Wünsche und Vorstellungen. „Mit Sicherheit ist zu sagen, daß . . . die Idee, für Luther einen Tempel zu errichten, dem Gedankengut der französischen Revolution verpflichtet ist. Zur gleichen Zeit . . . hatte die Pariser Académie Française eine Preisaufgabe gestellt, in der Luthers Wirken untersucht werden sollte". (Wilhelm Weber, Luther-Denkmäler – Frühe Projekte und Verwirklichungen. In: Denkmäler im 19. Jahrhundert. Deutung und Kritik. Hg. von Hans-Ernst Mittig u. Volker Plagemann, München 1972, S. 183 ff.).
Aber nicht die Architektur des geplanten, nicht ausgeführten Lutherdenkmals ist in unserem Zusammenhang am wichtigsten. Ausgehend von der Ansicht des jungen Architekten, daß nur die Skulptur und Malerei „als wahre und schöne Verzierungen in der Architektur anzusehen" seien, hatte Klenze im Innern des tempelartigen Denkmals einen umlaufenden Relieffries geplant, in dem die Figuren „fast Lebensgröße" haben sollten. Im Fries sollte Luthers Leben dargestellt werden. Klenze führte im einzelnen diejenigen Momente aus Luthers Leben an, die ihm „die schicklichsten und zur plastischen Darstellung geeignet" schienen. Da Klenze nach den Illustrationsfolgen des endenden 17./beginnenden 18. Jahrhunderts mit seinem Programm zum erstenmal

– soweit heute bekannt ist – einen Lutherleben-Kanon aufgestellt hat, darf er im Zusammenhang unseres Katalogs nicht fehlen, zumal dieser Kanon möglicherweise nicht ohne Auswirkung auf den ersten bedeutenden Zyklus von Lutherlebenbildern geblieben ist, den Johann Erdmann Hummel ein Jahr nach Erscheinen des Klenzeschen Buches vollendet und herausgegeben hat (vgl. Kat.-Nr. 18). Es folgen die Vorschläge Klenzes im Wortlaut:

17.1. „Es fängt mit der Geburt Luthers an, d. h. diese Vorstellung ist über der Hauptstatüe befindlich, und schließt sich, wie ich unten sagen werde, an die Vorstellung von seinem Tode an. Die personificirte Stadt Eisleben, der Schütze, (Centaur) die Hore der Nacht etc., müßten den Ort, die Jahrs- und Tageszeit angeben. Der Genius der Aufklärung oder Wahrheit, nimmt das Kind von der Wöchnerin, und reicht es der personificirten Europa; der durch die Gruppirung mit dieser letztern verbundene Genius der Vernunft, steht niedergebeugt und weinend, wird aber beym Anblick des Kindes von Hoffnung beseelt, weil er den Retter seiner Rechte erblickt. Luthers Vater und einige Nebenfiguren können schicklich dabey angebracht werden."

17.2. „Luther bekommt als 20jähriger Jüngling zuerst die Bibel in die Hände, und wird von ihrem Inhalt begeistert; sein Vater will ihn zum Juristen machen, allein da einst der Blitz einen seiner Freunde neben ihm erschlug, so thut er das Gelübde, sich, statt der Themis, dem Dienste der Kirche zu weihen und Mönch zu werden. Um das Erstgesagte darzustellen, kann Luther sitzend und beym Scheine einer Lampe in der Bibel lesend abgebildet werden; sein Blick ist auf die heil. Schrift geheftet, seine Stellung und der Ausdruck des Kopfes zeigen Verwunderung und Begeisterung. In der Vorstellung des Zweyten sähe man Luthers Vater, den Bergmann, welcher ihn zu dem Bilde der Gerechtigkeit hinführt, der junge Luther aber wendet sich gegen die durch das Kreuz charakterisirte christliche Religion, welche ihm die Arme zum Empfang entgegenstreckt."

17.3. „Luther wird nach Wittemberg berufen, und lehrt daselbst. Seine Zuhörer und Zöglinge sitzen und stehen in aufmerksamer Stellung um ihn her; man könnte darunter den damaligen Churfürsten von Sachsen mit einigen Hofleuten umgeben, einführen, welcher bekanntlich seine Predigten hörte."

17.4. „Luther widersetzt sich Tetzels Ablaß, indem er im Jahre 1517 fünf und neunzig geschriebene Sätze, welche wider diesen Mißbrauch sprachen, an das Portal der Schloßkirche zu Wittemberg öffentlich anschlagen ließ. Man sieht auf dem Basrelief zuvörderst ein gothisches Stück Architektur, mit dem darangehefteten Pergamente; eine Menge Volk hat sich darum versammelt, und lies't erstaunt den Inhalt, seitwärts könnte Luther erhaben stehen, von seinen Freunden umgeben, welche ihn um die Hinwegnahme dieser Artikel bitten. Vorn könnte man einen Vater einführen, welcher seinen Söhnen den unerschütterlichen Mann zeigt, um sie zu ähnlicher Entschlossenheit aufzumuntern usw."

17.5. „Luther vertheidigt seine Lehren gegen den päbstlichen Gesandten, Cajetanus, zu Augsburg; er beruft sich stets auf die Bibel, indem dieser die Authorität des Pabstes gegen ihn anführt."

17.6. „Luther verbrennt zu Wittemberg, in Gegenwart der Universität, alle päbstliche Befehle, und namentlich die wider ihn erlassene Bulle; dieses geschieht unter einem großen Zulaufe erstaunter Menschen."

17.7. „Luther erscheint in der Reichsversammlung zu Worms. Hier müßte man den Moment wählen, wie Luther die berühmten Worte sagt: hier stehe ich, Gott helf mir, ich kann nicht anders. Der Kaiser und die ganze Versammlung drucken ihre Verwunderung über die Standhaftigkeit des Mannes aus."

17.8. „Luthers Verhaftung in dem Walde bey der Wartburg. Zwey Ritter, Hans von Berlepsch und Burchhard von Hund, von mehreren Reisigen begleitet, bemächtigen sich seiner Person, seine Gefährten flohen muthlos davon."

17.9. „Luther geht nach Wittemberg, und stillt durch seine Gegenwart einige Unruhen. Ein gewisser L. Carlstadt zerstörte an der Spitze einer Rotte Unruhstifter die Kirchen und Bilder, und verjagte die Priester von den Altären; Luther erscheint unter ihnen, und sein bloßer Anblick lähmt ihre zerstörenden Hände."

17.10. „Luther verheyrathet sich im Jahre 1505 mit Katharina von Bore, um mit seinem Beyspiel denen vorzugehen, welche seiner Lehre zugethan waren."

17.11. „Luthers Zusammenkunft mit Zwingli zu Marburg; man weiß, daß beyde Reformatoren in dieser Zusammenkunft für ihre Meinungen stritten, allein sich doch nicht ganz vereinbaren konnten, jedoch schieden sie friedlich von einander."

17.12. „Melanchton lies't zu Augsburg, in Gegenwart der versammelten Fürsten, die von ihm aufgesetzten Artikel der evangelischen Religion vor. Der Churfürst von Sachsen, auf dessen Befehl dieses geschah, müßte im Bas-relief neben ihm, in der Mitte der zahlreichen Versammlung, vorgestellt werden; auf den Gesichtern der Anwesenden müßte man den günstigen Eindruck oder die Mißbilligung sehen, welche das Vorgelesene in ihnen hervorbringt. Obschon Luther nicht persönlich bey diesem Akt anwesend war; so schien er mir doch zu wichtig, um ihn nicht in die Reihe der merkwürdigen Begebenheiten seiner Reformation aufzunehmen, welche das Bas-relief darstellt."

17.13. „Luthers Lehre breitet sich mehr und mehr aus. Dieses könnte man so darstellen: Luther, erhaben sitzend, reicht den vor ihm knienden personificirten Ländern, welche damals die evangelische Religion annahmen, als Sachsen, Schweden, Dänemark etc. die Attribute seiner neuen Lehre, die Bibel, eine Rolle Papier, welche als die Augsburger Bekenntnisse, oder Schmalkaldischen Artikel bezeichnet wären usw."

17.14. „Luthers Tod müßte sich in dem Bas-relief an seine Geburt anschließen; dieser könnte folgendermaßen dargestellt seyn: Luther auf einem Ruhebette in dem Augenblick, wo er seine letzten Kräfte sammelt, um auf die Frage eines der Umstehenden: ob er auf die Lehre sterben wolle, die er gepredigt? laut und vernehmlich: Ja! ja! zu antworten. Der Graf von Mansfeld und mehrere stehen gerührt um sein Todtenbett."

Bei Ernst Gustav Vogel, Bibliotheca Bibliographica Lutherana, Halle 1851 (Neudruck 1967) wird S. 77 f. unter dem Stichwort „Denkmale" eine ausführliche Liste insbesondere des für die Grafschaft Mansfeld geplanten Lutherdenkmals wiedergegeben (Nrn. 712–723. Nrn. 724–726 betreffen das Wittenberger, Nr. 727 das Lutherdenkmal in Jena). Die Idee eines Lutherdenkmals wurde ausgiebig in den Jahrgängen 1804 und 1805 des „Reichsanzeigers" diskutiert (1804, Nrn. 20, 37, 125, 142, 143, 174, 202, 289, 338; 1805, Nrn. 6, 31, 51, 83, 99, 137, 168, 203 und 210). Den Aufsatz von Christian Gotthilf Salzmann im „Reichsanzeiger" 1804, Nr. 338, hat bereits Wilhelm Weber zitiert (op. cit. S. 186). Vogel führt u.a. folgende Literatur an: Denkmal Dr. Luthers, oder Entwürfe, Ideen und Vorschläge zu demselben mit vielen Kupfertafeln herausgegeben zum Besten des Denkmals von der Königl. Preußischen Gesellschaft der Grafschaft Mannsfeld. Eisleben, 1805. 4° – K. D. Hüllmann, Über Luthers Denkmal, Frankfurt a. d. O. 1805 (8°). Luthers Denkmal zu Eisleben, Frankfurt und Leipzig 1806. 8° – Auch in der „Neuen Berliner Monatsschrift" 1805, Nr. 5, und im „Allgemeinen Anzeiger der Deutschen", 1817, Nr. 330; 1818, Nr. 127, erschienen Aufsätze zum Thema. – K. Schaeffer, Ideen zu Luthers Denkmale. Mit 2 Kupfern. Dresden 1806, 4°. – Schnee, D. M. Luther, oder Rechenschaft der Mannsfeldischen literarischen Gesellschaft über das von ihr begonnene Unternehmen, ihrem großen Denkmal etc. und Verwendung der dazu von ihr gesammelten Beiträge, Halle 1823 (8°). Auch die Klenzesche Arbeit wird erwähnt (Nr. 714).

18
Johann Erdmann Hummel
1769 Kassel – 1852 Berlin

1780 Eintritt in die Zeichenklasse, 1782 in die Bauklasse, 1792 in die Malklasse der Akademie in Kassel. 1786 Schüler des Hofmalers Wilhelm Böttner.
1792–1799 Studienaufenthalt in Italien, hauptsächlich in Rom. In Rom schließt sich Hummel dem Künstlerkreis um Reinhart, Koch, Mechau, Bury, Rhoden und Weinbrenner an und gehört auch zu dem von Fernow und Carstens gegründeten „Literarischen Zirkel". In Rom Zusammentreffen mit Aloys Hirt (1759–1839), dem Kenner der Antike und Verfasser des Bilderbuches für Mythologie, Archäologie und Kunst. – Studium der Antike und Renaissance, insbesondere von Raffael. Arbeitete auch als Landschaftsmaler und -radierer. Anregung von Werken Flaxmans.
Seit 1800 in Berlin tätig. 1809 „Lehrer der Architektur, Perspektive und Optik" an der Berliner Akademie, 1811 Mitglied der Akademie. Veröffentlichung von mehreren Lehrbüchern für Maler und Architekten. 1817 Ehrenmitglied der Akademie der Bildenden Künste in Kassel.
Hummel zählt zu einem der wichtigsten Wegbereiter des bürgerlichen Realismus des 19. Jahrhunderts in Deutschland; er malte Bildnisse, Historien, Stilleben und Landschaften, entwarf u. a. auch Innenraumdekorationen. Vor allem in der Frühzeit seines Schaffens begeisterte er sich für die Antike. In seinen Arbeiten sind sowohl Klassizismus und Romantik, Realismus und Idealismus vertreten, die schließlich im Biedermeier münden. Am bekanntesten sind seine Gemälde über die Bearbeitung, den Transport und die Aufstellung der Granitschale im Berliner Lustgarten 1831.

Lit.: Georg Hummel, Der Maler Johann Erdmann Hummel, Leben und Werk, Leipzig 1954. Dort weitere Literatur. – Kat. Verzeichnis der Gemälde und Skulpturen des 19. Jahrhunderts, Nationalgalerie Berlin, Staatliche Museen Preußischer Kulturbesitz, Berlin 1978, S. 181 ff. Dort weitere Literatur.

18.0. D. Martin Luthers Verherrlichung, 1806
Bez. o. r.: 1
Radierung und Kupferstich. Blattgr.: 37,7 x 46 cm

1806 erscheint eine Umrißstich-Folge „D. Martin Luthers Verherrlichung auf zwölf Blättern, erfunden und gestochen von Erdmann Hummel". Dieser Titel ist dem beigegebenen Textblatt zu entnehmen, das zu allen zwölf Darstellungen Beschreibung und Erläuterung gibt. Auf Blatt 1 sieht man die „Verherrlichung Luthers", die der Folge den Namen gab. Die Darstellung ist großformatig wiedergegeben und wird auf beiden Seiten und in der Sockelzone umrahmt von elf kleinformatigen Szenen aus dem Leben Luthers. Letztere kehren in der Folge jeweils in der Größe der Hauptszene wieder. Sie werden in den beiden unteren Ecken von zwei Darstellungen unterbrochen. Laut Textblatt ist links in dem Palmbaum, von dem Cherubim gehütet, das Sinnbild des Alten Gesetzes[1] zu sehen, rechts in dem Wasser mit den beiden Fischen darüber das Sinnbild des neuen Gesetzes. Diese kleinformatigen Bilder sind sowohl Rahmen als auch architektonisches Element. Zu beiden Seiten bilden sie den Schaftteil der Pfeiler, auf denen ein abschließender Bogen aufsitzt, so daß die Hauptszene durch ein Triumphbogenmotiv in ihrer Bedeutung hervorgehoben wird.
In der Beschreibung zu Nr. 1 des Textblattes wird sowohl „Apotheose" als auch „Verherrlichung" Luthers als Inhalt der Hauptdarstellung genannt, zwei Begriffe, die sich ursprünglich nicht decken, da der eigentliche Sinngehalt des Wortes Apotheose eine Vergöttlichung, eine Erhebung eines Sterblichen unter die Götter bedeutete. Im Barock jedoch wandelt sich dieser Begriff, wird entgöttlicht im Sinne der Verherrlichung.[2] Luther wird in der Darstellung verherrlicht, steigt auf in die „Daseinssphäre Gottes", wird aber nicht vergöttlicht. Er ist in anbetender Haltung mit gefalteten Händen wiedergegeben, und sein Haupt umgibt ein Heiligenschein. Bereits 1521 erscheint erstmals Martin Luther als Augustinermönch mit Heiligenschein, und zwar in einem Holzschnitt von Hans Bal-

dung Grien, eine Darstellung, die in der bildlichen Wiedergabe eine Ausnahme bleibt.[3]

Hummel stellt Luther als Heiligen dar, sein Text allerdings spricht vom standhaften Religionshelden. Luthers Standhaftigkeit wird nicht nur von Hummel hervorgehoben, angeführt sei hier auch als weiteres Beispiel der junge Klenze, der in einem Denkmalsentwurf vom Jahre 1804 u. a. die Standhaftigkeit und Unerschütterlichkeit Luthers durch Allegorie und Inschrift zum Ausdruck bringen will.[4]

Hummel stellt Luther im Predigergewand dar, wie wir ihn in dem Holzschnitt von Lucas Cranach d. J. um 1540 kennen[5] oder auch in weiteren Gemälden von Lucas Cranach d. J., dreht ihn jedoch ins Dreiviertelprofil.

Sieht man sich die Darstellungen und den Text an, so fällt der starke Bezug zur Antike ins Auge. Sowohl die Hauptdarstellung als auch die kleinformatigen Szenen vom Leben Luthers fallen aus all den im späteren 19. Jh. geschaffenen Wiedergaben und Folgen heraus. – Ein Jahr zuvor erschien das Bilderbuch für Mythologie, Archäologie und Kunst, herausgegeben von Aloys Hirt, Berlin 1805. Hummel hatte „die Zeichnung und den Stich der in diesem Bilderbuch dargestellten Gegenstände übernommen."[6] Diesen Geist der Antike bringt Hummel auch in seine Verherrlichung Luthers ein. Hummel kannte den königlich preußischen Hofrat und Professor bei den Akademien der bildenden Künste und der Baukunst, Aloys Hirt[7], bereits seit seinem Aufenthalt in Rom. Seine Liebe zur Antike – von der Hirt in seinem Bilderbuch schreibt – beruht sicher auch auf dem Einfluß Hirts und dessen ausgedehnter Kenntnis der griechischen Götterwelt und der antiken Kunstwerke. Gleich auf der Titelseite des oben genannten Bilderbuches sieht man eine Vignette mit der „Apotheose Homers", und hier knieen zu beiden Seiten des Dichters die allerdings klein dargestellten allegorischen Figuren, die seine Werke Ilias und Odyssee verkörpern. Auch Luther wird analog begleitet von zwei „Genien", die seine ins Deutsche übersetzte Bibel und den Katechismus in Händen halten. Sie stehen zu

Die Gewissensfreiheit. Ausschnitt aus einer Radierung in Briefform, herausgegeben anläßlich des 200jährigen Jubiläums der Augsburgischen Konfession 1730. Inv.-Nr. Kp. B. 93a

Seiten der religiösen Freiheit, die gekennzeichnet ist durch einen Kreuzstab und eine phrygische Mütze, das Symbol der französischen Revolution und damit der Freiheit. In diesem Zusammenhang seien Zitate angeführt, die die Einschätzung der damaligen Zeit von Luthers kämpferischem Einsatz für die Freiheit zeigen. Sie sind dem Aufsatz von W. Weber entnommen. So schrieb Friedrich der Große 1766, „als Befreier des Vaterlandes hätte Luther Altäre verdient."[8] Schinkel vertritt in einem Konzept mit dem Titel „Luthers Denkmal durch die schönen Künste" die Ansicht, „das höchste Verdienst Luthers um die Welt ist das Geschenk der Freiheit nach langen, bei veralteter Tyrannei drückend gewordenen Zwangsdiensten in Sachen des Glaubens", und er fordert u. a., Luthers Verdienste „rein zu feiern in seiner Apotheose".[9]

Auf der Darstellung der Verherrlichung Luthers von Hummel wird Luther die Siegespalme von der Allegorie der Gnade überreicht, die Hummel in seinem Textblatt zudem als himmlische Venus bezeichnet. Fragt man sich, wieso Hummel an so wichtiger Stelle die Gestalt der „Venus" einführt, so mag Hirts Bilderbuch eine Erklärung geben, in dem die Venus nicht nur als Ideal weiblicher Schönheit und Anmut beschrieben wird, sondern auch als „Ideal, welches gleichsam den Gipfel der Kunst bezeichnet."[10] Damit erscheint sie am geeignetsten, Luther gegenüberzutreten und ihm die Siegespalme zu übergeben. – Stehen hinter Luther die Allegorien seiner Verdienste bzw. seiner Werke, so stehen hinter der Gnade die Allegorien seiner Tugenden, und zwar Glaube, Liebe, Hoffnung. Wiederum sind sie verquickt mit der griechischen Götterwelt, denn im Textblatt werden sie „die drei himmlischen Grazien" genannt.

Alle diese Frauengestalten entsprechen den von Hirt an Hand von vielen Beispielen antiker Denkmäler erarbeiteten allgemeinen Charakteristiken griechischer Göttinnen in Aussehen, Haltung und Gewandung. Auch bei der Haltung Luthers wird man an Hirts Beschreibung eines Gottes, etwa Aesculaps, erinnert, wo es heißt, daß seine Stellung einfach und würdevoll sei, um damit den Charakter des Weisen, des Erfahrenen und Wohlwollenden zu zeigen.[11]

Glaubt man über Luther musizierende Engel zu sehen, die Luthers Lied „Ein feste Burg ist unser Gott" singen und spielen, so erfährt man aus dem Text, daß es Himmelsgenien sind.

Kirche, auf Felsen gebaut. Ausschnitt aus einer Radierung in Briefform, herausgegeben anläßlich des 200jährigen Jubiläums der Augsburgischen Konfession 1730. Inv.-Nr. Kp. B. 93a

ΙΧΘΥΣ

Hummel war aber nicht nur mit Hirt befreundet, er kannte auch die Architekten Heinrich Gentz, Leo von Klenze, Karl Friedrich Schinkel und den Bildhauer Gottfried Schadow – z. T. bereits von seinem Aufenthalt in Rom. Alle vier hier genannten Künstler folgten dem 1804 ergangenen Aufruf des Pädagogen Christian Gotthilf Salzmann, der in der Nummer 338 des „Reichsanzeigers“ zu einem Idealentwurf für ein Lutherdenkmal aufforderte und dem auch König Friedrich Wilhelm III. von Preußen seine Unterstützung „in Aussicht gestellt“ hatte.[12)]

Bis auf Klenze hatten alle aufgeführten Künstler ihren Wirkungskreis in Berlin, und auch Klenze hatte in Berlin bei Hirt studiert. Sie alle hatten sich eingehend mit antiken Bauten und Denkmälern befaßt, waren fasziniert von der Antike und ließen sie in ihren eigenen Werken wieder aufleben. Es ist anzunehmen, daß Hummel mit ihren Vorstellungen und Auseinandersetzungen für das geplante Lutherdenkmal wohlvertraut war. So ist es einleuchtend, daß in der 1–2 Jahre später entstandenen „Verherrlichung Luthers“ von Hummel parallele Bezüge oder Ideen auftauchen. Der Entwurf von Gentz[13)] sah einen Obelisken vor, den er mit strahlender Sonne und mit Sternen ausstattete, um, wie Weber sagt, „ein Kultzeichen des Lichtes zu setzen“. Hummel greift diesen Gedanken des Lichtbereiches ebenfalls auf und versetzt Luther in die „Regionen des Lichtes.“[14)]

Der 1805 veröffentlichte Entwurf Klenzes ist mit einer Widmung an König Friedrich Wilhelm III. versehen. Er schreibt darin von der begeisternden Aufforderung an Deutschlands Künstler, ihre Talente zur Verherrlichung des großen Weisen . . . aufzubieten.[15)] Klenze, der als Lutherdenkmal einen Rundtempel entworfen hatte, beeinflußt von der französischen Revolution und von französischen Vorbildern, mag Hummel bestärkt haben, seine Allegorie der religiösen Freiheit mit Attributen der französischen Revolution, so der phrygischen Mütze, wiederzugeben. Hummels Bruder weilte nachweislich zur Zeit der französischen Revolution in Frankreich. Klenze wie Hummel stellten in ihren Denkmälern christliche Tugenden Luthers dem Beschauer vor Augen. Klenze allerdings in Form von Hermenstützen, deren Köpfe er mit den Bezeichnungen christlicher Tugenden versah, die Luther eigen waren. Interessant im Hinblick auf weitere Gemeinsamkeiten ist noch, daß Klenze in seinem Entwurf im Tempelinneren einen umlaufenden Relieffries vorsah, auf dem Luthers Leben und Taten erscheinen sollten (Vgl. Kat.-Nr. 17). Auf Schinkels Ansicht vom höchsten Verdienst Luthers, dem Geschenk der Freiheit, wurde bereits hingewiesen und von der Forderung der Umsetzung in eine Apotheose.

Es liegt nahe, daß Hummel in der Verherrlichung und in dem Zyklus von Luthers Leben mit seinen Mitteln dem Reformator ein Denkmal setzen wollte.

In Privatbesitz befindet sich noch eine Ölskizze, die dem Titelblatt der Graphikfolge in allem entspricht.[16)] Im Katalog der Berliner Akademie-Ausstellung von 1806[17)] wird diese Skizze beschrieben, und am Schluß heißt es: „Diese Skizze wird vorgezeigt, um dem Publikum eine Idee vorzulegen, die vielleicht nicht unwürdig seyn dürfte, im Großen ausgeführt zu werden. Den wahren Effekt würde man erst wahrnehmen, wenn die Figuren des mittleren Gemäldes in Lebensgröße und die kleineren Gemälde umher in dem zum großen angemessenen Verhältnis ausgeführt seyn würden. Architekten, Bildhauer und Freunde der Kunst haben sich in der neuesten Zeit wetteifernd beschäftigt, Ideen zu einem Denkmale Luthers vorzulegen. Es sey also auch dem Maler vergönnt, mit einer malerischen Idee hervorzutreten, welche die Verherrlichung des großen Mannes zum Zwecke hat.“ Hummel war es jedoch nicht vergönnt, diese Skizze als großes Gemälde auszuführen.

Zitiert sei noch eine erläuternde Stelle des Berliner Akademie-Kataloges zur Allegorie der Gnade, wo es heißt: „Denn Luthers System ging hauptsächlich dahin, daß der Mensch durch sich nichts, sondern alles nur durch die Gnade vermöge.“[18)]

In der „Jenaischen Allgemeinen Literatur-Zeitung vom Jahre 1807“, Ausgabe vom Januar/Februar/März, wird unter VII Hummels Stichfolge besprochen. Da der Vorspann zum Verständnis von Hummels Verherrlichung Wichtiges beiträgt und die Sicht aus damaliger Zeit aufzeigt, wird er im Folgenden aufgeführt.

„VII. Dr. Martin Luthers Verherrlichung, auf zwölf Blättern, erfunden und gestochen von Erdmann Hummel. Nachdem die dramatische Poesie Luthers Leben und Thaten zum Gegenstand ihrer Bemühungen gemacht hatte, war es leicht vorauszusehen, daß auch die bildende Kunst bald in ähnlichem Bestreben auftreten werde, und wirklich liegen in der Geschichte von Luther große und interessante Momente genug, welche der bildende Künstler zur Darstellung benutzen kann. Hr. Erdmann Hummel verdient darum, daß er es unternommen, die bedeutendsten Scenen aus Luthers Leben mit dessen Verherrlichung oder Apotheose auf 12 Blättern, in Kupfer gestochene Umrisse, herauszugeben, gerechtes Lob. Ihm gelang verschiedenes in Hinsicht auf Erfindung, mehreres hat er mit Geschicklichkeit und mit Geist ausgeführt, auch ist die Arbeit im Ganzen sehr reinlich.

Wir halten übrigens die Aufgabe, Luthers Leben und Thaten cyklisch zu bearbeiten, für ungemein schwer. Denn das Herrlichste und Folgenreichste, was dieser große Mann vollbracht hat, betraf die Freyheit des Glaubens, und ist demnach als etwas nicht Sinnliches, bloß vermittelst treffender Symbole, glücklicher Allegorien u.s.w. deutlich zu machen. Es giebt aber auch außer diesem noch andere der mahlerischen Darstellung bequemere Umstände, welche Luthers Persönlichkeit näher berühren, auf der anderen Seite aber doch auch wieder in sein öffentliches Leben und Wirken eingreifen, und wovon der Künstler, besonders wenn sein Plan weitläuftiger angelegt wäre, guten Gebrauch würde machen können. Auf genügende Entwickelung und Anzeige dieser Gegenstände, auch in wie ferne dieselben einen großen Cyklus deutlicher und vollständiger zu machen im Stande seyn möchten, können wir uns, ohne in ungebührliche Weitläufigkeit zu verfallen, nicht einlassen: allein wenn wir unserer Absicht gemäß Hrn. Hummels Umrisse nun näher betrachten,

D. MARTIN LUTHERS

Verherrlichung,

auf zwölf Blättern, erfunden und gestochen von *Erdmann Hummel.*

N^ro. 1. D. Martin Luther, der Erde entschwebend, hat bereits die Wolkenbahn betreten, um in den Regionen des Lichts die für die Religion und Menschheit standhaft errungene Palme zu empfangen. Die *religiöse Freiheit,* die er wieder herstellte, begleitet ihn zugleich mit zwei Genien, wovon der Eine das durch Luther in's Deutsche übersetzte Gesetzbuch, die Bibel, und der Andere den von ihm verfertigten Katechismus, trägt. Zum Empfange des standhaften Religionshelden kommt aus den höhern Gefilden des Lichts ihm entgegen die himmlische Venus, die *Gnade,* welche ihm die errungene Siegespalme beut. (Denn Luthers System ging hauptsächlich dahin, daſs der Mensch durch sich nichts, sondern Alles nur durch die Gnade vermöge.) Im Gefolge der *Gnade* befinden sich, einander umfangend, die drei himmlischen Grazien, *Glaube, Liebe* und *Hoffnung.* Höher in den ätherischen Gefilden erscheinen im Halbkreise sieben Himmelsgenien: drei in der Mitte spielen auf verschiedenen Instrumenten, indem die vier andern, je zwei und zwei, das von Luther verfaſste Lied: *„Eine feste Burg ist unser Gott;"* absingen. Luther nähert sich der siegreichen *Gnade* anbetend, und bezaubert durch die Harmonieen der himmlischen Welten, welche ihm von Oben entgegen tönen.

Diese Apotheose, oder Verherrlichung Luthers, ist mit einem Rahmen eingefaſst, in welchen eilf kleinere Gemälde, die zusammen einen Cyclus aus dem Leben Luthers bilden, eingesetzt sind. Diese sind nun auf folgenden Blättern besonders dargestellt.

N^ro. 2: die Geburt. Der fromme Vater empfiehlt den Neugebornen der besondern Obhut der Jungfrau Maria; die Wöchnerin stimmet in das Gebet ein. Man sieht dabei beschäftigte Frauen, das Kind und die Mutter zu warten.

N^ro. 3 erscheint Luther als Student zu Erfurt, wo sein mit ihm auſser der Stadt spazierender Freund — ihm zur Seite — durch den Blitz todt danieder stürzt. Luther betäubt und von Entsetzen ergriffen, blickt hin nach der blitzschwangern Wolke; eine Lichterscheinung begegnet seinem Auge: es ist der heilige Augustin, dessen Wink Luthers künftige Bestimmung fixirt, und ihn in der Stille des Klosters zur kommenden Reformation vorbereitet.

N^ro. 4 stellet den mit dem Geist Gottes beseelten Mann in dem ersten Akt der Reformation dar: er läſst die Sätze gegen den Ablaſs an der Kirchthüre zu Wittenberg anheften.

N^ro. 5 erscheint er vor dem päbstlichen Legaten, Cardinal Cajetani, in Augsburg: freimüthig, und nicht einen Schritt von dem weichend, was er für recht und heilig hält, übergiebt er die Sätze seiner Protestation.

N^ro. 6. Um zu zeigen, wie wenig ihn äuſseres Ansehen und Übergewalt schreckt, verbrennt er auf einem öffentlichen Platze auſser den Thoren von Wittenberg, im Angesicht des versammelten Volkes, die päbstliche gegen ihn gerichtete Bulle zugleich mit den Decretalien.

N^ro. 7 sieht man den unerschütterlichen Helden in dem erhabenen Augenblick, wo er vor dem Kaiser, und den versammelten Fürsten des Reichs, zu Worms seine Sätze mit dem Geiste eines Gottesbeseelten vertheidigt.

N^ro. 8 erscheint er in der Kleidung eines gefangenen Ritters auf der Wartburg, wo er sich mit der Bibelübersetzung beschäftigte. Plötzlich versucht ihn der Teufel (wie ehedem den Herrn dort auf dem hohen Berge) durch Vorspiegelungen von Wohlleben und von weltlicher Gröſse. Er aber, die List des Satans erkennend, macht durch Ergreiffung des Dintenfasses das höllische Blendwerk verschwinden.

N^ro. 9 hat er seine gelehrten Freunde, Melanchthon und andere (wozu auch Gelehrte jüdischer Nation gezogen wurden) um sich versammelt, um denselben seine biblischen Verdeutschungen zur Prüfung vorzulegen.

N^ro. 10. Um vor der Welt zu zeigen, daſs die wahre Religion keine widernatürlichen Gelübde auflegen könne, verwirft er das Mönchthum auf immer, indem er sich mit der ausgetretenen Nonne Katharina von Bore nach gesetzlichen Gebräuchen verheirathet, und dadurch andern Geistlichen das Beispiel ehelicher Sittsamkeit und wahrer Bürgerpflicht giebt.

N^ro. 11 erscheint er, um der Wuth miſsleiteter Bilderstürmer Einhalt zu thun. Seine Lehre ging keinesweges dahin, das Sinnlich-Heilige zu zerstören; sein Kampf war nur gegen kirchlichen Übermuth und schädlichen Aberglauben gerichtet.

N^ro. 12 stellt seinen Tod vor. Es ward ihm vergönnt, nach einem herrlich durchgekämpften Leben, in den Armen seiner Freunde, in der Gegenwart von zwei Söhnen, zwar noch als Kindern, und in der Umgebung mehrerer hohen Personen, die seiner Lehre mit Ehrfurcht anhingen, zu sterben: zwar fern von seinem Hause, da er eben von Wittenberg nach seinem Geburtsort Eisleben hingereiset war, um einen Zwist zwischen den Grafen von Mansfeld zu schlichten.

Diese letzten eilf Darstellungen bilden den Cyclus, und nehmen die beiden Seiten und den Untertheil des Rahmens von der Darstellung N^ro. 1 ein. Der obere Bogen des Rahmens aber ist mit einer Arabeske geziert, in welchen das Lamm mit der Fahne, das Sinnbild der Christen, und rechts und links die Sinnbilder der vier Evangelisten, zwischen sich schlängelnden Palmzweigen, verwoben sind. In den untern zwei Ecken des Rahmens sieht man einerseits das Sinnbild des alten Gesetzes, den Palmbaum von den Cherubim gehütet, andrerseits das Sinnbild des neuen Gesetzes, nemlich die Fische, mit der mysteriösen Umschrift: ΙΧΘΥΣ.

wird sich wohl beyläufige Gelegenheit finden, einiges Bezügliche zu sagen."
Auch in dieser Besprechung in der Jenaischen Allgemeinen Literatur-Zeitung wird als Wichtigstes „die Freiheit des Glaubens" herausgestellt, die Luther brachte. — Auffallend ist noch, daß in dieser Beschreibung die Begleiterinnen der Freiheit nicht, wie bei Hummel und im Berliner Akademie-Katalog, als Genien, sondern als Engel bezeichnet werden. Das gleiche gilt für die musizierenden Himmelgenien. Der Autor deutet ferner die Frauengestalt mit dem Kelch als *Liebe,* „eine undeutliche Anspielung auf das gemeinsame Liebesmahl des Sacraments".
Dies entspricht nicht der herkömmlichen Traditon, da der Kelch als Attribut dem *Glauben* beigegeben ist. In der Hummelschen Darstellung dürfte dagegen die verschleierte Frau rechts — mit dem Attribut einer Kirche auf dem Felsen — den *Glauben* bedeuten. Vielleicht liegt hier eine Anspielung auf das Wort Christi vor: „Du bist Petrus und auf diesem Felsen will ich meine Gemeinde bauen" (Matthäus 16,18)[19]. Hiermit sollte möglicherweise die Auffassung nahegelegt werden, Luther sei der wahre Nachfolger Petri.
Hummel gibt seine ganze Folge nur in Umrissen wieder. Hingewiesen sei in diesem Zusammenhang auf Carstens und Flaxman. Hummel hatte in Rom die Gelegenheit, ihre Werke zu studieren. Flaxman führte 1792—1793 seine Zeichnungen für die Umrißstichfolgen nach Homer und Dante aus, zu denen George Romney 1793 bemerkte: „Es sind Umrisse ohne Schatten, jedoch im Stil der antiken Kunst. Sie sind schlicht, gewaltig und rein."[20] — Auch auf das Bilderbuch von Hirt sei nochmals verwiesen. Hirt geht auf die Wiedergabe in Umrissen ein: „. . . teils weil die Contur einen hinreichenden Begriff vom Charakter gibt, teils um durch Schattierung nicht zu verteuern."[21] Hirt wollte den Ankauf seines Werkes erleichtern und dieses in einzelnen Heften mit 12 Kupfertafeln herausbringen. Die Zahl von 12 Tafeln kehrt auch bei Hummel wieder.
Nahezu allen Kompositionen Hummels in dieser Folge ist der strenge kompositorische Aufbau in symmetrischer Ausgewogenheit und Verteilung eigen, der Bezug auf die Mittelachse, betonte Perspektive, Isokephalie und das wiederholte Abfangen der Tiefe durch bildparallele Figurenaufstellungen.
Am Schluß sei noch vermerkt, daß Goethe Hummels Zyklus kannte. Hirt hatte ihn nach Weimar gesandt. Ein Tagebuchvermerk Goethes besagt: „Luthers Verherrlichung von Hummel mit Meyer durchgegangen und anderes auf Luthers Leben und Charakter bezügliches besprochen."[22]
Im 18. Jahrhundert überwiegen die Gedächtnisblätter auf Luther und die Augsburger Konfession. Sie sind geprägt durch die Glaubensauslegung, durch den religiösen Bezug auf die Bibel und durchsetzt von religiösen Allegorien, Sinnvergleichen und Sinnsprüchen. Vor allem zum 200jährigen Jubelfest der Augsburger Konfession erschien eine Fülle dieser Blätter, z. T. auch verbunden mit kleinformatigen Szenen aus der Bibel, die im Hinblick auf die Glaubensartikel ausgewählt sind. Nur in Ausnahmen gibt es Darstellungen, die sich im einzelnen auf das Leben Luthers beziehen, und auch diese sind zum Teil knapp gefaßt und mit Sinnbildern gekoppelt.
Eine Folge von Szenen aus dem Leben Luthers, wie sie Hummel bringt, ist bis dahin ungewöhnlich. Nach der französischen Revolution und mit dem Beginn des 19. Jahrhunderts tritt, wie Zeitler[23] schreibt, der Mensch aus dem Universalismus, und es wird ihm Individualität zugestanden. Damit erwacht auch das Interesse am Lebenslauf historischer Persönlichkeiten in sehr verstärktem Maße, so auch an dem Leben Luthers in seinen verschiedenen Stationen.

Anmerkungen·

1. Zum Verständnis der Allegorie „Palmenbaum" siehe auch Psalm 92, Vers 13: „Der Gerechte wird grünen wie ein Palmenbaum". — Kirchliche Allegorien, Nürnberg 1737, Symbolum onomasticum quadriforme. Das ist: Viererley Sinn-Bilder und Namens-Wahl-Sprüche, Symbol Palmbaum III Gott selber richtet mich so auf, als wie die Palmen. — W. Drugulin's Historischer Bilderatlas, Verzeichniss einer Sammlung von Einzelblättern zur Cultur- und Staatengeschichte vom 15. bis in das 19. Jahrhundert, Leipzig 1867, 2. Teil, S. 166: „Jubileischen Frewden Lob vnd Danckfests Hertzens Auffmunterung — welches Ihr Churf. Durchl. zu Sachsen gnädigst angeordnet. Um den aus der Bibel aufgewachsenen Palmenbaum der augsburg. Confession, in dessen Wipfel Constantia, stehen Fides, Caritas und Spes."
2. Reallexikon zur deutschen Kunstgeschichte, hrsg. von O. Schmitt, 1. Bd. Stuttgart 1937, Sp. 842—852.
3. Zu Luther als Propheten, Heiligen der Orthodoxie, Apostel, Evangelisten, Paulus und Märtyrer u. a. siehe: Martin Scharfe, Evangelische Andachtsbilder, Studien zu Intention und Funktion des Bildes in der Frömmigkeitsgeschichte vornehmlich des schwäbischen Raumes, Stuttgart 1968, S. 181 ff.: Lutherbilder. — Volkserzählung und Reformation, Ein Handbuch zur Tradierung und Funktion von Erzählstoffen und Erzählliteratur im Protestantismus, hrsg. von W. Brückner, Berlin 1974, S. 271 ff.: Der Gottesmann. — Dort auch weitere Literatur.
4. W. Weber, Luther-Denkmäler — Frühe Projekte und Verwirklichungen. S. 183 ff. Ein Entwurf von Leo von Klenze, S. 188 ff., in: Denkmäler im 19. Jahrhundert. Deutung und Kritik. Hrsg. von Hans-Ernst Mittig u. Volker Plagemann, München 1972 (Studien zur Kunst des 19. Jahrhunderts. Bd. 20).
5. Kat. H. Maedebach, M. Gebhardt, L. Bauer, Martin-Luther-Ausstellung 1517 bis 1967, Ausstellung zur Erinnerung an die 95 Thesen Martin Luthers im Jahre 1517, Coburg 1967, Nr. 16 mit weiterer Literatur.
6. Bilderbuch für Mythologie, Archäologie und Kunst. Herausgegeben von A. Hirt. Erstes Heft: Die Tempelgötter, Berlin 1805, S. XVI: „Zum Schlusse habe ich noch anzuzeigen, daß mein Freund, der Mahler Erdmann Hummel, dessen Geschicklichkeit und dessen Sinn für Antike ich schon ehemals in Rom durch manche Aufträge erprobt habe, die Zeichnung und den Stich der in diesem Bilderbuche dargestellten Gegenstände übernommen hat."
7. Zu Hirt: Allgemeine Deutsche Biographie, 12. Bd., Leipzig 1880, S. 477 f.
8. Weber a. a. O., S. 183. — Zur 200-jährigen Jubiläumsfeier der Augsburger Konfession kamen für das Volk bestimmte Gedenkblätter in Briefform heraus, auf denen u. a. durch Spruch und Allegorie die Gewissensfreiheit gefeiert wird, die Luther brachte.
9. Weber a. a. O., S. 194
10. Hirt a. a. O., S. 53
11. Hirt a. a. O., S. 84
12. Weber a. a. O., S. 186
13. Weber a. a. O., S. 186
14. Biblisches Nachschlagewerk zur Jubiläumsbibel, Württembergische Bibelanstalt Stuttgart 1964, Begriffskonkordanz S. 596: Licht, 2. Bedeutung: Licht

im bildlichen Sinn, i.) Licht, das Wesen der himmlischen Welt: Kol. 1, 12 f.
15. Weber a. a. O., S. 188
16. Georg Hummel, Der Maler Johann Erdmann Hummel, Leipzig 1954, S. 22, Abb. 22.
17. Katalog der Berliner Akademie-Ausstellung 1806, S. 110 ff., Nr. 454.
18. Katalog der Berliner Akademie-Ausstellung 1806, S. 111.
19. Biblisches Nachschlagewerk zur Jubiläumsbibel, Württembergische Bibelanstalt Stuttgart 1964, Begriffskonkordanz S. 580: Gemeinde, 3. Bedeutung: Das Wort „Gemeinde" wird aber auch in dem umfassenden Sinn gebraucht, daß es die Gesamtgemeinde der Christen auf Erden überhaupt bezeichnet — das, was wir „Kirche" nennen. — Siehe dort auch die Ausführungen zu „Kirche" S. 592 (in der revidierten Lutherbibel). „. . . Was wir unter „Kirche" (im geistigen Sinn) verstehen, heißt in der Bibel „Gemeinde". — Drugulin a. a. O., S. 166: Gedächtnisblatt „Triumphus Augustanae Confessionis Jubilaeus primus", 1630. In der Mitte die Kirche Christi auf Felsen im Meer, vertheidigt gegen ihre Feinde durch Luther und andere Figuren . . .". — Die Kirche auf dem Felsen kehrt in Jubiläumsblättern wiederholt wieder.
20. Kat. John Flaxman, Mythologie und Industrie, Hamburger Kunsthalle, 20. 4.—3. 6. 1979, S. 106 f.
21. Hirt a. a. O., S. XII
22. Hummel a. a. O., S. 22
23. R. Zeitler, Die Kunst des 19. Jahrhunderts, Propyläen Kunstgeschichte, Bd. 11, Berlin 1966, S. 45

Inv.-Nr. VI, 510,2 Neg.-Nr. 12 716

18.1. Die Geburt Martin Luthers
Bez. o. r.: 2.
Radierung. Blattgr.: 37,9 x 45,8 cm; Bildgr.: 26,3 x 21,6 cm
In den Folgen von Luthers Leben kommt die Geburt selten zur Darstellung. Elias Baeck gen. Heldenmuth (1679—1747) hat in seiner 1730 erschienenen kleinformatigen Folge „Historia B. Lutheri", die mit Sinnbildern gekoppelt ist, eine angedeutete Szene der Geburt wiedergegeben, und zwar beschränkt auf die Wöchnerin, Vater und Kind (vgl. Kat.-Nr. 8.2.). Klenze sieht in dem Relieffries seines Luthertempels ebenfalls die Geburt Luthers vor, durchsetzt sie jedoch mit Allegorien und allegorischen Hinweisen. So plant er etwa „Der Genius der Aufklärung oder der Wahrheit nimmt das Kind von der Wöchnerin und reicht es der personifizierten Europa" (Kat.-Nr. 17.1.).
Hummel dagegen bleibt im Bereich des Geschehens, schmückt es aber aus, so daß man an Darstellungen der Geburt Mariens aus der Renaissance denken kann. Von dort her kennt man das Versorgen der Mutter im Himmelbett oder Alkoven und das Zurichten des Bades durch eine Gruppe von Frauen. Bei Hummel kommt noch hinzu, daß — laut Textblatt — der fromme Vater den Neugeborenen der besonderen Obhut der Jungfrau Maria empfiehlt, ein Vorgang, der durch die katholisch wirkende Tendenz zu Kritik Anlaß gab. Bei der Besprechung der nächstfolgenden Szene in der Jenaischen Allgemeinen Literatur-Zeitung findet sowohl die Geburt mit der Empfehlung des Knaben in die Obhut der Jungfrau Maria als auch die Wiedergabe vom Tod des Freundes Alexius Mißbilligung.
Lit.: Jenaische Allgemeine Literatur-Zeitung, a. a. O., VII, 2 u. 3. — W. Weber, Luther-Denkmäler, a. a. O., S. 191.
Inv.-Nr. VI, 510, 3 Neg.-Nr. 12717

18.1.

18.2. Luthers Freund Alexius wird bei Erfurt vom Blitz erschlagen
Bez. o. r.: 3.
Radierung. Blattgr.: 37,7 x 45,5 cm; Bildgr.: 26 x 18,8 cm
Der Tod von Luthers Freund Alexius durch einen Blitzschlag vor den Toren der Stadt Erfurt (Stotternheim) gehört ebenso wie Luthers aus dem Entsetzen darüber geleistetes Gelübde, ins Kloster zu gehen, der Legende an und findet daher in den Folgen über das Leben Luthers nicht immer Aufnahme. In den mehr volkstümlichen Lutherfolgen der späteren Zeit wird das Bedrohliche des Gewitters, dem Luthers Freund Alexius angeblich zum Opfer fiel, mit allen Effekten einer blitzdurchzuckten und winddurchtobten landschaftlichen Szenerie ausgemalt.

Hummel hält seine Darstellung knapp, konzentriert sich auf die Figuren, gibt dem aus der Tiefe kommenden und breit auf den Beschauer zulaufenden Weg mit den rechts und links aufsteigenden Bodenerhebungen etwas Unentrinnbares. Unbekannt sind dem Bearbeiter der Folge bisher Vorläufer zu der Erscheinung des hl. Augustinus in dem sich öffnenden Himmel, „dessen Wink" – wie es im Textblatt heißt – „Luthers künftigte Bestimmung fixiert, und ihn in der Stille des Klosters zur kommenden Reformation vorbereitet". (Luther trat 1505 in den Orden der Augustiner Eremiten in Erfurt ein).

Im übrigen fand sowohl die Geburt Luthers wie der Tod seines Freundes Alexius in der Besprechung der Jenaischen Allgemeinen Literatur-Zeitung Mißbilligung. Siehe die vorhergehende Katalognummer.

Lit.: Jenaische Allgemeine Literatur-Zeitung, a. a. O., VII, 3. – W. Brückner und H. Gruppe, Luther als Gestalt der Sage, in: Volkserzählung und Reformation. Ein Handbuch zur Tradierung und Funktion von Erzählstoffen und Erzählliteratur im Protestantismus. Herausgegeben von W. Brückner, Berlin 1974, S. 270. – H. Gruppe, 3 b

Inv.-Nr. VI, 510,4 Neg.-Nr. 12718

18.2.

18.3.

18.3. Der Anschlag der Thesen Luthers an die Schloßkirche in Wittenberg
Bez. o. r.: 4.
Radierung. Blattgr.: 38 x 45,9 cm; Bildgr.: 26,3 x 21,9 cm
Darstellungen vom Thesenanschlag bzw. von der Thesenanschreibung Luthers tauchen nach Coupe bereits 50 Jahre nach dem Ereignis von 1517 in Flugblättern mit allegorischer Ausschmückung auf. In den Kunstsammlungen befindet sich ein Holzschnitt von 1617, also anläßlich der 100-jährigen Wiederkehr des Thesenanschlags, mit dem Titel „Göttlicher Schrifftmessiger. Traum . . . Churfürst Friedrich zu Sachsen". Hier schreibt Luther mit einer Riesenfeder die Thesen an die Schloßkirche zu Wittenberg. Die Feder durchbohrt den Kopf eines über der Stadt Rom liegenden Löwen und stößt dem Papst die Tiara vom Kopf. Mit dieser Anschreibung sind noch eine Reihe von Szenen nach wohldurchgedachtem theologischem Programm und historischem Geschehen verbunden.
Ein weiterer Vorläufer sei genannt. Der bereits bei der Szene der Geburt Luthers erwähnte Elias Baeck bringt den Thesenanschlag mit nur wenigen Figuren, sozusagen in bildlicher Abkürzung, und koppelt ihn wiederum mit einem Sinnbild (vgl. Kat.-Nr. 8.6.).
Der Thesenanschlag Hummels dürfte in seiner Art einer der frühesten sein. Ein Mann klettert eine Leiter hoch und schlägt mit Hammer und Nägeln die Thesen an, ein Motiv, das später des öfteren wiederkehrt. Luther steht lediglich dabei, weist auf die Thesen und wendet sich dem herbeieilenden Volk zu, von dem die Jenaische Allgemeine Literatur-Zeitung schreibt: „Gute Köpfe und viel Abwechslung im Charakter der Figuren". Hummel zeigt diese in einem geordneten Zug herankommende Menge vollkommen auf das Geschehen konzentriert. Das Interesse für den einmaligen Vorgang findet von Kopf zu Kopf eine Intensivierung. Für Hummel ist nicht wichtig – wie es in späteren Luther-Folgen gezeigt wird –, die Reaktion der Volksmenge in vielfältiger Weise auszumalen.
Lit.: Jenaische Allgemeine Literatur-Zeitung, a. a. O., VII, 4. – Kat. Martin Luther Ausstellung. Ausstellung zur Erinnerung an die 95 Thesen Martin Luthers vom Jahre 1517, Coburg 1967, Nr. 171. – W. A. Coupe, The German Illustrated Broadsheet in the 17th Century, Historical and Iconographical Studies, 1. Band, Baden-Baden 1966, S. 70, 2. Band, Baden-Baden 1967, S. 257, 215–215 b.

Inv.-Nr. VI, 510,5 Neg.-Nr. 12719

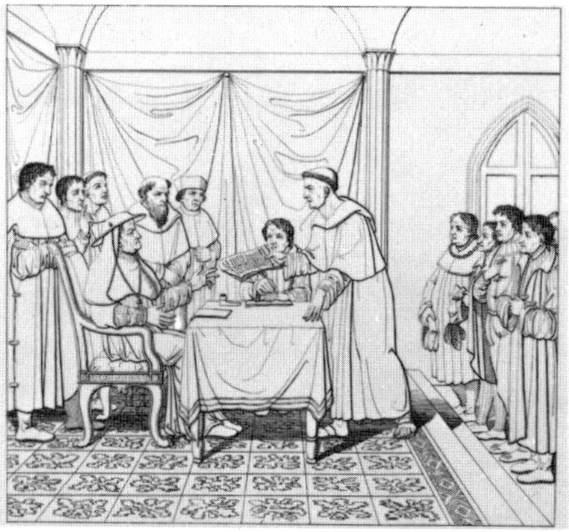

18.4.

18.4. Luther vor dem päpstlichen Legaten, Cardinal Cajetan
Bez. o. r.: 5.
Radierung. Blattgr.: 37,8 x 45,9 cm; Bildgr.: 21,9 x 23,6 cm
Luther übergibt in Augsburg, wo er von Cajetan verhört wurde, „die Sätze seiner Protestation" – wie es im Textblatt heißt – „freimütig, und nicht einen Schritt von dem weichend, was er für recht und heilig hält". – Die Jenaische Allgemeine Literatur-Zeitung äußert sich zu dieser Szene am kürzesten mit dem Satz: „Dieses Bild giebt zu keinen Einwendungen Anlaß".
In den verschiedenen Löwensternschen Luther-Folgen (Kat.-Nr. 34) taucht das Thema überhaupt nicht auf. König (Kat.-Nr. 62) dagegen macht es zu einem dramatischen Geschehen. Bei Hummel wird durch die statuarische Ruhe der Begleitpersonen beider Parteien und durch das Mittel der Vervielfachung die spannungsgeladene Atmosphäre zwischen den beiden Hauptgegnern verdichtet. Die Architektur wird zur Verdeutlichung des Vorgangs mit einbezogen: die Zweiteilung des Vorhangs, die Säule hinter Luther.
Lit.: Jenaische Allgemeine Literatur-Zeitung, a. a. O., VII, 5.

Inv.-Nr. VI, 510,6 Neg.-Nr. 12720

18.5.

18.5. Luther verbrennt vor den Toren Wittenbergs die päpstliche Bannbulle
Bez. o. r.: 6.
Radierung. Blattgr.: 37,9 x 45,9 cm; Bildgr.: 21,9 x 23,4 cm
Das historische Geschehen der Verbrennung der Bannbulle hat sich derart stark in unser geschichtliches Bewußtsein eingeprägt, daß man mit Erstaunen feststellt, daß die bildlichen Darstellungen dieses Vorganges erst aus späterer Zeit, vor allem aber dem 19. Jahrhundert stammen. Im 19. Jahrhundert gehören sie dann zu den beliebtesten und häufigst vertretenen. Im Pantheon der Deutschen, 1. Theil, erschienen in Chemnitz 1794, findet sich ein Kupferstich der Verbrennung der Bannbulle von Daniel Berger, nach Schubert gestochen (vgl. 11.8.), der Text dazu lautet folgendermaßen (S. LXXVII):
„Von einer großen Menge Studenten und einigen akademischen Lehrern begleitet zog er durch das Elsterthor zu Wittenberg hinter das daselbst gelegene Hospital, ließ von einem Magister einen kleinen Scheiterhaufen zurichten, und verbrannte mit einer kurzen aber nachdrücklichen Verwünschung des Pabstthums die kanonischen und päbstlichen Rechtsbücher, die wieder ihn erlassene Bulle und einige Schriften seiner heftigsten Wiedersacher, des Johann Eck und Hieronymus Emser, und entsagte hiermit öffentlich und auf immer aller weitern Gemeinschaft mit der römischen Kirche (1520 Dec. 10.).“
Hummel dagegen errichtet im Zentrum seiner Darstellung statt eines kleinen Scheiterhaufens einen Altar auf einem Zweistufensockel und läßt Luther dort die Bannbulle und – wie es im Textblatt heißt – „die Decretalien“ verbrennen. Auch diese Darstellung findet nicht den Beifall der Jenaischen Allgemeinen Literatur-Zeitung. Dort heißt es: „Luthers kühne That, da er zu Wittenberg die päbstliche Bulle und wider ihn erlassenen Decretalien öffentlich verbrannte, ist auf dem sechsten Blatt abgebildet. Unseres Ermessens hat der Künstler nicht wohl daran gethan, das Verbrennen auf einer Art von Altar verrichten zu lassen, wodurch die Schriften, welche Luther dem Feuer übergiebt, ganz gegen den Sinn der Sache scheinen geehrt zu werden; und obschon diese Handlung Luthers in Bezug auf das Reformationswerk sehr wichtig war, so könnte die Darstellung derselben doch ohne Nachtheil auf die Deutlichkeit des Ganzen aus einem Cyklus, wie der gegenwärtige ist, weggelassen werden, und der Künstler an ihrer Statt mit besserem Vortheil für seinen Zweck von den vielen Nachrichten über mißlungene Nachstellungen gegen Luthers Person einigen Gebrauch machen. Im übrigen ist das gedachte sechste Blatt wegen vieler geistreicher, durch große Mannichfaltigkeit anziehender Köpfe sehr lobenswerth.“
Aus dem Text ist ersichtlich, daß also selbst noch 1807 die Wichtigkeit der Szene für eine Folge von Luthers Leben in Frage gestellt wurde.
Lit.: Pantheon der Deutschen. 1. Theil, D. Martin Luther, Chemnitz 1794, S. XIII ff. – Jenaische Allgemeine Literatur-Zeitung, a. a. O., VII, 6.
Inv.-Nr. VI, 510,7 Neg.-Nr. 12721

18.6. Luther vor dem Kaiser auf dem Reichstag zu Worms, 1521
Bez. o. r.: 7.
Blattgr.: 37,9 x 45,9 cm; Bildgr.: 21,9 x 30,4 cm
Im Textblatt heißt es: „Sieht man den unerschütterlichen Helden in dem erhabenen Augenblick, wo er vor dem Kaiser, und den versammelten Fürsten des Reichs, zu Worms seine Sätze mit dem Geiste eines Gottesbeseelten vertheidigt.".
Luthers Rede in Worms wurde von Spalatin übersetzt und erschien in Augsburg 1521 unter dem Titel „Doctor Martini Luthers offenliche Verhör Zu Worms im Reichstag/ Red Vnd Widerred. Am. 17. tag/Aprilis/ Im Jar 1521 Beschechen". Auf dem Titelholzschnitt dieser Edition sieht man Luther auf dem Reichstag im Kreise einer dicht gedrängten Menge in altertümlich kreisartiger Anordnung. Die Darstellung bleibt im 16. Jahrhundert jedoch eine Ausnahme. Im 17. Jahrhundert wurde vorherrschend — veranlaßt vor allem durch das 100jährige Jubiläum der Confessio Augustana — der Augsburger Reichstag wiedergegeben.
Bei Hummels *Wormser* Reichstagsgeschehen sieht man deutlich eine Beeinflussung von graphischen Ansichten der *Augsburger* Konfession, wie wir sie etwa aus dem Kupferstich von G. Cöler von 1630 kennen. An der Seitenwand des Saales thront der Kaiser und ihm gegenüber steht Luther, getrennt durch einen Tisch mit Protokoll führendem Schreiber. Zu beiden Seiten des Kaisers sitzen die Anwesenden in geschlossener, aufgereihter Anordnung bei gleicher Kopfhöhe. — In den Zyklen zu Luthers Leben entfällt der Augsburger Reichstag meist, da Luther in Augsburg nicht anwesend sein durfte. Durch die rückerinnernde Art, wie Hummel den Reichstag in Worms wiedergibt, wird jedoch gleichzeitig eine (gedankliche) Verbindung zu Augsburg geschaffen. Noch eine Erinnerung taucht beim Betrachten der vorliegenden Szene auf, nämlich an die Passionsgeschichte: Christus wird Pilatus vorgeführt.

Lit.: Jenaische Allgemeine Literatur-Zeitung, a. a. O., VII, 7. — Kat. Martin Luther Ausstellung, Coburg 1967, Kat.-Nr. 95: Verlesung der Augsburger Konfession, Kupferstich von Georg Cöler nach Michael Herr, um 1630. — Abb. des Reichstages zu Worms von 1521 in: Reformation in Europa, hrsg. von O. Thulin, Leipzig 1967, S. 45 (Wittenberg, Lutherhalle).

Inv.-Nr. VI, 510,8 Neg.-Nr. 12722

18.7. Luther als Junker Jörg auf der Wartburg wird vom Teufel versucht
Bez. o. r.: 8.
Radierung. Blattgr.: 37,8 x 45,8 cm; Bildgr.: 21,9 x 23,5 cm
Interessant ist die Interpretation, die das Textblatt zu dieser, der Legende gehörenden Darstellung gibt. „Plötzlich versucht ihn der Teufel (wie ehedem den Herrn dort auf dem hohen Berge) durch Vorspiegelung von Wohlleben und von weltlicher Größe. Er aber, die List des Satans erkennend, macht durch Ergreiffung des Dintenfasses das höllische Blendwerk verschwinden."
Hier begegnet die ausgesprochene Gleichsetzung mit Christus, auf die bereits in den vorhergehenden Katalognummer hingewiesen wurde. Die Jenaische Allgemeine Literatur-Zeitung reagierte mit Kritik: „Luther wird auf der Wartburg vom Teufel versucht. Die Figuren sind gut genug, aber der Gegenstand ist nicht wohl gefaßt, auf eine magere unpoetische Weise behandelt. Der Teufel verbirgt sich hinter des Doctors Schreibepult, und zeigt ihm auf einem Gemälde Bischofsmütze und Stab, einen Cardinalshut und ein nackend im Bette liegendes Weib. Luther, der alles dieses betrachtet, sitzt und hält in der einen Hand ein Buch, mit der anderen ergreift er das Dintenfaß. Es fehlt dieser Darstellung an Bewegung, an Leben und selbst am Bedeutenden. Soll Gebrauch von einem solchen Mährchen gemacht werden, so muß es mehr scherzhaft geschehen. Luther muß wirklich nach dem bösen Geist ausholen, dieser aber dem Wurf ausweichend zu entfliehen suchen u.s.w."
Lit.: Jenaische Allgemeine Literatur-Zeitung, a. a. O., VII, 8. — Vgl. H. Gruppe, 45.

Inv.-Nr. VI, 510,9 Neg.-Nr. 12723

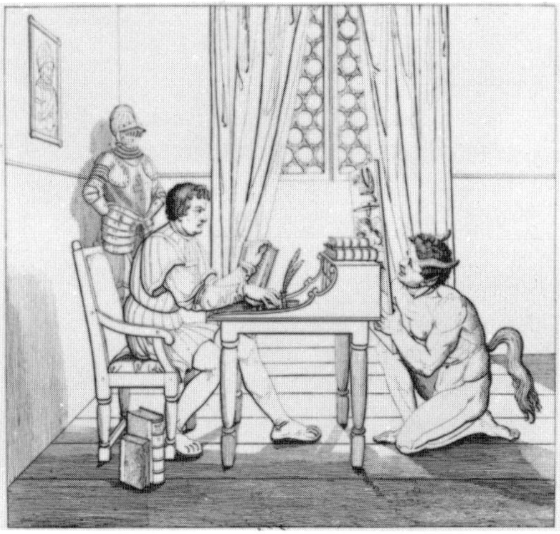

18.7.

18.8. Luther legt seinen gelehrten Freunden seine deutsche Bibelübersetzung vor
Bez. o. r.: 9
Radierung. Blattgr.: 37,8 x 45,8 cm; Bildgr.: 21,7 x 23,2 cm
Die Wiedergabe des Geschehens erinnert an Abendmahlsdarstellungen, bei denen Christus in der Mitte an der Rückseite eines quergestellten Tisches sitzt, dessen Vorderseite leer bleibt, und um ihn sind seine zwölf Jünger versammelt. Auch bei Hummel sitzt Luther als Zentralfigur da, umgeben von zwölf seiner Freunde. Die Szene ist gleichgewichtig mit starker Zentrierung und Miteinbeziehung von Architektur und Mobiliar aufgebaut.
Vergleichsweise sei auf einen Titelholzschnitt der „Colloquia oder Tischreden Doctor Martin Luthers“ hingewiesen, erschienen in Frankfurt 1571, der auch als Vorläufer angesehen werden kann.
Lit.: Jenaische Allgemeine Literatur-Zeitung, a. a. O., VII, 9. — Reallexikon zur deutschen Kunstgeschichte, hrsg. von Otto Schmitt, Stuttgart 1937, Abendmahl, Sp. 31 f. — Volkserzählung und Reformation, hrsg. von W. Brückner, Berlin 1974, S. 579, Abb. des Titelholzschnittes der Colloquia.

Inv.-Nr. VI, 510,10 Neg.-Nr. 12724

18.9. Luthers Hochzeit mit Katharina von Bora (13. Juni 1525)
Bez. o. r.: 10.
Radierung. Blattgr. 37,9 x 45,7 cm; Bildgr.: 26,3 x 21,7 cm
Die Vermählung mit Katharina von Bora wurde von Bugenhagen in Luthers Wohnung im Schwarzen Kloster zu Wittenberg vollzogen in Anwesenheit des Juristen Apel und von Lucas Cranach d. Ae. Ein profaner Raum ist also gegeben, es fällt jedoch auf, daß bei Hummel jegliches sakrales Zubehör fehlt.
Hummel war ein Verehrer Raffaels und kopierte während seines Italien-Aufenthaltes Köpfe aus seinen Fresken (Thieme-Becker). Man mag an Raffaels Vermählung der Maria (Mailand, Brera) in der symmetrischen Aufstellung des Hochzeitspaares Luther und Katharina von Bora vor dem Priester erinnert werden.
Lit.: Jenaische Allgemeine Literatur-Zeitung, a. a. O., VII, 10. — Thieme-Becker, 18, 1925, S. 128 f.

Inv.-Nr. VI, 510,11 Neg.-Nr. 12725

18.9.

18.10 Luther gebietet dem Bildersturm Einhalt

Bez. o. r.: 11.
Radierung. Blattgr.: 37,8 x 45,9 cm; Bildgr.: 26,3 x 19,2 cm

Im Januar 1522 kam es in Wittenberg unter Führung von Karlstadt erstmals zu einem Bildersturm, den Luther bei seiner Rückkehr einzudämmen suchte. 1566 erfolgten in den Niederlanden besonders schlimme Ausschreitungen, die bereits Franz Hogenberg in seinem Stich von 1566 festhält. Hummel läßt Luther dem Treiben mit gewaltiger Geste Einhalt gebieten. Die Wiedergabe des tiefen Kirchenraumes mit den zahlreichen Menschen zeigt Hummels Blick für Perspektive und Architektur, der ihm drei Jahre später, 1809, die Berufung als Lehrer für Architektur, Perspektive und Optik an die Berliner Akademie einbrachte. Nicht verständlich ist die Ausführung der Allgemeinen Jenaischen Literatur-Zeitung zu dieser Szene.

Lit.: Jenaische Allgemeine Literatur-Zeitung, a. a. O., VII, 11. — Abb. in: Reformation in Europa, hrsg. von Oskar Thulin, Leipzig 1967, S. 250.

Inv.-Nr. VI, 510,12 Neg.-Nr. 12726

18.11. Luthers Tod am 18.2.1546 in Eisleben

Bez. o. r.: 12.
Radierung. Blattgr.: 38 x 44,8 cm; Bildgr.: 26,3 x 21,7 cm

Hummel führt in seinem Textblatt nur wenige Personen namentlich auf, die beim Tode Luthers zugegen waren, im Gegensatz zu König, der jede Person in seiner Darstellung benennt. Links stehen der Graf Albrecht von Mansfeld und seine Gemahlin, zu denen Luther gereist war, um Streitigkeiten zu schlichten. Luther hatte seine beiden kleinen Söhne mitgenommen, die man rechts sieht. König erwähnt noch Dr. Justus Jonas, der die letzten Worte an Luther richtet, den betenden Michael Cölius, Johannes Aurifaber und den Arzt Simon Wild. Die Jenaische Allgemeine Literatur-Zeitung schreibt: „Der Sterbende könnte besser gezeigt, und der Ausdruck des Schmerzens der Traurigkeit in den umstehenden Figuren kräftiger angedeutet seyn“. Die statuarische und strenge Art der Wiedergabe von Personen in Geste und Ausdruck, die Gehaltenheit, die den Figuren Hummels eigen ist, läßt keine heftigere und schmerzreichere Klage aufkommen.

Lit.: Jenaische Allgemeine Literatur-Zeitung, a. a. O., VII, 12. — Vgl. L. Spaeth, Ein bisher unbekannter Bericht eines Augenzeugen über Luthers Tod, in: Luther-Kalender 1911, S. 88 ff., S. 92; anwesend bei Luthers Tod: „Aurifaber, Coelius, Graf Albrecht und Frau (von Mansfeld), der Stadtschreiber Hans Albrecht, die zwei Ärzte und der Apotheker“.

Inv.-Nr. VI, 510,13 Neg.-Nr. 12727

18.11.

19
Heinrich Anton Dähling
1773 Hannover – 1850 Potsdam

H. A. Dähling war Schüler der Berliner Akademie, 1811 wurde er Mitglied, 1814 Professor der Akademie. Er trat u. a. mit Porträts etwa der preußischen Königsfamilie oder Blüchers sowie mit Ereignisbildern zeitgenössischer Geschichte hervor, z. B. der Begegnung Friedrich Wilhelms IV. und Königin Luises mit dem Zaren Alexander I. in Memel. Kompositionen von ihm wurden u. a. von J. Fr. Bolt und Friedrich Jügel reproduziert. In seiner Zeit genoß Dähling einen gewissen Ruf. So erschien im Nürnberger „Frauentaschenbuch" von 1817 das Gedicht „Variation auf Dählings Bild der Wettgesang" von Gottwalt (S. 136).

1807 kam in Berlin eine Tragödie von Zacharias Werner (1768 Königsberg – 1823 Wien) heraus mit dem Titel „Martin Luther, oder die Weihe der Kraft", verlegt bei Johann Daniel Sander. Zacharias Werner ist heute vergessen, zu seiner Zeit wurden seine literarischen Arbeiten, auch das Lutherdrama, durchaus beachtet. In einer der bekannteren deutschen Literaturgeschichten des 19. Jahrhunderts – von Robert Koenig – wird Zacharias Werner neben Heinrich von Kleist gestellt: sie seien die Vertreter, in denen das romantische Drama noch fortlebe (1. Aufl. der Koenigschen Lit.-Gesch. 1878). Werner war 1805 nach Berlin gekommen und hat dort, angeblich auf Anregung A. W. Ifflands, des Generaldirektors der Königlichen Schauspiele in Berlin, sein Lutherdrama geschrieben. 1806 wurde es in Berlin uraufgeführt, Iffland spielte die Titelrolle. 1807 erschien es, wie gesagt, im Druck. Das Drama stellt eine sicherlich theatralisch nicht effektlose Mischung aus Wirklichkeitspartikeln und den Produkten mystisch schweifender Phantasie dar, indem Bedingungen von Zeit und Raum vernachlässigt werden, eher ein Opernlibretto. Tatsächlich ist das Drama von Bernhard Anselm Weber (1766-1821) vertont worden, wie aus einer in der ersten Auflage der Tragödie enthaltenen Nachricht hervorgeht. Jean Paul kritisierte, Werner habe aus Luther einen „zerflossenen Fratzenschatten gemacht". Auch Goethe hat sich in einem Brief an Zelter vom 11. 6. 1806 negativ über das Stück geäußert. – Werner ist übrigens 1811 zur katholischen Kirche übergetreten, 1814 wurde er in Aschaffenburg zum Priester geweiht. „Vorher hatte er in ‚der Weihe der Unkraft' eine poetische Buße für sein Lutherstück geleistet" (Koenig, 12. Aufl. 1882, S. 548).

Für die Erstausgabe der Wernerschen Luther-Tragödie haben Dähling und Franz Ludwig Catel (1778–1856) Illustrationen geliefert, die von verschiedenen Reproduktionsgraphikern wiedergegeben worden sind. Um den Zusammenhang der Illustrationen nicht zu zerreißen, werden auch die Arbeiten von Catel hier abgehandelt. Catel hat 1806 ein sehr wichtiges Lutherbild, das 1811 reproduziert worden ist, geschaffen (vgl. Kat.-Nr. 20).

19.1. Ein' veste Burg ist unser Gott! (Luther und Katharina von Bora, sitzend, geben sich die Hand), 1806
Bez. u. Mitte: Nach Catel gestochen von Bollinger 1806 (Spiegelschrift). Darunter Titel (s. o.)
Radierung. Bildgr. (bis zur äußeren Umrahmung): 11,1 x 7,7 cm
Franz Ludwig Catel (1778 Berlin – 1856 Rom) hat in seiner Frühzeit in Berlin viele Illustrationen gezeichnet. 1806 wurde er ordentliches Mitglied der Berliner Akademie. 1807 verließ er Berlin und ging zunächst nach Paris. Wenn die 1807 entstandenen Illustrationen des Bandes von Dähling gezeichnet worden sind, könnte das mit dem Weggang Catels aus Berlin zusammenhängen. – Friedrich Wilhelm Bollinger (1777 Berlin – 1825 ebda.) war, wie Catel und Dähling, Schüler der Berliner Akademie. Später wurde er Berliner Akademieprofessor. Er war in erster Linie als Porträtstecher bekannt.

Landesbibliothek Coburg, Ta 324

19.2. Mein Urbild, (1807)
Nicht bez. Unter der Illustration: Titel (s. o.)
Radierung. Bildgr.: 10,7 x 7,5 cm
Die Radierung ist wahrscheinlich von J. F. Krethlow (s. Kat.-Nr. 19.3.) nach einer Zeichnung H. A. Dählings entstanden.

Illustriert wird die 3. Szene aus dem 1. Akt: „Freier Platz vor dem Wittenberger Thore. Auf der einen Seite das Stadtthor, auf der andern das Nonnenkloster. Menge Volks und Studenten; diese um einen angezündeten Scheiterhaufen gruppirt, jene aus dem Thore herauskommend." Katharina von Bora und deren neunjährige Pflegetochter Therese treten an den Scheiterhaufen heran. Katharina, die gläubige Nonne, versucht, die Versammelten von ihrem Tun abzuhalten. Sie verflucht Luther. Als er auftritt, fährt Katharina entsetzt auf, „sich das Gesicht mit den Händen bedeckend", und ruft aus: „Mein Urbild!" Sie und Therese laufen ins Kloster zurück. – Die Illustration befindet sich zwischen S. 70 u. 71.

Landesbibliothek Coburg, Ta 324

19.2.

Mein Urbild!

19.3. Er lächelt durch die Thränen, und sagt nicht Nein!, (1807)
Bez. u. l.: Dähling; u. r.: Krethlow sc. Unten Titel (s. o.)
Radierung. Bildgr.: 10,7 x 7,5 cm
Johann Ferdinand Krethlow (1767 Neu-Hannenburg bei Berlin – 1842 Warschau) war Schüler der Berliner Akademie. Er war in erster Linie Reproduktionsgraphiker. 1818 wurde er Professor der Kupferstecherkunst an der neugegründeten Universität Warschau. Vgl. Thieme-Becker 21, 1927, S. 504.
Illustriert wird die erste Szene aus dem zweiten Akt (S. 134 f.): „Zu Wittenberg, Luthers Zelle. Eine kleine Thür im Hintergrund und eine an der Seite." Luthers 15-jähriger Famulus Theobald malt ein Titelbild zu Luthers Psalmenübersetzung. Melanchthon und die Eltern Luthers treten auf, schließlich auch Luther, der sich drei Tage lang in sein Arbeitszimmer verschlossen hatte. Begrüßungsszene, Luther erzählt seinen Eltern, wie es ihm in Eisenach, in Erfurt erging (Frau Cotta, Alexius), und er erklärt seinen Glauben. Der Ritter Franz von Wildeneck tritt auf mit der Botschaft: „Du sollst nach Worms." Alle raten Luther, zu fliehen. Da fragt Luther Theobald, was er tun solle. Dieser rät als einziger Luther nicht ab, nach Worms zu gehen. – Man sieht von links: Theobald, Luther, Grete und Hans Luther, Melanchthon und Wildeneck. – Die Illustration befindet sich zwischen S. 134 u. 135.

Landesbibliothek Coburg, Ta 324

19.4. Das Scepter!, (1807)
Bez. u. l.: Dähling del.: u. r.: Krethlow sc. Unten Titel (s. o.)
Radierung. Bildgr.: 10,9 x 7,4 cm
Über J. F. Krethlow s. Kat.-Nr. 19.3.
Illustriert wird die dritte Szene aus dem dritten Akt (S. 218 ff.): „Zu Worms, Öffentlicher Platz vor dem Reichstagspallaste. Das Glockengeläute tönt jetzt stärker bis Ende des Akts fort. Volk, jedes Geschlechts und Alters, unter ihnen Katharina und Theresa ..." Luther, Melanchthon, Spalatin und Theobald „stellen sich seitwärts in den Vorgrund, so daß die verschiedenen Parthien des Zuges bei ihnen vorbei kommen müssen". Luther, seine Begleiter und das Volk singen „Ein' feste Burg ist unser Gott", immer wieder unterbrochen durch kurze Wechselreden zwischen Luther und den Vorbeireitenden bzw. -gehenden. „Wie der Kaiser in Luthers Nähe kommt, hält er sein Pferd an und betrachtet Luthern genau – in Gedanken verloren entfällt ihm das Scepter. Bei diesem Geräusch faßt sich Luther, der bis jetzt unverwandt nach oben geblickt hat, sieht den Kaiser scharf an, ohne, bis Letzterer die Bühne verlassen hat, den Blick von ihm zu wenden". – Die Illustration befindet sich zwischen S. 218 u. 219. – Vgl. Kat.-Nr. 19.7.

Landesbibliothek Coburg, Ta 324

19.4.

19.5. Durch Glauben fährt der Christ zu Gott hinauf, Von Gott herab nimmt Liebe ihren Lauf!, (1806)
Bez. u. l.: Catel del.; u. r.: Meyer sc. Unten Titel (s. o.)
Radierung. Bildgr.: 10,65 x 7,45 cm
Über F. L. Catel s. Kat.-Nr. 19.1. – Der Radierer Meyer ist wohl Friedrich Wilhelm Meyer, der in Berlin gelebt hat (geboren um 1770). Er illustrierte Romane und Taschenbücher und lebte noch 1822. Vgl. Nagler, Künstler-Lexicon 9, 1840, S. 217 u. Thieme-Becker 24, 1930, S. 473.
Illustriert ist die zweite Szene aus dem vierten Akt (S. 274): „Wald bei Worms. Gegen Abend". Luther hat nach seinem Auftreten vor Kaiser Karl V. Worms verlassen. Katharina von Bora und Therese, in Pilgerkleidern, Luther, Theobald, Melanchthon, Hans Luther (der Vater Martins), der Ritter v. Wildeneck und der Bergknappe Hubert haben sich versammelt. Theobald spielt die Flöte, Hubert das Waldhorn. Sie singen. Katharina, zu Luthers Lehre bekehrt, lädt zum Essen ein. Katharina spricht mit Luther über Liebe. Er antwortet u. a. mit dem im Titel wiedergegebenen Zweizeiler. Kurz darauf wird Luther auf die Wartburg entführt. – Die Illustration befindet sich zwischen S. 274 u. 275.

Landesbibliothek Coburg, Ta 324

19.5.

19.6.

19.6. Kraft! Glauben! Freiheit! Gott!, (1806)
Bez. u. a.: Catel del.; u. r.: Meyer sc Berlin
Unten Titel (s. o.)
Radierung. Bildgr.: 11,15 x 7,6 cm
Über F. W. Meyer s. Kat.-Nr. 19.5.
Illustriert ist die dritte Szene des fünften Akts, nämlich der Schluß der Tragödie (S. 379 f.): Ein opernhaftes Geschehen entwickelt sich vor dem Hochaltar der „Augustiner Nonnenkirche" in Wittenberg. Katharina von Bora, Bilderstürmer, Kurfürst Friedrich der Weise von Sachsen, Erzbischof Albert von Brandenburg, Herzog Erich von Braunschweig, Markgraf Albrecht von Brandenburg, schließlich Luther als Junker Jörg u. a. finden sich ein. Luther und Katharina gestehen einander ihre Liebe. Luther: „Ein Sünder bin ich — und ein reines Weib — kann auch den Sünder mit sich selbst versöhnen." — Die Illustration befindet sich zwischen S. 378 u. 379.

Landesbibliothek Coburg, Ta 324

19.7. Zug nach dem Reichstagspallaste in Worms, 1806 oder später
Bez. u. l.: gez. von Dähling; u. r.: gest. von Jügel. Unten Titel (s. o.)
Radierung, koloriert, grauer Spiegel. Bildgr.: 23,7 x 31,15 cm;
Spiegelgr.: 28,15 x 35,6 cm
Friedrich Jügel (geb. wohl in Düren, gest. 1833 in Berlin) war Reproduktionsgraphiker in Berlin, wohin er schon als Kind gekommen war. Seit 1787 studierte er an der Berliner Akademie, 1826 wurde er dort Professor. Jügel hat häufiger Dählings Zeichnungen reproduziert. Vgl. Thieme-Becker 19, 1926, S. 292.
Dargestellt ist, wie bei Kat.-Nr. 19.4. die dritte Szene des dritten Aktes von Zacharias Werners Luthertragödie. Unter dem Titel wird ausdrücklich darauf hingewiesen: „aus Martin Luther, oder der Weihe der Kraft". Das großformatigere Bild läßt sehr viel mehr Details zu als die kleinformatige Buchillustration. Man sieht links Luther mit seinen Begleitern Melanchthon, Spalatin und Theobald. In der Mitte, unter dem Baldachin, reitet, das Szepter noch in der Hand, Kaiser Karl V. Vor ihm Kurfürst Joachim von Brandenburg, hinter ihm Erzbischof Albrecht von Mainz und Herzog Georg von Sachsen. Am rechten Rand taucht Kurfürst Friedrich der Weise von Sachsen auf, „das Reichsschwert haltend".

Die kolorierte Radierung ist wohl als Einzelblatt anzusehen, das am wahrscheinlichsten in unmittelbarem Zusammenhang mit der Berliner Aufführung von Werners Drama (1806) entstanden sein dürfte. Interessant ist nicht nur die unterschiedliche Komposition und die Veränderung des Szenenmoments in beiden Illustrationen Dählings, sondern auch der Unterschied der künstlerischen und erzählerischen Qualität beider, bedingt durch den verschiedenen Zweck der Blätter (Buchillustration, Wandschmuck?) und wohl auch durch Unterschiedlichkeit der Auffassung und des Könnens der Reproduktionsgraphiker.

KK Coburg — Neg.-Nr. 13405

19.7.

20

Franz Ludwig Catel
1778 Berlin – 1856 Rom

F. L. Catel lebte bis 1807 in Berlin, wo er sich in erster Linie als Illustrator betätigt hat. Seit 1807 studierte er in Paris; dort wandte er sich der Malerei zu. Ende 1811 kam er nach Rom, wo er, abgesehen von Reisen, zeitlebens blieb und eine vielseitige, auch gesellschaftlich einflußreiche Tätigkeit entwickelte. In dieser Zeit brachte er fast ausschließlich italienische Landschaften hervor, die besonders in höheren Gesellschaftskreisen großen Anklang fanden.

Martin Luther verbrennt die päpstliche Bulle und das canonische Recht vor Wittenberg, am 10ten December 1520, 1811
Bez. u. l.: Gezeichnet von F. Catel; u. r.: Gestochen von L. Buchhorn. Unter dem Titel: Berlin, bei J. J. Freidhof, 1811.
Kupferstich und Radierung.
Bildgr.: 36,5 x 52,7 cm
Ludwig Buchhorn (1770 Halberstadt – 1856 Berlin) war seit Ende der 80er Jahre des 18. Jahrhunderts Schüler von Daniel Berger an der Berliner Akademie in der Klasse für Kupferstecherkunst (s. Kat.-Nr. 11,8.). Nach längerer Tätigkeit in Dessau und Leipzig arbeitete er seit 1806 wieder in Berlin. 1812 wurde Buchhorn Mitglied der Berliner Akademie, seit 1814 war er Profes-

sor. Vgl. Thieme-Becker 5, 1911, S. 179.
Der Stich geht auf ein Gemälde Catels zurück, das dieser 1806 auf der Akademischen Kunstausstellung in Berlin gezeigt hat (F. v. Boetticher, Malerwerke des 19. Jahrhunderts, S. 173, Nr. 2). – Hinter Luther steht Melanchthon, der seit 1518 als Universitätsprofessor in Wittenberg lebte. – Der Kupferstich zählt zu Buchhorns besten Arbeiten. Nagler (2, 1835, S. 184 f.) rühmt an Buchhorn, daß er „den Grabstichel rein und sicher führe", und er nennt den Druck „ein Capitalblatt".
1814 hat Catel ein allegorisches Blatt „Das Gastmahl des Belsazar" gestochen. Dieses Blatt soll eine Anspielung auf den Sturz Napoleons gewesen sein (Thieme-Becker 6, 1912, S. 181). Es ist nicht ganz auszuschließen, daß Catels Zeitgenossen auch in das Lutherblatt nationale Ideen hineingelegt haben.
Catels Komposition ist im Laufe des 19. Jahrhunderts häufig als Vorlage benutzt worden.

Inv.-Nr. VI, 129,83 Neg.-Nr. 13320

21
F. L. Lehmann

Wahrscheinlich handelt es sich um Friedrich Ludwig Lehmann (geb. 1787 in Leipzig, seit 1824 in Dresden arbeitend). Nach Thieme-Becker 22, 1928, S. 580 war er als Tier- und Landschaftsmaler und auch als Restaurator tätig. Vielleicht hat er Szenen aus der Völkerschlacht bei Leipzig gezeichnet, also auch figürliche Kompositionen geliefert.

Luther verbrennt die Bannbulle und das kanonische Recht, 1812
Bez. u. l.: F. L. Lehmann del.; u. r.: G. Boettger senior sc. 1812
Radierung (einige Schattenangaben mit Bleistift). Bildgr.: 13,6 x 8,7 cm; Plattengr.: 18,4 x 12,1 cm
Gottlieb Boettger senior (so seit 1796) war Reproduktionsgraphiker in Leipzig.
Bei Nagler 7, 1839, S. 403, wird in der Biographie Friedrich Ludwig Lehmanns angegeben, daß er „der Fortsetzer von Netto's Toilettengeschenk auf die Jahre 1811 bis 1813" gewesen sei. Gemeint ist „Netto's Toiletten-Geschenk. Ein Jahrbuch für Damen", das seit 1805 bei Georg Voß in Leipzig erschienen ist, jeweils versehen mit mehreren Kupfertafeln. Es ist möglich, daß unsere Illustration aus dem Jahrgang 1812 oder 1813 dieses Almanachs stammt.

Inv.-Nr. VI, 34,410 Neg.-Nr. 13391

22
Gottfried Arnold Lehmann
Geboren um 1770 Berlin, lebte in Berlin und Hamburg

Innere Ansichten der Wartburg. Oben Luthers Wohnzimmer. Er arbeitet an Übersetzung der Bibel. Unten Die Kapelle auf derselben. Luther prediget für seine Hausgenossen, 1811 oder 1815 oder 1818
Bez. u. Mitte: Gezeichnet und gestochen von G. A. Lehmann. Unten Titel (s. o.)
Radierung. Bildgr.: 29 x 22,7 cm; Plattengr.: 35 x 27 cm
Das Blatt stammt aus einer Folge von acht (sieben?) Radierungen, die unter dem Titel „Denkmale aus dem Leben Luthers" herausgekommen sind. Bei Nagler 7, 1839, S. 401 f., Nr. 11 und bei Le Blanc 2, 1856, S. 526, Nrn. 5–12 wird die Folge 1811, bei Thieme-Becker 22, 1928, S. 580, 1815 datiert. Bei Ernst Gustav Vogel, Bibliotheca Bibliographica Lutherana, Halle 1851, S. 69, Nr. 646: „Lehmann, G. A., Denkmale aus dem Leben Luthers in 7 Folio-Kupfertafeln, mit Nachricht, geweiht der Erinnerung des 3. Jubiläums der Reformation. Brl. (Berlin) 1818.8."
Die Komposition geht angeblich auf einen „Wachsabguß in der Marienbibliothek in Erfurt" zurück (vgl. Kat.-Nr. 34.10.1.). Jedenfalls findet sich diese Komposition im 19. Jahrhundert häufig.

Inv.-Nr. VI, 98,5 Neg.-Nr. 13319

23
Carl Wilhelm Kolbe d. J.
1781 Berlin – 1853 ebda.

C. W. Kolbe d. J. war seit 1815 Mitglied, seit 1830 Professor der Berliner Akademie. Er hat Illustrationen für Taschenbücher, Almanache und zeitgenössische Romane gezeichnet, aber auch in großem Format gearbeitet. Hierbei nahm er gelegentlich die Hilfe H. A. Dählings in Anspruch (s. Kat.-Nr. 19). Charlotte Steinbrucker bezeichnet Kolbe d. J. als „bedeutendsten Vertreter der romantischen Richtung in der Berliner Malerei, dem in der Dichtung Friedr. Fouqué und Ludwig Tieck entsprechen". Außerdem weist sie auf den „poetischen Gehalt" und „romantischen Stimmungszauber" seiner Kompositionen hin. Vgl. Thieme-Becker 21, 1927, S. 226 ff.

Kohlhase sucht bei Luther Zuflucht, (1817)
Bez. u. l.: Steindruck; u. r.: Kolbe.
Darunter: Luther (:) Numquid tu es Hans Kohlhase? Kohlh.: Sum Domine Doctor! (Du bist kein anderer als Hans Kohlhase? Ich bin es, Herr Doktor).
Lithographie (Negativarbeit). Bildgr.: 15,3 x 10,5 cm; Umrahmung: 15,4 x 10,7 cm

Carl Wilhelm Kolbe d. J. hat 1817 ein weiteres Blatt mit Hans Kohlhase lithographiert (Dussler, S. 98, 1; Martens S. 128, b; Winkler S. 129, 1). Martens ist der Frage nachgegangen, aus welchem Anlaß und für welchen Zweck die beiden Kohlhaseblätter entstanden sein könnten, ohne zu einem Ergebnis gekommen zu sein. Kleists „Michael Kohlhaas", in dem die Lutherszene anders beschrieben wird, als sie Kolbe darstellt, ist erst nach Entstehung der beiden Lithographien herausgekommen (1821). „Szene und Text (der Lithographie) gehen . . . unmittelbar auf die Quelle zurück, die auch Kleist benutzte . . .: Das Microchronicon marchicum M. Petrii Haftitii . . . Der Text der Quelle wurde nach seinem Erstabdruck 1731 erst wieder 1827 in den Berliner Nachrichten veröffentlicht" (Martens, S. 129).

Charlotte Steinbrucker (Thieme-Becker 21, 1917, S. 228), Ulf Martens, Der Zeichner und Radierer Carl Wilhelm Kolbe d. Ä. (1759—1835), Berlin 1976, S. 128 f., und R. Arnim Winkler, Die Frühzeit der deutschen Lithographie, Katalog der Bilddrucke von 1796—1821, München 1975, S. 129 f. schreiben die beiden Kohlhase-Lithographien mit Recht Carl Wilhelm Kolbe d. J. zu, während Luitpold Dussler, Die Incunabeln der deutschen Lithographie (1796—1821), Heidelberg 1955 (Neuausgabe des Werks von 1924), S. 98, und frühere Autoren beide Blätter Carl Wilhelm Kolbe d. Ä. zugeschrieben haben. Bei allen finden sich weitere Literaturangaben.

KK Coburg Neg.-Nr. 12984

23.

24
Otto Warmholz

Nagler 21, 1851, S. 128, verzeichnet einen Otto Warmholz, Maler in Eisleben, Sohn eines „durch seine eingelegten Holzarbeiten bekannten Instrumentenmachers". Vom Sohn „finden sich Blumen- und Fruchtstücke, todtes Geflügel, und andere Stilleben . . . Um 1834 wurde er Zeichenlehrer am k. Gymnasium zu Eisleben. In dieser Stellung gab er 1836 folgendes Werk heraus: Universal-Zeichenbuch, bestehend in 60 Musterblättern als Vorlagen zum Zeichnen . . ." Aus diesen Angaben ist es nicht möglich, die Frage zu klären, ob der Sohn oder der Vater (was durchaus möglich wäre, da der Vater als Ebenist über eine gewisse Zeichenfähigkeit verfügen mußte) die Entwürfe der folgenden Aquatintaradierungen gezeichnet hat. Thieme-Becker 35, 1942, S. 163, enthält nichts Weiterführendes. Vgl. Ernst Gustav Vogel, Bibliotheca Biographica Lutherana, Halle 1851, S. 69, Nr. 645: „12 Kupferdarstellungen aus D. M. Luthers Leben und Wirken, zum Andenken des 3. Jubiläums des Reformationsfestes. Von Warmholtz gemalt, und von Endner gestochen. Lpz. (Leipzig) 1818. 4."

24.1. Martin Luther als Currentknabe, 1817
Bez. u. l.: Warmholz transparent gemald 1817; u. r.: G. G. Endner gezeichnet u. gestoch: in Leipzig 1817. Der Text, dessen Hauptzeile im Titel wiedergegeben ist, fährt fort: „Vor Cottas Thür in Eisenach dargestellt; dessen Gattin, von seiner Andacht und Gesang gerührt, ihm in der folgenden Zeit Wohnung und Speisung gab."
Aquatintaradierung.
Bildgr.: 16,25 x 12,95 cm; Größe der gesamten Einfassung: 18,55 x 12,95 cm
Gustav Georg Endner (1754 Nürnberg – 1824 Leipzig) wurde, u. a. von Bause in Leipzig, als Reproduktionsgraphiker ausgebildet, als welcher er auch in Leipzig tätig war. Er arbeitete u. a. für Kalender und Almanache; führte auch eigene Entwürfe aus. Vgl. Thieme-Becker 10, 1914, S. 521

Inv.-Nr. V, 343,261 Neg.-Nr. 13000

24.1.

24.2. M. Luther im Begriff zum Vorbescheid aufs Rathaus in Worms, 1817/18
Bez. u. l.: von Warmholz transparendt gemald zu Eisleben 1817.; u. r.: von G G Endner gezeichnet und gestochen in Leipzig 1818. Der Text, dessen Hauptzeile im Titel wiedergegeben ist, fährt fort: „Eilend – neben ihm der brave kayserliche Oberste, Georg v. Freundsberg, ihm warnend: „Mönchlein, Mönchlein, du gehst jetzt einen Gang, dergleichen ich und mancher Oberste auch in unserer allerernsthaftesten Schlachtordnung nicht gethan haben!" bist du auf rechter Meinung, deiner Sache gewiß, so fahr in Gottes Nahmen fort. Ulrich v. Hutten sitzent. Zwei andere Freunde stehent."
Aquatintaradierung. Bildgr.: 11,3 x 19,3 cm; Plattengr.: 13,8 x 20,7 cm

Inv.-Nr. V, 349, 262 Neg.-Nr. 13329

24.3. M. Luthers Vorstand auf dem Reichstag in Worms, 1817/18
Bez. u. l.: v. Warmholz transparent gemald in Eisleben 1817; u. r.: von G G Endner gezeichnet u. gestochen in Leipzig 1818. – Der Text, dessen Hauptzeile im Titel wiedergegeben ist, fährt fort: „Vor Kayser Carl den V.ten Fürsten und Herzogen, nebst dem paebstlich. Nunzius. Dr Schurf als Rechts-Beystand für Luthern, im Vordergrunde neben den Edelpagen Ritter Franz v. Sickingen giebt Luthers Freunden durch Erhebung seines Arms, das Zeichen seiner Gegenwart, wenn Luther in Gefahr kommen sollte, zu erkennen."
Aquatintaradierung. Bildgr.: 11,3 x 19,2 cm; Plattengr.: 14,6 x 21,5 cm
In der Komposition dieses Blattes wirken Darstellungen des 17. Jahrhunderts nach.

Inv.-Nr. V, 349,263 Neg.-Nr. 13330

Interessant ist es, daß sich in diesen Blättern der Lokalpatriotismus im engsten Sinne zu Wort meldet: Luther wurde bekanntlich am 10. 11. 1483 in Eisleben geboren. Man wird sich vorstellen dürfen, daß die Warmholzschen Transparente anläßlich des in ganz Deutschland gefeierten 300. Reformationsfestes am 31. 10. 1817 gemalt worden sind und daß in Eisleben der Wunsch entstand, diese – dilettantischen – Arbeiten in einer graphischen Reproduktion zu erhalten.

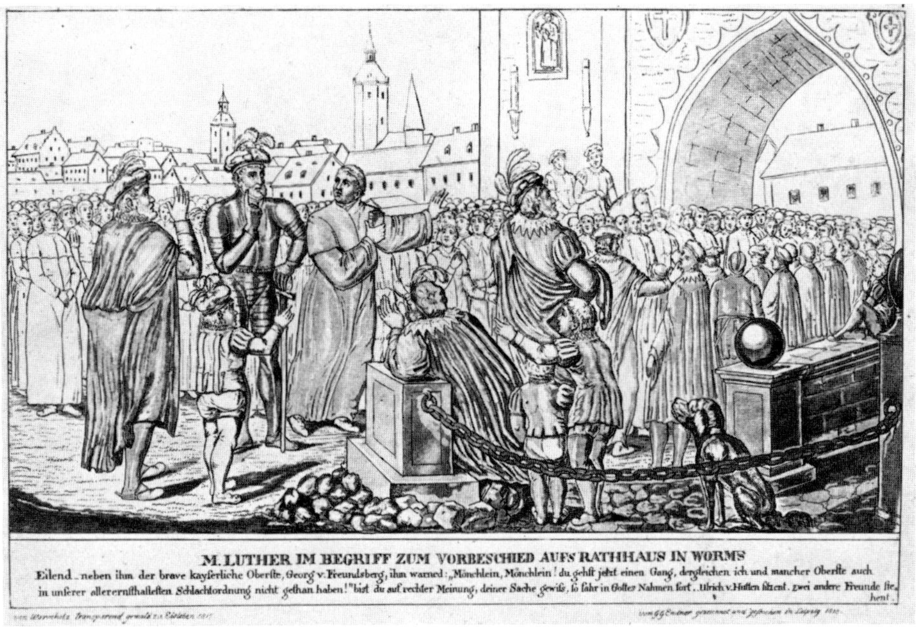
M. LUTHER IM BEGRIFF ZUM VORBESCHIED AUFS RATHHAUS IN WORMS
Eilend. neben ihm der brave kayserliche Oberste, Georg v. Freundsberg, ihm warned: „Mönchlein, Mönchlein! du gehst jetzt einen Gang, dergleichen ich und mancher Oberste auch in unserer allerernsthaftesten Schlachtordnung nicht gethan haben!" bist du auf rechter Meinung, deiner Sache gewiss, so fahr in Gottes Nahmen fort. Ulrich v. Hutten sitzent. zwei andere Freunde stehent.

24.2.

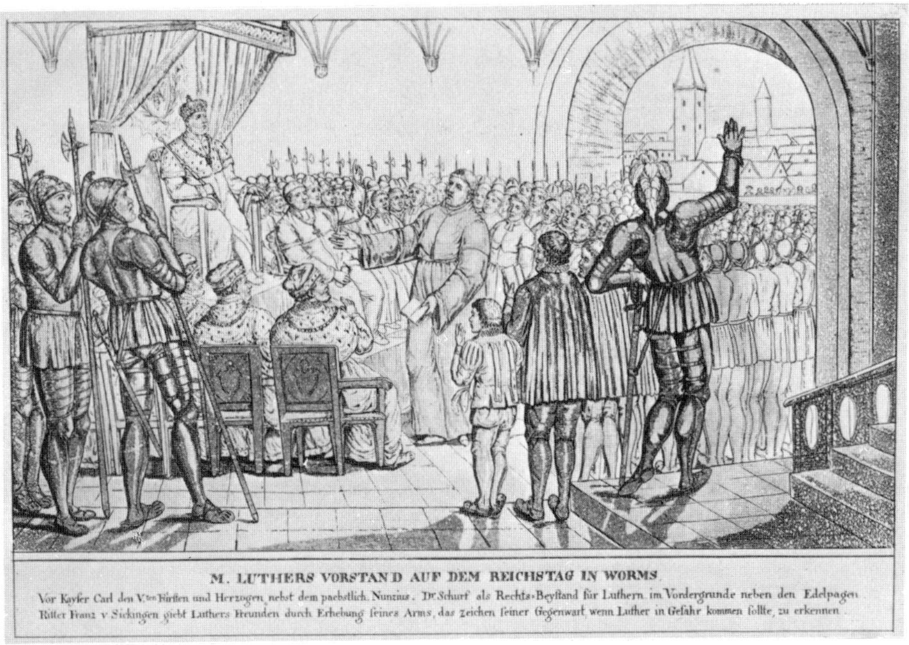
M. LUTHERS VORSTAND AUF DEM REICHSTAG IN WORMS
Vor Kayser Carl den V.ten Fürsten und Herzogen, nebst dem paebstlich. Nunzius. Dr. Schurf als Rechts-Beystand für Luthern. im Vordergrunde neben den Edelpagen
Ritter Franz v. Sickingen giebt Luthers Freunden durch Erhebung seines Arms, das Zeichen seiner Gegenwart wenn Luther in Gefahr kommen sollte, zu erkennen.

24.3.

25

Georg Paul Buchner

1785 Velden (Mittelfranken) – 1838 Nürnberg

Über Georg Paul Buchner informiert am besten Elisabeth Reynst, Friedrich Campe und sein Bilderbogen-Verlag zu Nürnberg, Nürnberg 1962, S. 54. Buchner wurde am 7. 11. 1803 in das Neubürgerbuch der Stadt Nürnberg aufgenommen. Er war Miniaturmaler und Musikus, später „Lithograph, Bilder- und Landkartenhändler“. 1812 bezeichnete er sich als Steindrucker, so daß er mindestens seit diesem Jahr als solcher tätig gewesen sein muß, und zwar als einer der ersten Lithographen Nürnbergs. Reynst nennt ihn den „Chronisten der Nürnberg bewegenden Ereignisse“, da er kaum einmal nach fremden Vorlagen reproduziert oder historische Vorgänge komponiert hat. Insofern bildet unser Lutherblatt eine der wenigen Ausnahmen in seinem Werk. Mit seinen Bildreportagen habe er sich neben dem größeren Nürnberger Bilderverlag Friedrich Campes behaupten können (vgl. Kat.-Nrn. 26 u. 33.). Er hat auch Moritaten und Theaterbögen hergestellt. Die Firma lebte unter anderem Namen bis in die 2. Hälfte des 19. Jahrhunderts fort. – Weiterführende Literatur: Thieme-Becker 5, 1911, S. 180. – R. A. Winkler, Die Frühzeit der deutschen Lithographie, 1975, S. 46 f., Nr. 113. – Wolfgang Brückner, Populäre Druckgraphik Europas. Deutschland. Vom 15. bis zum 20. Jahrhundert, München 1969, S. 227. Bei allen befinden sich weitere Literaturangaben.

Gedächtnis Tafel zur Jubelfeier des Reformations Festes am 31. October 1817, 1817
Bez. unter der Darstellung: bei G. P. Buchner in Nürnberg. Unten Titel (s. o.)
Lithographie. Bildgr. (bis zur äußeren Umrahmung): 38 x 51,1 cm;
Blattgr.: 47,75 x 61,3 cm
In der Mitte des in vier Bildzeilen aufgeteilten Blattes befindet sich das Porträt Luthers, eine Ansicht von Eisenach mit der Wartburg (nach Merian) und die Reproduktion einer Lutherschen Handschrift von 1543. Interessant ist die neugotische Fialenornamentik. Ein koloriertes Blatt befindet sich in der Sammlung Klaus Lankheit: Ausstellungskatalog „Bilderbogen“, Museum Folkwang, Essen, 1979, S. 31, Nr. 31.

KK Coburg Neg.-Nr. 12972

Die Lutherszenen im einzelnen. Die Bildtitel entsprechen den Unterschriften im Blatt:

25.1. Luthers Geburt zu Eisleben in der Grafschaft Mannsfeld 1483 d. 10. Nov. Abends nach 1 Uhr
Wie in der Lutherfolge Baecks (vgl. Kat.-Nr. 1.1.) und Hummels (vgl. Kat.-Nr. 18.1.) hält Luthers Vater den Neugeborenen im Arm. Hier hat man es mit einem alten Brauch zu tun: Das Neugeborene wird vom Vater als Vertreter der Sippe empfangen, unter anderem dadurch, daß er es in den Arm nimmt (vgl. Richard Beitl und Klaus Beitl, Wörterbuch der deutschen Volkskunde, Stuttgart 1974, S. 261). Den Hinweis verdanke ich Frau Professor Dr. Elisabeth Roth, Bamberg. Neg.-Nr. 12972/1

25.2. Luther kömmt im Jahr 1498 nach Eisenach in die Schule, singt gleich andern armen Schülern vor den Häusern, und wird oftmals ohne Gabe abgewiesen; in seiner Betrübniß darüber tröstet ihn die fromme Frau des Herrn Konrad Kotta, die ihn an ihrem Tisch nimmt.
Diese Variation des Kurrendesingen-Themas begegnet nach unserer bisherigen Kenntnis nur hier und ist auch Heidemarie Gruppe nicht bekannt (vgl. Nr. 2).
Neg.-Nr. 12972/2

25.3. Luther mit einem seiner Freunde auf der Reise nach Erfurt, den an seiner Seite der Blitz erschlägt, wird dadurch so ergriffen, daß er seinen Vorsatz die Rechte zu studiren, aufgiebt, und in Erfurt 1505 sich in ein Augustiner-Kloster aufnehmen läßt. Neg.-Nr. 12972/3

25.4. Luther wird von Dr. Staupitz an die vom Churfürsten zu Sachsen, Friedrich III., in Wittenberg errichtete Universität berufen, und lehret dort Philosophie.
Die Wittenberger Universität war 1502 gegründet worden. Luther kam 1508 und endgültig 1511 nach Wittenberg. – Dieses Motiv taucht nirgends wieder auf.
Neg.-Nr. 12972/4

25.4.

25.5.

25.5. Luther auf seiner Reise nach Rom verweiset Mönchen, den Genuß des Fleisches an Freitagen, diese aus Furcht von ihm bey dem verbothenen Genuß entdekt worden zu seyn, beschliessen seinen Tod.
Nicht bei Heidemarie Gruppe. – Der vorderste der Mönche zur Linken erhebt einen Dolch. – Nicht anderswo auftauchende Szene. Neg.-Nr. 12972/5

Gedächtnis Tafel
zur Jubelfeier des Reformations Festes am 31 October 1817.
Luthers Siegel.
Luthers Handschrift
von Eisenach
Wartburg
Merian.
bei G. P. Buchner in Nürnberg

25.

25.6

25.6. Luthers Rath in den Refectorien der Klöster statt andern Büchern die Bibel vorzulesen wird befolgt. Diese Anordnung war ein Schritt zu den nachher erfolgten größern Veränderungen.
Auch diese Szene erscheint m. W. in keiner anderen Lutherlebenfolge.

Neg.-Nr. 12972/6

25.7. Luther schlägt den 31. Okt. 1517 an der Schloßkirche zu Wittenberg 95 Sätze, gegen die Tetzlsche Ablaskrämerey, an.

Neg.-Nr. 12972/7

25.8. Luther wird auf Veranlassung des Papstes 1518 auf einen Reichstag nach Augsburg geladen, wozu ihm Friedrich der Weise von Sachsen, vom Kaiser Maximilian I. sicheres Geleite bewürkte.
In Wirklichkeit hat Kaiser Maximilian das Geleit abgelehnt. Luther wurde auch nicht mit einem Wagen abgeholt, sondern ging, von einem Ordensbruder begleitet, nach Augsburg. Da Luther krank wurde, mußte man ihn, schon kurz vor Augsburg, mit einem Wagen in die Stadt fahren. – In dieser, von Buchner wiedergegebenen Legende dürfte sich die Wertschätzung Kaiser Maximilians, des letzten Ritters, zu Beginn des 19. Jahrhunderts äußern.

Neg.-Nr. 12972/8

25.9. Luther, nachdem er den Cardinal Cajetano widerstanden, entkommt er durch Hülfe Herrn Langenmantels zu Pferd durch eine kleine Pforte aus Augsburg über Nürnberg nach Wittenberg.
Vgl. Heidemarie Gruppe, Nr. 25.

Neg.-Nr. 12972/9

25.10. Luther verbrennt in Gegenwart vieler Gelehrten und Studirenden 1520 den 10 Dezember Vormittags 9 Uhr vor dem Elsterthor von Wittenberg, nebst andern, die wider ihn gerichtete päbstliche Bulle mit den Worten aus Jos. 7,25 „weil du den Heiligen des Herrn betrübt hast; so betrübe und verzehre dich das ewige Feuer".
Die Verbrennung fand auf dem Schindanger vor den Mauern der Stadt am Elbufer statt. Die Bulle verbrannte Luther selbst: kein versiegeltes Pergament oder Papier, sondern ein kleines Heft. Er soll dabei die obigen Worte in lateinischer Sprache gesagt haben (R. Friedenthal, Luther, S. 306).

Neg.-Nr. 12972/10

25.11. Luther vor der Reichsversammlung in Worms, im April 1521, verweigert entschlossen den Widerruf seiner Schriften mit den Worten: „Hier stehe ich, ich kann nicht anders, Gott helfe mir! Amen!" Neg.-Nr. 12972/11

25.12. Luther wird auf Befehl des Churfürsten von Sachsen, Friedr III. durch Joh. v. Berlepsch und Burkhardt Hund von Altenstein, zwischen dem Schloß Waltershausen und Altenstein, weggenommen und auf die Wartburg in Sicherheit gebracht. Neg.-Nr. 12972/12

25.13. Johann der Standhafte, Churfürst von Sachsen, bestätigt öffentlich die Lutherische Religion in Sachsen, unterdrückt die Bischöfl. Gewalt und sezt Lutherische Prediger ein, darunter Georg Rörer einer der ersten war.
Kurfürst Johann der Beständige gab der evangelischen Landeskirche im Kurfürstentum Sachsen (ernestinischer Linie) in den Jahren 1527–29 eine festere Organisationsform. – Georg Rörer, ein Niederbayer aus Deggendorf, hat sich besonders um die „Sammlung und Erhaltung des Gesamtwerkes von Luther" verdient gemacht (vgl. Claus-Jürgen Roepke, Die Protestanten in Bayern, München 1972, S. 166). – Diese Darstellung taucht m. W. anderswo nicht wieder auf. Neg.-Nr. 12972/13

25.14. Der Churfürst Joh. von Sachsen, und die übrigen protestirenden Stände übergeben am 25. Juni 1530 auf dem Reichstage zu Augsburg durch Melanchton das evangelische Glaubensbekenntniß, welches vor Kaiser Carl V (etc.) in deutscher Sprache abgelesen wird.
Im strengen Sinne gehört die Verlesung des Augsburgischen Glaubensbekenntnisses nicht zu den Lutherlebenbildern, wird aber immer wieder in den Zusammenhang der Folgen aufgenommen. Luther befand sich während des Augsburger Reichstages von 1530 auf der Veste Coburg.

Neg.-Nr. 12972/14

25.15. Die protestantischen Fürsten schließen zu Schmalkalden 1531 einen Bund, ihre angenommene evangelische Lehre zu erhalten und zu vertheidigen, in Folge dessen zu Nürnberg im Jahr 1532 ein Religionsfriede zu Stande kam.
Auch diese Darstellung gehört nicht zu den eigentlichen Lutherlebenbildern.

Neg.-Nr. 12972/15

25.16. Luther stirbt zu Eisleben den 18. Febr 1546. Am Todtenbette fragten ihn Dr. Justus Jonas und M Celius: ob er auf Christum und die Lehre, so er bisher von ihm geprediget habe, beständig sterben wolle? welches er mit einem deutlichen Ja beantwortete. Neg.-Nr. 12972/16

Die Bedeutung eines solchen Gedächtnisblattes für die Verbreitung evangelischer Geschichte im Volk ist gar nicht zu überschätzen, selbst wenn es sich, wie in diesem Fall, um eine eher lokalgebundene, nämlich auf Nürnberg bezogene Ausgabe gehandelt haben dürfte. Die Texte werden von einem Verfasser geschrieben worden sein, der wußte, was er sagte und wie er es zu sagen hatte. Auch er wird ein Nürnberger gewesen sein. Warum Georg Rörer, einer der weniger bekannt gewordenen Reformatoren um Luther, neben Melanchton und Justus Jonas durch Nennung und Darstellung hervorgehoben worden ist, bleibt unklar. Rörer befand sich 1536 noch in Wittenberg. Seine Sammelarbeit lutherischer Schriften, Predigten und Tischgespräche wurde von Veit Dietrich weitergeführt und z. T. übernommen, der — lange Jahre Famulus Luthers — 1535 in seine Vaterstadt Nürnberg zurückgekehrt war. Sollte diese etwas weithergeholte Verbindung Rörers mit Nürnberg genügt haben, ihn in die Gedächtnistafel Buchners aufzunehmen? Zu Rörer vgl. auch: Wolfgang Brückner (Hg.), Volkserzählung und Reformation, Berlin 1974, S. 435 u. 590, sowie: Helmar Junghans (Hg.), Die Reformation in Augenzeugenberichten, Düsseldorf 1967, S. 434 ff.

26
(Friedrich Campe, Nürnberg)

Friedrich Campe (1777 Deensen bei Braunschweig — 1846 Nürnberg) begann 1805 in Nürnberg nach Aufkauf der Seligmannschen Kunsthandlung, dem bald weitere einschlägige Aufkäufe folgten, ein sich ausweitendes Geschäft mit Bilderbogen aller Art, aber auch mit anderen Druckerzeugnissen, so daß er die größte frühe Bilderfabrik Deutschlands aufbaute.
Elisabeth Reynst hat in ihrem Buch „Friedrich Campe und sein Bilderbogen-Verlag zu Nürnberg", Nürnberg 1962, im einzelnen über die Gründung und Entwicklung der Kunsthandlung sowie über die Absichten ihres Inhabers und die Organisation von Produktion und Absatz des Geschäftes berichtet. Campe war als Neffe des berühmten Pädagogen, Schriftstellers, Buchhändlers und Verlegers Joachim Heinrich Campe (1746—1818) sein Leben lang Rationalist, Lehrer und Erzieher, Erbe also des 18. Jahrhunderts, der nicht immer im Einklang mit den Wünschen seiner Zeit stand. Dieser rationalistische Grundzug teilte sich den Produktionen seines Verlages mit: für überirdische, mystische, legendenhafte, romantische Erscheinungen hatte er keinen Sinn. E. Reynst vermutet, daß Friedrich Campe mit den wenigen religiösen Bildern seines Verlages, die „hauptsächlich für den Absatz im protestantischen Norddeutschland bestimmt waren", als Freigeist „Konzessionen an die Bedürfnisse der Allgemeinheit" gemacht hat. Campe hat im Laufe der Jahrzehnte eine Reihe von Zeichnern, Stechern und Radierern (er besaß zwar eine lithographische Presse, verachtete aber die neue Technik und ließ wenig in ihr arbeiten) sowie angelernte Illuministen, die die Aufgabe hatten, die Schwarzweißdrucke wirklichkeitsgetreu zu kolorieren, beschäftigt. „Seine Zeichner blieben unabhängige Künstler, die seine Bestellungen ausführten gegen stückweise Bezahlung"; den Druck der Kupferplatten, auf dessen Qualität er viel Wert gelegt hat, hat Campe vermutlich im Geschäft ausführen lassen; die „Ausmalung der Bilder scheint nach 1805 immer nur in Heimarbeit erfolgt zu sein"; Campe selbst hat wahrscheinlich die Texte geschrieben, er hat die erforderlichen Anregungen gegeben und Vorlagen besorgt, Zeichnen und Stechen konnte er nicht. — Vgl. Wolfgang Brückner, Populäre Druckgraphik Europas. Deutschland. Vom 15. bis zum 20. Jahrhundert, München 1969, S. 226.

Erinnerungs-Tafel, allen Verehrern D. Martin Luthers gewidmet, bei der Feier des dritten Reformations-Jubileums, am 31. October 1817, 1817
Bez. u. Mitte: Nürnberg bei Friedrich Campe. Titel über den Darstellungen (s. o.)
Radierung. Bildgr.: 31,45 x 28,3 cm; Plattengr.: 38,65 x 33,4 cm

KK Coburg Neg.-Nr. 12970
In der Mitte in der in drei Reihen übereinander angeordneten Illustrationen befindet sich das Bildnis Luthers. Die Lutherszenen im einzelnen. Die Bildtitel entsprechen den Unterschriften im Blatt:

26.1. Luther, als Chorschüler zu Eisenach, verdient kümmerlich sein Brod durch Singen vor den Hausthüren; wird aber von der Witwe Cotta freundlich aufgenommen und unterstützt.

Frau Cotta schickt einen Knaben (ihren Sohn?), der eine Münze in der Linken hält,

26.1.

mit einem aufmunternden Fingerzeig zu den Sängern, deren mittelster wohl Luther darstellen soll. Diese Komposition ist, soweit man das heute schon sagen kann, direkt oder indirekt der Ausgangspunkt für eine Reihe thematisch gleicher Kompositionen (vgl. Kat.-Nrn. 33.1; 34.1.1.)

Neg.-Nr. 12970 B

26.2. Luther, als Augustinermönch, ist dermassen in Schwermuth und Tiefsinn versunken, daß man seine Zelle sprengen muß, und ihn nur durch Musik, welche er sehr liebt, wieder zu sich selbst bringen kann.

Eine Komposition, die eher an das Milieu Sauls und Davids, als an dasjenige Luthers in Erfurt erinnert. Sie ist wohl die einzige, in der Luther mit Harfenmusik getröstet wird.

Neg.-Nr. 12970 C

26.3. Luther hat, zu Jedermanns Erstaunen, am 31. October 1517. die 95. Sätze wider den Ablaß, an die Schloßkirche zu Wittenberg angeschlagen.

Auch diese Komposition wirkt fort (vgl. Kat.-Nrn. 33.2.; 34.4.1.)

Neg.-Nr. 12970 D

26.4. Luther verbrennt, unter Begleitung der Studenten, die päbstliche Bulle, auf einem Scheiterhaufen vor dem Thore von Wittenberg, am 10. Dec. 1520.

Vgl. Kat.-Nrn. 33.3.; 34.5.1.

Neg.-Nr. 12970 E

26.5. Luther auf dem Reichstage zu Worms. Hier stehe ich: ich kann nicht anders; Gott helfe mir! Amen.

Vgl. Kat.-Nrn. 33.5.; 34.7.1.

Neg.-Nr. 12970 G

26.6. Luther, auf der Rückreise von Worms, wird auf Veranstaltung Churfürst Friedrich des Weisen, von verkappten Rittern angefallen und nach der Wartburg gebracht. Neg.-Nr. 12970 J

26.7. Luther, auf der Wartburg, bei Eisenach, übersetzt die heilige Schrift.

Diese Komposition entspricht — gegenüber jener etwas vereinfacht — dem Blatt von G. A. Lehmann (vgl. Kat.-Nr. 22). Vgl. Kat.-Nr. 34.10.1.

Neg.-Nr. 12970 A

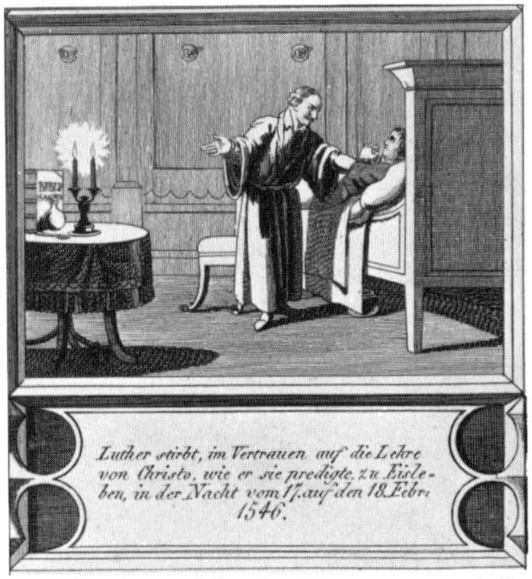

26.8. Luther stirbt, im Vertrauen auf die Lehre von Christo, wie er sie predigte zu Eisleben, in der Nacht vom 17. auf den 18. Febr: 1546.

Vgl. Kat.-Nrn. 33.8.; 34.14.1.

Inv.-Nr. 12970 H

Welches der beiden 1817 in Nürnberg bei Buchner und Campe herausgebrachten Lutherblätter das frühere ist, ist m. W. unbekannt. Buchners Folge enthält 16 Szenen (darunter drei, bei denen Luther nicht anwesend ist), Campes nur die Hälfte. Abhängigkeiten könnten zwischen folgenden Kompositionen bestehen: Verbrennung der Bannbulle, Worms, Entführung auf die Wartburg und Tod Luthers. Während Buchners Text mehr Einzelheiten des tatsächlichen Geschehens enthält, seine Illustrationen z. T. nebensächliche Begebenheiten schildern, Legenden nicht ausschließen, und er sich dem Moritatenstil nähert, reguliert Campe Auswahl der Themen, Wortwahl sowie Komposition und Stil der Illustrationen. Es gibt bei Campe keine Szene ohne Luther; sein Klosterleben spielt eine ganz untergeordnete Rolle. Text und Komposition sind im Campeschen Blatt so weit abstrahiert, didaktisch zubereitet und vom historischen Stoff entlastet, daß sie dem Gebildeten und Ungebildeten leicht eingehen konnten. Ihrem Wesen nach sind die Campeschen Lutherillustrationen vorbild-, musterhaft.

Der Zeichner dieser Lutherfolge ist nicht angegeben. Es wäre denkbar, daß sie von Johann Michael Voltz (1784 Nördlingen — 1858 ebda.), der seit 1809 etwa 600—800 Zeichnungen und Stiche für den Campeschen Verlag gearbeitet hat, komponiert worden ist (vgl. Kat.-Nr. 32), obgleich sie nicht in der Monographie von Karl Hagen, Der Maler J. M. Voltz (1784—1858), Stuttgart 1863, aufgeführt ist. Zu befragen wäre das Nördlinger Stadtarchiv, das die Mehrzahl seiner Zeichnungen besitzt. Voltz hat nach Hagens Katalog für den Verleger Bauer und Raspe, Nürnberg, 1827 sechs Illustrationen zur Reformationsgeschichte gezeichnet (Nrn. 206—211), 1817 sechs Blätter zu Effners Luther und seine Zeitgenossen für den Verleger Bäumer, Augsburg (Nrn. 2094—99), und 1827 eine Zeichnung zur Jugendschrift Dr. Luther für den Verleger Schrag in Nürnberg (Nr. 3153).

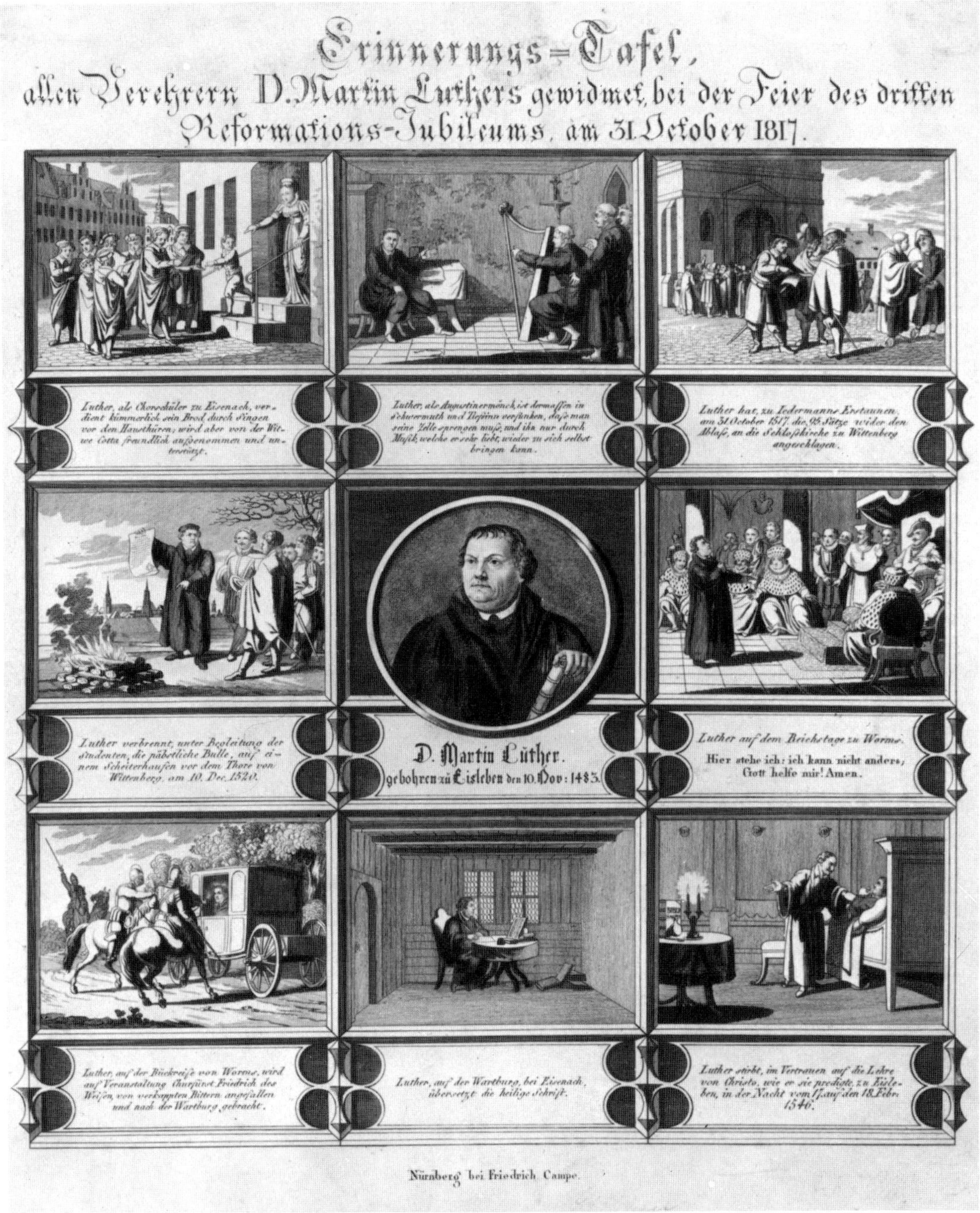
Erinnerungs-Tafel,
allen Verehrern D. Martin Luthers gewidmet, bei der Feier des dritten Reformations-Jubileums, am 31. October 1817.
Luther, als Chorschüler zu Eisenach, verdient kümmerlich sein Brod durch Singen vor den Hausthüren; wird aber von der Witwe Cotta freundlich aufgenommen und unterstützt.
Luther, als Augustinermönch, ist dermaßen in Schwermuth und Tiefsinn versunken, daß man seine Zelle sprengen muß, und ihn nur durch Musik, welche er sehr liebt, wieder zu sich selbst bringen kann.
Luther hat, zu Iedermanns Erstaunen, am 31 October 1517, die 95 Sätze wider den Ablaß, an die Schloßkirche zu Wittenberg angeschlagen.
Luther verbrennt, unter Begleitung der Studenten, die päbstliche Bulle, auf einem Scheiterhaufen vor dem Thore von Wittenberg, am 10. Dec. 1520.
D. Martin Luther.
gebohren zu Eisleben den 10. Nov: 1483.
Luther auf dem Reichstage zu Worms.
Hier stehe ich: ich kann nicht anders; Gott helfe mir! Amen.
Luther, auf der Rückreise von Worms, wird auf Veranstaltung Churfürst Friedrich des Weisen, von verkappten Rittern angefallen und nach der Wartburg gebracht.
Luther, auf der Wartburg, bei Eisenach, übersetzt die heilige Schrift.
Luther stirbt, im Vertrauen auf die Lehre von Christo, wie er sie predigte, zu Eisleben, in der Nacht vom 17. auf den 18. Febr. 1546.
Nürnberg bei Friedrich Campe.

26.

27
C. Bögehold

Über den Künstler ist mir nichts bekannt. Er hat in Weimar gearbeitet.

Die Luthers Buche bey Altenstein, (1819)
Bez. u. r.: C. Bögehold fec. Weimar
Radierung. Bildgr.: 14,7 x 21,9 cm
Das Blatt der Kunstsammlungen vor der Schrift, also ohne Bezeichnung und Titel; das Blatt der Coburger Landesbibliothek mit Schrift. Das Exemplar der Kunstsammlungen ist ein Probedruck, in dem der Himmel und Einzelheiten der Landschaft noch nicht vollständig ausgeführt sind. Die Radierung ist im ersten Band des von Christian Schreiber u. a. herausgegebenen Kompendiums „Allgemeine Chronik der dritten Jubel-Feier der deutschen evangelischen Kirche. Im Jahre 1817. Erfurt und Gotha, in der Hennings'schen Buchhandlung 1819" enthalten (nach S. XVIII). Es ist, ähnlich wie die Radierung von G. A. Lehmann (Kat.-Nr. 22), ein Blatt, das zwischen Luther*denkmal* (Buche) und *-illustration* (Entführung Luthers auf die Wartburg) liegt.

KK Coburg u. Landesbibliothek Coburg, Q IV.2.23 Neg.-Nr. 12997

28
F. L. Schuldt

Maler und Lithograph der 1. Hälfte des 19. Jahrhunderts. Thieme-Becker 30, 1936, S. 321, führt zwei Werke seiner Hand an: ein Reiterbildnis des Prinzen Emil von Hessen (1790–1856, hoher Offizier der Befreiungskriege) und eine Szene aus den Befreiungskriegen (1815), beide im Schloßmuseum, Darmstadt. Schuldt hat wenigstens zeitweise in Worms gearbeitet. – R. A. Winkler, Die Frühzeit der deutschen Lithographie, 1975, erwähnt Schuldt nicht.

Doctor Martin Luthers Zug auf den Reichstag zu Worms am 16ten April 1521, (1821)
Bez. u. r.: Gemalt und lithographiert von F. L. Schuldt in Worms. Unten Titel (s. o.) Lithographie. Bildgr. (mit Rahmenlinie): 38,6 x 54,6 cm; Blattgr.: 45,3 x 57,6 cm
Das kuriose Blatt stellt ein kaum miteinander verbundenes Nebeneinander einer zeitgenössischen Vedute von Worms (des 19. Jahrhunderts also) und eines Ereignisbildes, des historischen Einzugs Luthers in Worms, dar. Begegnen sich somit zwei unterschiedliche Zeitebenen, treibt in der figürlichen Szene das Vermengen verschiedenster Zeitschichten wahre Blüten. Luther wird nicht als der hagere Augustinermönch von 1521 vorgestellt, sondern als evangelischer Pastor einer etwas späteren Lebensstufe (aufgrund eines Vorbildes von oder nach Lucas Cranach d. Ä.). Er wird begleitet von einem Reiter (dem Reichsherold Kaspar Sturm?) und von zwei mit Spießen bewaffneten, phantasievoll gekleideten Landsknechten, eher Pikenieren des 17. Jahrhunderts. Das „Volk" trägt Mode des 18. und beginnenden 19. Jahrhunderts. Die Wagen gehören stilistisch ebenfalls ins endende 18. Jahrhundert. Wenn man nicht unterstellen will, daß Schuldt mit dieser „Simultanbühne" das für alle Zeiten jeweils Gegenwärtige des Vorgangs deutlich machen wollte (womit das Blatt in eine bedenkliche Nähe zum Christusleben gebracht worden wäre), dann stellt die Lithographie das Zeugnis eines unbekümmerten Verhältnisses zur Vergangenheit dar, einer unhistorischen Auffassung, die uns merkwürdig berührt.
Die Datierung der Lithographie ist nicht gesichert. Sie gehört in die Frühzeit der Lutherlebenbilder des 19. Jahrhunderts und ist noch vom Geist des 18. Jahrhunderts bestimmt. Sie dürfte aus Anlaß des 300jährigen Jubiläums des Auftretens Luthers vor Kaiser und Reich in Worms am 17./18. April 1521, also 1821, entstanden sein.

KK Coburg Neg.-Nr. 12981

29
Unbekannter Lithograph des 19. Jahrhunderts

29.1. Dr. Martin Luther verbrennt vor dem Elsterthore zu Wittenberg die päbstliche Bannbulle, nebst den canonischen Büchern und Dr. Eck's Schriften, den 10. Dez. 1520, um 1820
Nicht bez. Unten Titel (s. o.)
Lithographie. Bildgr. (mit Rahmen):
15,75 x 14,5 cm
Germanisches Nationalmuseum, Nürnberg, Inv.-Nr. H. B. 23936,4; Kapsel 1249 a

Über der Lutherillustration befindet sich der Spruch, den Luther beim Verbrennen der Bannbulle ausgesprochen haben soll: „Weil Du den Heiligen des Herrn betrübet hast, so betrübe und verzehre dich das ewige Feuer!" Links und rechts in mit Spitzbögen abschließenden Nischen stehen „Pabst Leo X." und „Dr. Johann Eck". Papst Leo X. hat den Bann gegen Luther ausgesprochen, Eck war wesentlich an der Schlußredaktion des Banns beteiligt.

29.2. Dr. Martin Luther geht zur Reichs-Versam̄lung in Worms den 17. April 1521, um 1820
Nicht bez. Unten Titel (s. o.)
Lithographie. Bildgr. (mit Rahmen):
15,95 x 14,15 cm
Germanisches Nationalmuseum, Nürnberg, Inv.-Nr. H. B. 23936,2; Kapsel 1249a

Der Ausspruch über der Illustration: „Vater und Mutter hat mich verlassen, aber der Herr steht mir bei!" bezieht sich möglicherweise auf einen angeblichen Ausspruch Luthers. Links und rechts in mit Baldachinen bekrönten Nischen stehen „Kaiser Karl V." und „Reichsmarschall Ulrich v. Pappenheim". Karl V. hat den Wormser Reichstag von 1521 einberufen, der Reichsmarschall von Pappenheim überbrachte Luther den Befehl, am 17. April 1521, nachmittags 4 Uhr, vor dem Reichstag zu erscheinen. Unten der Satz, den der Landsknechtsführer Georg von Frundsberg zu Luther gesagt haben soll, bevor er den Saal betreten hat: „Mönchlein, Mönchlein! Du gehst jetzt einen Gang, einen solchen Stand zu thun, dergleichen ich und mancher Oberster auch in unserer allerernstesten Schlachtordnung nicht gethan haben."

29.3. Dr. Martin Luther wird nach der Wartburg entführt, um 1820
Nicht bez. Unten Titel (s. o.)
Lithographie. Bildgr. (mit Rahmen):
15,6 x 13,95 cm
Germanisches Nationalmuseum, Nürnberg, Inv.-Nr. H. B. 23936,3; Kapsel 1249 a

Die Ornamentik der Rahmenfelder nimmt auf die Szene bezug. Oben wird ein Hase von Hunden oder Füchsen gejagt, ein Lamm wird von einem Raubvogel geschlagen. Unten spielen Teufel eine Guitarre und Flöte (?). Links und rechts sieht man Ritter, z. T. in Rüstung, sowie einen Torturm und eine Burg. Auf Schriftbändern steht links „1521", rechts „Altenstein". Bei Altenstein am südwestlichen Abhang des Thüringer Waldes ist Luther am 4. 5. 1521 „überfallen" und von dort auf die Wartburg gebracht worden. Früher gab es bei Altenstein eine „Lutherbuche", in der Nähe einen „Lutherbrunnen", auch ein Denkmal (noch vorhanden?). — Unter dem Titel: „Stehst du offen — Hölle?". — Vgl. Kat.-Nr. 27.

29.4. Dr. Martin Luther übersetzt die heilige Schrift, um 1820
Nicht bez. Unten Titel (s. o.)
Lithographie. Bildgr. (mit Rahmen):
15,85 x 14,2 cm
Germanisches Nationalmuseum, Nürnberg, Inv.-Nr. H. B. 23936,1; Kapsel 1249 a

29.4.

Wahrscheinlich hat dem Zeichner Michael Kauffers Bildnis des stehenden Martin Luther in seinem Studierzimmer, 1730, oder ein ähnliches Vorbild als Anregung vorgelegen. Links und rechts in mit Baldachinen bekrönten Nischen stehen „Gustav Adolf König von Schweden", und „Friederich der Weise, Kurfürst von Sachsen", die beiden Beschützer der Reformation im 16. und 17. Jahrhundert. Auf dem Spruchband oben steht: „Eine feste Burg ist unser Gott".

Die undatierten Lithographien lassen sich in die Zeit um 1820 einreihen. Sie wären schon 1817, aber auch noch 1821 und später möglich. Leider ist bis jetzt nicht bekannt, wer die Kompositionen gezeichnet hat und wo sie gedruckt und verlegt worden sind. Ebensowenig wissen wir, ob diese Lutherlebenfolge mit den vier Illustrationen vollständig vorliegt.

30
Carl Alexander von Heideloff
1789 Stuttgart – 1865 Haßfurt

C. A. von Heideloff war einer der vielseitigsten Künstler seiner Zeit: Maler, Illustrator, Entwerfer von Bühnenbildern und -kostümen, Architekt, Kunsthistoriker, Bildhauer, Entwerfer von Möbeln und Glasfenstern, Dichter und Musiker. Seine Ausbildung fand er in Stuttgart, und zwar bei seinem Vater Viktor Peter Heideloff (1757–1816) und dessen Kollegen an der allerdings schon 1794 aufgelösten Hohen Karlsschule und der später gegründeten Kunstschule. 1816–1821 lebte Heideloff in Coburg, wohin ihn Herzog Ernst I. berufen hatte, als Maler und Architekt. In dieser Zeit zeichnete Heideloff viel für Almanache und Jahrbücher. 1822 wurde Heideloff in Nürnberg Konservator der städtischen Kunstdenkmäler und Lehrer an der polytechnischen Schule. Seine Illustratorentätigkeit setzte er noch eine Weile in Nürnberg fort. So hatte er bis in die 30iger Jahre geschäftliche Verbindungen mit Friedrich Campe in Nürnberg und Paris (vgl. Kat.-Nr. 26; E. Reynst, S. 33 u. 40). – Nach seinen Entwürfen wurde seit 1837 auf Veranlassung Herzog Ernsts I. von Sachsen-Coburg und Gotha auf der Veste Coburg das „Luther-Zimmer" durch den Architekten Carl Görgel und den Maler Georg Rothbart eingerichtet, das den Umbauten Bodo Ebhardts in unserem Jahrhundert weichen mußte. Einzelteile der alten Einrichtung wie die Gemälde Rothbarts sind noch erhalten (im Besitz der Kunstsammlungen der Veste Coburg). 1845 hat der Nürnberger Verlag Johann Adam Stein fünf Radierungen, Darstellungen des Lutherzimmers, veröffentlicht. Während seiner Coburger Zeit beschäftigte sich Heideloff mit dem Projekt eines Lutherdenkmals, das im Winkel der Steinernen Kemenate und des Carl-Eduard-Baus stehen sollte. – Vgl. Nagler 6, 1838, S. 53 ff. – Thieme-Becker 16, 1923, S. 261 f. – U. Boeck, Karl Alexander Heideloff, in: Mitt. des Vereins f. Geschichte der Stadt Nürnberg, Nürnberg 1958, S. 314 ff. – Heino Maedebach, Das Bild der Veste Coburg, Ausst.-Kat. der Kunstsammlungen der Veste Coburg, 1961, S. 21 ff. (Nrn. 40, 56 u. 57). – Heino und Minni Maedebach, Lissi Bauer, Martin Luther Ausstellung, Kunstsammlungen der Veste Coburg, 1967, S. 58, Nr. 240, Abb. 30, u. S. 59, Nr. 245, Abb. 31. – W. Weber, Luther-Denkmäler . . ., in: Denkmäler im 19. Jahrhundert, München 1972, S. 202.

30.1. Luther und Zwingli zu Marburg, um 1820

Bez. u. l.: Heideloff del.; u. r.: L. Buchhorn dir. Darunter Titel (s. o.)
Radierung. Bildgr.: 13,8 x 9 cm
Ludwig Buchhorn (1770 Halberstadt – 1856 Berlin) hat auch die Zeichnung F. L. Catels von der Verbrennung der Bannbulle reproduziert (vgl. Kat.-Nr. 20). – Das Marburger Gespräch fand vom 1.–4. 10. 1529 statt. – Bei dem Blatt handelt es sich sicherlich um eine Illustration für einen Almanach o. ä. Es konnte bisher nicht festgestellt werden, wann und wo sie veröffentlicht worden ist.

KK Coburg Neg.-Nr. 12983

30.2. Die Augsburger Confession, 20er/ 30er Jahre des 19. Jahrhunderts
Bez. u. l.: Carl Heideloff del.; u. r.: lithogr. von C. Dreizler; in der Mitte unten: Ebner (Trockenstempel).
Lithographie. Bildgr.: 34 x 42,75 cm
Über Dreizler liegt keine Nachricht vor. — Die Heideloffsche Lithographie ist in Stuttgart gedruckt. 1810 hatte der Kunsthändler Joh. Friedr. Ebner (1748—1825) die Stuttgarter Steindruckerei Rapp-Cotta übernommen, die von seinem Sohn Karl Ebner (1779—1852) weiterbetrieben wurde. Nach 1817 und insbesondere seit 1820, nachdem der bekannte Lithograph Joh. Nep. Strixner nach Stuttgart gegangen war, vermehrte und verbesserte sich die lithographische Produktion in Stuttgart rasch. Heideloff hatte seit dem ersten Jahrzehnt des 19. Jahrhunderts Kontakt mit der frühen Entwicklung der graphischen Technik in Stuttgart. Vgl. C. Lamparter u. B. Pfeiffer, Geschichte der Lithographie in Württemberg, in: Württ. Jahrbücher für Statistik und Landeskunde, Jg. 1898, S. 59, 60. — Vgl. Kat.-Nr. 34. — Das Blatt wird in den Katalog aufgenommen, um auf den eigentlichen Anlaß des diesjährigen Lutherjubiläums hinzuweisen.
Inv.-Nr. L 401 Neg.-Nr. 13318

31
J. Steinmetz

R. A. Winkler führt in seinem Buch „Die Frühzeit der deutschen Lithographie (1796—1821)“, München 1975, S. 267, Nr. 817, einen I. Steinmetz aus Breslau an, der 1818 eine Folge von liegenden Hunden nach Ph. Hamilton gezeichnet hat, die bei I. D. Gruson in Breslau lithographiert worden sind. Winkler erwähnt ferner einen S. Steinmetz, der um 1825 eine lithographische Druckerei in Breslau hatte. Ob der Breslauer I. Steinmetz mit dem Meißener I. Steinmetz des folgenden Blattes identisch ist, muß fraglich bleiben. Dieser I. Steinmetz hat mit der Steindruckerei von C. E. Klinkicht in Meißen zusammengearbeitet. Der Name Klinkicht wird nur einmal im Thieme-Becker genannt (22, 1927, S. 525: Moritz K., geb. 1845 in Neustadt bei Stolpen in Sachsen; er lebte später als Holzschneider in Freiburg i. B.). Vgl. Kat.-Nr. 59.5. u. 61.10.

31.1. Luther vor Kaiser und Reich in Worms, 1830er/40er Jahre
Bez. u. l.: Steindr. v. C. E. Klinkicht in Meißen; u. r.: J. Steinmetz lith.
Lithographie. Bildgr.: 13,1 x 8,1 cm; bis zur Umrahmung: 13,5 x 8,6 cm
KK Coburg Neg.-Nr. 12985

32
Johann Michael Voltz
1784 Nördlingen — 1858 ebda.

J. M. Voltz wurde beim Kupferstecher und Kunsthändler Friedrich Weber und anderen in Augsburg, eine Zeitlang auch in München ausgebildet, bevor er 1809 vom Kunsthändler Friedrich Campe in Nürnberg unter Vertrag genommen worden ist (vgl. Kat.-Nr. 26). Voltz hat aber nicht nur für Campe, sondern für viele andere Kunsthandlungen und Verlage in Deutschland und der Schweiz Vorlagen geliefert, insgesamt über 4000 Blätter. Reynst erkennt in seinen Arbeiten „eine gefährliche Vielseitigkeit und Leichtigkeit der Hand, verbunden mit einem gänzlichen Mangel an Initiative und Erlebnisdrang“ — Voltz hat den größten Teil seines Lebens Nördlingen nicht verlassen —, und sie vergleicht ihn mit einer „gutlaufenden Maschine“; seine Produktion trüge „den Stempel der Fabrikware“. Voltz zeichnete zahlreiche zeitgenössische Begebenheiten, vor allem Schlachten des Befreiungskrieges und, seit 1830, des griechischen Freiheitskampfes (ohne sie gesehen zu haben), aber auch Illustrationen zu deutschen Klassikern usw.: populäre Druckgraphik. — Vgl. Karl Hagen, Der Maler Johann Michael Voltz von Nördlingen (1784—1858) und seine Beziehungen zur Zeit- und Kunstgeschichte in der ersten Hälfte des 19. Jahrhunderts. Nebst einem Verzeichnisse seiner Werke, Stuttgart 1863. — Thieme-Becker 34, 1940, S. 538/39. — Elisabeth Reynst, Friedrich Campe und sein Bilderbogen-Verlag zu Nürnberg, Nürnberg 1962, S. 38 ff.

Luthers Wohltätigkeit gegen einen Studenten, 20er Jahre des 19. Jahrhunderts
Bez. u. l.: J. Voltz inv. et del.; u. r.: Hutter sc.
Radierung. Bildgr.: 12,2 x 7,4 cm
Der Radierer Hutter konnte nicht identifiziert werden.
Zum Thema vgl. Heidemarie Gruppe, Nr. 10: „Luther beschenkt einen Studenten. (Einem armen Wittenberger Studenten schenkt Luther einen silbernen Becher statt Geld, da er selbst keines mehr besitzt)".
J. M. Voltz hat für Fr. Campe außerdem einen Halbbogen „Luther auf dem Reichstag zu Worms" geliefert (Reynst S. 39).
KK Coburg Neg.-Nr. 12982

33
(Friedrich Campe, Nürnberg)

Über Friedrich Campe vgl. Kat.-Nr. 26. Im Bilderbogen-Verlag Campes erschien um 1825 eine Folge von acht kolorierten Radierungen mit dem Titel „Luthers Leben", der auf allen Blättern angegeben ist. Diese Folge ist kompositionell auf die ältere, eventuell von Johann Michael Voltz entworfene von 1817 bezogen. Zwei Darstellungen der früheren Illustrationsfolge sind in dieser jüngeren gegen andere ausgetauscht: die Erheiterung Luthers als Mönch durch Musik wird weggelassen und dafür an späterer Stelle Luthers Einzug in Worms 1521 gebracht, außerdem wird die Darstellung des einsamen Luther auf der Wartburg gegen eine Lutherische Familienszene ausgetauscht. Über den Autor der Folge und deren Datierung vgl. Kat.-Nr. 33.1. Zitiert wird jeweils der unter den Darstellungen sich befindende ausführliche Text.

33.1. (Currendegesang in Eisenach)
„Die früheste Jugend verlebte Luther zu Mansfeld; dann kam er nach Magdeburg und darauf nach Eisenach, auf die lateinische Schule; die Armuth zwang ihn, als Current Schüler vor den Thüren zu singen! Sein schöner, frommer Gesang erwarb ihm die Gunst der Frau des Bürgers Conrad Kotta. Sie nahm ihn in ihr Haus u. sorgte mütterlich für ihn. So konnte er ungestöhrt den Studien obliegen und auch seine Lieblingsneigung Musik befriedigen. Jene wackere Frau hat große Verdienste um Luthers Bildung; er rühmte dies auch mit dankbarem Herzen bis an das Ende seiner Tage."
Bez. u. l.: G. d.
Radierung, altkoloriert. Bildgr.:
15,5 x 20,3 cm
Germanisches Nationalmuseum, Nürnberg, Inv.-Nr. H.B. 25770,1; Kapsel 1249 a

Die Signatur G. d. ist m. W. bisher nicht gelesen worden. „G." dürfte der Anfangsbuchstabe eines Nachnamens sein, „d." delineavit (hat es gezeichnet) bedeuten. Von den bei Reynst, S. 38 ff., aufgeführten künstlerischen Mitarbeitern Campes kommen zwei Autoren infrage: Ambrosius Gabler (1762–1834) und Peter Carl Geißler (1802–1872). Gabler vertrat die alte Nürnberger Bildtradition, legte Wert aufs Naturstudium, war auch als Lehrer tätig (einer seiner Schüler war Johann Adam Klein). Nicht er, sondern P. C. Geißler dürfte die Lutherfolge gezeichnet haben. Geißler war gebürtiger Leipziger, lernte dort und in Nürnberg (bei Albert Christoph Reindel, seit 1811 Direktor der Nürnberger Maler-Akademie) sein Handwerk. Bei Gabler habe er sich dann „den letzten Schliff geholt" (Reynst S. 40). Wann Geißler nach Nürnberg gekommen ist, ist m. W. nicht bekannt; da er aber als Schüler hinkam, kann er noch nicht sehr alt gewesen sein, so daß man die Jahre um 1820 annehmen darf. Die Zuschreibung der Folge an P. C. Geißler hat auch Martin Scharfe, Evangelische Andachtsbilder, Stuttgart 1967, S. 193, Anm. 226, vorgenommen, und zwar mit dem Hinweis auf W. Drugulin's Historischen Bilderatlas von 1863, I, S. 128, Nr. 2989: „8. Bl. Luthers Leben. Geissler del. (et sc.?) F. Campe exc. qu. fol. Col." Möglicherweise hat es also Blätter mit der Bezeichnung: „Geissler del." und „F. Campe exc." gegeben. Daß Geißler die Lutherfolge nicht nur entworfen, sondern auch radiert hat, kann man mit Drugulin nur vermuten.
Die Folge wird im Germanischen Nationalmuseum „um 1817" datiert, im Katalog „Reformation in Nürnberg", Germanisches Nationalmuseum Nürnberg, 1979, S. 206, Nr. 226 „um 1820". Im Verzeichnis der Halbbogen-Bilder des Campeverlages, das um 1825 erschienen sein dürfte, ist „Luthers Leben" schon enthalten: Nrn. 1074–1081 (Reynst S. 65). 1830 hat sich P. C. Geißler von Campe getrennt und sich in Nürnberg als Verlagsbuchhändler und Besitzer einer Illuminieranstalt selbständig gemacht. (Vgl. Wolfgang Brückner, Populäre Druckgraphik in Europa. Deutschland. Vom 15. bis zum 20. Jahrhundert, 1969, S. 227). Ich neige dazu, die Folge um 1825 anzusetzen, da sie zu den letzten Nummern des erwähnten Verzeichnisses gehört (insgesamt 1115 Nummern). Auf jeden Fall muß die Folge vor 1827 entstanden sein: in

diesem Jahr erscheint in Stuttgart bei Baron v. Löwenstern eine Lutherfolge, die die Geißlersche zur Voraussetzung hat (vgl. Kat.-Nr. 34).
Die Darstellung der Eisenacher Currendesänger geht auf die gleiche Szene von 1817 zurück (Kat.-Nr. 26.1.). Auch hier schickt Frau Cotta ihren Sohn (?) zu den Sängern. Die Szenerie ist bereichert: Treppenanlage, Treppengeländer in neugotischen Formen, Türklingel, Kellerfenster, Vergrößerung der Sängergruppe, Veränderung der Hintergrundarchitektur, Anbringung einer Eckfigur (, die bei v. Löwenstern ans Cottasche Haus gerät).

33.2. (Thesenanschlag)

„In Rom hatte Luther das damalige Unwesen an der Quelle kennen gelernt; Vergebung der Sünden und Knochen der Heiligen wurden für Geld verkauft! Am unverschämtesten trieb diesen Ablaßkram ein Dominicaner, Johann Tetzel. Mord und Todschlag hatten Taxen, ja sie wurden schon im Voraus vergeben! Alle christliche Gemüther empörten sich darob, allein Niemand hatte den Muth, öffentlich aufzutreten. Da erschien Luther und schlug, den 31n October 1517, seine 95. Sätze wider den Ablaßhandel, an die Kirchenthüre zu Wittenberg, und erbot sich, solche gegen jedermann zu vertheidigen. Wie ein Lauffeuer verbreitete sich die Kunde durch Deutschland. Auf das Bedenken seines geistlichen Obern, antwortete Luther: Lieber Vater, ist's nicht in Gottes Namen angefangen, so ist's bald gefallen; ist's aber in seinem Namen angefangen, so lasset denselben walten!"
Nicht bez.
Radierung, altkoloriert. Bildgr.:
15,2 x 20,8 cm
Germanisches Nationalmuseum, Nürnberg, Inv.-Nr. H. B. 25770,2; Kapsel 1249a
Wesentliche Veränderungen gegenüber der Folge von 1817 (Kat.-Nr. 26.3.): Luther wird physiognomisch deutlich dargestellt (nicht mehr als Mönch) und zeigt auf seine Thesen; die Gruppe der diskutierenden vornehmen Herren gerät in den Hintergrund, dem Volk wird ein Fettkloß von Mönch beigesellt: das Bild nimmt die Tendenziösität des Textes auf.

33.1.

33.2.

33.3. (Verbrennung des kanonischen Rechts und der Bannbulle)
„Dr Eck, der heftigste Widersacher Luthers, wuste in Rom eine Bannbulle auszuwirken und kam mit dieser nach Deutschland; allein bei ihrer Bekanntmachung brach der, von Fürsten und Volk lange verhaltene, Unwille gegen den Römischen Hof, laut aus. Was that Luther? Er machte bekannt: „Am 10ten December 1520. wolle er die, ihn u. seine Schriften zum Scheiterhaufen verdammende Päpstliche Bulle, selbst dem Scheiterhaufen übergeben u: mit ihr noch das ganze canonische Recht!" Die Wittenberger Studenten errichteten, vor dem Elsterthore, einen Scheiterhaufen und um 9. Uhr Morgens erschien Luther und warf, vor allem Volke, genannte Schriften in die Flamme, mit den biblischen Worten: „Weil du den Heiligen des Herren gelästert hast, so verzehre dich das ewige Feuer! — Was seit Jahrhunderten bestanden, vernichtete dieser Augenblick! Ein deutscher Mönch sagte sich öffentlich los von der Römischen Herrschaft und — mit ihm Millionen!"
Nicht bez.
Radierung, altkoloriert. Bildgr.:
15,1 x 20,65 cm
Germanisches Nationalmuseum, Nürnberg, Inv.-Nr. H. B. 25770,3; Kapsel 1249 a

33.3.

33.4. (Luthers Einzug in Worms)
„Zur Beilegung der Religionsstreitigkeiten schrieb Kaiser Carl V. einem Reichstag aus gen Worms, und entbot dahin auch Luthern. Seine Freunde warnten ihn zwar und stellten ihn das Beispiel Hussens vor; allein Luther, der Kühne, erklärte frei: „Ich will im Namen Gottes hingehen, und machten die Feinde auch ein solches Feuer zwischen Wittenberg u. Worms, daß es bis zum Himmel reichte!" Den 4. April 1521. trat er seine Reise an; den 10. erblickte er die Spitzen des ehrwürdigen Doms von Worms. Seinen Reisegefährten schwand der Muth; aber wie wards Luthern ums Herz? „Und wann so viel Teufel dort wären, wie Ziegel auf den Dächern, so will ich hinein!" In dieser Stimmung, und im Angesicht von Worms, dichtete er sein kräftiges Lied: „Ein feste Burg ist unser Gott" etc. etc. und so

33.4.

fuhr er getrost hinein. Alles drängte sich an seinen offenen Wagen, den Mann zu sehen, der ein so großes Werk unternommen hatte. Vom kaiserlichen Erbmarschall, dem ehrenfesten Grafen Ulrich von Pappenheim, ward Luther eingeführt, und auf den andern Tag, Nachmittags 4. Uhr, vor den Reichstag geladen."
Nicht bez.
Radierung, altkoloriert. Bildgr.:
14,9 x 20,5 cm
Germanisches Nationalmuseum, Nürnberg, Inv.-Nr. H. B. 25770,4; Kapsel 1249 a

33.5. (Luther vor dem Reichstag in Worms)

„Luther trat vor den Reichstag, bestehend aus dem Kaiser, seinem Bruder, 6. Churfürsten, 24. Herzögen, 95. Grafen, 5. Königl: Gesandten, 30. Bischöfen u.s.w. Der Kanzler Eck fragte nun: Ob er die Bücher da für die seinigen erkenne? Luther antwortete: Wer mich verleugnet vor den Menschen, den will ich auch verleugnen vor meinem himmlischen Vater. Zwei Tage währten die Verhandlungen, und endlich drang der Kanzler auf eine runde Antwort. Da erhob sich Luther, in glühendem Feuer, vor Kaiser und Reich und sprach: Hier ist eine Antwort die weder Hörner noch Zähne hat: Ich glaube weder den Papst, noch seinen Versammlungen. Ich kann und will nicht wiederrufen, es seye denn, man wiederlege mich aus der Bibel. Hier stehe ich; — ich kann nicht anders! Gott helfe mir! Amen."
Nicht bez.
Radierung, altkoloriert. Bildgr.:
15 x 20,75 cm
Germanisches Nationalmuseum, Nürnberg, Inv.-Nr. H. B. 25770,5; Kapsel 1249 a

Die Komposition ist gegenüber derjenigen von 1817 erweitert (vgl. Kat.-Nr. 26.5). Luther — wie dort *nicht* als Mönch — erscheint mit Begleitung. Karl V., vor dem Reichsadler, nun mit Krone, Reichsapfel und Zepter (die sich von 1424 bis in die ersten Jahre des 19. Jahrhunderts in Nürnberg befunden hatten). Vorn links und rechts sind zwei Repoussoirfiguren hinzugekommen. Die Architektur ist verändert.

33.5.

33.6.

33.6. (Luthers Entführung auf die Wartburg)
„Statt Schmach und Untergang in Worms zu finden, verließ Luther, wie ruhmgekrönter Sieger diesen Ort den 26 April 1521. Sein Muth hatte Bewunderer, die Wahrheit Freunde unter den Reichsständen gefunden: Ein Triumpfzug war seine Heimreise; Magistrate und Geistlichkeit empfingen ihn feyerlich, wo er durch passirte. Den 1ten May, kam er nach Eisenach; er wollte seine Verwandten in Möra besuchen. Wie er den 4 May, mit seinem Bruder Jacob und seinem Reisegefährten Amsdorf, zurückfuhr, kamen aus einem Dickicht 5. Reiter gesprengt und entführten Luther auf die Wartburg. Friedrich der Weise, um ihn der Verfolgung zu entziehen, trug dies Abentheuer 2. Rittern auf, Johann von Berlepsch und Burkhard von Chund auf Altenstein."
Nicht bez.
Radierung altkoloriert. Bildgr.:
15,05 x 20,8 cm
Germanisches Nationalmuseum, Nürnberg, Inv.-Nr. H. B. 25770, 6; Kapsel 1249 a

Geißler hat sich bei der Neugestaltung dieser Szene nicht an die Campesche Komposition von 1817 (Kat.-Nr. 26.6.), sondern an die Schubertsche von 1794 gehalten (vgl. Kat.-Nrn. 11.4. und 11.10.), wobei er das Hoch- in ein Querformat verwandeln mußte. Die Ritter haben hier Rüstungen an, während sie bei Schubert der damaligen Zeitströmung gemäß bequeme Phantasiekleider tragen. Luther hat bei Geißler sein Gesicht erhalten (wenn auch das des evangelischen Pastors), während die Gesichter bei Schubert ganz allgemein Entsetzen und Gottvertrauen ausdrücken, individuell jedoch nicht charakterisiert sind.

33.7. (Luther musiziert im Kreis seiner Familie)
„So lebte Luther im häuslichen Kreise mit seiner Familie, in diesem Zimmer, das heutiges Tags noch in Wittenberg vorhanden, und hier, der Wirklichkeit treu nachgebildet, zu sehen ist. Die edle Musica schätzte Luther ungemein hoch, und er leitete seine Kinder schon früh zu ihr, denn er hielt die Tonkunst für die Mutter vieler Tugenden. Hier singt er, mit seiner ehrbaren Hausfrau und seinen lieben Kindlein: Das Wort sie sollen lassen stahn, und kein Dank dazu haben u.s.w."
Nicht bez. Auf dem Notenblatt: Ein feste Burg ist unser Gott. Ganz unten: Nürnberg bei Friedrich Campe.
Radierung, altkoloriert. Bildgr.:
15,2 x 20,65 cm
Germanisches Nationalmuseum, Nürnberg, Inv.-Nr. H. B. 25770,7; Kapsel 1249 a

Das Blatt ist abgebildet in: Ausstellungskatalog „Reformation in Nürnberg", Germanisches Nationalmuseum, Nürnberg, 1979, S. 206, Nr. 226.

33.8. (Luthers Tod)
„So starb Luther, umgeben von seinen drei Söhnen, Dr Jonas, dem Grafen und der Gräfin von Mansfeld u. a. m. den 17n Februar 1546. zu Eisleben, wohin er gereist war, um Eintracht zu stiften. Hier, wo er gebohren, überfiel ihn die tödliche Krankheit; an dem Orte, wo er vor 62. Jahren sein Leben begann, endete er es. Aber sein Werk bestand, denn es war von Gott!"
Nicht bez. Ganz unten: Nürnberg bei Friedrich Campe.
Radierung, altkoloriert. Bildgr.:
15,2 x 20,8 cm
Germanisches Nationalmuseum, Nürnberg, Inv.-Nr. H. B. 25770,8; Kapsel 1249 a

An der Übernahme der Grundordnung der Komposition sowie einiger Details wie dem Tisch mit seinen Utensilien und den stark geschwungenen Beinen des Hockers ist zu erkennen, daß Geißler bei seiner Neufassung des Themas die Campesche Komposition von 1817 vor Augen hatte (Kat.-Nr. 26.8.). Er stellt das Bett aber nun bildparallel, vermehrt die Anzahl der Personen und führt Repoussoirfiguren ein. In dieser Gestalt konnte die Szene Vorbild für spätere Kompositionen werden (vgl. Kat.-Nr. 34.14.)

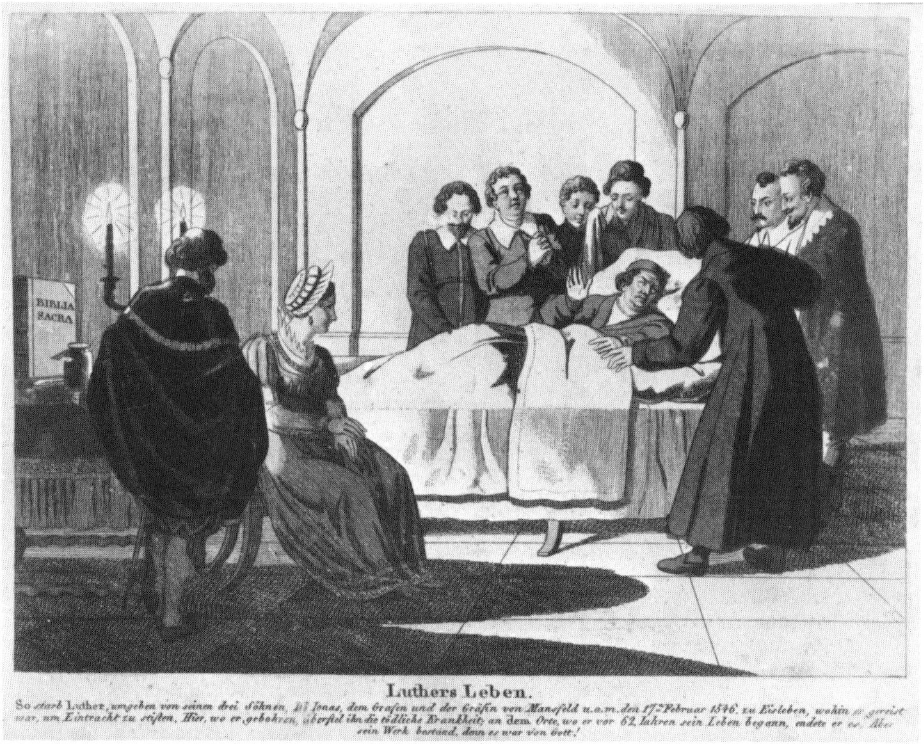

33.8.

34
(Wilhelm Baron v. Löwenstern)

Über Wilhelm Baron von Löwenstern ist bisher wenig bekannt. Er hat seit mindestens 1826 in Stuttgart gelebt und ist dort 1851 noch nachweisbar. 1826 ist die Lithographie eines im Arbeitszimmer stehenden Luther datiert, die v. Löwenstern sowohl gezeichnet als auch lithographiert haben wird („W. Br. v. Löwenstern gezeichnet und lith: 1826").

Das Lutherporträt gehört zu einer Folge von Darstellungen von Reformatoren (Johann Hus, Johann Calvin, Melanchthon und vielleicht noch weitere). Diese Reformatorenfolge und die im folgenden beschriebene Lutherlebenfolge werden 1827 erwähnt. Martin Scharfe, Tübingen, fand nämlich kürzlich in einem Repertorium des Hauptstaatsarchivs Stuttgart (Bestand E 146, Büschel 5170): „Ablehnung der Bitte des Freiherrn von Löwenstern, herzoglich Sachsen-Meiningen'scher Oberstleutnant, um ein Privileg gegen den Nachdruck seiner lithographierten Abbildungen zur Lebensbeschreibung Martin Luthers und der berühmten Männer der Reformation und gegen den Nachdruck des Textes zu diesen Abbildungen. 1827." Damals werden also beide Folgen vollendet oder doch in Arbeit, außerdem ein zu den Bildern gehöriger Text vorhanden oder geplant gewesen sein; sollte der Text existiert haben, ist er bisher nicht aufgetaucht. Im Stuttgarter Adreßbuch von 1829 wird „v. Löwenstern, Rittmeister" erwähnt, im Adreßbuch von 1833 „v. Löwenstern, Baron, Oberst-Lieutenant, Inhaber einer lithographischen Anstalt, Calwerstr. 36", im Adreßbuch von 1851: „Löwenstern, v. Wilh., Baron, Oberst-Lieut. a. D., Rotebühlstraße 46" (Mitteilung des Stadtarchivs, Stuttgart). Obwohl v. Löwenstern erst 1833 als Inhaber einer lithographischen Anstalt genannt wird, dürfte er schon mindestens 1826 eine besessen oder betrieben haben, wie aus der Bezeichnung des oben genannten Lutherporträts hervorgeht. 1851 scheint er schon ein älterer Mann gewesen zu sein. Die Löwensterns saßen im Baltikum, in Norddeutschland, in Schwaben und anderswo. In einer Genealogie war W. Baron von Löwenstern bisher nicht auffindbar.

In der „Geschichte der Lithographie in Württemberg" des Stuttgarter Lithographen Conrad Lamparter (Einleitung von Dr. B. Pfeiffer), erschienen in: Württembergische Jahrbücher für Statistik und Landeskunde, Jahrgang 1898, Stuttgart 1899, S. 47—76, werden die ersten Jahrzehnte nach Einführung der lithographischen Technik insbesondere in Stuttgart detailliert beschrieben. Die Anfänge gehen in das Jahr 1807 zurück, doch erst zehn Jahre später begann ein stetiges Wachstum. 1820—27 arbeitete der berühmte Lithograph Joh. Nep. Strixner, aus der Münchener Senefelder-Schule kommend, in Stuttgart an der lithographischen Reproduktion von Gemälden der Sammlung der Brüder Boisserée: „Nie hat eine Kunst solche Riesenfortschritte gemacht, als die Lithographie unter seinen Händen" (Lamparter). Strixners Anwesenheit in Stuttgart veranlaßte König Wilhelm von Württemberg, die von ihm gegründete Königliche Lithographische Anstalt in Stuttgart nach der künstlerischen Seite hin auszubauen. Strixner selbst und die Lithographische Anstalt haben eine Reihe von Lithographen herangebildet, so daß man in der Mitte der 20er Jahre von einer Blütezeit der Lithographie in Stuttgart sprechen kann.

Damals schon und auch später haben sich — wohl mehr am Rande der Szene — Dilettanten mit der neuen graphischen Technik befaßt und sie betrieben. Zu diesen zählt Lamparter auch den Baron v. Löwenstern (S. 65). Er setzt bei seiner Erwähnung hinter den Namen Löwensterns in Klammern „Steindruckerei". Möglicherweise soll das bedeuten, daß Löwenstern nur der Inhaber einer Druckerei gewesen sei. Dagegen spricht allerdings, daß sein Name auf seinen Erzeugnissen nicht nur mit „ex." und „lith.", sondern auch mit „del." verbunden ist.

Außer Löwensterns Namen werden auf Blättern der Lutherlebenfolge diese Namen genannt: Christoph Faulhaber („del. et lith.". und „lith".), G. M. Kirn („del. et lith." und „lith."), Gottfried Küstner („lith.") und Joh. Thomas Scheiffele („lith."). Alle vier Lithographen haben in Stuttgart gearbeitet und sind in Adreßbüchern verzeichnet.

Christoph *Faulhaber* aus Bietigheim war Schüler der oben erwähnten Kgl. Lithographischen Anstalt in Stuttgart, und zwar ihrer kartographischen Abteilung. Er fand dort für die Gravüre der Flurkarten eine Anstellung bis 1863 (Lamparter, S. 64 u. 73).

Georg Michael *Kirn* (1810 Walddorf-Nagold — 1882) ging aus den lithographischen Anstalten von Karl Ebner (gest. 1852) in Stuttgart hervor. Er „erscheint unter den wenigen ersten selbständigen Berufslithographen 1829." „Mit besonderer Virtuosität handhabte er die Zeichenfeder. Landschaften, Illustrationen jeder Art flossen aus derselben. An vielen schönen, insbesondere naturgeschichtlichen Werken hatte Kirn bis in die 40er Jahre reichen Anteil. Stets sein Pfeifchen schmauchend sah man denselben in Stuttgart-Berg bis 1882" (Lamparter S. 65, vgl. auch S. 52).

Gottfried *Küstner* (1800 Freudenstadt — 1864 Stuttgart): „Er genoß mehrere Jahre den Unterricht J. G. Müllers im Kupferstechen und wurde wegen seiner Begabung vom Staat unterstützt. Als Lithographiezögling aufgenommen (in die Kgl. Lithogr. Anstalt), zeichnete er sich auch hier bald aus, weshalb ihm nach Ekemanns Tod (1828) dessen Lehrfach im lithographischen Zeichnen und Drucken übertragen wurde . . . Mitte der 30er Jahre in Stuttgart selbständig geworden, war er lange Zeit ein weithin gesuchter Kreidedrucker, worüber seine Bedeutung als Künstler zurücktrat . . ." (Lamparter S. 62, vgl. S. 51 u. 53). Vgl. auch Thieme-Becker 22, 1928, S. 77.

Johannes Thomas *Scheiffele* (1806 Stuttgart — 1845) war ebenfalls Schüler der Stuttgarter Kgl. Lithographischen Anstalt. Er hat sich in der Kreidemanier im Landschaftsfach hervorgetan (Pfeiffer, S. 51).

Drei dieser vier namentlich bekannten Mitarbeiter Baron v. Löwensterns waren also Schüler der Kgl. Lithographischen Anstalt in Stuttgart gewesen und — legen wir einmal die Jahreszahl 1827, das Jahr der archivalischen Erwähnung der v. Löwensternschen Lutherlebenfolge, zugrunde — damals zwischen 21 und 27 Jahre alt. (Faulhabers Geburtsdatum ist zwar nicht bekannt, er dürfte aber auch zu dieser Generation gehört haben: Lamparter gibt in seiner Übersicht an, daß die ersten Zöglinge der Stuttgarter Anstalt etwa zwischen 1800—1810 geboren seien). Faulhaber hat offenbar ohne Unterbrechung bis 1863 für die Lithographische Anstalt gearbeitet; Küstner wieder seit 1828 bis in die 30er Jahre; von Scheiffele wissen wir nicht, ob er 1827 frei oder gebunden war, das letztere ist wahrscheinlich. Kirn, der jüngste von ihnen, 1827 erst 17 Jahre alt, dürfte in diesem Jahr noch in den Ebnerschen Lithographenanstalten tätig gewesen sein, bevor er sich mit 19 Jahren, 1829, selbständig gemacht hat — als Berufslithograph.

Hieraus scheint mir hervorzugehen, daß keiner der genannten Lithographen kurze oder längere Zeit fest bei Baron v. Löwenstern angestellt gewesen ist, sondern nur sporadisch für ihn gearbeitet hat. Ihre Namen tauchen gehäuft bei den ersten Blättern der Lutherfolge auf, zuletzt Kirns Name bei dem singulären Blatt des musizierenden Luther auf der Wartburg; bei den letzten fünf Blättern der Folge fehlt jeder Name außer dem Löwensterns selbst. Keines der späteren Blätter ist stilistisch einem der vier genannten Stuttgarter Lithographen mit Sicherheit zuzuschreiben. Geht man davon aus, daß die Blätter etwa in der Reihenfolge der Lutherszenen entstanden sind, könnte dies darauf hindeuten, daß v. Löwenstern nach einem Experimentierstadium, in dem er mit diesen jüngeren Stuttgartern zusammengearbeitet hat, eine andere Produktionsform gefunden hat, die wir allerdings nicht kennen.

Zunächst soll die aus sechzehn Themen bestehende Baron v. Löwensternsche Lutherfolge vorgeführt werden, bevor am Schluß weitere Überlegungen, z. B. über die Datierung der Folge, angestellt werden. Leider ist nicht bekannt, wann und auf welche Weise diese Lutherfolge ins Kupferstichkabinett der Kunstsammlungen gekommen ist. Sie ist dadurch gekennzeichnet, daß, abgesehen von Blatt 11, von allen anderen Blättern drei bis sieben Varianten vorliegen bzw. bekannt sind. Bei dieser Folge werden Versalien vollständig und das Zeilenende der Bildunterschriften durch Schrägstrich angegeben, weil es in diesem Falle notwendige Unterscheidungsmittel der Varianten sind.

34.1.1. MARTIN LUTHER,/Hersteller der reinen Lehre des Evangeliums, Vernichter der hierarchischen Despotie muthiger Vertheidiger/der Glaubensfreiheit und großer Reformator. Der heiligen Schrift Doctor, Professor und Senior in Wittenberg./Geb. zu Eißleben 1483 und daselbst gest. 1546.

Bez. u. l.: W. Br. v. Löwenstern del. et excud.; u. r.: C. Faulhaber lith.; o. r.: No. I. Darunter Titel (s. o.)

Lithographie. Bildgr.: 33,7 x 25,6 cm (fett umrandet); Größe bis zum äußeren Rand: 34,9 x 26,7 cm (zwei Umrandungslinien)

Das einzige Blatt dieser Variantengruppe, das dem größeren Format der Illustrationen ab Kat.-Nr. 34.2 entspricht (Dr. Irmscher). Vorbild für die Komposition könnte der Kupferstich von Michael Kauffer (1673—1756) von 1730 oder eines anderen Augsburger Kupferstechers von 1730 gewesen sein (im KK Coburg befinden sich eine seitenverkehrte Kopie des Blattes von Kauffer (sowie dessen Blatt selbst) und eine etwas veränderte, der v. Löwensternschen Version noch näher stehende Variante aus dem „Augspurgischen Jubel-Gedächtnüs . . .“, 1730, KpB 93a).

KK Coburg Neg.-Nr. 12750

34.1.2. MARTIN LUTHER./Hersteller der reinen Lehre des Evangeliums, Vernichter der hierarchischen Despotie, muthiger Verteidiger der/Glaubensfreiheit und großer Reformator. Der heiligen Schrift Doctor, Professor und Senior zu Wittenberg./Geb. zu Eißleben 1483 und daselbst gest. 1546.

Bez. u. l.: W. Br. v. Löwenstern del. et excud.; u. r.: M. Kirn lith.; o. r.: No. I. Unten Titel (s. o.)

Lithographie. Bildgr.: 30,3 x 23,2 cm (dünn umrandet); Größe bis zum äußeren Rand: 31,2 x 24,1 cm (zwei Umrandungslinien)

Text im aufgeschlagenen Buch auf dem Tisch: (linke Seite) „An die Römer cap. 13, v. 12. Die Nacht ist vergangen, der Tag aber herbeigekommen“; (r. Seite) „So lasset uns ablegen die Werke der Finsterniss und anlegen die Waffen des Lichts; An die Eph. 4. v. 14.“ Auf der Schriftrolle steht: „Math. 24, v. 4.5. Jesus aber antwortete und sprach zu ihnen: gehet zu, daß euch nicht Jemand verführe. Denn es werden viele kommen in meinem Namen und sagen: Ich bin Christus. Cap. 24.v.14. Und es wird geprediget werden das Evangelium (vom) Reich in der gantzen Welt zu einem Zeugniss über alle Völker, und darin wird das Ende komen.

Eine . . . Burg ist unser.“ Die Texte wiederholen sich bei den anderen Varianten dieser Gruppe.

Das Blatt unterscheidet sich vom vorigen durch das kleinere Format, den schmaleren Vordergrund, eine veränderte Handhaltung (hier greift die Linke) sowie die Beschneidung des Bildes auch an den drei anderen Seiten. Das Blatt wirkt wie eine Ausschnittsvergrößerung (z. T. Dr. Irmscher).

KK Coburg Neg.-Nr. 12747

34.1.3. MARTIN LUTHER,/Hersteller der reinen Lehre des Evangeliums, Vernichter der hierarchischen Despotie, muthiger Vertheidiger/der Glaubensfreiheit & großer Reformator. Der heiligen Schrift Doctor, Professor & Senior zu Wittenberg./geb. zu Eißleben 1483 und daselbst gest. 1546.

Bez. u. l.: W. Br. von Löwenstern exc.; u. r.: M. Kirn del. et lith.; o. r.: No. I. Unten Titel (s. o.)

Lithographie. Bildgr.: 30,1 x 23,3 cm (dünn umrandet); Größe bis zum äußeren Rand: 32 x 25,1 cm (dicke und dünne Umrandung)

Handhaltung wie bei 34.1.1. Die Begrenzung des Blattes entspricht am oberen Rand 34.1.1., an den anderen Seiten 34.1.2. Die Anordnung der Bücher ist gegenüber 34.1.1. und 34.1.2. stark verändert. Die auf dem Fensterbrett stehende Sanduhr ist vor das Fensterkreuz gerückt. Wegfall des in die Tiefe führenden Dielenbretts. Kein Schattenspiel auf der Fensterlaibung. „Im Unterschied zu allen anderen bei Löwenstern herausgegebenen Blättern besteht die Zeich-

34.1.2.

34.1.5 ►

34.1.4.

nung aus sich kreuzweise überlagernder Kreideschraffur, so daß eine rautenfeldartige Textur sichtbar wird, die das Blatt graphisch charakterisiert" (Dr. Irmscher). Liegt hier ein Versuch oder eine spätere Variante vor? Kirn hat sowohl dies Blatt als auch 34.1.1. gearbeitet.

KK Coburg Neg.-Nr. 12748

34.1.4. MARTIN LUTHER./geb. zu Eisleben 1483. und daselbst gest. 1546.

Bez. u. r.: v. Löwenstern exc. Keine Blattnummer. Unten Titel (s. o.)

Lithographie. Bildgr.: 29,9 x 21,8 cm (dünn umrandet); Größe bis zur äußeren Umrandung (eine dicke, zwei dünne Umrandungen): 30,8 x 22,9 cm

Größere Veränderungen: Luther wechselte das Standbein, blickt aber in dieselbe Richtung wie bei den vorhergehenden Varianten. Er drückt das geschlossene Buch an den Körper, damit ist eine veränderte Handhaltung verbunden. Die Stufenzahl des Tritts ist auf drei reduziert. Die Anordnung der Bücher und des Stundenglases folgt im wesentlichen 34.1.3. Kein Schattenspiel auf der Fensterlaibung. Die Senkrechte des Fensterkreuzes wird vom Bildrand überschnitten. Der Saum der Tischdecke wird reicher, die Konstruktion des Stundenglases vereinfacht (rektangulärer Grundriß). Die Unterschrift wird verkürzt. Auffallende Ähnlichkeit der Physiognomie Luthers mit dem Mittelporträt des Campeschen Blattes von 1817 (Kat.-Nr. 26). Sehr großzügige, zusammenfassend-vereinfachende Darstellung (z. T. Dr. Irmscher).

KK Coburg Neg.-Nr. 12746

34.1.5. D. MARTIN LUTHER./geboren zu Eisleben 1483, u. daselbst gest. 1546.

Bez. u. r.: v. Löwenstern exc. Keine Blattnummer. Unten Titel (s. o.).

Lithographie. Bildgr.: 30,2 x 22,45 cm (dünn umrandet); Größe bis zur äußeren Umrandung: 31,6 x 23,8 cm (zwei dünne Umrandungslinien)

Das Blatt folgt im Ganzen dem vorhergehenden 34.1.4. Die Durchzeichnung der Details ist jedoch viel genauer und sorgfältiger, etwa im Talar, bei den Büchern. Die Maserung der Holzdielen wird angegeben. Die Butzenscheiben werfen wieder Schatten auf die Fensterlaibung, das Gehäuse der Sanduhr ist wieder komplizierter konstruiert, der Schatten auf der Holzbank entspricht stärker den drei ersten Varianten.

KK Coburg Neg.-Nr. 13797

34.2.1. LUTHER./als Current Schüler zu Eisenach/1498

Bez. u. l.: W. Br. v. Löwenstern del. et exc.; u. r.: Ch. Faulhaber lith. Blattnummer fehlt. Unten Titel (s. o.)

Lithographie. Bildgröße: 24,2 x 32,6 cm (dünn umrandet); Größe bis zur äußeren Umrandung: 25,3 x 34 cm (zwei dünne Umrandungslinien)

Die Komposition hat v. Löwenstern von den Campeschen Blättern übernommen (Kat.-Nrn. 26.1. u. 33.1.), in einem Detail jedoch verbalhornt: während bei Campe Frau Cotta ihren Sohn (?) mit einer Gabe zu den gleich gekleideten Sängern schickt (Luther ist also einer von vielen und nicht hervorgehoben, ja nicht einmal eindeutig zu identifizieren), ersetzt Löwenstern den Cottaschen Sohn durch Luther, der in dieser frühen Variante noch etwas anders gekleidet ist als seine Kameraden. Die zeigende Handbewegung der Frau Cotta bei Geißler wird umgedeutet in eine segnende, so daß ein interessanter inhaltlicher Bedeutungswandel eintritt, Frau Cottas Handlung prophetischen Charakter erhält. Gegenüber den Campeschen Vorlagen außerdem eine wesentliche Veränderung und Erweiterung der Umgebung.

KK Coburg Neg.-Nr. 12739

34.2.2. LUTHER,/als Current Schüler zu Eisenach./1498.

Bez. u. l.: W. Br. v. Löwenstern del. et exc.; u. r.: G. Küstner lith.; o. r.: No. II. Unten Titel (s. o.)

Lithographie. Bildgr.: 25,8 x 33,9 cm (fett umrandet); Größe bis zur äußeren Umrandung: 26,9 x 35 cm (zwei dünne Umrandungslinien)

Die Ausführung der im großen und ganzen der Kat.-Nr. 34.2.1. folgenden Komposition ist spartanischer. Das Kellerfenster in der Haustreppe fehlt. Die Fensterbekrönung sowie die Butzenscheiben fehlen. Die Renaissanceformen der Figurennische werden gotisiert, zwei wappenhaltende Löwen über der Tür eingeführt (der rechte Löwe ist stark verzeichnet). Die Geste Frau Cottas ist mehr zeigend als segnend. Die Häuser im Hintergrund sind mit Fachwerk versehen, ein Fensterchen im Treppenhaus des Cottaschen Hauses ist weggelassen worden.

KK Coburg Neg.-Nr. 12741

34.2.3. LUTHER,/als Current Schüler zu Eisenach/1498.

Bez. u. l.: W. Br. v. Löwenstern del. et exc.; u. r.: G. Küstner lith.; o. r.: No. II. Unten Titel (s. o.)

Lithographie. Bildgr.: 25,7 x 33,5 cm (fett umrandet); Größe bis zur äußeren Umrandung: 26,5 x 34,4 cm (zwei dünne Umrandungslinien)

Offenbar der Versuch, die Mängel des vorhergehenden, ebenfalls von Küstner lithographierten Blattes zu verbessern: rechter Löwe im Türfries, Arm des Jesusknaben (?). Die Zeichnung ist härter und präziser, sonst wenig Unterschiede.

KK Coburg Neg.-Nr. 12740

34.2.1.

34.2.3.

34.2.4.

34.2.4. LUTHER/als Current Schüler zu Eisenach/1498.
Bez. u. r.: v. Löwenstern exc.; o. r.: No. II. Unten Titel (s. o.)
Lithographie. Bildgr.: 25,4 x 33,4 cm (dünn umrandet); Größe bis zur äußeren Umrandung: 26,4 x 34,4 cm (zwei dünne Umrandungslinien)
Die Zeichnung verrät eine geübtere Hand, Einzelheiten werden ausgemalt: verwitternde Mauern, zerrissene Kleidung der armen bettelnden Schüler; der Boden ist nicht mehr gepflastert (sondern mit einer charakteristischen, schollenartigen Schrägschraffur versehen). Frau Cotta in auffallend reichem Kleid, sie segnet Luther. Der Türfries zeigt zwei gegenständige Greifen. Die Kirche samt Friedhofsmauer ist nach links versetzt, so daß der Blick in den Hintergrund offener wird. Zwischen den beiden Häusern im Hintergrund befindet sich eine Steinmauer mit einem Rundbogentor. Die Madonnennische wie die Madonna selbst haben sich erneut verändert, stärker der 1. Variante entsprechend (Kat.-Nr. 34.2.1.). Die Knaben sind alle barhäuptig.

KK Coburg — Neg.-Nr. 12742

34.3.1. LUTHER/Sieht den Tod seines Freundes Alexius, welcher an seiner Seite/1505 vom Blitz getroffen ward, als einen Ruf zum Klosterleben an.
Bez. u. l.: W. Br. v. Löwenstern exc.; u. r.: Ch. Faulhaber del. et lith. Blattnummer fehlt. Unten Titel (s. o.)
Lithographie. Bildgr.: 24,3 x 32,9 cm (dünn umrandet); Größe bis zur äußeren Umrandung: 25,4 x 34 cm (zwei dünne Umrandungslinien)
Alexius (rechts) liegt auf dem Bauch. Luthers Mantel weht nach links, die Baumzweige wehen in die andere Richtung. Die Landschaft wirkt leer und kleinteilig. Im Mittelgrund rechts die Ruine eines Rundturms.
KK Coburg Neg.-Nr. 12781

34.3.2. LUTHER/Sieht den Tod seines Freundes Alexius, welcher an seiner Seite/1505 vom Blitz getroffen ward, als einen Ruf zum Klosterleben an.
Bez. u. l.: W. Br. v. Löwenstern del. et excud.; u. r.: J. Scheiffele lith.; o. r.: No. III. Unten Titel (s. o.)
Lithographie. Bildgr.: 25,6 x 33,9 cm (drei dicht beieinanderliegende Linien); Größe bis zum äußeren Rand: 26,5 x 34,8 cm (zwei dünne Umrandungslinien)
Die Komposition entspricht weitgehend der vorhergehenden. Auch hier der Rundturm im Mittelgrund rechts. Die Zweige des Baumes bewegen sich wie der Mantel Luthers nach links (der Fehler bei 34.3.1. ist also verbessert worden). Der steilere Blitz trifft Alexius, anstatt an ihm vorbeizufahren. Links im Hintergrund ein weiterer Blitz. Im Vordergrund etwas Pflanzenbewuchs. Luthers Mantel ist dunkler als sein Anzug. Die Zeichnung ist differenzierter, der Kontrast zwischen Hell und Dunkel stärker als im vorigen Blatt, so daß die Darstellung dramatischer wirkt (z. T. Dr. Irmscher).
KK Coburg Neg.- Nr. 12782

34.3.3. LUTHER/Sieht den Tod seines Freundes Alexius, welcher an seiner Seite 1505/vom Blitz getroffen ward, als einen Ruf zum Klosterleben an.
Bez. u. l.: W. Br. v. Löwenstern exc.; u. r.: M. Kirn lith.; o. r.: No. III. Unten Titel (s. o.)
Lithographie. Bildgr.: 25,3 x 33,6 cm (fett umrandet); Größe bis zur äußeren Umrandung: 26,4 x 34,6 cm (zwei dünne Umrandungslinien)
Völlig neue Komposition. Wie bei dem Lutherporträt 34.1.3. hat Kirn auch hier die Figuren im Verhältnis zum Bildausschnitt vergrößert. Der Hell-Dunkel-Kontrast ist noch mehr verstärkt. Alexius, vom Blitz getroffen, liegt (links) auf dem Rücken. Luther ist barhäuptig. Im Hintergrund links auf einer Anhöhe Burgmauer mit Wehrbauten.
KK Coburg Neg.-Nr. 12780

34.3.4. LUTHER/sieht den Tod seines Freundes Alexius, welcher an/seiner Seite 1505. vom Blitz getroffen ward, als einen/ Ruf zum Klosterleben an.
Bez. u. r.: v. Löwenstern exc.; o. r.: No. III. Unten Titel (s. o.)
Lithographie. Bildgr.: 25,1 x 33,4 cm (dünn umrandet); Größe bis zur äußeren Umrandung: 26,1 x 34,4 cm (zwei dünne Umrandungslinien)
Die Komposition geht von der vorhergehenden (34.3.3.) aus. Alexius liegt wieder auf dem Rücken, aber in veränderter Haltung, die bei den folgenden Varianten wiederholt wird (ein Arm liegt unter dem Kopf, der andere ist ausgestreckt). Luther ist nicht dem Himmel, sondern dem Freund zugewandt. Die Figurengruppe ähnelt der Hummelschen (Kat.-Nr. 18.2.). Aus der Schattenpartie vorn links ist ein Wasserloch geworden. Die Landschaft ist einfacher. Charakteristische Bodenstruktur. Vorn rechts ein dicker Eichbaum. Die Burg fehlt. Die Lichtkontraste sind gemäßigter geworden.
KK Coburg Neg.-Nr. 12779

34.3.5. LUTHER/Sieht den Tod seines Freundes Alexius welcher an seiner/Seite 1505. vom Blitz getroffen ward als einen Ruf/zum Klosterleben an.
Bez. u. r.: v. Löwenstern exc.; o. r.: Nro. III. Unten Titel (s. o.)
Lithographie. Bildgr.: 25,1 x 33,1 cm (dünn

34.3.2.

34.3.3.

34.3.4.

umrandet); Größe bis zur äußeren Umrandung: 26 x 34 cm (zwei dünne Umrandungslinien)
Die Figurengruppe wie bei der vorigen Variante, jedoch etwas weiter auseinandergerückt; die Kleidung, im Zuschnitt gleich, ist hier heller. Starke Veränderung der Landschaft; nach links abfallend, nach rechts ansteigend. Im Mittelgrund links zwei in die Tiefe eilende Gestalten (Vater und Sohn). Vorn links wieder Wasser. Stärkere Dramatik des Geschehens.

KK Coburg Neg.-Nr. 12778

34.3.6. LUTHER/Sieht den Tod seines Freundes Alexius welcher an seiner Seite/1505 vom Blitz getroffen ward, als einen Ruf zum Klosterleben/an.
Bez. u. r.: v. Löwenstern exc.; o. r.: No. III. Unten Titel (s. o.)
Lithographie. Bildgr.: 25,2 x 33,3 cm (dünn umrandet); Größe bis zur äußeren Umrandung: 26,9 x 34,4 cm (zwei dünne Umrandungslinien)
Luther wird wieder auf die linke Seite gestellt, sonst ist er in Haltung und Gestik der vorigen Komposition gleich. Alexius wird wörtlich und seitenrichtig übernommen. Hierdurch ergibt sich eine engere Verbindung zwischen beiden Figuren. Die Landschaftsstaffage erneut verändert: starke Bereicherung durch Bäume, Buschwerk, einen reißenden Fluß. Steil ansteigendes Felsmassiv im Hintergrund, darauf eine Burgruine. Barocke Dramatik.

KK Coburg Neg.-Nr. 12777

34.3.7. LUTHER/sieht den Tod seines Freundes Alexius, welcher an seiner Seite 1505 vom/Blitz getroffen ward, als einen Ruf zum Klosterleben an.
Bez. u. r.: v. Löwenstern ex.; o. r.: No. III. Unten Titel (s. o.)
Lithographie. Bildgr.: 25,4 x 32,9 cm (dünn umrandet); Größe bis zur äußeren Umrandung: 26,7 x 34,4 cm (zwei dünne Umrandungslinien)
Luther in der Haltung des vorigen Blattes links stehend, Alexius rechts daneben, nun wieder in anderer Richtung liegend, so daß sich erneut die (seitenverkehrte) Komposition von 34.3.3.—5. ergibt. Im Mittelgrund eine mächtige Eiche wie bei 34.3.4. Übersteigerungen (Licht, Bodenformation) sind gemäßigt. Die Zeichnung ist detailreich und recht gekonnt (Luthers wehender Mantel, der wiederum an Hummels Formulierung erinnert).

34.3.5.

34.3.6.

34.3.7.

34.4.1. ANFANG DER REFORMATION/Luther läßt 95 Sätze gegen den Ablaß an die Schloßkirche zu Wittenberg anschlagen./den 31. Octbr. 1517
Bez. u. l.: W. Br. v. Löwenstern del. et exc.; u. r.: Küstner lith.; o. r.: No. IV. Unten Titel (s. o.)
Lithographie. Bildgr.: 25,7 x 33,4 cm (fett umrandet); Größe bis zur äußeren Umrandung: 26,8 x 34,5 cm (zwei dünne Umrandungslinien)
Die Komposition geht auf die Geißlersche, bei Fr. Campe in Nürnberg um 1825 erschienene Radierung zurück (vgl. Kat.-Nr. 33.2.). Die drei wichtigsten Figurengruppen werden übernommen: Luther (hier eindeutig als Mönch), im Gespräch mit einem anderen Mönch, und die beiden Figurengruppen vor dem Portal (links der feiste Mönch). Weitere Figuren werden eingeführt, die die Aufgabe haben, das Geschehen zu verlebendigen und die Kompositionsteile zu verbinden: Herbeieilende, Rufende usw. Die Komposition ist detailreicher, erzählerischer (moritatenhafter). Die in die Tiefe führende Straße fehlt.
KK Coburg Neg.-Nr. 12735

34.4.2. ANFANG DER REFORMATION./Luther läßt 95 Sätze gegen den Ablaß an die Schloßkirche zu Wittenberg/anschlagen./d. 31. Oct. 1517.
Bez. u. l.: W. Br. v. Löwenstern del. et exud.; u. r.: C. Faulhaber lith.; o. r.: No. IV. Unten Titel (s. o.)
Lithographie. Bildgr.: 25,7 x 33,5 cm (mit drei eng nebeneinander gesetzten Linien umrandet); Größe bis zur äußeren Umrandung: 26,8 x 34,6 cm (zwei dünne Umrandungslinien)
Die Komposition folgt der vorigen; sie führt vor dem Portal weitere Figuren ein (der kleine Mann wird weggelassen), so daß, auch durch stärkere Durchzeichnung der Figuren, das Geißlersche Vorbild noch mehr verschwindet. Der Vordergrundschatten wird nach links verlegt. Der Schatten unter den Deckplatten des Strebepfeilers wird größer. Der Mann, der die Thesen anschlägt, hier ohne Hosenträger. Der Vordere der Herbeilaufenden trägt anstatt eines Faßreifens eine Holzbank.
KK Coburg Neg.-Nr. 12732

34.4.3. ANFANG DER REFORMATION. Luther läßt 95 Sätze gegen den Ablaß an die Schloßkirche zu Wittenberg anschlagen./den 31. Oct. 1517.
Bez. u. r.: v. Löwenstern exc.; o. r.: No. IV. Unten Titel (s. o.)
Lithographie. Bildgr.: 24,6 x 33,2 cm (dünn umrandet); Größe bis zur äußeren Umrandung: 25,7 x 34,4 cm (zwei dünne Umrandungslinien)
Neue Komposition, die die Blickrichtung ändert. Luther mit dem zweiten Mönch stehen hier links von der Mitte, das Portal ist nach rechts gerückt. Alle Figurengruppen sind verändert. Zur Luthergruppe ist ein Herr mit Federbarett hinzugetreten. Rechts und links kommen einfachere und vornehmere Personen heran. Die Bühne ist enger geworden, der Bildausschnitt kleiner. Einige Staffagefiguren sind von der Lithographie Kat.-Nr. 51 (oder einer Kopie davon) übernommen: die Frau links mit dem Kind auf dem Arm und die Familie rechts.
KK Coburg Neg.-Nr. 12734

34.4.4. ANFANG DER REFORMATION./Luther läßt 95. Sätze gegen den Ablaß an die Schloßkirche zu Wittenberg anschlagen./den 31. Oct. 1517.
Bez. u. r.: v. Löwenstern exc.; o. r.: No. IV. Unten Titel (s. o.)
Lithographie. Bildgr.: 24,6 x 33,2 cm (dünn umrandet); Größe bis zur äußeren Umrandung: 25,7 x 34,4 cm (zwei dünne Umrandungslinien)
Die Komposition entspricht der vorigen. Die Zeichnung ist heller und weicher, gleichzeitig präziser. Die Physiognomien sind z.T. unbestimmter.
KK Coburg Neg.-Nr. 12733

34.4.5. LUTHER/läßt 95 Sätze gegen den Ablaß an die Schloßkirche zu Wittenberg./anschlagen./den 31. Oct: 1517.
Bez. u. r.: v. Löwenstern ex.; o. r.: No. IV. Unten Titel (s. o.)
Lithographie. Bildgr.: 25,2 x 34 cm (dünn umrandet); Größe bis zur äußeren Umran-

34.4.1.

34.4.2.

dung: 26,5 x 35,3 cm (zwei dünne Umrandungslinien)
Neue Komposition: die Mittelpunktsgruppe bleibt relativ unverändert (unklar ist, ob mit dem rechten Mönch noch Luther gemeint ist), das übrige wird umgestaltet. Die rechte Vordergrundsgruppe wird aufgegeben. Im Portal stehen dafür Lesende. Der feiste Mönch wird wieder eingeführt usw. Die Kirchenfront läuft nicht mehr bildparallel, sondern wird schräggestellt. Links öffnet sich ein Blick auf eine Häuserzeile. Hier könnte das vom jungen Menzel gezeichnete Blatt, das auf den Typus 34.4.3.–4. zurückgeht, seinerseits die Veränderung angeregt haben (vgl. Kat.-Nr. 36.3.).

KK Coburg Neg.-Nr. 13795

34.4.3.

34.4.5.

34.5.1. LUTHER/verbrennt die päbstliche Bulle und das canonische Recht vor Wittenberg,/am 10ten Decbr. 1520.
Bez. u. l.: W. Br. v. Löwenstern excud.; u. r.: M. Kirn lith.; o. r.: No. X. Unten Titel (s. o.)
Lithographie. Bildgr.: 24,6 x 32,9 cm (dünn umrandet); Größe bis zur äußeren Umrandung: 25,8 x 34 cm (zwei dünne Umrandungslinien)
Die Lithographie wiederholt den Kupferstich L. Buchhorns nach F. L. Catel (Kat.-Nr. 20). Die Kopie zeigt alle Schwächen Kirns: gedrungene Körperproportionen, zu große Köpfe usw. Wie im Vorbild wird die Kirchturmspitze vom oberen Bildrand überschnitten.
KK Coburg Neg.-Nr. 12754

34.5.2. LUTHER/verbrennt die päpstliche Bulle und das canonische Recht vor Wittenberg./am 10. Decemb. 1520.
Bez. u. r.: v. Löwenstern exc.; o. r.: No. V. Unten Titel (s. o.)
Lithographie. Bildgr.: 25,1 x 33,4 cm (dünn umrandet); Größe bis zur äußeren Umrandung: 26,3 x 34,5 cm (zwei dünne Umrandungslinien)
Die Kirchturmspitze endet unterhalb des oberen Randes. Die Zeichnung des Kirchturms sehr zart. Die Gliederung des Hausgiebels tritt deutlich hervor. Weiche, unbestimmte Zeichnung. Die Gruppe am rechten Rand nur schwach ausgedruckt. Plastische Rauchwolken. Auffallend stark hervortretende Steine im Vordergrund.
KK Coburg Neg.-Nr. 12755

34.5.3. LUTHER/verbrennt die päpstliche Bulle und das canonische Recht vor Wittenberg./am 10. Decemb. 1520.
Bez. u. r.: W. Br. v. Löwenstern ex.; o. r.: No. V. Unten Titel (s. o.)
Lithographie. Bildgr.: 25,8 x 33,8 cm (dünn umrandet); Größe bis zur äußeren Umrandung: 27 x 35 cm (zwei dünne Umrandungslinien)
Luther blickt wie im Vorbild empor. Die Durchzeichnung ist recht differenziert. Die unter dem oberen Bildrand endende Kirchturmspitze sowie der Hausgiebel nur zart angedeutet. Rauchwolken kleinteiliger.
KK Coburg Neg.-Nr. 12756

34.5.4. LUTHER/verbrennt die päpstliche Bulle und das canonische Recht vor Wittenberg,/am 10. December 1520.
Bez. u. r.: v. Löwenstern exc.; o. r.: No. X. (offenbar aus einer V in eine X verändert). Unten Titel (s. o.)
Lithographie. Bildgr.: 25,3 x 33,1 cm (dünn umrandet); Größe bis zur äußeren Umrandung: 26,4 x 34,2 cm (zwei dünne Umrandungslinien)
Weiche, kontrastarme Zeichnung. Deutliches Hervortreten des relativ niedrigen Kirchturms. Windfahne auf der Kirchturmspitze. Wolkenbildung schwach angedeutet.
KK Coburg Neg.-Nr. 12757

34.5.5. LUTHER/verbrennt die päpstliche Bulle und das canonische Recht vor Wittenberg,/am 10. December 1520.
Bez. u. r.: v. Löwenstern ex.; o. r.: No. V. Unten Titel (s. o.)
Lithographie. Bildgr.: 25,8 x 33,5 cm (ohne Umrandungslinie); Größe bis zur äußeren Umrandung: 27 x 34,8 cm (zwei dünne Umrandungslinien)
Im Unterschied zu den anderen Varianten sehr dunkle Rauchwolken. Relativ kontrastreiche, waagerechte dunkle Wolkenfelder (Dr. Irmscher). Der Kirchturm endet unterhalb des oberen Bildrandes.
KK Coburg Neg.-Nr. 12758

34.5.6. LUTHER/verbrennt die päpstliche Bulle und das canonische Recht vor Wittenberg./am 10. Decemb. 1520.
Bez. u. r.: v. Löwenstern ex.; o. r.: No. V. Unten Titel (s. o.)
Lithographie. Bildgr.: 25,8 x 33,5 cm (dünn umrandet); Größe bis zum äußeren Rand: 27 x 34,8 cm (zwei dünne Umrandungslinien)
Einziges sicheres Unterscheidungsmerkmal ein senkrecht nach oben führender, etwas gebogener Ast am Bildrand links oben (Dr. Irmscher).
KK Coburg Neg.-Nr. 12759

Es ist bezeichnend, doch nicht überraschend, daß die Varianten der Darstellung der Verbrennung der Bannbulle im einzelnen verhältnismäßig wenig voneinander abweichen: das Catelsche Vorbild war offenbar in den Augen v. Löwensterns ohne Korrekturen, insbesondere Zusätze, annehmbar. Im Vergleich mit dem Catelschen Blatt werden die unterschiedlichen technischen Fertigkeiten und reproduzierenden Fähigkeiten der Lithographen ablesbar.

34.5.1.

34.5.5.

34.6.1. LUTHERS/Einzug in Worms zum Reichstag/1521.

Bez. u. l.: W. Br. v. Löwenstern exc.; u. r.: M. Kirn lith.; o. r.: No. V. Unten Titel (s. o.) Lithographie. Bildgr.: 25,3 x 33,6 cm (fett umrandet); Größe bis zur äußeren Umrandung: 26,3 x 34,7 cm (zwei dünne Umrandungslinien)

Das Blatt ist, abgesehen von Kirnschen Eigenheiten (Großköpfigkeit, vereinfachende Zeichnung), durch folgendes erkennbar: ein Hündchen im Vordergrund, die Rüschenhaube der jungen Frau im Vordergrund links, einen in die Tiefe laufenden Knaben in der Mitte links von der Knabengruppe, den erhobenen linken Arm des Mannes in der zweiten Reihe links, einen hellen Baumast vor dem vordersten, auf dem Baum sitzenden Jungen, Federn am Hut des linken Reiters und die Menschenmenge auf der anderen Straßenseite, außerdem durch einige Details der Bauten. Wolkenbahnen verlaufen von rechts oben nach links unten.

Die Komposition geht auf P. C. Geißlers Campesche Folge (um 1825) zurück (33.4.). Kirn hat die relativ volkreiche, aber trockene Komposition zu verlebendigen versucht. Man vergleiche die Gruppe am bzw. auf dem Baum links. Die Kopfhaltung des Reiters am rechten Rand übertrug Kirn auf den hinter dem Wagen Reitenden. Die Wageninsassen reduzierte er auf zwei. Kirn ist volkstümlicher, Geißler allgemeinbürgerlich.

KK Coburg Neg.-Nr. 12752

34.6.2. LUTHERS/Einzug in Worms zum Reichstag./1521.

Bez. u. r.: v. Löwenstern exc.; o. r.: No. VI. Unten Titel (s. o.)

Lithographie. Bildgr.: 25 x 33,3 cm (dünn umrandet); Größe bis zur äußeren Umrahmung: 26,1 x 34,3 cm (zwei dünne Umrandungslinien)

Die im vorigen Blatt aufgezählten Besonderheiten fehlen hier. Dafür ist der Hut des hinter Luthers Wagen Reitenden mit Federn geschmückt. Die Komposition ist durch das Weglassen der etwas unbändigen Details Kirns übersichtlicher geworden, die Zeichnung differenzierter. Mittel- und Hintergrund sind stärker zurückgedrückt: graue

Schraffierung, Vermeidung von Details. Die Volksmenge rechts z.B. ist nur noch schemenhaft angedeutet. Die Wolkenbahnen verlaufen von rechts unten nach oben links. Der starke schematische Schlagschatten im Vordergrund des vorhergehenden Blattes ist weggefallen, dafür gibt es Körperschatten. Die Komposition stellt eine Verbesserung dar und ist bestimmt später als 34.6.1. entstanden.

KK Coburg Neg.-Nr. 12751

34.6.3. LUTHERS/Einzug in Worms zum Reichstag./1521

Bez. u. r.: v. Löwenstern exc.; o. r.: No. VI. Unten Titel (s. o.)

Lithographie. Bildgr.: 25,5 x 33,5 cm (dünn umrandet); Größe bis zur äußeren Umrandung: 26,5 x 34,5 cm (zwei dünne Umrandungslinien)

Die Komposition entspricht weitgehend der vorigen. Luther und sein Begleiter tragen anstatt der Dreispitze historische Kappen. Der Himmel ist wolkenlos (Dr. Irmscher).

KK Coburg Neg.-Nr. 12753

34.6.4. LUTHERS/Einzug in Worms zum Reichstag./1521.

Bez. u. r.: v. Löwenstern exc.; o. r.: No. VI. Unten Titel (s. o.)

Lithographie. Bildgr.: 25,45 x 33,3 cm; Größe bis zur äußeren Umrandung: 26,85 x 34,7 cm (zwei ziemlich weit auseinanderstehende dünne Umrandungslinien)

Weitgehend veränderte Komposition. Die Szenerie wird biedermeierlich. Der Vorgang wird vor die Stadt verlegt: man sieht im Mittelgrund Stadtmauer und -tor, wohin ein ungepflasterter Landweg führt. Im Wagen sitzt Luther mit zwei Geistlichen und einem weltlichen Begleiter; an der Spitze des Zugs der Reichsherold. Die Zuschauergruppe links ist an den Rand gedrückt, der bizarre Baum fehlt. Die zeigende Frau im Vordergrund entspricht derjenigen im Thesenanschlag links (34.4.3. und 34.4.4. Auch dort lag eine neue Komposition des Themas vor). Auf der anderen Straßenseite sieht man wieder Zuschauer, ebenfalls in den Fenstern des nähergerückten Vorstadthauses. Die Schornsteine rauchen.

KK Coburg Neg.-Nr. 13791

34.6.1.

34.6.2.

34.6.3.

34.6.4.

34.7.1. LUTHER/auf dem Reichstag zu Worms./1521.

Bez. u. r.: . . . Löwenstern ex . . . (starke Abreibung); o. r.: No. VIII. Unten Titel (s. o.)

Lithographie. Bildgr.: 24,4 x 33 cm (dünn umrandet); Größe bis zur äußeren Umrandung: 25,4 x 34,1 cm (zwei dünne Umrandungslinien)

Obwohl Luther in den Varianten des vorhergehenden Blattes als evangelischer Pastor oder Mann des 18. Jahrhunderts in Worms eingefahren war, erscheint er hier historisch richtig als Mönch. In diesem Punkt und einigen weiteren erfolgt eine Revision des Vorbildes: P. C. Geißlers Blatt der Campeschen Folge um 1825 (33.5.). Die Grundkonzeption dieses Blattes ist übernommen mit Einschluß der Geißlerschen Repoussoirfiguren links und rechts (der rechts Stehende wird halb nach vorn gedreht). Die neben diesem sich befindende Säule fällt weg, auch ihr Pendant. Der Raum ist größer, die Szene volkreicher geworden. Karl V. sitzt da ohne Reichsinsignien, mit einem Federhut. Das Blatt unterscheidet sich von den folgenden Varianten u.a. durch einen aus dem Bild Herausblickenden (rechts vom barhäuptigen geistlichen Kurfürsten) und durch die sechsköpfige Gruppe hinten links, außerdem dadurch, daß die Wandpilaster ohne Binnenzeichnung sind. Mit dem folgenden Blatt verbindet es die Schrägstellung des Raums: die Rückwand verläuft nicht bildparallel.

KK Coburg Neg.-Nr. 12789

34.7.1.

34.7.2. LUTHER/auf dem Reichstag zu Worms/1521.

Bez. u. l.: Baron v. Löwenstern exc.; u. r.: G. M. Kirn del. et lith.; o. r.: No. VI. Unten Titel (s. o.)

Lithographie. Bildgr.: 25 x 33,3 cm (ohne Umrandungslinie wie 34.5.5. und 34.11.); Größe bis zur äußeren Umrandung: 26,1 x 34,3 cm (zwei dünne Umrandungslinien)

Die Komposition entspricht weitgehend der vorigen. Die Gruppe links hinten ist auf vier Personen reduziert. Die Anzahl der Figuren im Hintergrund rechts ist ebenfalls verrin-

34.7.4.

gert, die Gebärden und Mienen der Personen sind relativ nichtssagend. Der beim vorigen Blatt erwähnte Herausblickende fehlt. Die Wandpilaster sind zart marmoriert.
KK Coburg Neg.-Nr. 12786

34.7.3. LUTHER/auf dem Reichstag zu Worms/1521.
Bez. u. r.: v. Löwensten (!) exc.; o. r.: No. VII. Unten Titel (s. o.)
Lithographie. Bildgr.: 25,2 x 33,5 cm (dünn umrandet); Größe bis zur äußeren Umrandung: 26,4 x 34,6 cm (zwei dünne Umrandungslinien)
Die Komposition entspricht weitgehend der vorigen. Die Rückwand verläuft bildparallel. Damit fallen größere Überschneidungen bei den Fenstern weg. Die Wandpilaster sind deutlich marmoriert. Der Fußboden ist gequadert. Links und rechts hinter den Repoussoirfiguren bleibt relativ viel Platz. Die Bogenfelder der Fenster erhalten ein einfaches Maßwerk.
KK Coburg Neg.-Nr. 12788

34.7.4. LUTHER/auf dem Reichstag zu Worms/1521.
Bez. u. r.: v. Löwenstern exc.; o. r.: No. VII. Unten Titel (s. o.)
Lithographie. Bildgr.: 25,7 x 33,2 cm (dünn umrandet); Größe bis zur äußeren Umrandung: 26,7 x 34,2 cm (zwei dünne Umrandungslinien)
Die Komposition folgt der vorigen, ist aber besser gezeichnet und im einzelnen verändert. Das um den Mitteltisch versammelte Kurfürstenkollegium hat die Siebenzahl erreicht. Die Komposition ist geschlossener, Luther scheint die berühmten Worte: „Hier stehe ich . . .“ zu sprechen. Die Versammelten, auch Kaiser Karl V., reagieren mit Blick und Gestik. Der Sitzende vorn links ist nicht mehr so stark verzeichnet. Der Pikenträger rechts blickt aus dem Bild heraus. Die Fenster- und Türbögen sind spitzbogig. Das Maßwerk in den Fenstern ist reicher geworden. Die Tonwerte der Architekturglieder sind einander angeglichen, die Quaderteilung des Fußbodens ist kaum noch sichtbar.
KK Coburg Neg.-Nr. 12787

34.7.5. LUTHER/auf dem Reichstag zu Worms./1521.
Bez. u. r.: v. Löwenstern exc.; o. r.: No. VII. Unten Titel (s. o.)
Lithographie. Bildgr.: 25,6 x 33,5 cm (dünn umrandet); Größe bis zur äußeren Umrandung: 26,9 x 34,9 cm (zwei dünne Umrandungslinien)
Völlig veränderte Komposition, sozusagen um 90° nach links gedreht: Kaiser Karl V. thront in der Mitte hinten, links und rechts von ihm symmetrische Anordnung der übrigen Personen. Im Freiraum der Mitte Luther und der Offizial des Erzbischofs von Trier (?). Der Kurfürst rechts vorn sitzt auf einem Stuhl, der als „Leitmotiv“ in einigen der folgenden Kompositionen wiederbegegnen wird.
Diese neue Komposition im Löwensternschen Kanon geht auf eine Komposition Peter Wilhelm Apps zurück, die 1829 entstanden ist (Kat.-Nr. 54).
KK Coburg Neg.-Nr. 13792

34.8.1. LUTHERN/zerspringt zu Worms an der Tafel Richards/von Trier ein Glas mit Gift. 1521.
Bez. u. r.: v. Löwenstern ex.; o. r.: No. VII. Unten Titel (s. o.)
Lithographie. Bildgr.: 25,2 x 33,2 cm (dünn umrandet); Größe bis zur äußeren Umrandung: 26,4 x 34,4 cm (zwei dünne Umrandungslinien)
Der Fußboden ist nicht quadriert; Wappenkartusche links ohne Wappen. Die Strichlagen des Fußbodens z. T. charakteristisch gebogen. Die Kante zwischen Boden und aufsteigendem Mauerwerk ist nicht kenntlich.
KK Coburg Neg.-Nr. 12765

34.8.2. LUTHERN/zerspringt zu Worms an der Tafel Richards/von Trier ein Glas mit Gift. 1521.
Bez. u. r.: v. Löwenstern exc.; o. r.: No. VIII. Unten Titel (s. o.)
Lithographie. Bildgr.: 25,2 x 33,2 cm (dünn umrandet); Größe bis zur äußeren Umrandung: 26,2 x 34,3 cm (zwei dünne Umrandungslinien)
Die Komposition entspricht der vorigen. Im Unterschied dazu ist hier der Fußboden quadriert. Unter der Wappenkartusche links wird die Grenze zwischen Fußboden und Wand sichtbar.
KK Coburg Neg.-Nr. 12763

34.7.5.

34.8.2.

34.8.5.

34.8.5. LUTHERN/zerspringt zu Worms an der Tafel Richards/von Trier ein Glas mit Gift. 1521.
Bez. u. r.: v. Löwenstern ex.; o. r.: No. VIII. Unten Titel (s. o.)
Lithographie. Bildgr.: 25,45 x 33,1 cm (dünn umrandet); Größe bis zur äußeren Umrandung: 26,7 x 33,4 cm (zwei dünne Umrandungslinien)
Völlig veränderte Komposition, doch mit den Bestandteilen der vorhergehenden Varianten. Man sieht schräg in den Raum hinein. Der Erzbischof sitzt nun an der Stirnseite des Tisches. Die Nischenfiguren werden deutlich als Plastiken gekennzeichnet usw. Hier begegnen erneut die charakteristischen Stühle mit säulenartigen Beinen und leicht gebogener Lehne mit wulstartigem Abschluß.

KK Coburg Neg.-Nr. 13798

34.8.3. LUTHERN/zerspringt zu Worms an der Tafel Richards/von Trier ein Glas mit Gift. 1521
Bez. u. r.: Löwenstern ex.; o. r.: No. VII. Unten Titel (s. o.)
Lithographie. Bildgr.: 25,5 x 33,1 cm (dünn umrandet); Größe bis zur äußeren Umrandung: 26,7 x 34,2 cm (zwei dünne Umrandungslinien)
Engere Fußbodenquadrierung. Die Steinplatten zeigen Altersspuren. Die Wappenkartusche unter dem Fenster trägt ein Wappen. Das Fenster ist stärker angeschnitten. Die Säule rechts ohne plinthenartigen Sockel. Die Haltung der Ritter in den Wandnischen ist gegenüber den beiden vorigen Varianten verändert, ebenso die Wappen darüber und die Verteilung des Tafelgeräts.

KK Coburg Neg.-Nr. 12764

34.8.4. (Luthern zerspringt zu Worms an der Tafel Richards von Trier ein Glas mit Gift, 1521)
Die mit M. Kirn bez. Lithographie befindet sich im Heimatmuseum Langenau, Kreis Ulm.
Die Komposition entspricht der vorigen. Abweichend davon z.B. die Rüschenhaube einer Dame an der hinteren Tischseite, die Kette des Kurfürsten, die klaren Fensterscheiben.
Abb. in: Martin Scharfe, Evangelische Andachtsbilder. Studien zur Intention und Funktion der Bilder in der Frömmigkeitsgeschichte vornehmlich des schwäbischen Raumes, Stuttgart, 1968, Tafel XLVIII, Abb. 93. — Vgl. zum Thema H. Gruppe, Nr. 30.

34.9.1. Siegst du Hölle!/waren die Worte LUTHERS bei seiner Entführung/auf die Wartburg, 1521.
Bez. u. l.: W. Br. v. Löwenstern del: et excud:; u. r.: Ch. Faulhaber lith. Unten Titel (s. o.). Am unteren Blattrand Prägestempel: Ligatur aus B und L in hochgestelltem Oval (wohl: Baron Löwenstern)
Lithographie. Bildgr.: 25,8 x 34 cm (dünn umrandet); Größe bis zur äußeren Umrandung: 27 x 35,1 cm (zwei dünne Umrandungslinien)
Die Komposition geht auf die Radierung von P. C. Geißler zurück (um 1825), vgl. Kat.-Nr. 33.6., die ihrerseits auf derjenigen von J. D. Schubert von 1794 basiert (Kat.-Nrn. 11.4. und 11.10.). Die Darstellung wird popularisiert. Luther ballt, synchron zum Bildtext, die Fäuste! In der Ferne links wird die Wartburg sichtbar. Der Wegeilende wird nach rechts in den Wald versetzt und in einen Wanderer mit Stab verwandelt.
KK Coburg Neg.-Nr. 12766

34.9.1.

34.9.2. Siegst du Hölle!/waren die Worte LUTHERS bei seiner Entführung/auf die Wartburg
Bez. u. l.: W. Br. v. Löwenstern exc.; u. r.: G. Küstner lith. Falls o. r. Blattnummer vorhanden war, ist sie abgeschnitten worden. Unten Titel (s. o.)
Lithographie. Bildgr.: 25,6 x 33,4 cm (fett umrandet: drei Linien); Größe bis zur äußeren Umrandung: 26,6 x 34,4 cm (zwei dünne Umrandungslinien)
Die Komposition entspricht der vorigen. Weniger Zeichnung im Himmel. Der Baumschlag zeigt stärkere Hell-Dunkel-Kontraste. Der Waldweg mit dem Wanderer erscheint als helle Lichtung.
KK Coburg Neg.-Nr. 12770

34.9.3. Siegst du Hölle!/waren die Worte LUTHERS bei seiner Entführung/auf die Wartburg./1521.
Bez. u. r.: v. Löwenstern exc.; o. r.: No. IX. Unten Titel (s. o.)
Lithographie. Bildgr.: 24,7 x 32,7 cm (dünn umrandet); Größe bis zur äußeren Umrandung: 25,8 x 33,8 cm (zwei dünne Umrandungslinien)

34.9.3.

34.9.6.

Veränderte, doch noch immer von der Grundkomposition ausgehende Zeichnung, die insgesamt gekonnter ist. Man sieht den Wagen jetzt von schräg hinten, die beiden Insassen sitzen sich gegenüber, die drei Ritter auf der hinteren Seite des Wagens sind neu verteilt, wodurch sich eine bessere räumliche Gliederung ergibt. Die Neigung des Baumes nun nach links. Der bei den vorhergehenden Varianten rechts in die Tiefe führende Weg ist mitsamt dem Wanderer weggelassen worden.

KK Coburg Neg.-Nr. 12771

34.9.4. wie 34.9.3.

Der einzige Unterschied zur vorigen Variante besteht darin, daß die Blattnummer o. r. nachträglich aus einer IX in eine IIX (8) verändert worden ist.

KK Coburg Neg.-Nr. 12769

34.9.5. LUTHERS/Entführung auf die Wartburg./1521.

Bez. u. r.: v. Löwenstern excud.; o. r.: Nro. IX. (so auch bei 34.3.5.). Unten Titel (s. o.)

Lithographie. Bildgr.: 25,5 x 33,5 cm (dünn umrandet); Größe bis zur äußeren Umrandung: 26,5 x 34,5 cm (zwei dünne Umrandungslinien)

Die Komposition entspricht weitgehend den beiden vorigen Varianten. Der linke Ritter (mit vorgehaltenem Schwert) ist etwas mehr zur Bildmitte gerückt, so daß der Schweif des Pferdes kaum noch vom Bildrand überschnitten wird (das Geschirr ist verändert) und sich die Zeichnung des linken Zugpferds ändert. Der Baumast hat noch weniger Blätter. Stärkere Helligkeitskontraste.

KK Coburg Neg.-Nr. 12767

34.9.6. LUTHERS/Entführung auf die Wartburg./1521.

Bez. u. r.: v. Löwenstern excud.; o. r.: Nro. IX. Unten Titel (s. o.)

Lithographie. Bildgr.: 25,4 x 33,6 cm (dünn umrandet); Größe bis zum äußeren Rand: 25,4 x 33,6 cm (zwei dünne Umrandungslinien)

Völlig veränderte Komposition. Der Weg führt nicht mehr von rechts, sondern von links ins Bild. Der große Baum wird auf die linke Seite versetzt. Am linken Bildrand ein Davoneilender. Im Hintergrund schemenhaft die Wartburg.

KK Coburg Neg.-Nr. 13790

34.10.1. LUTHER/auf der Wartburg/ nach dem Original-Wachsabguß in der Marienbibliothek in Erfurth.
Bez. u. r.: v. Löwenstern exc.; o. r.: No. X. Unten Titel (s. o.)
Lithographie. Bildgr.: 25,3 x 33,4 cm (dünn umrandet); Größe bis zur äußeren Umrandung: 26,3 x 34,3 cm (zwei dünne Umrandungslinien)
Luther im Talar mit Doktorhut. Die Szene ist ähnlich im frühen Campe-Blatt dargestellt (vgl. Kat.-Nr. 26.7.).
KK Coburg Neg.-Nr. 12785

34.10.2. LUTHER/auf der Wartburg./ 1522.
Bez. u. r.: v. Löwenstern exc.; o. r.: No.: X. Unten Titel (s. o.)
Lithographie. Bildgr.: 25,2 x 33 cm (dünn umrandet); Größe bis zur äußeren Umrandung: 26,3 x 34,2 cm (zwei dünne Umrandungslinien)
Luther barhäuptig und mit Bart als Junker Jörg. An der rechten Wand hängen Schwert und Gürtel. Alles übrige entspricht dem vorigen Blatt, abgesehen von kleinen Änderungen wie der Anbringung von Ornamenten auf den Buchdeckeln.
KK Coburg Neg.-Nr. 12783

34.10.3. LUTHER/auf der Wartburg./ 1522
Bez. u. r.: v. Löwenstern exc.; o. r.: No X. Unten Titel (s. o.)
Lithographie. Bildgr.: 25,4 x 33,7 cm (dünn umrandet); Größe bis zur äußeren Umrandung: 26,7 x 35 cm (zwei dünne Umrandungslinien)
Die Komposition der vorhergehenden Blätter ist zwar in ihren Grundzügen erhalten, doch erweitert. Der Hauptunterschied besteht darin, daß diese Szene nachts spielt: Auf dem Tisch eine brennende Kerze, am Himmel, durch einen geöffneten Fensterflügel sichtbar, der Mond. Luthers Stuhl (und ein Hocker) mit Säulenfüßen; der Tisch ist rechteckig mit altertümlichen Seitenwangen; auf dem Tisch ein schräges Schreibpult. Hinter Luther hängt an der Wand ein Saiteninstrument, vor ihm ein großes Bücherregal, an dessen vordere Sei-

34.10.1.

34.10.2.

tenwange Schwert und Gürtel gehängt sind. Darunter steht ein Tisch mit einem Hocker; links vom Fenster ist ein Gemälde aufgehängt. Es wird versucht, aus der vorstellbaren Situation Luthers heraus die Szene spezifischer zu machen. Symptom: die Tür ist hier aus Bohlen zusammengefügt und mit Beschlägen versehen.

KK Coburg Neg.-Nr. 12784

34.10.3.

34.11. LUTHER/auf der Wartburg./1522

Bez. u. l.: W. Baron v. Löwenstern exc.; u. r.: M. Kirn del. et lith.; o. r.: No. IX. Unten Titel (s. o.)

Lithographie. Bildgr.: 24,5 x 32,7 cm (nicht umrandet wie 34.4.5. und 34.7.2.); Größe bis zur äußeren Umrandung: 25,5 x 33,6 cm (zwei dünne Umrandungslinien)

Das einzige Blatt der Löwenstern-Folge, das bisher nur in einer Ausführung bekannt ist. Auch hier ist eine Nachtszene dargestellt, eine sehr romantische dazu: Luther am Fenster musizierend. Vgl. zum Thema H. Gruppe, Nr. 32.

KK Coburg Neg.-Nr. 12737

34.11.

34.12.1 LUTHER/als Familienvater
Bez. u. r.: v. Löwenstern exc.; o. r.: Nro. XI. Unten Titel (s. o.)
Lithographie. Bildgr.: 25,2 x 33,2 cm (dünn umrandet); Größe bis zur äußeren Umrandung: 26,1 x 34,1 cm (zwei dünne Umrandungslinien)
Die Komposition geht auf das entsprechende Blatt der Campeschen Folge von P. C. Geißler (um 1825) zurück (Kat.-Nr. 33.7.). Der Innenraum ist fast wortgetreu übertragen, die Figurengruppe verändert: die beiden Töchter Luthers stehen jetzt vor ihm, der älteste Sohn mit einem Saiteninstrument als Rückenfigur an deren Stelle. Der Hund fehlt. Auch die Kleidung, insbesondere Frau Luthers und ihrer Töchter, ist verändert worden. Vor der linken Wand steht ein Sessel. Die Überschrift auf dem Notenblatt lautet: (Ein feste Burg ist) unser Gott. – Abb. und Beschreibung des heutigen Zustandes der „Lutherstube" in: Fritz Bellmann, Marie-Luise Harksen und Roland Werner, Die Denkmale der Lutherstadt Wittenberg, Weimar 1979, S. 44 ff., Abb. 12.

KK Coburg Neg.-Nr. 12761

34.12.2. LUTHER/als Familienvater
Bez. u. r.: v. Löwenstern exc.; o. r.: No. XI. Unten Titel (s. o.)
Lithographie. Bildgr.: 25,4 x 33,1 cm (dünn umrandet); Größe bis zur äußeren Umrandung: 26,5 x 34,2 cm (zwei dünne Umrandungslinien)
Die Komposition entspricht weitgehend der vorigen. Einzelheiten sind verändert: der Pelzbesatz am Rock Frau Luthers ist weggelassen, ein ovales Schild im oberen Türfeld mit griechischer Inschrift hinzugefügt; die Darstellung einer Kachel im Sockel des Ofenaufsatzes ist verändert (Auferstehung Christi?). Die Überschrift auf dem Notenblatt lautet: (Ein feste Bur)g ist unser Gott.

KK Coburg Neg.-Nr. 12760

34.12.3. LUTHER/als Familienvater
Bez. u. r.: v. Löwenstern exc.; o. r.: Nro. XI. Unten Titel (s. o.)
Lithographie. Bildgr.: 25,3 x 33,2 cm (dünn umrandet); Größe bis zur äußeren Umran-

34.12.1. ▲

34.12.3. ▼

dung: 26,4 x 34,3 cm (zwei dünne Umrandungslinien)
Die Komposition ist die gleiche wie bei den beiden vorigen. Die Fußbodendielen sind schmaler. Auf die Fensterlaibung fällt der Schatten der Butzenscheiben. Der Rock Frau Luthers hat wieder einen Pelzbesatz. Auch hier das ovale Türschild und die mehrfigurige Szene beim Kachelofen. Die Überschrift auf dem Notenblatt lautet: (Ein feste) Burg ist unser Gott.
KK Coburg Neg.-Nr. 12762

34.13.1. LUTHER/errettet durch sein Gebet seinen/Freund Melanchthon vom Tode.
Bez. u. r.: v. Löwenstern excud.; o. r.: No. XII. Unten Titel (s. o.)
Lithographie. Bildgr.: 25,5 x 33,4 cm (dünn umrandet). Weiter außen zwei dünne Umrandungslinien
Zum Thema vgl. H. Gruppe, Nr. 62: „Luther betet Melanchthon gesund. 1540 liegt Melanchthon sterbend in Weimar; Luther betet inbrünstig zu Gott und Melanchthon wird gesund." — Luther faltet die Hände im Gebet. Die untere Reihe der muldenartigen Vertiefung des Ofens wird vom unteren Ofensims überschnitten. In den schmalen Feldern des Wandfrieses jeweils vier Baluster (z. T. nur halb), über der Tür sieben. Die Türlaibungen werden deutlich als solche charakterisiert. Die beiden stehenden Bücher werden jeweils durch zwei Schnallen geschlossen.
Sammlung Dr. Christa Pieske, Lübeck

34.13.2. LUTHER/errettet durch sein Gebet seinen/Freund Melanchthon vom Tode.
Bez. u. r.: v. Löwenstern exc.; o. r.: No. XII. Unten Titel (s. o.)
Lithographie. Bildgr.: 25,2 x 33,7 cm (dünn umrandet); Größe bis zur äußeren Umrandung: 26,3 x 34,8 cm (zwei dünne Umrandungslinien)
Die untere Reihe der muldenartigen Vertiefungen des Ofens ist voll sichtbar. In den schmalen Feldern des Wandfrieses jeweils drei Baluster, über der Tür sechs. Die beiden stehenden Bücher werden jeweils durch eine Schnalle geschlossen. Die Stuhlbeine sind schlicht, die von Bett und Tisch mit Wülsten versehen. Kleiner Mauerriß an der linken unteren Ecke der Wandnische.
KK Coburg Neg.-Nr. 12745

34.13.3. LUTHER/errettet durch sein Gebet seinen/Freund Melanchthon vom Tode.
Bez. u. r.: v. Löwenstern exc.; o. r.: No. XII. Unten Titel (s. o.)
Lithographie. Bildgr.: 25 x 33,3 cm (dünn umrandet); Größe bis zur äußeren Umrandung: 26 x 34,2 cm (zwei dünne Umrandungslinien)
Die Komposition ist nahezu identisch mit der vorigen. Hinzu kommt ein in die Tiefe führender Strich auf dem Fußboden, der die Bohlennaht andeuten soll. Darüber hinaus Unterschiede in der Zeichentechnik.
KK Coburg Neg.-Nr. 12744

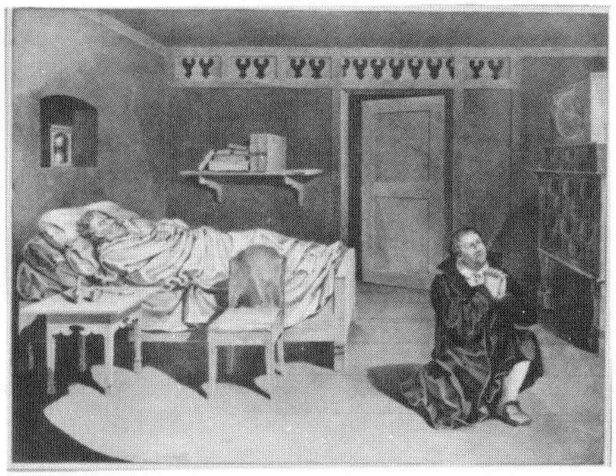
34.13.3.

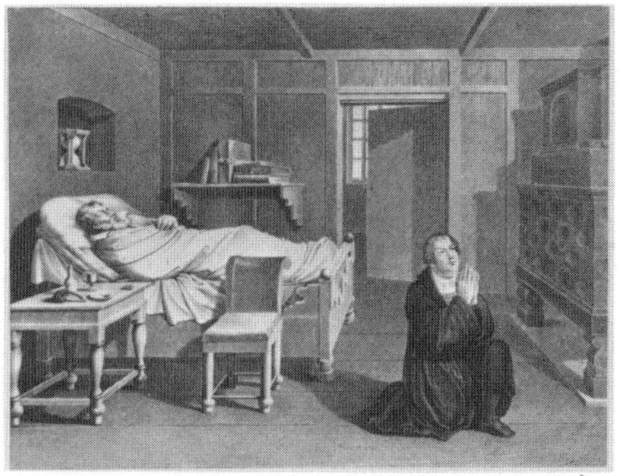
34.13.5.

34.13.4. LUTHER/errettet durch sein Gebet seinen Freund/Melanchthon vom Tode.
Bez. u. r.: von Löwenstern exc.; o. r.: No XII. Unten Titel (s. o.)
Lithographie. Bildgr.: 25,5 x 33,5 cm (dünn umrandet); Größe bis zur äußeren Umrandung: 26,8 x 34,8 cm (zwei dünne Umrandungslinien)
Die Komposition entspricht der vorigen, ist jedoch in Details verändert und reicher geworden. Luther legt die Hände beim Gebet aneinander. Bett und Stuhl haben die

charakteristischen Säulenbeine, der Tisch vergleichbare, jedoch geschwungene. Auf den Bettpfosten befinden sich Kugeln. Auf der Tischplatte stehen anstatt drei sechs Gegenstände, die Stützen des Bücherbords sind dreifach abgestuft, die Türfüllungen eingezeichnet, ein Türgriff ist angebracht, der Fries über der Tür durch ein Kreuzgitter verziert, der mittlere Ofenteil durch Rhomben geschmückt, der Ofen selbst auf geschwungene Balusterfüße gesetzt, die Dielenritzen sind unregelmäßig, den Dielen ist eine Holzmaserung gegeben. Kaum Schattenangaben.

KK Coburg Neg.-Nr. 12743

34.13.5. LUTHER/errettet durch sein Gebet seinen Freund/Melanchthon vom Tode.

Bez. u. r.: von Löwenstern exc.; o. r.: No. XII. Unten Titel (s. o.)

Lithographie. Bildgr.: 25,1 x 33,2 cm (dünn umrandet); Größe bis zur äußeren Umrandung: 26,4 x 34,5 cm (zwei dünne Umrandungslinien)

Ähnliche Komposition wie bei der vorigen Variante. Auch hier legt Luther die Hände beim Beten aneinander. Im übrigen zahlreiche Detailänderungen: Im hinteren Raum wird ein Fenster sichtbar, der Stuhl erhält nun auch in der Lehne seine charakteristische Form, das Bettgestell wird verziert, der Tisch größer, zwischen den Tisch- und Stuhlbeinen sind Stege angebracht. Die Ofenfüße werden gedrungener, der Ofen wird größer, er wird auf Bodenplatten gestellt, die Verzierungen des Aufsatzes werden fortgelassen oder verändert. Die Fußbodendielen laufen ohne Quergliederung durch. Die rückwärtige Wand besteht aus Holzbohlen, die Friesverzierungen sind weggefallen.

KK Coburg Neg.-Nr. 13793

34.14.1. LUTHER./auf dem Sterbebette./ zu Eisleben den 17. Febr./1546.

Bez. u. r.: Löwenstern ex.; o. r.: No. XII. (später mit Bleistift in XIII verändert). Unten Titel (s. o.)

Lithographie. Bildgr.: 24,9 x 33,7 cm (dünn umrandet); Größe bis zur äußeren Umrandung: 26 x 34,8 cm (zwei dünne Umrandungslinien)

Die Komposition steht am Anfang der Variantenreihe, weil sie in Details und wegen geringer zeichnerischer Qualität aus dem Rahmen fällt. Die Komposition geht auf die entsprechende in der von P. C. Geißler (um 1825) gezeichneten Campeschen Folge zurück (Kat.-Nr. 33.8.). Die linke Geißlersche Gruppe mit Tisch, Stehendem und Sitzender sowie das Bett mit dem sterbenden Luther sind relativ genau, das übrige, auch die Architektur, ist recht frei übernommen. Charakteristiken dieses Blattes sind eine herzförmige Verzierung in der Stuhllehne, die sehr enge Balusterfolge im Wandfries, die schematisch gezeichneten Halskrausen, die Diagonalkreuze in den Türfüllungen, geschwungene Verstrebungen der Tischbeine, im Auferstehungsbild die beiden Gestürzten im Vordergrund. Die Figur am rechten Bildrand stellt einen Mann dar, rechts (von der Figur aus gesehen) von ihm ein Glatzköpfiger. Querverlaufende Fußbodendielen.

KK Coburg Neg.-Nr. 12775

34.14.2. LUTHER./auf dem Sterbebette./ zu Eisleben den 17. Febr./1546.

Bez. u. r.: v. Löwenstern exc.; o. r.: No. XIII. Unten Titel (s. o.)

Lithographie. Bildgr.: 25,5 x 33,2 cm (dünn umrandet); Größe bis zur äußeren Umrandung: 26,5 x 34,2 cm (zwei dünne, eng nebeneinander gesetzte Umrandungslinien)

Die Komposition entspricht in großen Zügen der vorigen, die Zeichnung ist besser, die Charakterisierung der Personen lebendiger. Wie bei der vorigen Variante sind die Verstrebungen der Tischbeine geschwungen, ist die Tür quergeteilt, liegen vor dem offenen Grab Christi im Auferstehungsgemälde zwei Gestürzte. Die Stuhllehne nun ohne Herzmuster. Der Mann am rechten

34.14.2.

Rand ist in eine Frau verwandelt, der neben ihm Stehende in einen lockigen Jüngling. Die Friesgliederung ist weniger kleinteilig und nicht mehr aus der Balusterform entwickelt. Auf der Bibel links steht: Biblia (im Geißlerschen Blatt „Biblia sacra"). Der Fußboden ohne Dieleneinteilung (so nur hier). Das Blatt hat barocke Fülle.

KK Coburg Neg.-Nr. 12772

34.14.3 LUTHER/auf dem Sterbebett/ 1546.

Bez. u. r.: v. Löwenstern ex. (oder exc., unleserlich); o. r.: No. XIII. Unten Titel (s. o.)

Lithographie. Bildgr.: 25,4 x 33,3 cm (dünn umrandet); Größe bis zur äußeren Umrandung: 26,5 x 34,3 cm (zwei dünne Umrandungslinien)

Die Komposition entspricht weitgehend der vorigen. Auf der Bibel steht wieder „Biblia", darunter befinden sich einige nicht entzifferbare Zeichen. Fußbodendielen. Beim Wandfries fehlen die oberen Durchbrechungen. Die Bettpfosten sind ein wenig verändert, der Pfostenknauf läuft spitz zu. Die Tür ist nicht quergeteilt. Über und seitlich der Tür Altersspuren. Im Auferstehungsgemälde sind die Bewegungen der stürzenden Wächter verändert. Harte Licht- und Schattenkontraste. Die Bildunterschrift enthält nicht Sterbetag und -ort.

KK Coburg Neg.-Nr. 12773

34.14.4. LUTHER/auf dem Sterbebette zu Eisleben den 17. Febr./1546.
Bez. u. r.: v. Löwenstern ex.; o. r.: No. XIII. Unten Titel (s. o.)
Lithographie. Bildgr.: 25,7 x 33,5 cm (dünn umrandet); Größe bis zur äußeren Umrandungslinie: 27 x 34,8 cm (zwei dünne Umrandungslinien)
Einige Veränderungen, besonders im Kostüm der am Fußende des Bettes sitzenden Frau; es wirkt „altdeutscher". Das Kostüm des am Kopfende stehenden, mit Luther sprechenden Mannes ist am Saum mit zwei Streifen verziert; am Rücken nur zwei Einschnitte. Der Rücken der Bibel ist mit Ornamenten versehen, die Aufschrift „Biblia" fehlt, die Tischdecke ist weiter herabgezogen. Das Auferstehungsgemälde wie bei der vorigen Variante, der Wandfries entspricht etwa 34.14.2. Fußbodendielen. Der Pfostenknauf am Bett ist rund. Der am Tisch Stehende hat keinen Degen.

KK Coburg Neg.-Nr. 12776

34.14.4.

34.14.5. LUTHER/auf dem Sterbebette zu Eisleben den 17 Februar/1546.
Bez. u. r.: von Löwenstern exc:; o. r.: No. XIII. Unten Titel (s. o.)
Lithographie. Bildgr.: 25,2 x 33,3 cm (dünn umrandet); Größe bis zur äußeren Umrandung: 26,3 x 34,6 cm (zwei Umrandungslinien, von denen die innere etwas stärker ist)

Relativ stark veränderte Einzelheiten der Komposition. Charakteristische Stuhlform mit Säulenbeinen. Vor dem Tisch steht nun auch ein Stuhl. Die Tischdecke fällt bis auf den Boden herab. Die Bibel steht mit der Öffnung nach vorn, der Tischleuchter ist ganz sichtbar. Der am Tisch Stehende ohne Umhang. Die Tür ist an der rechten Seite angeschlagen, die Rückwand besteht aus Holzbohlen, die Friesornamentik hat sich erneut verändert, ebenso die Komposition des Auferstehungsbildes (Sarg mit Sargdeckel von vorn rechts nach hinten links im Bild verlaufend). Luther liegt auf dem Rücken. Der mit Luther Sprechende im Halbprofil.

KK Coburg Neg.-Nr. 12774

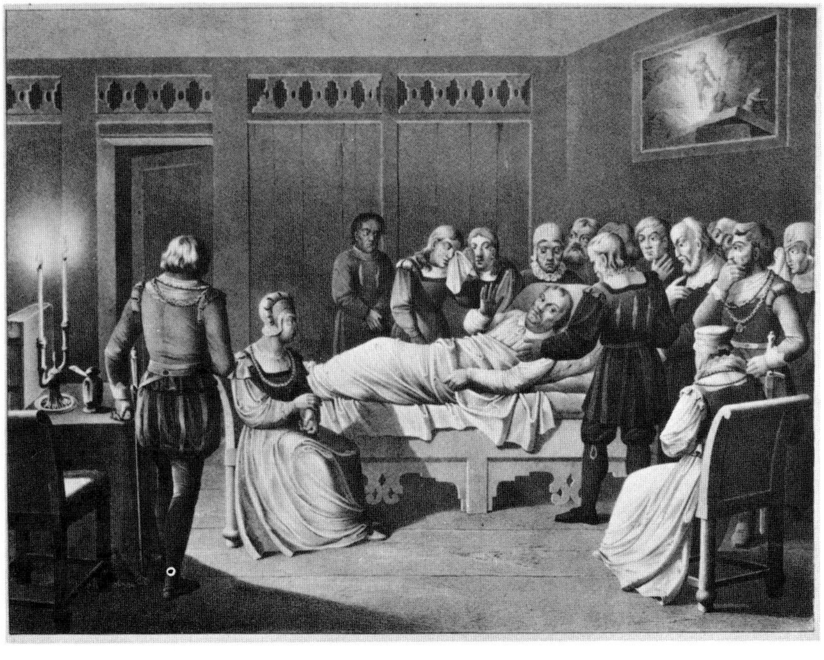

34.14.5.

34.15.1. LUTHERS/Leichenbegängniß von Eisleben nach Wittenberg./den 24. Febr. 1546.
Bez. u. r.: v. Löwenstern exc.; o. r.: No. XIV. Unten Titel (s. o.)
Lithographie. Bildgr.: 25,5 x 33,5 cm (dünn umrandet); Größe bis zur äußeren Umrandung: 26,5 x 34,6 cm (zwei dünne Umrandungslinien)
Charakteristisch für diese Variante: der bewölkte Himmel. Im Mittelgrund rechts ein nach links geneigter kahler Baum. Im Hintergrund links drei dünne Baumstämme, nach rechts folgend Weidenstümpfe, Buschwerk. Das Gelände steigt nach rechts an. Das Ende der unübersehbaren Menge des Trauergefolges verschwindet in einem Bodeneinschnitt.
KK Coburg Neg.-Nr. 12731

34.15.2. LUTHERS/Leichenbegängniß von Eisleben nach Wittenberg. den 24. Febr. 1546.
Bez. u. r.: v. Löwenstern exc.; o. r.: No. XIV. Unten Titel (s. o.)
Lithographie. Bildgr.: 24,9 x 33 cm (dünn umrandet); Größe bis zur äußeren Umrandung: 26,1 x 34,1 cm (zwei dünne Umrandungslinien)
Die Komposition entspricht in allen Einzelheiten der vorigen, ist aber neu gezeichnet. Der Himmel ist wolkenlos.
KK Coburg Neg.-Nr. 12729

34.15.3. LUTHERS/Leichenbegängniß von Eisleben nach Wittenberg./den 24 Febr. 1546.
Bez. u. r.: v. Löwenstern exc.; o. r.: No. XIV. Unten Titel (s. o.)
Lithographie. Bildgr.: 25,5 x 33,6 cm (dünn umrandet); Größe bis zur äußeren Umrandung: 26,7 x 34,7 cm (zwei dünne Umrandungslinien)
Die Komposition folgt den vorhergehenden Varianten; im einzelnen aber Änderungen. Bei der ersten Reitergruppe wendet nicht das mittlere, sondern das hintere Pferd den Kopf. Die anschließende Reitergruppe ist stark verändert, und zwar mit der Absicht, den kurvigen Verlauf des Reiterzuges zu verdeutlichen. Vom letzten Reiterglied an nur noch geringfügige Veränderungen im

34.15.2.

34.15.3.

Zug. Die Landschaft ist anders gestaltet, sie fällt nach rechts ab. Der Trauerzug bleibt bis zum Horizont sichtbar. Der Baum im Mittelgrund rechts ist weggefallen; links zwei dünne Bäume als Gruppe, rechts in der Tiefe ein weiteres Bäumchen, das in einem schwachen Druck fehlen kann.

KK Coburg Neg.-Nrn. 12728 u. 12730

34.15.4. LUTHERS/Leichenbegängniß von Eisleben nach Wittenberg/den 24 Febr. 1546

Bez. u. r.: Baron v. Löwenstern exc.; o. r.: No. XIV. Unten Titel (s. o.)

Lithographie. Bildgr.: 25 x 33,6 cm (dünn umrandet); Größe bis zur äußeren Umrandung: 26,2 x 35 cm (zwei dünne Umrandungslinien)

Stark veränderte Details bei beibehaltener Gesamtkomposition. Das Felsmassiv vorn links ist weggelassen. Unmittelbar am linken Bildrand im Vordergrund ein Baumstamm. Verminderung der Personenzahl. Die Pferde des ersten Gliedes schauen alle nach vorn. Die folgenden Reiter mit Pickelhelmen. Der Trauerzug wird im Hintergrund von einem Reiter begleitet. Überall in der Landschaft Baumgruppen. Weit hinten links im freien Feld ein Reiter. Am Horizont rechts eine Windmühle, links in der Ferne eine große Stadt mit vielen Kirchtürmen.

KK Coburg Neg.-Nr. 13796

34.15.4.

34.16.1.

34.16.1. KAISER CARL V./an dem Grabe Luthers zu Wittenberg/1547.

Bez. u. r.: v. Löwenstern exc.; o. r.: No. XV. Unten Titel (s. o.)

Lithographie. Bildgr.: 25,5 x 33,5 cm (dünn umrandet); Größe bis zur äußeren Umrandung: 26,7 x 34,7 cm (zwei dünne Umrandungslinien)

Auf dem Stein die Grabinschrift Luthers: M. Lutheris Theologiae D. usw. Diese Variante ist gekennzeichnet durch eine im Vordergrund links stehende Bank. Der Mann im Hintergrund rechts legt die Hand an den Mund. Rechts in der Wand Andeutung einer Nische. — Abb. und Beschreibung der Wittenberger Schloßkirche sowie der Grabtafel für Martin Luther in: Fritz Bellmann, Marie-Luise Harksen und Roland Werner, Die Denkmale der Lutherstadt Wittenberg, Weimar 1979, S. 90 ff., Abb. 79 (Inneres gegen Osten von Ed. Spranger, 1863) u. Abb. 15 (Grabtafel).

KK Coburg Neg.-Nr. 12792

34.16.2. KAISER CARL V./an dem Grabe Luthers zu Wittenberg./1547.

Bez. u. r.: v. Löwenstern exc.; o. r.: No. XV. Unten Titel (s. o.)

Lithographie. Bildgr.: 25 x 33 cm (dünn umrandet); Größe bis zur äußeren Umrandung: 26 x 34,1 cm (zwei dünne Umrandungslinien)

Die Komposition folgt im wesentlichen der vorigen. Die Bank links, die Nische rechts fehlen. Der Mann im Hintergrund rechts legt einen Finger an den Mund. Im Steinfußboden Andeutungen von Altersspuren. Der

34.16.5.

vorn rechts Stehende ist schwarz gewandet.

KK Coburg Neg.-Nr. 12791

34.16.3. KAISER CARL V./an dem Grabe Luthers zu Wittenberg. 1547.

Bez. u. r.: v. Löwenstern exc.; o. r.: No. XV. Unten Titel (s. o.)

Lithographie. Bildgr.: 25,8 x 33,2 cm (dünn umrandet); Größe bis zur äußeren Umrandung: 26,8 x 34,2 cm (zwei dünne Umrandungslinien)

Komposition wie bei den vorigen Varianten. Die zweite Figur von rechts legt den Daumen an den Mund. Ausgeprägte Volutenkapitelle, tiefere Emporen. Die Fußbodenplatten sind nur schwach angedeutet.

KK Coburg Neg.-Nr. 12793

34.16.4. KAISER KARL V./an dem Grabe Luthers zu Wittenberg./1547.

Bez. u. r.: von Löwenstern exc.; o. r.: No. XV. Unten Titel (s. o.)

Lithographie. Bildgr.: 25,5 x 33,1 cm; Größe bis zur äußeren Umrandung: 27,1 x 34,7 cm (zwei dünne Umrandungslinien)

Die Komposition folgt im ganzen den vorigen Varianten. Veränderungen bei den Figuren und im Kostüm. Der Zweite von links stellt das linke Bein vor, der Mann vorn rechts das rechte Bein. Der fünfte Mann von rechts ohne Umhang, der ganz links stehende Alte verdeckt fast ganz die Gestühlswange. Die Kapitelle wie bei den ersten beiden Varianten.

KK Coburg Neg.-Nr. 13794

34.16.5. KAISER KARL V./an dem Grabe Luthers zu Wittenberg. 1547.
Bez. u. r.: von Löwenstern exc.; o. r.: No. XV. Unten Titel (s. o.)
Lithographie. Bildgr.: 25,5 x 33,5 cm (dünn umrandet); Größe bis zur äußeren Umrandung: 26,8 x 34,7 cm (zwei dünne Umrandungslinien)
Neue Komposition, jedoch von der vorigen ausgehend. Die Gruppe ist vermehrt auf 16 Personen (anstatt 13). Die Emporenarchitektur ist stärker in den Raum hineingezogen, der Standort der Gruppe näher an den Kanzelaltar verschoben, dessen Figuren verändert worden sind.
KK Coburg Neg.-Nr. 12790

Aus dem beschreibenden Katalog können einige Folgerungen gezogen werden: Das Löwensternsche Lutherleben, dessen erste Folge möglicherweise, doch keineswegs sicher 1827 bereits vollständig vorgelegen hat, ist im Laufe der Jahre nicht nur verbessert, sondern auch, der Mode folgend, verändert worden (Stuhlformen, Kostüme, Kompositionen, Ansprüche an die künstlerische Qualität und historische Wahrheit). Einige am Ende einer Variationsreihe stehende Kompositionen haben Anregungen wohl der beginnenden 30er Jahre verarbeitet. Da m. W. außer der Reformatorenfolge und der Lutherlebenfolge bisher keine weiteren Blätter der Löwensternschen Lithographenanstalt bekannt geworden sind, wäre der Schluß nicht abwegig, daß sich v. Löwenstern (als Dilettant) auf die Verherrlichung Luthers und der Reformation beschränkt hat und im Laufe der Zeit eine ganze Reihe von Lithographen zur Vollendung und Verbesserung der Folge für sich hat arbeiten lassen. Welche Rolle v. Löwenstern selbst als Entwerfer, Lithograph, Drucker, Herausgeber gespielt hat, wird nicht recht deutlich. Während 1826 sein Name noch mit „gezeichnet und lith.“ verbunden wird, steht in der Lutherfolge hinter seinem Namen in einigen frühen Blättern „del. et exc.“ (in verschiedenen Schreibweisen), so daß anzunehmen ist, daß v. Löwenstern nach der Reformatorenfolge Zeichnungen nicht mehr selbst auf den Stein übertragen hat. In diesen Fällen ist folgerichtig immer ein Lithograph genannt (34.1.1.; 34.1.2.; 34.2.1.; 34.2.2.; 34.2.3.; 34.3.2.; 34.4.1.; 34.4.2.; 34.9.1.). Es könnte möglich sein, daß sich v. Löwenstern im Laufe der Jahre aus der praktischen Ausübung des Lithographenhandwerks und vielleicht sogar des Entwurfs zurückgezogen hat. Warum ab Blatt 12 und in späten Varianten kein Name mehr außer dem v. Löwensterns (mit dem Zusatz „exc.“ o. ä.) genannt wird, ist vorläufig nicht zu sagen. Auch in späten Varianten sind verschiedene Hände zu unterscheiden, so sind z. B. die Blätter 34.7.5.; 34.8.5.; 34.14.5.; 34.15.4. bestimmt *einem* Künstler zuzuschreiben, die Blätter 34.2.4.; 34.3.4.; 34.4.3.; 34.6.4.; 34.9.3. einem anderen.
Die Blätter der Löwensternschen Lutherlebenfolge sind im allgemeinen oben rechts mit einer römischen Ziffer versehen. Ausnahmen machen Lutherporträts (34.1.4. und 34.1.5.) sowie einige frühe, künstlerisch wenig befriedigende Varianten (34.2.1; 34.3.1; 34.9.1. und 34.9.2.). Vom 6. bis zum 9. Blatt der Folge differiert die Zählung innerhalb einer Variantenreihe einige Male, außerdem beim 13. Blatt in der ersten, wohl frühen Variante (34.14.1., anstatt XIII steht hier XII). Daß in der Reihe V zwei Blätter mit der Ziffer X versehen sind, darf wohl damit erklärt werden, daß die Lithographen das römische Zeichen für fünf nicht kannten. Auf die Ziffer IX fallen zwei Illustrationen: die „Entführung Luthers auf die Wartburg“ und „Luther als Musizierender auf der Wartburg“. Da letztere Komposition nur in einer Form (ohne Varianten) bekannt ist, nehme ich an, daß sie schon recht früh aus der Folge herausgenommen worden ist. Das Blatt mit dem Giftglasmirakel war bis zuletzt in der Löwensternschen Folge vertreten, vgl. 34.8.5. Alle Varianten der beiden letzten Illustrationen (15 und 16) haben die Ziffern XIV und XV. Die differierenden Ziffern bei den Blättern 6, 7, 8, 9 und 14 können vielleicht mit einem frühen, später geänderten Plan in Zusammenhang gebracht werden, auch z.B. damit, daß das erste Blatt, nämlich das Lutherporträt, das eigentlich nicht zur Lutherlebenfolge gehört, in einigen Fällen nicht mitgezählt worden ist. Wie dem auch sei: Hieraus geht erneut hervor, daß die Löwensternsche Lutherlebenfolge auch in ihrer Zusammenstellung Veränderungen unterworfen war, die sich im Laufe mehrerer Jahre als notwendig oder wünschenswert erwiesen haben.

35.
Christoph Faulhaber
geboren um 1800 in Bietigheim, 1863 noch in Stuttgart tätig.

Schüler der Kgl. Lithographischen Anstalt in Stuttgart. Er arbeitete in der kartographischen Abteilung dieser dem Departement der Finanzen unterstellten Abteilung und war für die Gravüre der Flurkarten zuständig. Er war hier bis 1863 tätig. Faulhaber hat auch für den Baron W. v. Löwenstern, Stuttgart, lithographiert (Kat.-Nrn. 34.1.1.; 2.1.; 3.1.; 4.2.; 9.1.).

Luther und Staupitz. im Klostergarten.
Bez. u. r.: C. Faulhaber grvrt. Unten Titel (s. o.)
Steingravur. Bildgr.: 13,6 x 9 cm

Mathesius berichtet, daß Johann von Staupitz, Generalvikar des Augustinerordens, Luther zum Doktoramt überredet habe. „Diesen Beschluß hielt Dr. Staupitz ihm zu Wittenberg vor unter einem Baum im Kloster, den er mir und andern einst selbst gezeigt.“ — Die Zeichnung und technische Ausführung des Blattes wirken sehr unbeholfen: möglicherweise ist es noch vor den Anfängen der Löwensternschen Lutherfolge, also vor 1827 entstanden (vgl. Kat.-Nr. 34). Die Komposition entspricht der thematisch gleichen Lithographie von J. Jäger, Rorschach (Kat.-Nr. 43.3.).

Inv.-Nr. VI, 485, 2 Neg.-Nr. 13333

Zwischenbemerkung: Die v. Löwensternsche Lutherfolge, die kein Privileg gegen Nachdruck besaß (vgl. Kat.-Nr. 34), ist mindestens bis in die Mitte des 19. Jahrhunderts von verschiedenen lithographischen Anstalten in Deutschland als Vorlage für eigene Produktionen benutzt worden. Im folgenden werden sie unabhängig von ihrer zeitlichen Einordnung im Zusammenhang beschrieben.

36
(L. Sachse & Co., Berlin)

Über die Firma L. Sachse & Co., Berlin, vgl. Wolfgang Brückner, Populäre Druckgraphik Europas. Deutschland. Vom 15. bis zum 20. Jahrhundert, München 1969, S. 214: „Die Lithographie faßte hier (in Berlin) spät Fuß und führte zu wirtschaftlichem Erfolg erst mit: Johann Christian Winckelmann, geb. 1766. Er war bis 1828 Teilhaber von Arnz & Co. in Düsseldorf und eröffnete in Berlin eine lithographische Anstalt mit Louis Sachse, dem einstigen Privatsekretär W. v. Humboldts, der in Paris und bei Senefelder in München gelernt hatte.“ Brückner hat auf den Aufsatz von Walther Gensel, Die Einführung der Steindruckerei in Berlin, in: „Velhagen und Klasings Monatshefte“, 18 (1903/04), II, S. 451—460 verwiesen. Nach Angabe Brückners hat Adolph von Menzel (1815—1905) seit *1832* für die Firma gearbeitet, nach Elfried Bock, Adolph Menzel, Verzeichnis seines graphischen Werkes, Berlin 1923, S. 40, seit *1831/32.* Nach G. J. Kern arbeitete Menzel *1833* an der neuen Lutherfolge von Sachse (vgl. Thieme-Becker 24, 1930, S. 400; hier wird als Vorbild die v. Löwensternsche Folge genannt). Ernst Gustav Vogel, Bibliotheca Biographica Lutherana, Halle 1851, S. 70, Nr. 648 gibt als Datum *1835* an: „Luthers Leben. Ein Bilderbuch für die Jugend. In 13 lithograph. Blättern. Berl. (Berlin) 1835. fol.“ Die Firma L. Sachse & Co. hat unter verschiedenen Namen bis zum zweiten Weltkrieg existiert.

Sachse hat nach eigenen Angaben zwei Lutherfolgen herausgebracht, eine ältere und eine jüngere, die beide auf die v. Löwensternsche Folge zurückgehen. A. Dorgerloh berichtet in seinem „Verzeichnis der durch Kunstdruck vervielfältigten Arbeiten Adolf Menzels“, Leipzig 1896 (1913), daß er dies vom Kunstverleger Sachse selbst erfahren habe.

Diese Aussage brachte E. Bock insofern in Schwierigkeiten, als er neben den beiden von Dorgerloh erwähnten bzw. beschriebenen Serien noch eine dritte, die v. Löwensternsche kannte, von der er noch annahm,

daß sie ebenfalls in Berlin entstanden wäre. So wußte er nicht, auf welche Serie er die Sachsesche Mitteilung von *einer* älteren Folge beziehen sollte.
Die erste bei L. Sachse & Co., Berlin, herausgekommene Lutherfolge, die E. Bock vorgelegen hat, besteht aus „zwölf Blättern, ist anonym und trägt oben rechts arabische Nummern. Sie zeigt auf manchen Exemplaren den Trockenstempel des Königlichen Lithographischen Instituts in Berlin". Leider gibt E. Bock nicht die dargestellten Themen an, so daß vorläufig nicht zu sagen ist, welche Blätter der 15- bzw. 16-teiligen v. Löwensternschen Folge bei dieser älteren Sachseschen ausgelassen worden sind. E. Bock bemerkt zur Qualität der Sachseschen Kopien, sie stünde „auf einer höheren Stufe als die ältere (nämlich v. Löwensternsche) Folge, deren Darstellungen sie aber ziemlich genau kopierte." Es ist interessant, daß in Berlin in unmittelbarem Anschluß an die Herausgabe der Stuttgarter Folge — nach 1828 und vor 1831/32 oder etwas später — eine Wiederholung des größten Teils dieser Folge hergestellt worden ist, vielleicht tatsächlich zur Reformationsfeier von 1830, wie E. Bock vermutet. Die Verbindung zwischen der Berliner Kgl. Lithographischen Anstalt und Sachse war E. Bock unklar. „Es wäre möglich, daß Sachse die Verlagsrechte (an der Lutherfolge, die also vorher bei der Kgl. Lith. Anst. gelegen hätten) erst nachträglich erworben und bei dieser Gelegenheit eine neue Ausführung in Auftrag gegeben hätte, die 1831 und 1832 stattgefunden haben dürfte" (Bock S. 40).
Die zweite Sachsesche Lutherfolge ist besser zu dokumentieren. Sie besteht aus 13 nicht numerierten Lithographien, die unter folgendem Titel herausgekommen sind: „Luthers Leben. Ein Bilderbuch für die Jugend. In 13 Blättern zu 1 Rthlr.: Zu haben bei L. Sachse & Co in Berlin." Dies Bilderbuch „erschien in einer ersten Ausgabe auf großem (ca. 530 x 420 mm) und in einer Volksausgabe auf kleinerem Papier (ca. 370 x 315 mm), in einem blauen Umschlage mit dem oben angegebenen Titel. Die Blätter der ersten Ausgabe sind zum Teil mit Menzels Namen und sämtlich mit Sachses Adresse versehen, bei der zweiten fehlen beide Signaturen gänzlich. Die Drucke der zweiten Art sind erheblich geringer" (Bock S. 40). Elfried Bock hat sieben Blätter der zweiten Sachseschen Lutherfolge in sein Verzeichnis des graphischen Werks Menzels aufgenommen, weil es sich hierbei um Frühwerke des Meisters handelt. Adolph Menzel war mit fünfzehn Jahren, 1830, mit seiner Familie nach Berlin gezogen. 1832 übernahm er nach dem Tod seines Vaters dessen lithographische Werkstatt und arbeitete in dieser frühen Zeit u.a. für L. Sachse & Co. in Berlin. Die folgenden Beschreibungen übernehmen Bocks Angaben z.T. wörtlich. Sie betreffen die zweite, in zwei Varianten herausgebrachte Sachsesche Lutherfolge, an der Menzel mitgearbeitet hat. Die Titel entsprechen den Bildunterschriften.

36.1.

36.1. D. Martin Luther./geboren 1483, gestorben 1546 zu Eisleben.
I. Ausgabe: Bez. u. l.: A. Menzel lith.; u. r.: gedr. bei L. Sachse & Co., Berlin.
II. Ausgabe: Beide Signaturen sind getilgt. Die zweizeilige Unterschrift ist grob erneuert.
Lithographie. Größe bis zur äußeren Umrandung: 31,6 x 24,8 cm
Dorgerloh 13, Bock 28,1
Menzel hat mittelbar eine der frühen Varianten der Löwensternschen Komposition vorgelegen (34.1.1.—34.1.3.): Standmotiv! Im übrigen hat er die Szene (seitenverkehrt) frei verwandelt: Armhaltung Luthers, Schreibpult, Hocker, ovaler Tisch im Raum, gotischer Wandfries, Vorhänge vor dem Bücherregal, Parkettfußboden usw.
Staatliche Museen Preußischer Kulturbesitz, Berlin, Kupferstichkabinett, Inv.-Nr. 183—97

36.2. Luther als Current Schüler zu Eisenach. 1498.
I. Bez. u. r.: gedr. bei L. Sachse & Co., Berlin.
II. Sachses Adresse ist getilgt.
Lithographie. Größe bis zur äußeren Umrandung: 26,5 x 34,1 cm
Dorgerloh 14, Bock 29,2

Menzel hat mittelbar eine frühe Variante der v. Löwensternschen Folge vorgelegen, und zwar 34.2.2. oder 34.2.3., vielleicht auch eine weitere, bisher unbekannte Variante ohne das Spalier an der Kirchenmauer. Große Bereicherung der Komposition und Verbesserung der Zeichnung: Madonnenplastik an der Hausecke, Treppengeländer, Friedhofstor, Türfries usw.
Staatliche Museen Preußischer Kulturbesitz, Berlin, Kupferstichkabinett, Inv.-Nr. 185—97

36.3.

36.3. Luther läßt 59 (!) Sätze gegen den Ablaß an die Schloßkirche zu Wittenberg anschlagen d. 31. Oct. 1517.
I. Bez. u. r.: Gedr. bei L. Sachse & Co., Berlin.
II. Sachses Adresse ist getilgt.
Lithographie. Größe bis zur äußeren Umrandung: 25,9 x 34,7 cm
Dorgerloh 15, Bock 30,3
Indirektes Vorbild für Menzel war 34.4.3. oder 34.4.4. der v. Löwensternschen Folge. Menzel (oder bereits die 1. Sachsesche Folge) stellt die Wittenberger Schloßkirche schräg in den Raum und öffnet den Blick links auf den Kirchplatz und eine Häuserzeile. Dieses neue Motiv dürfte Rückwirkung auf die v. Löwensternsche Variante 34.4.5. gehabt haben.
Staatliche Museen Preußischer Kulturbesitz, Berlin, Kupferstichkabinett, Inv.-Nr. 187–97

36.4. Luther verbrennt die päpstliche Bulle und das canonische Recht vor Wittenberg, am 10ten December 1520.
I. Bez. u. l.: lith. v. A. Menzel; u. r.: gedr. im Lith. Inst. v. L. Sachse & Comp.
II. Beide Signaturen sind getilgt.
Lithographie. Größe bis zur äußeren Umrandung: 27 x 34,8 cm
Dorgerloh 16, Bock 31,4
Indirektes Vorbild für Menzel war eine Variante von 34.5. der v. Löwensternschen Folge. Menzel nahm einige bezeichnende Veränderungen vor: Melanchthon senkt den Kopf, der Mönch am linken Bildrand wird älter und betend dargestellt, Luther hat eine andere Mönchstracht, es liegt Schnee am Boden usw.
Staatliche Museen Preußischer Kulturbesitz, Berlin, Kupferstichkabinett, Inv.-Nr. 189–97

36.5. Luthers Einzug in Worms
Von einem anonymen Lithographen. Zur Zeit ist mir kein Exemplar dieser Komposition bekannt.

36.6. Luther auf dem Reichstag zu Worms
Von einem anonymen Lithographen. Zur Zeit ist mir kein Exemplar dieser Komposition bekannt.

36.4.

36.7. Luthern zerspringt zu Worms an der Tafel Richards von Trier ein Glas mit Gift. 1521.
Bez. u. l.: lith. v. Meierheim; u. r.: gedr. bei L. Sachse & Co., Berlin. (Wohl Blatt der I. Ausgabe)
Lithographie. Bildgr.: 25 x 32,6 cm
Gemeint ist wahrscheinlich Eduard Meyerheim (1808 Danzig – 1879 Berlin). Er lebte, aus Danzig kommend, wo er künstlerischen Unterricht bei seinem Vater Karl Friedrich Meyerheim und J. A. Breysig empfangen hatte, seit 1830 in Berlin und gab 1832 zehn lithographische Ansichten von Danzig und Umgebung, später weitere Ansichten und Volks- und Genreszenen heraus. Vgl. Thieme-Becker 24, 1930, S. 498.
Slg. Dr. Christa Pieske, Lübeck

36.7.

36.8. Luthers Entführung auf die Wartburg
Von einem anonymen Lithographen. Zur Zeit ist mir kein Exemplar dieser Komposition bekannt.

36.9. Luther als Familienvater.
I. Bez. u. l.: A. Menzel lith.; u. r.: gedr. bei L. Sachse & Co., Berlin.
II. Beide Signaturen sind getilgt.
Lithographie. Größe bis zur äußeren Umrahmung: 27 x 34,5 cm
Dorgerloh 17, Bock 32,5
Indirektes Vorbild für Menzel war 34.12.3. der v. Löwensternschen Folge (die daher wohl eher eine frühe Variante sein dürfte). Menzel hat das Vorbild relativ treu übernommen, allerdings hat er die Zeichnung erheblich verbessert.
Staatliche Museen Preußischer Kulturbesitz, Berlin, Kupferstichkabinett

36.9.

36.10. Luther auf dem Sterbebette zu Eisleben den 17. Febr. 1546.
I. Bez. u. r.: Gedr. im Lith. Inst. v. L. Sachse & Co.
II. Sachses Adresse ist getilgt.
Lithographie. Größe bis zur äußeren Umrandung: 27 x 34,8 cm
Dorgerloh 18, Bock 33,6
Indirektes Vorbild für Menzel war wahrscheinlich 34.14.2. der v. Löwensternschen Folge. Bei diesem Blatt veränderte Menzel die Komposition sehr stark in den Gesten und Kostümen der Personen. Durch die offene Tür naht ein alter Weißbart. Das Auferstehungsbild wird zum Triptychon. Aus dem flachgedeckten Zimmer wird eine gewölbte Halle.
Staatliche Museen Preußischer Kulturbesitz, Berlin, Kupferstichkabinett

36.10.

36.11.

36.11. Luther Leichenbegängniss von Eisleben nach Wittenberg d. 24. Febr. 1546.
I. Bez. u. l.: Lith. v. A. Menzel; u. r.: Lith. Inst. v. L. Sachse & Co.
II. Beide Signaturen sind getilgt.
Lithographie. Größe bis zur äußeren Umrandung: 26,3 x 34,3 cm
Dorgerloh 19, Bock 34,7
Indirektes Vorbild für Menzel war eine der ersten Varianten der v. Löwensternschen Folge, 34.15.1. oder 34.15.2. Auch in diesem Blatt ist Menzel dem Vorbild recht treu gefolgt.
Staatliche Museen Preußischer Kulturbesitz, Berlin, Kupferstichkabinett

36.12. Lutherdenkmal in Wittenberg
Lithographiert von Eduard Meyerheim (1808 – 1879). Zur Zeit ist mir kein Exemplar dieser Komposition bekannt.

36.13. Ansicht von Eisleben
Lithographiert von W. Loeillot. Er war reproduzierender Lithograph und Verleger in Berlin. Vgl. Thieme-Becker 23, 1929, S. 320. Zur Zeit ist mir kein Exemplar dieser Komposition bekannt.

In dieser Sachseschen Lutherlebenfolge fehlen folgende Szenen der v. Löwensternschen Folge: die Alexiuslegende (34.3.), die beiden Szenen mit Luther auf der Wartburg (34.10. u. 34.11.), Luthers Gebet für Melanchthon (34.13.) und Karls V. Besuch des Lutherschen Grabs in Wittenberg (34.16.). Die Maße der Sachseschen Folge entsprechen etwa denjenigen der v. Löwenstern-Folge. Da alle mir bekannten Blätter der 2. Sachseschen Lutherfolge auf frühe Varianten der v. Löwensternschen Folge zurückgehen, wird damit die Annahme gestützt, daß sich die v. Löwensternschen Themen im Laufe von Jahren, also auch noch in den dreißiger Jahren des 19. Jahrhunderts, in immer neuen Verbesserungen und Veränderungen entwickelt haben.

37
(Beck, Berlin)

Über den Lithographen bzw. die Lithographische Anstalt „Beck in Berlin" ist mir nichts bekannt.

DR. MARTIN LUTHER./geb. den 10ten Nov. 1483, gest. 18. Febr. 1546
Bez. u. Mitte: Lith. v. Beck in Berlin; o. r.: No. 1. Unten Titel (s. o.)
Lithographie. Bildgr.: 30,3 x 22,5 cm (dünn umrandet); Größe bis zur äußeren Umrandung: 32,8 x 24,9 cm (halbfette und zwei dünne Umrandungslinien)
Die Lithographie ist eine recht genaue Kopie der Variante 34.1.5. der v. Löwensternschen Lutherfolge. Die Blattziffer ist arabisch geschrieben, der Text auf dem vom Tisch herabhängenden Blatt in deutscher Schrift. Bei dieser Lithographie dürfte es sich nicht um das erste Blatt der älteren L. Sachseschen Folge handeln, weil bei Sachse eine frühere Variante kopiert worden ist, die noch in der Menzelschen Wiederholung erkennbar wird (vgl. Kat.-Nr. 36.1.). Die Entstehungszeit des Beckschen Blattes ist ohne weitere Anhaltspunkte nicht zu bestimmen. Da das Lutherporträt numeriert ist, dürfte es das erste Blatt einer Folge gewesen sein.
KK Coburg Neg.-Nr. 12749

37.

38
(Verlag Otto's Buchhandlung in Burg)

Über den Verlag ist mir nichts bekannt. Burg könnte die Stadt bei Magdeburg sein. So vermutet Wolfgang Brückner, Luther als Gestalt der Sage, in: Ders. (Hg.), Volkserzählung und Reformation, Berlin 1974, S. 277, Anm. 80 mit Hinweis auf die Lutherfolge der Sammlung Dr. Christa Pieske, Lübeck.

Die Illustrationen sind mit einer Ausnahme (VIIItes Blatt) oben rechts bezeichnet: „Scenen aus Luthers Leben 1. Blatt" usw. Bei den Blättern IV, V, VII, VIII, IX, X, XI, XXII und XIII werden römische Ziffern, sonst arabische verwendet. Stand der Überschrift und Art der Zahl bei Blatt 6 sind mir nicht bekannt, da es in der Sammlung Dr. Pieske fehlt.
Alle Blätter gehen auf v. Löwensternsche Vorbilder zurück (Kat.-Nr. 34). Das Format der Blätter der Ottoschen Buchhandlung ist allerdings wesentlich kleiner als das der Vorbilder. Das erklärt Vereinfachungen in Komposition und Zeichnung. Die im folgenden genannten Bildtitel entsprechen den Unterschriften der Lithographien.

38.1. Luther als Currende-Schüler.
Bez. u. Mitte: Verlag Otto's Buchhandlg i. Burg; o. r.: . . . 1.tes Blatt.
Lithographie, 14 x 19 cm
Slg. Dr. Christa Pieske, Lübeck

Als Blatt 1 wird hier nicht das Lutherporträt gezählt (offenbar hat es in der Ottoschen Folge gefehlt), sondern das Blatt 2 der Löwensternschen Folge. Als Vorbild hat das Blatt 34.2.4. gedient. Es ist amüsant, zu sehen, wie beharrlich die v. Löwensternsche Umdeutung des Campeschen Fingerzeigs in eine segenspendende Hand von allen Nachfolgern v. Löwensterns beibehalten wird, selbst von Adolph Menzel. Gegenüber dem Vorbild fehlt hier das Treppengeländer. Das Fenster ist mit Butzenscheiben verglast, der Schwung der Treppe im Innern des Hauses eleganter.

38.2. Luther sieht den Tod seines Freundes Alexius, der an seiner Seite 1505 vom Blitz getroffen, als einen Weg zum Klosterleben.
Bez. u. Mitte: Verlag Ottos Buchhandlung i Burg; o. r.: . . . 2tes Blatt
Lithographie, 14 x 19 cm
Slg. Dr. Christa Pieske, Lübeck
Vorbild ist Blatt 34.3.6. Die im Vorbild farbig wirkende Kleidung Luthers und Alexius' wird hier deutlich als schwarz charakterisiert. Vereinfachungen im Detail.

38.3. Luther läßt 95 Sätze den 31ten October 1517 an die Schloßkirche zu Wittenberg gegen den Ablass Handel anschlagen.
Bez. u. Mitte: Verlag Otto's Buchhandlung in Burg, o. r.: . . . 3tes Blatt.
Lithographie. 14 x 19 cm
Slg. Dr. Christa Pieske, Lübeck

Vorbild ist Blatt 34.4.3. oder 34.4.4. Vereinfachungen in Zeichnung und Komposition. Mehrere Personen sind weggelassen worden.

38.4. Luther verbrennt die päpstliche Bulle und das canonische Recht vor Wittenberg am 10ten December 1520.
Bez. u. Mitte: Verlag Otto's Bchhndlng in Burg; o. r.: . . . IV Blatt.
Lithographie. 14 x 19 cm
Slg. Dr. Christa Pieske, Lübeck
Vorbild ist ein Blatt der Variantengruppe 34.5., möglicherweise 34.5.4. Viele Personen sind weggelassen worden.

38.5. Luthers, Einzug in Worms zum Reichstag, 1521.
Bez. u. Mitte: Verlag Otto's Buchhdlg i. Burg; o. r.: . . . Vtes Blatt.
Lithographie. 14 x 19 cm
Slg. Dr. Christa Pieske, Lübeck
Vorbild könnte 34.6.3. sein oder eine andere, mir bisher unbekannte Variante der v. Löwensternschen Folge, da in diesem Blatt relativ große Abweichungen vom evtl. Vorbild bestehen.

38.6. (Luther auf dem Reichstag in Worms)
Das in dieser Folge sicherlich dargestellte Thema liegt nicht vor. Als populärste Darstellung wird es der Folge entnommen worden sein.

38.7. Luthern zerspringt in Worms an der Tafel des Richard von Trier ein Glas mit Gift.
Bez. u. Mitte: Verlag Otto's Buchhandlung in Burg; o. r.: . . . VII. Blatt.
Lithographie. 14 x 19 cm
Slg. Dr. Christa Pieske, Lübeck
Vorbild ist ein Blatt der Variantengruppe 34.8. Wenn man nicht annehmen will, daß das Ottosche Blatt nach einer bisher unbekannten v. Löwensternschen Variante gezeichnet worden ist, liegt hier eine stärkere Veränderung, auch Umdeutung des Vorbildes vor, in der aber alle Bestandteile desselben verwendet worden sind (Bedienende, abseits Stehender, Hund, Ritterporträts). Neu ist die Tür an der Rückwand. Auch sonst Veränderungen und Vereinfachungen.

38.3.

38.4.

38.5.

38.7.

38.8.

38.9.

38.8. Luther's Entführung nach der Wartburg.
Bez. u. Mitte: Verlag Otto's Bchhndlng in Burg; o. l.: . . . VIIItes Blatt.
Lithographie. 14 x 19 cm
Slg. Dr. Christa Pieske, Lübeck

Das Blatt wirkt wie eine Kombination von 34.9.5. und 34.9.6., möglicherweise auf eine bisher unbekannte Variante hindeutend.

38.9. Luther auf der Wartburg.
Bez. u. Mitte: Verlag Ottos Buchh. Burg; o. r.: . . .IX. Bl.
Lithographie. 14 x 19 cm
Slg. Dr. Christa Pieske, Lübeck
Das Vorbild wirkt wie eine Kombination aus 34.10.2. und 34.10.3., ohne jedoch alle Motive dieser Blätter zu enthalten und ohne daß alle seine Motive auf die Vorbilder der Löwensternschen Folge zurückgeführt werden könnten (Bücherregal oder Schreibtisch an der linken Wand).

38.10 Luther als Familienvater.
Bez. u. Mitte: Verlag Otto's Bchhl. in Burg; o. r.: . . . X Bl.
Lithographie. 14 x 19 cm
Slg. Dr. Christa Pieske, Lübeck
Vorbild ist ein Blatt der Variantengruppe 34.12. Wesentliche Vereinfachung der Komposition: ein Fenster, der Ofen, der Tisch im Hintergrund fehlen usw. Die beiden vorn stehenden Töchter Luthers ohne Haube.

38.11. Luther rettet durch ein Gebet seinen Freund Melanchton das Leben.
Bez. u. Mitte: Verlag Ottos Buchh. i. Burg.; o. r.: . . . XI Blatt.
Lithographie, 14 x 19 cm
Slg. Dr. Christa Pieske, Lübeck
Vorbild ist das Blatt 34.13.2. oder 34.13.3. Vereinfachungen: Die Tür im Hintergrund wird weggelassen, der Ofen an die Rückwand gestellt, ein Spitzbogenfries eingeführt (wenn nicht auf bisher unbekannte Variante der v. Löwensternschen Folge zurückgehend).

38.12. Luther auf dem Sterbebette zu Eisleben, den 17ten Februar 1546.
Bez. u. Mitte: Verlag. Otto's Buchhdlg. i Burg.; o. r.: . . . XII. Blatt.
Lithographie. 14 x 19 cm
Slg. Dr. Christa Pieske, Lübeck
Vorbild ist Kat.-Nr. 34.14.4. Die Tür ist allerdings wie bei 34.14.5. rechts angeschlagen (unbekannte Variante als Vorbild?). Vereinfachungen; auch sind einige Personen weggelassen. Eingeführt ist ein Vorhang rechts.

38.10.

38.11.

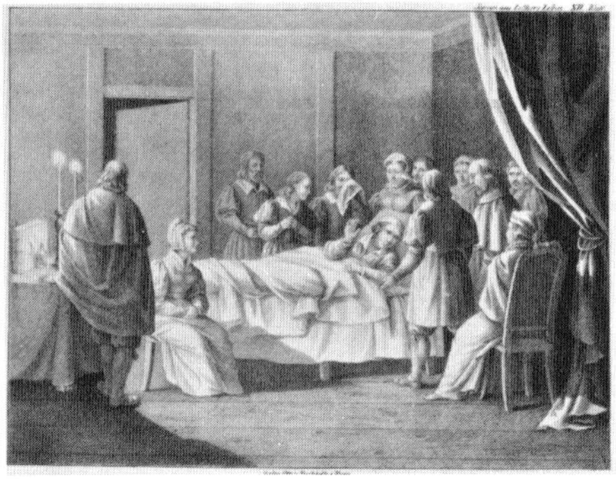
38.12.

38.13.

38.13. Luthers Leichenbegängniss von Eisleben nach Wittenberg d. 24t Februar 1546.
Bez. u. Mitte: Verlag Otto's Buchhandlung in Burg; o. r.: . . . XIII. Blatt.
Lithographie. 14 x 19 cm
Slg. Dr. Christa Pieske, Lübeck
Vorbild ist Kat.-Nr. 34.15.3. Die Darstellung ist gegenüber dem Vorbild stark vereinfacht, vor allem in der Personenzahl reduziert.

Interessant ist es, daß man aus der Zusammensetzung dieser Folge (wie der Berliner von L. Sachse & Co., Kat.-Nr. 36) auf die Zusammensetzung v. Löwensternscher Folgen zurückschließen kann. Hatten den Berlinern frühe Varianten als Vorbild gedient, so dem oder den Lithographen in Burg mittlere, also später entstandene Varianten. In der 13-teiligen Burger Folge, die mit dieser Anzahl vollständig vorliegen dürfte, fehlen außer dem Lutherporträt folgende Themen der v. Löwensternschen Folge: Luther auf der Wartburg musizierend (was erneut die Vermutung bestätigt, daß dies Blatt nicht lange zum Kanon der v. Löwensternschen Folge gehört hat) und Karl V. am Grab Luthers in Wittenberg. Ob die Ottosche Folge schon in den dreißiger Jahren des 19. Jahrhunderts oder erst später entstanden ist, kann wohl nur durch Lokalforschung entschieden werden.

39
(F. Brodhag'sche Buchhandlung, Stuttgart)

Über die F. Brodhagsche Buchhandlung ist mir nichts bekannt.

Luther sieht den Tod seines Freundes Alexius, welcher an seiner Seite vom Blitz getroffen ward, als einen Ruf zum Klosterleben an, 1831
Bez. u. l.: E. Emminger lith.; u. r.: Gedr. v. H. Kurtz. Unter dem Titel (s. o.): F. Brodhag'sche Buchhandlung in Stuttgart. Oben r. handschriftlich mit 3 bezeichnet.
Lithographie. Bildgr.: 21,8 x 28,5 cm
Slg. Dr. Christa Pieske, Lübeck
Über H. Kurtz und E. Emminger berichten Conrad Lamparter und Dr. B. Pfeiffer, Geschichte der Lithographie in Württemberg, in: Württembergische Jahrbücher, Jg. 1898. H. Kurtz war Steindrucker des Kgl. Lithographischen Instituts, Stuttgart (S. 69). Eberhard Emminger (1808 Biberach — 1886 ebda.) erhielt den ersten Zeichenunterricht in Biberach bei dem Maler J. B. Pflug. Nach Pfeiffer lernte er das Lithographieren „ganz aus sich selbst", während er mit untergeordneten Arbeiten in der Stuttgarter lithographischen Anstalt Georg Ebners (1784—1863) beschäftigt war. Seine Kunstausbildung erhielt er als außerordentlicher Schüler des Kgl. Lithographischen Instituts in Stuttgart durch den Schweden Lorenz Ekemann-Allesson (1791—1828) und später in der Stuttgarter Kunstschule. „Emminger wurde einer der bedeutendsten und fruchtbarsten Landschaftslithographen, dessen Ruf sich weit über die Grenzen Württembergs verbreitete" (Lamparter S. 72). Emminger lebte lange in München und Stuttgart, doch den längsten Teil seines Lebens in seiner Vaterstadt Biberach. König Wilhelm von Württemberg hat ihm die Goldene Medaille für Kunst und Wissenschaft verliehen. Vgl.: Eberhard Emminger, Maler und Lithograph, von Reallehrer Braun in Biberach, Bes. Beilage des Staats-Anzeigers für Württemberg 1886, Nr. 6. — Emminger wie auch Pflug, W. Baumeister, Küstner (als Drucker) u.a. waren beteiligt an der lithographischen Ausgabe von: „Blaetter aus meinem Portefeuille im Laufe des Feldzugs 1812. in Rußland, an Ort und Stelle gezeichnet von C. W. v. Faber du Faur und mit erlaeuternden Andeutungen (von Major Kausler) begleitet. Ch. F. Autenrieth, Stuttgart (1831—45)". Es ist möglich, daß noch einer der an diesem Werk beteiligten Stuttgarter Lithographen außer Küstner auch für W. Baron v. Löwensterns Lutherlebenfolge gearbeitet hat. — Die Darstellung entspricht in der Komposition weitgehend Kat.-Nr. 34.3.7. der v. Löwensternschen Folge, die Haltung Luthers jedoch ähnelt Kat.-Nr. 34.3.3.
E. G. Vogel führt in seiner Bibliographie „Bibliotheca Biographica Lutherana", Halle 1851, auf S. 70, Nr. 647 die Folge an, zu der das hier beschriebene Blatt gehört: „Luthers Leben in 15 Folio-Blättern gezeichnet und lithographiert von E. Emminger. Mit erläuterndem Texte. Stuttgart. 1831. fol."

39.

40
(Eduard Gustav May, Frankfurt a. M.)

Eduard Gustav May (1818—1907) war als Lithograph Autodidakt und gründete im Dezember 1845 in Frankfurt a. M. ein Steindruckgeschäft mit einer alten Handpresse. „Das erste Geschäftsjahr 1846 gab . . . mit den Gedenkfeiern am Todestag Luthers Anlaß zur Herstellung von Konfessionsbildern und volkstümlichen Serien aus dem Leben des Reformators" (W. Brückner, Die Bilderfabrik, S. 41). 1848 nahm das Geschäft E. G. Mays einen großen Aufschwung: die Revolution in Deutschland und die „Frankfurter Paulskirche" gaben reichlich Gelegenheit zur Produktion von Gebäudedarstellungen und Porträts, die mit den Ereignissen in Verbindung standen, sowie von politischen Karikaturen und Reportagen. In den Gründerjahren entwickelte sich die Firma zu einem Großunternehmen, das im Ersten Weltkrieg von Frankfurt nach Dresden verlagert wurde. Ihr heutiger Sitz ist Fürth (Bayern). Vgl. „Trivialer Wandschmuck der zweiten Hälfte des 19. Jahrhunderts. Aufgezeigt am Beispiel einer Bilderfabrik", 1. Forschungsstand und Forschungsaufgabe, von Wolfgang Brückner; 2. Katalog der Lithographischen Anstalt Eduard Gustav May, von Christa Pieske, in: Anzeiger des Germanischen Nationalmuseums, 1967, S. 117—162. — Wolfgang Brückner (Hg.), Populäre Druckgraphik Europas. Deutschland. Vom 15. bis zum 20. Jahrhundert, München 1969, S. 217 f. — Wolfgang Brückner u. Christa Pieske, Die Bilderfabrik, Dokumentation zur Kunst- und Sozialgeschichte der industriellen Wandschmuckherstellung zwischen 1845 und 1973 am Beispiel eines Großunternehmens, Ausst.-Kat. des Historischen Museums, Frankfurt a. M. 1973 (u.a.O.). — 1846 brachte E. G. May eine Folge „Luther's Leben" heraus, von der z.Zt. folgende Blätter bekannt sind. Die Bildtitel entsprechen den Unterschriften der Lithographien.

40.1. Dr. Martin Luther verbrennt die päbstliche Bulle zu Wittenberg (den 10 December 1520.)
Bez. u. r.: Lith Anst v Ed Gust May in Frankfurt a M
Lithographie. Bildgr.: 17,3 x 23,5 cm; Größe bis zur äußeren Umrandung: 19,3 x 25,5 cm
Slg. Dr. Christa Pieske, Lübeck
Die Komposition ist eine freie, seitenverkehrte Wiedergabe des letztenendes auf Catel (Kat.-Nr. 20) zurückgehenden Blattes 34.5. der v. Löwensternschen Lutherlebenfolge. Neu eingeführt wurde (auf der linken Seite) ein vor der Stadtmauer stehendes größeres Gebäude. Interessant ist es, wie sich Mitte der 40er Jahre des vorigen Jahrhunderts eine bestimmte Lutherphysiognomie durchgesetzt hat, die uns ähnlicher erscheint als diejenige Catels.

40.1.

40.2.

40.2. Siegst du Hölle! waren die Worte Luthers bei seiner Entführung auf die Wartburg 1521.
Bez. u. r.: Lith Anst v Ed Gust May in Frankfurt a M
Lithographie. Bildgr.: 17,3 x 23,5 cm; Größe bis zur äußeren Umrandung: 19,3 x 25,5 cm
Slg. Dr. Christa Pieske, Lübeck
Das v. Löwensternsche Vorbild ist in dieser Komposition nur noch schwach zu erkennen. Der Titel entspricht dem der v. Löwensternschen Varianten 34.9.1.—34.9.4., der Bildaufbau erinnert eher an 34.9.6.

40.3.

40.4.

40.3. Dr. Martin Luther im Familienkreise.
Bez. u. r.: Lith Anst v Ed Gust May in Frankfurt a M
Lithographie. Bildgr.: 17,3 x 23,5 cm. Größe bis zur äußeren Umrandung: 19,3 x 25,5 cm
Slg. Dr. Christa Pieske, Lübeck
Recht genaue Kopie der Variante 34.12.1. der v. Löwensternschen Lutherlebenfolge. Der Stuhl links ist verändert, die Tafel über der Tür weggelassen, der Ofen vereinfacht, die Gruppe näher an die Fensterseite gerückt, so daß der Tisch im Hintergrund wegfiel.

40.4. Dr. Martin Luther auf dem Sterbebette zu Eisleben. (den 18. Februar 1546.)
Bez. u. r.: Lith Anst v Ed Gust May in Frankfurt a M
Lithographie. Bildgr.: 17,3 x 23,5 cm. Größe bis zur äußeren Umrandung: 19,3 x 25,5 cm
Slg. Dr. Christa Pieske, Lübeck
Das Vorbild aus der v. Löwensternschen Lutherlebenfolge ist stark verändert und vereinfacht (vgl. 34.14.3. u. 34.14.4.) und mit zeigenössischem, spätbiedermeierlichem Kolorit versehen worden. Möglicherweise wurden — wie z.B. auch in der „Entführung auf die Wartburg" bei den galoppierenden und sich aufbäumenden Pferden — weitere Vorlagen für Einzelnes verwendet, hier etwa bei der Gestalt des weißbärtigen Alten im Lehnstuhl.

41
A. Frauenfeld

Über A. Frauenfeld sind mir keine Daten bekannt.

Bildnis Luthers und 18 Szenen aus seinem Leben auf einem Blatt, 30er oder 40er Jahre des 19. Jahrhunderts
Bez. u. l.: Nach Noël auf Stein gez. v. A. Frauenfeld; u. r.: Gedruckt v. Kammerer in München. Außerdem Bildunterschriften, die im folgenden zitiert werden.
Lithographie. Bildgr.: 42,7 x 35,4 cm
Der Steindrucker Kammerer, München, ist unbekannt. Mit „Noël" dürfte Alexis Nicolas Noël (1792 – 1871) oder Alphonse Léon Noël (1807 – 1884) gemeint sein. Es wäre jedoch irrig, anzunehmen, daß A. Frauenfeld Originalkompositionen des einen oder anderen Noël vorgelegen hätten, wenn deren Namen überhaupt mit diesem Blatt in Verbindung gebracht werden können, da auch hier u.a. Nachwirkungen der v. Löwensternschen Lutherlebenfolge zu erkennen sind. — Vgl. H. u. M. Maedebach u. L. Bauer, Martin Luther Ausst., Kunstsammlungen der Veste Coburg, 1967, Nr. 44.
Inv.-Nr. VI, 482,1 Neg.-Nr. 6554

41.1. Dr. Martin Luther.
Relativ großformatiges Mittelbild, das von den 18 kleinformatigen Illustrationen umgeben wird. Das Mittelbild kopiert bis ins einzelne folgende Lithographie (wenn nicht beide Lithographien auf ein drittes Vorbild zurückgehen): Dr. Martin Luther. Erinnerung an die dritte Jubelfeier der Reformation. Bez. u. l.: Litho v. Cäcilie Brandt; u. r.: Druck v. A. Kneisel. Lithographie. Bildgr.: 24 x 17,4 cm; Größe bis zur äußeren Umrandungslinie: 28,55 x 20,5 cm. Unten r. Faksimile einer Unterschrift Martin Luthers und eine weitere Handschriftprobe (z.T. abgeschnitten). R. Arnim Winkler verzeichnet in seinem Buch „Die Frühzeit der deutschen Lithographie", München 1975, S. 44, Nr. 101: L. Brand, Porträt-Lithograph, um 1820 in Leipzig, und führt eine Reihe von Blättern seiner Hand aus dem Kupferstichkabinett der Kunstsammlungen der Veste Coburg an. Er schreibt: „L. Brand und Cäcilie Brand stellen eine Dynastie von frühen Reproduktions-Lithographen dar, die fremde Vorlagen in lithographische Beilagen für Zeitschriften umsetzten. Cäcilie Brand ist zweifellos erst in den dreißiger Jahren tätig. L. Brand dagegen schon Anfang der zwanziger Jahre." Das Lutherporträt wird 1830 herausgebracht worden sein. Das Vorbild ist mir unbekannt. Über A. Kneisel keine weiterführenden Angaben bei Winkler. Inv.-Nr. VI, 456, 2.; Neg.-Nr. 13321.

Cäcilie Brandt, Dr. Martin Luther, Erinnerung an die dritte Jubelfeier der Reformation, (1830). Inv.-Nr. VI, 456, 2.

Im folgenden werden die einzelnen Lutherillustrationen der Frauenfeldschen Lithographie nach ihrer zeitlichen Folge aufgezählt, die nicht immer ihrer Anordnung im Blatt entspricht.

41.2. Luther als Currentsänger.
Zurückgehend auf die Variantengruppe 34.2. der v. Löwensternschen Lutherlebenfolge. Der Bogen unter der Treppe erinnert an Kat.-Nr. 34.2.1., die Eckfigur an die Menzelsche Wiederholung (Kat.-Nr. 36.2.).

41.3. Luthers Freund erschlagen.
Die Komposition erinnert an Kat.-Nrn. 34.3.1. und 34.3.2. der v. Löwensternschen Lutherlebenfolge.

41.4. Luther im Kloster.
Vorbild unbekannt.

41.5. Luther und Staubitz.
Das Thema vgl. bei Christoph Faulhaber (Kat.-Nr. 35).

41.6. Luther schlägt seine 95 Sätze an.
Die Komposition geht auf die Variantengruppe 34.4. der v. Löwensternschen Lutherlebenfolge zurück.

41.7. Luther verbrennt die Bulle.
Die Komposition entspricht derjenigen im E. G. Mayschen Blatt (Kat.-Nr. 40.1.), die ihrerseits auf v. Löwenstern und Catel zurückgeht.

41.8. Luthers Einzug in Worms.
Hinter dieser Komposition steht letztenendes die Variantengruppe 34.6. der v. Löwensternschen Lutherlebenfolge.

41.9. Luther auf dem Reichstag.
Vorbild unbekannt.

41.10. Luthers Entführung.
In der Komposition besteht eine gewisse Verwandtschaft mit dem Mayschen Blatt (Kat.-Nr. 40.2.).

41.11. Luther auf der Wartburg.
Vorbild unbekannt.

41.12. Luther und Melanchthon.
Vorbild unbekannt.

41.13. Luthers Hochzeit.
Vorbild unbekannt.

41.14. Luthers Wohltätigkeit.
Vorbild unbekannt. Zum Thema vgl. Kat.-Nr. 32.

41.15. Luthers Familienleben.
Hinter dieser Komposition steht letztenendes die Variantengruppe 34.12. der v. Löwensternschen Lutherfolge.

41.16. Luthers Gebet.
Luther betet für Melanchthon. Zum Thema (und letztenendes zur Komposition) vgl. die Variantengruppe 34.13. der v. Löwensternschen Lutherfolge.

41.17. Luthers Tod.
Vorbild unbekannt.

41.18. Luthers Leichenzug.
Hinter dieser Komposition steht letztenendes die Variantengruppe 34.15. der v. Löwensternschen Lutherlebenfolge.

41.19. Karl V an Luthers Grab.
Hinter dieser Komposition scheint letztenendes die Variantengruppe 34.16. der v. Löwensternschen Lutherlebenfolge zu stehen.

Luther und Staupitz
Luther als Currentsänger
Luthers Freund erschlagen
Luther im Kloster
Luther und Melanchton
Luther schlägt seine 95 Sätze an.
Luther verbrennt die Bulle
Luthers Einzug in Worms
Luthers Entführung.
Luther auf dem Reichstag
Luthers Hochzeit.
Luther auf der Wartburg
Luthers Wohlthätigkeit
Dr. MARTIN LUTHER.
Luthers Familienleben
Luthers Leichenzug
Luthers Tod
Luthers Gebet
Karl V an Luthers Grab

41.

42

(Philipp Peter Schömbs (Schoembs), Offenbach a. M.)

Philipp Peter Schömbs (1806 Friesenheim in Rheinhessen — 1882 Offenbach) war in Offenbach Gründer einer Lithographischen Anstalt, die sein Sohn Friedrich Schoembs (1832 Offenbach — 1879 ebda.) weiterbetrieb. Die Firma hat bis 1930 bestanden. Vgl. Thieme-Becker 30, 1936, S. 217. Dort weitere Literaturangaben.
Das im folgenden beschriebene Blatt entspricht im Ganzen wie im Einzelnen der Lithographie von A. Frauenfeld (Kat.-Nr. 41), doch sind hier die Lutherszenen in zeitlich richtiger Reihenfolge angeordnet, mit Ausnahme der beiden Szenen oben links und rechts: „Luther und Staupitz" sowie „Luther und Melanchthon".

Luthers Leben. Bildnis Luthers und 18 Szenen aus seinem Leben auf einem Blatt, 30er/40er Jahre des 19. Jahrhunderts
Bez. u. Mitte: Lithographische Anstalt von Ph. Schömbs in Offenbach a. M. Auf dem unteren Teil einer Schriftrolle (unter der Bibel zwischen den Worten „Luthers Leben") ist versteckt die Signatur: „. . . Lit. von (?) Georg Haas" angebracht, der Name des Lithographen. Die Signatur begegnet im Blatt noch mehrmals: Auf dem Rücken eines Folianten (G. Haa . . .), im Muster des Brokatvorhangs (G. H.) und in der Darstellung von Luthers Entführung, 42.10. (Georg Haas Lit.).
Lithographie. Größe bis zur äußeren Umrandung: 43,55 x 35,4 cm
Das Porträt sowie die einzelnen Szenen sind mit Erläuterungen versehen, die wie auch die Titel im folgenden zitiert werden.
KK Coburg Neg.-Nr. 12971

42.1. Dr. Martin Luther.
„Martin Luther, dessen Eltern Bergleute waren, wurde zu Eisleben am 10ten November 1483 geboren. — Den 18ten Februar 1546 starb Luther zu Eisleben, wohin er von dem Grafen Mansfeld, Streitigkeiten zu schlichten, berufen worden war. Sein Leichnam wurde nach Wittenberg gebracht, und ruht in der dortigen Schloßkirche unweit der Kanzel." Zu diesem Bildnis vgl. die Anm. bei Kat.-Nr. 41.1.

42.2. Luther als Currentsänger.
„Von 1498 bis 1501 besuchte Luther die Schule zu Eisenach, da ihn sein Vater nicht unterstützen konnte, mußte er sein Brod von Haus zu Haus erbetten und ersingen, bis ihn die fromme Hausfrau Conrad Cotta's in ihr Haus aufnahm und seine treue Pflegerin blieb, bis er Eisenach verlies, wo er in allen Theilen des damaligen Schulunterrichts ausgezeichnete Fortschritte machte."
Vgl. Anm. bei Kat.-Nr. 41.2.
Neg.-Nr. 12971 B

42.3. Luthers Freund erschlagen. (1505.)
„Nach seines Vaters Wunsch studirte Luther die Rechtswissenschaft zu Erfurt. Als er einst mit seinem Freunde Alexius spatziren ging wurde dieser an seiner Seite von einem Blitzstrahl tod darnieder geschmettert. Dieser Vorfall erschien ihm als ein Wink Gottes und er vertauschte das Studium der Rechte mit dem der Theologie u. trat ins Kloster zu Erfrt."
Vgl. Anm. bei Kat.-Nr. 41.3.
Neg.-Nr. 12971 C

42.4. Luther im Kloster.
„Nichts, auch seines Vaters dringenste Bitten vermochten Luther zum Rückschritte zu bewegen. Durch den Einfluß des Aufsehers der Augustinerklöster wurde Luther den niedrigen Klostergeschäften enthoben und dem Studium wiedergegeben, wo er auf vollständige Kenntniß der Biebel allen Fleiß verwandte, laut und deutlich wurde ihm der Wunsch, dieses Buch dem Volke bekannt und verständlich zu machen."
Vgl. Anm. bei Kat.-Nr. 41.4.
Neg.-Nr. 12971 D

42.5. Luther und Staupitz.
„Johann von Staupitz, Aufseher der Augustinerklöster in Deutschland und einer der ersten Lehrer in der Universität Wittenberg. Als dieser das Augustinerkloster zu Erfurt visitirte, erregte Luther seine ganze Aufmerksamkeit, lange besprach er sich mit ihm im Garten, tröstete ihn, munterte ihn zu seinen Biebelstudien auf, und brachte ihn durch seine Empfehlung nach Wittenberg, dem Schauplatz seiner mächtigen Wirksamkeit."
Vgl. Anm. bei Kat.-Nr. 41.5.
Neg.-Nr. 12971 A

42.6. Luther schlägt seine 95 Sätze an. (1517).
„Der Dominikanermönch Tetzel zieht in Sachsen umher und verkauft Ablaßbriefe, wodurch begangene und künftige Sünden getilgt werden sollen. Luther predigt laut dagegen, am 31ten October 1517 schlägt er seine 95 Sätze an, worin er dem Papste das Recht abspricht auf andere Weise Sünden zu erlassen, als Gotteswort es vorschreibt. Dieses erregte in ganz Europa Aufsehen, und ist der erste sichtbare Anfangspunkt der Reformation. —"
Vgl. Anm. bei Kat.-Nr. 41.6.
Neg.-Nr. 12971 F

42.7. Luther verbrennt die Bulle. (1520).
„Luthers Feinde erwirkten beim Pabste, daß dieser den Bann über ihn aussprach. Doch machte die Bannbulle wenig Glück in Deutschland, in mehreren Städten wurde sie abgerissen, in Sachsen durfte sie gar nicht bekannt gemacht werden. Luther selbst sagte sich nun ganz vom Pabste los, indem er in Gegenwart der Universität und Bürgerschaft vor dem Elster-Thor zu Wittenberg die Bannbulle sammt dem päbstlichen Rechte verbrannte."
Vgl. Anm. bei Kat.-Nr. 41.7.

Neg.-Nr. 12971 G

42.8. Luthers Einzug in Worms. (1521).
„Kaiser Carl V. schrieb einen Reichstag aus, der in Worms sollte gehalten werden, hier sollte auch der Religionsstreit, den Luther erregte geschlichtet werden, — er wurde dahin vorgeladen. Trotz dem Abrathen seiner Freunde trat er die Reise muthig an, und wenn so viel Teufel in Worms wären, als Ziegeln auf den Dächern, so wollte ich doch hin, sagte er. Sein Einzug glich einem Triumpfzuge, Fürsten, Grafen, Ritter, Volk drängten sich, um den großen Mann zu sehen. —"
Vgl. Anm. bei Kat.-Nr. 41.8.

Neg.-Nr. 12971 H

42.9. Luther vor dem Reichstage. (1521.)
„Luther sollte eine klare, kurze Antwort auf die ihm vorgelegten Fragen geben, ob er wiederrufen wolle? darauf antwortete er: Es sei denn, dass ich mit Zeugnissen der heil. Schrift oder mit öffentlichen klaren und hellen Gründen überwiesen werde, so kann und will ich nicht wiederrufen, weil weder sicher noch gerathen ist etwas wider Gewissen zu thun. Hier stehe ich, ich kann nicht anders, Gott helfe mir, Amen. —"
Vgl. Anm. bei Kat.-Nr. 41.9.

Neg.-Nr. 12971 I

42.10. Luthers Entführung.
„Der Reichstag erklärte den kühnen Mönch als einen Ketzer in die Reichsacht. — Viele Ritter wollten zu seinem Schutze auftretten. — Sein edler Fürst, Churfürst Friedrich der Weise, schützte ihn, indem auf seine Veranstaltung Luther in der Nähe von Eisenach von Verkappten überfallen und auf die Wartburg gebracht wurde, um ihn den Nachstellungen seiner Feinde zu entziehen. —"
In der Darstellung unten Mitte: Georg Haas lit.
Vgl. Anm. bei Kat.-Nr. 41.10.

Neg.-Nr. 12971 J

42.11. Luther auf der Wartburg.
„Um unerkannt zu bleiben, selbst den Bewohnern dieses Schlosses, mußte Luther ritterlich sich kleiden, den Bart stehen lassen, und sollte wie ein Ritter leben. Doch fand er an der Jagd kein Vergnügen — sondern beschäftigte sich grösstentheils mit der Uebersetzung des Neuen Testaments in die deutsche Sprache — konnte sich aber an die Art Gefangenschaft in die er sich, freilich zu seiner Sicherheit, versetzt sah, nicht gewöhnen, und sehnte sich nach Wittenberg zurück. —"
Vgl. Anm. bei Kat.-Nr. 41.11.

Neg.-Nr. 12971 K

42.12. Luther und Melanchton.
„Gott führte Luthern einen Freund zu, ohne den sein großes Werk ihm nicht gelungen wäre. — Dieser Freund war Melanchton, der gelehrteste Professor an der Universität Wittenberg. Bald begegneten sich die Neigungen, Ansichten und Wünsche dieser beiden Männer und obgleich ihre Gemüthsart sehr verschieden war, vereinigten sie sich zu der großen Aufgabe, das reine Gotteswort an das Volk zurück zu geben."
Vgl. Anm. bei Kat.-Nr. 41.12.

Neg.-Nr. 12971 E

42.13. Luthers Hochzeit. (1525.)
„Luther trat 1524 aus dem Mönchsorden. Das Cölibat erschien ihm als ein unnatürlicher verderblicher Zwang. — Seine Neigung fiel auf Katharina von Bora aus Meisen, vormals eine Nonne, im Jahr 1525 ließ sich Luther mit ihr trauen, der Prediger und Universitätslehrer Joh. Bugenhagen verrichtete die Trauung. Luthers Eltern, Spalatin, Lucas Kranach und Andere waren die Gäste bei dem Hochzeitsfeste, wo Friede und Freude herschte. —"
Vgl. Anm. bei Kat.-Nr. 41.13.

Neg.-Nr. 12971 L

42.14. Luthers Wohlthätigkeit.
„Ein Student der die Universität verlassen will, bittet Luthern um Reisegeld. Luther sagte ihm, er habe nun kein Geld. Der Jüngling weint. Nun reicht ihm Luther einen silbernen Becher, den er gerade erblickt, mit den Worten: Nimm du den Becher da und reise in Gottes Namen fort. Der junge Mann will ihn nicht nehmen — aber Luther drückt den Becher zusammen und dringt ihn dem Studenten auf: ich brauche den silbernen Becher nicht. —"
Vgl. Anm. bei Kat.-Nr. 41.14.

Neg.-Nr. 12971 M

42.15. Luthers Familienleben.
„Er war ein zärtlicher Gatte, im Besitze seiner Käthe schätzte er sich reich und glücklich. — Sie war ihm durch treue Liebe fest verbunden — er kannte ihren Werth. In seiner Kinder Mitte fühlte er sich wohl und froh. — Ihre Erziehung und Unterricht besorgte er zum Theil selbst, mit Freundlichkeit und Ernst wußte er auf sie zu wirken. Ich will lieber keinen als einen ungerathenen Sohn haben, — sagte er einst, als sein Sohn sehr gefehlt hatte. —"
Vgl. Anm. bei Kat.-Nr. 41.15.

Neg.-Nr. 12971 N

42.16.

42.18.

42.19.

42.16. Luthers Gebet.
„Als Melanchton 1540 von einer Reise nach Weimar gekommen war, überfiel ihn eine schwere Krankheit, die keine Hoffnung zum Leben gab. Luther eilte auf die erhaltene Kunde zu seinem kranken Freunde, findet ihn entstellt, besinnungslos, dem Tode nah. Luther wirft sich auf die Knie und fleht um des großen Mannes Leben, steht getrost auf und schreit dem Kranken ins Ohr: Seid getrost, Philipp, ihr werdet nicht sterben! Melanchton genas."
Vgl. Anm. bei Kat.-Nr. 41.16

Neg.-Nr. 12971 O

42.17. Luthers Tod. (18. Febr. 1546.)
„Die Grafen von Mansfeld veranlaßten Luther nach Eisleben zu kommen, um Streitigkeiten zu schlichten. Nach wenigen Tagen erkrankte er, seine Freunde Jonas, Cölius und seine Söhne standen ihm bei, die Gräfin Mansfeld pflegte sein. Doch er starb, kurz nachdem er dreimal die Worte gesprochen: Vater, in deine Hände empfehle ich meinen Geist."
Vgl. Anm. bei Kat.-Nr. 41.17.

Neg.-Nr. 12971 P

42.18. Luthers Leichenzug.
„Der Leichnam Luthers wurde auf des Kurfürsten Befehl nach Wittenberg gebracht. Die Einwohner Wittenbergs empfingen den angelangten Leichenzug. Die Abgeordneten des Kurfürsten, die Grafen von Mansfeld mit 60 Ritter, Luthers Wittwe, Kinder und Verwandten, Fürsten, Edelleute, Professoren, Stadtrath, die Studenten und eine Menge Volks folgten dem Zuge. In der Schlosskirche wurde er unweit der Kanzel eingesenkt. —"
Vgl. Anm. bei Kat.-Nr. 41.18.

Neg.-Nr. 12971 Q

42.19. Luthers Grab.
„Nach der entscheidenden Schlacht bei Mühlberg im Jahre 1547 kam Carl V. mit Alba auch nach Wittenberg. Sie besuchten die Schloßkirche, und mit ernstem tiefem Nachdenken stand der Kaiser mit seinem Gefolge vor Luthers Grab. Alba bat den Kaiser, wenigstens Luthers Gebeine ausgraben und verbrennen zu lassen. Aber Carl erwiederte: Nein, laßt ihn liegen, er hat seinen Richter, mit Todten führe ich keinen Krieg. —"
Vgl. Anm. bei Kat.-Nr. 41.19.

Neg.-Nr. 12971 R

Welches Blatt früher entstanden ist — das Münchener oder Offenbacher (Kat.-Nrn. 41, 42) — ist durch Vergleich nicht zu ermitteln. Alle Details der Darstellungen stimmen überein. Das Offenbacher Blatt ist primitiver gezeichnet, die Anordnung der Szenen ist sinnvoller, die Szenen werden ausführlich beschrieben. Das Münchener Blatt ist mit leichterer Hand besser gezeichnet. Sollte das Vertauschen einiger Szenen im Münchener Blatt darauf hindeuten, daß dieses das spätere ist? — Zu fragen wäre, woher der Text der Offenbacher Lithographie stammt.

Luther und Staupitz
Luther als Currentsänger
Luthers Freund erschlagen
Luther im Kloster
Luther und Melanchton
Luther schlägt seine 95 Sätze an
Luther verbrennt die Bulle
Luthers Einzug in Worms
Luther vor dem Reichstage
Luthers Entführung
Luther auf der Wartburg
Luthers Hochzeit
Luthers Wohlthätigkeit
Dr. Martin Luther.
Martin Luther dessen Eltern Bergleute waren wurde zu Eisleben am 10ten November 1483 geboren. Den 18ten Februar 1546 starb Luther zu Eisleben wohin er von dem Grafen Mansfeld, Streitigkeiten zu schlichten berufen worden war. Sein Leichnam wurde nach Wittenberg gebracht, und ruht in der dortigen Schloßkirche unweit der Kanzel.
Luthers Familienleben
Luthers Gebet
Luthers Tod
Luthers Leichenzug
Luthers Grab
LUTHERS LEBEN.

42

43

J. Jäger, Rorschach

Über J. Jäger ist mir nichts bekannt. Rorschach im schweizerischen Kanton St. Gallen liegt am Südufer des Bodensees.

Erinnerung an den großen Glaubenshelden Dr. Martin Luther. 1830 (?)
Bez. unter dem Titel: Lith. v. J. Jäger in Rorschach. Rechts unten Faksimile von Luthers Unterschrift. Unten Titel (s. o.)
Lithographie. Bildgr.: 37,15 x 33,2 cm; Größe bis zur äußeren Umrandung:
38,4 x 33,8 cm
Inv.-Nr. VI, 435,2 Neg.-Nr. 13295

Ein Brustbild Luthers in der Mitte ist von 10 kleinformatigen Lutherszenen umgeben; sie sind im folgenden, anders als auf dem Blatt, in zeitlicher Reihenfolge aufgezählt. Die Bildtitel entsprechen den Unterschriften der Lithographie. Das Bildnis Luthers ist nicht eigens mit einer Unterschrift versehen.

43.1. (Bildnis Martin Luthers)
Brustbild, Luther im Talar, barhäuptig, in der Rechten die Bibel (vom Rand überschnitten), emporblickend.

43.2. Alexius Tod.
Vorbild unbekannt.

Neg.-Nr. 13295 J

43.3. Luther und Staubitz im Klostergarten
Die Komposition entspricht derjenigen C. Faulhabers. Das Hochformat ist hier in ein Querformat verwandelt (vgl. Kat.-Nr. 35).

Neg.-Nr. 13295 A

43.4. Vertheidigung gegen den Ablaß Tezel's, an der Kirche zu Wittemberg.
Vorbild unbekannt. Luther im Talar! Die Thesen sind nicht am Portal selbst, sondern daneben angebracht.

Neg.-Nr. 13295 B

43.5. Verbrennung der päbstlichen Bulle.
Vorbild unbekannt.

Neg.-Nr. 13295 E

43.6. Auf dem Reichstage zu Worms.
In der Anordnung der Personen und auch in Details wird man an die Variantengruppe 34.7. der v. Löwensternschen Lutherfolge erinnert. Luther hier als Mönch auftretend.

Neg.-Nr. 13295 C

43.7. Aufenthalt auf Warthburg.
Vorbild unbekannt.

Neg.-Nr. 13295 D

43.8. Vermählung mit Katharina von Boren.
Vorbild unbekannt

Neg.-Nr. 13295 G

43.9. Luther u. Zwingli auf dem Religionsgespräch zu Marburg.
Vorbild unbekannt. Luther steht in der Mitte, Zwingli in der bekannten Profildarstellung.

Neg.-Nr. 13295 F

43.10. Wohlthatigkeit gegen einen Studenten.
Die Komposition entspricht derjenigen von J. M. Voltz (vgl. Kat.-Nr. 32), die in den 20er Jahren des 19. Jahrhunderts entstanden ist. In der Jägerschen Lithographie ist die Höhe des Raumes wesentlich reduziert worden, weggelassen ist der hinter dem Tisch sitzende Sohn Luthers, der Schwan im Wappen des Fensters, die Stundenuhr auf dem umlaufenden Gesims.

Neg.-Nr. 13295 I

43.11. Tod zu Eisleben.
Vorbild unbekannt.

Neg.-Nr. 13295 H

Die Datierung des Blattes bereitet Schwierigkeiten, weil es stilistisch und künstlerisch unausgesprochen ist. Die beiden greifbaren Vorlagen (C. Faulhaber, J. M. Voltz) dürften 1825–30 entstanden sein, so daß für eine Datierung ins Jubiläumsjahr 1830 einiges spricht.

Alexius Tod.
Luther und Staubitz im Klostergarten
Vertheidigung gegen den Ablaß Tezels an der Kirche zu Wittenberg
Wohlthätigkeit gegen einen Studenten.
Auf dem Reichstage zu Worms
Tod zu Eisleben.
Aufenthalt auf Warthburg
Vermählung mit Katharina von Boren
Luther u. Zwingli auf dem Religionsgespräch zu Marburg
Verbrennung der päbstlichen Bulle.
Errinnerung an den grofsen Glaubenshelden
Dr. Martin Luther.

43.

Zwischenbemerkung: Es folgen, um das Thema „Bilderfabriken" des 19. Jahrhunderts geschlossen abzuhandeln, noch einige großformatige Lithographien.

44
(A. Renaud in Berlin)

Über Renaud ist mir nichts bekannt.

Martin Luther verbrennt die päpstliche Bannbulle, Mitte 19. Jahrhundert (?)
Unten Titel (s. o.). Darunter: „Weil Du den Heiligen des Herrn betrübet so betrübe und verzehre Dich das ewige Feuer." (Diese Worte soll Luther bei der Verbrennung der Bannbulle gesagt haben). Unter der Darstellung ferner die Namen „Melanchton" und „Martin Luther".
Bez. u. l.: Gez. v. Hartung; u. Mitte: Gesetzlich deponirt; u. r.: Druck v. A. Renaud in Berlin Kommandantenstr. 50.
Lithographie. Bildgr.: 39,5 x 51,7 cm
Als Vorbild hat direkt oder vermittelt durch eine Kopie die von L. Buchhorn gestochene Komposition F. L. Catels von 1806 gedient (vgl. Kat.-Nr. 20). Für die Beurteilung der Wandlung des Zeitgeschmacks (und der Zielgruppe) ist ein Vergleich mit dem Catelschen Blatt aufschlußreich: Der personelle Apparat wird sehr stark vermindert, wodurch eine Konzentration auf wenige vom Nazarenertum gefärbte Figuren erfolgt; aus dem historischen Geschehen wird eine Heiligenlegende. Luther könnte ein „Ordensheiliger" sein, hinter ihm ein devoter „Wagnertyp" (Melanchthon), rechts davon der „ungläubige Thomas", am rechten Bildrand „die Frauen am Grabe", kniend davor ein „Hirt auf dem Felde", links „Stifterfiguren" und „Hagen von Tronje". Die Burg hinter der Stadtmauer vervollständigt die Reihe trivialer Klischeevorstellungen, die weder an den Verstand noch an die Gesinnung „appellieren", sondern das Volk beim Glauben erhalten.

KK Coburg Neg.-Nr. 12976

44.

45
Friedrich Peter Hiddemann
1829 Düsseldorf – 1892 ebda.

Friedrich P. Hiddemann war, wie A. Seubert und F. v. Boetticher mitteilen, zuerst Lithograph, bevor er 1848 – also mit 18 oder 19 Jahren – ein Studium an der Düsseldorfer Akademie bei Th. Hildebrand und W. Schadow begann (bis 1856). Danach reiste er durch das nordwestliche Europa und ließ sich dann in Düsseldorf nieder. Er „malte anfangs historische und romantische Stoffe, später aber Genrebilder, die sich durch feine Beobachtung, lebendige Charakterisirung und viel Humor bemerklich machten" (Seubert). „Hiddemann galt als einer der bedeutendsten Vertreter der älteren Düsseldorfer Genremalerei" (Thieme-Becker). Vgl. A. Seubert, Allgem. Künstlerlexicon, 2. Bd., Stuttgart 1878, S. 220 f. – F. v. Boetticher, Malerwerke, I,2, S. 557 f. – Thieme-Becker 17, 1924, S. 50 (dort weitere Literatur).

Luther, Melanchton, Pomeranus u. Cruciger übersetzen die Bibel, vor 1848 (?)
Bez. u. l.: Lith. v. F. Hiddemann; u. Mitte: Druck v. W. Severin Ddorf.; u. r.: Verlag von H. Zinnenlauf. Unter dem Titel (s. o.): Zum Besten der Rettungs-Anstalt Düsselthal.
Lithographie. Bildgr.: 23,5 x 31,15 cm; Größe bis zur äußeren Umrandung: 24,4 x 32,05 cm
Luther sitzt in der Mitte, hinter ihm steht Johannes Bugenhagen (Pomeranus), rechts sitzt mit Buch Melanchthon, links Kaspar Cruciger. Falls Hiddemann die Komposi-

tion nach einem Vorbild lithographiert hat, dürfte das Blatt vor 1848 (zum Lutherjahr 1846?) entstanden sein. Daß Hiddemann auch noch während oder nach seiner Akademiezeit lithographiert habe, wird nirgends erwähnt. W. Brückner zitiert, daß 1842 in Düsseldorf der „Verein zur Verbreitung religiöser Bilder" gegründet wurde. „Die Inhalte waren von den Spätnazarenern der Düsseldorfer Akademie bestimmt und haben in die Breite (etwa der Dresdner Produktion) und lange nachgewirkt." (Populäre Druckgraphik Europas. Deutschland. Vom 15. bis zum 20. Jahrhundert, München 1969, S. 216). W. Severin oder H. Zinnenlauf werden bei Brückner nicht erwähnt.

KK Coburg Neg.-Nr. 12980

46
(Joseph Scholz, Mainz)

Der Joseph Scholz Verlag, 1793 in Wiesbaden gegründet, existiert noch heute als Kinderbuchverlag in Mainz. Firmengründer war der Schlesier Joseph Carl Scholz (1768–1813). Nach seinem Tod wurde das Geschäft von seiner Witwe und zwei Söhnen fortgeführt. Seit 1829 nach Teilung des Geschäfts Niederlassung in Mainz. „Von 1832–1880 leitete Christian Scholz . . . die Firma allein und machte aus ihr eine lithographische Anstalt und Verlag mit zeitweilig 350 Koloristen" (W. Brückner, Populäre Druckgraphik Europas. Deutschland. Vom 15. bis zum 20. Jahrhundert, München 1969, S. 222).

Luther, Melanchton, Pomeranus & Cruciger übersetzen die Bibel/translating the Bibel, Mitte oder 2. Hälfte 19. Jahrhundert
Nicht bez. Trockenstempel: Mainz, Druck & Verlag von Jos. Scholz. Unten Titel (s. o.) Lithographie, auf eine Unterlage geklebt. Bildgr.: 28,85 x 36,9 cm; Größe bis zur äußeren Umrahmung: 31,5 x 39,55 cm
Vereinfachende Wiederholung der Lithographie von F. P. Hiddemann (Kat.-Nr. 45).

45.

46.

47.1.

Weggelassen ist das Bücherbord oben links; der etwas schräg verlaufende Faltenwurf des Vorhangs im Hiddemannschen Blatt wird zur Raumecke, die Darstellung rechts ist verkürzt.

KK Coburg Neg.-Nr. 12977

47
(Julius Püttmann, Elberfeld)

Angaben über Julius Püttmann sind mir nicht bekannt.

47.1. Luther, Melanchton, Bugenhagen und Cruciger die Bibel übersetzend, 2. Hälfte 19. Jahrhundert
Bez. u. l.: Gez. v. H. Würz; u. M.: Verlag u. Eigenthum v. Julius Püttmann in Elberfeld; u. r.: Lith. Anst. v. J. Hesse in Berlin. Unter dem Titel (s. o.): Gesetzlich deponirt.
Lithographie. Bildgr.: 36,1 x 44,1 cm; Blattgr.: 53,2 x 61,2 cm
J. Hesse dürfte identisch sein mit Johann Friedrich Hesse (1792 Magdeburg — ?), der an der Dresdner Akademie noch Schüler von J. D. Schubert gewesen ist (vgl. Kat.-Nr. 11), außerdem von Wilhelm v. Kügelgen und M. Retzsch. Im Thieme-Becker (16, 1929, S. 592) wird er als Maler und Lithograph bezeichnet. Er arbeitete als Porträtist in Magdeburg und lebte seit 1818 in Hamburg, seit 1838 in Berlin. Aufgrund einer Adresse auf einer Lithographie von 1853, die dem Hamburger Staatsarchiv gehört (noch vorhanden?), wird im Thieme-Becker die Vermutung ausgesprochen, daß der Berliner Maler und der Lithograph J. Hesse miteinander identisch seien. Im Thieme-Becker 36, 1947, S. 298 wird ein Hermann Würz genannt (1836 Solingen — 1899 Nizza). Er hat 1876 in Berlin ausgestellt und als Genre-, Bildnis- und Tiermaler gearbeitet. Ob dieser mit dem im Blatt genannten H. Würz identisch ist, vermag ich nicht zu sagen.
Die Komposition des Blattes geht auf Kat.-Nr. 45 oder 46 zurück. Die Personen sind in Haltung und Gestik verändert, Luther hat den Doktorhut abgenommen. Der Raum ist schräggestellt, das Licht diffuser und nicht mehr caravaggesk-dramatisch. „Pomeranus" ist in „Bugenhagen" verändert.

KK Coburg Neg.-Nr. 12974

47.2. Luther im Kreise seiner Familie und seiner Freunde Melanchthon und L. Cranach
Bez. u. l.: Gez. v. H. Würz; u. Mitte: Verlag

und Eigenthum v. Julius Püttmann in Elberfeld; u. r.: Lith. Anst. v. J. Hesse in Berlin. Unter dem Titel (s. o.): Gesetzlich deponirt.
Lithographie. Bildgr.: 36,05 x 44,5 cm
Ein Vorbild ist mir unbekannt.

KK Coburg Neg.-Nr. 13305

Zwischenbemerkung: Die im 19. Jahrhundert beliebten Darstellungen „Die Männer der Reformation“ und „Der Fels der Kirche“ bleiben in diesem Katalog unberücksichtigt, weil es sich in beiden Fällen um repräsentative Zusammenstellungen von Porträts, verbunden z. T. mit allegorischem Beiwerk, handelt und nicht, wie etwa bei den Kompositionen der Bibelübersetzung, um wie auch immer idealisierte historische Vorgänge.

48

(Eduard Gustav May, Frankfurt a. M.)

Über die Maysche Bilderfabrik vgl. Kat.-Nr. 40. „Von 1850–63 war der Frankfurter Johann Gustav Wirsing Teilhaber des (Mayschen) Geschäfts, so daß sich die Blätter dieser Zeit besser datieren lassen ...“ (Wolfgang Brückner, Christa Pieske: Die Bilderfabrik, Ausst.-Kat. d. Hist. Mus. Frankfurt a. M., 1973, S. 42).

Dr. Martin Luther vor dem Reichstag zu Worms am 17. und 18. April 1521, 1856–63
Der Titel ist auch in englischer und niederländischer Sprache angegeben. Unter dem deutschen Titel: „Hie steh' ich, ich kann nicht anders. Gott helfe mir! Amen.“
Bez. u. l.: Gez. v. Chr. Bach; u. Mitte: Druck, Verlag u. Eigenthum v. E. G. May & Wirsing in Frankfurt a. M.; u. r.: Lith. v. L. Bisch.
Lithographie (Tonplatte). Bildgr.:
33,2 x 48,2 cm; Größe bis zur äußeren Umrandung: 34,65 x 49,6 cm
Chr. Bach und L. Bisch sind unbekannt.

KK Coburg Neg.-Nr. 12979

48.

49

(J. J. H. Kemmer, Utrecht)

Angaben über J. H. H. Kemmer sind mir nicht bekannt.

Dr. Martin Luther voor den Rijksdag te Worms den 17.n en 18.n April 1521
Unter dem Titel: „Hier sta ik, ik kan niet anders, God helpe mij! Amen.“
Bez. u. l.: Uitgave v. J. J. H. Kemmer te Utrecht; u. r.: Lith. v. Emrik & Binger.
Lithographie (Tonplatte). Bildgr.:
33,1 x 48,1 cm; Größe bis zur Umrandung: 34,4 x 49,5 cm
Über die Lithoanstalt Emrik & Binger ist mir nichts bekannt.
Das Blatt ist eine recht genaue Wiederholung von Kat.-Nr. 48 im gleichen Format. Die Zeichnung ist glatter und etwas vereinfachender.

KK Coburg Neg.-Nr. 12975

50
Moritz Berendt

Moritz Berendt (um 1805 Berlin — ?) wurde nach künstlerischem Unterricht in Berlin seit 1834 Schüler Wilhelm Schadows an der Düsseldorfer Akademie. Er soll in Düsseldorf gelebt haben. 1826—44 stellte er wiederholt in den Berliner Akademieausstellungen aus. 1836 ist sein Gemälde „Luther als Chorknabe auf der Straße Almosen sammelnd" datiert; es war 1838 in Berlin (Akad. Kunstausst.) ausgestellt und gehörte in die Galerie des Grafen Redern, Berlin. Vgl. Thieme-Becker 3, 1909, S. 380.

50.

Luther im Kreise seiner Familie, 1846 (?)
Bez. u. l.: Gem. v. Moritz Berendt, Lith. v. F. H. Weisse; u. Mitte: Verlag der Gerhard'schen Buch- und Kunsthandlung in Danzig; u. r.: Druck des Königl. lith. Instituts zu Berlin.
Lithographie. Bildgr.: 34 x 39 cm; Größe bis zur äußeren Umrandung: 36,55 x 40,5 cm

Die Komposition verrät die Düsseldorfer Schule. Ernst Gustav Vogel führt in seiner „Bibliotheca Biographica Lutherana", Halle 1851, S. 70, Nr. 652, offenbar ein Pendant unseres Blattes an: „Luther wie er selbst noch Mönch im Kloster zu Erfurt auf dem Krankenlager durch einen alten Mönch aus der Bibel getröstet wird, lithograph. v. L. Beck und F. H. Weise (!). Nach Originalzeichnung von M. Berendt. Danzig 1846. Royalfolio." Auch unsere Lithographie dürfte 1846 oder in der Mitte der 40er Jahre entstanden sein. Die Vorlage Berendts könnte schon früher vollendet sein. Vgl. Kat.-Nr. 59.5. ff.: Berendtsche Zeichnungen für M. Meurers „Luthers Leben aus den Quellen erzählt", 1843.

Inv.-Nr. VI, 473,1;Neg.-Nrn. 6840 u. 13294

51
Unbekannter Künstler

Luthers Einzug in Worms, um 1830 (?)
Die Lithographie ist mir bisher nur als Abbildung bekannt geworden, in: Georg Buchwald, Karl Stockmeyer, Geschichte der deutschen Kirche und kirchlichen Kunst im Wandel der Jahrhunderte, Köln o. J., S. 128. Luther und ein Begleiter in einer mit einem Verdeck versehenen Kutsche befinden sich schon inmitten der Stadt Worms (nicht vor ihren Toren), umjubelt von einer großen Menschenmenge. Aus den Fenstern sehen Zuschauer hinaus. Rechts vorn beobachtet zornig ein Priester das Geschehen, in der Mitte weist ein Mönch einen Knaben auf Luther hin, links zeigt eine Mutter, mit einem Kind auf dem Arm, auf den vorbeifahrenden Wagen. Diese Frau kennen wir aus der v. Löwensternschen Lutherfolge, und zwar aus dem Thesenanschlag (34.4.3. u. 34.4.4.) sowie dem Einzug Luthers in Worms (34.6.4.). Bei den v. Löwensternschen Lithographien handelt es sich um spätere Varianten, die dies Blatt eines Unbekannten als Anregung benutzt haben könnten. Diese Vermutung wird dadurch gestützt, daß auch die kleine Familie am rechten Bildrand des Thesenanschlags (34.4.3. u. 34.4.4.) in der Lithographie vom Einzug Luthers in Worms begegnet, und zwar als Straßenpassanten, als die sie ihrer ganzen Haltung nach mehr Sinn ergeben.

51.

52
(Heinrich Matthes, Leipzig)

Über den Verlag Heinrich Matthes, Leipzig, ist mir nichts bekannt.

Luther in Möhra
Bez. u. l.: V. Cramer, gez.; E. Kühnel, lith.; u. r.: Druck v. J. G. Fritzsche, in Leipzig; unter dem Titel (s. o.): Verlag von Heinrich Matthes in Leipzig.
Lithographie (Tonplatte). Bildgr.:
28,7 x 34,15 cm; Größe bis zur äußeren Umrandung: 30,7 x 36 cm
Keiner der Genannten wird im Thieme-Becker erwähnt.
Möhra, im ehemaligen Herzogtum Sachsen-Meiningen in der Nähe von Salzungen gelegen, ist der Stammort der Familie Luther. Martin Luther hat auf dem Heimweg von Worms 1521 hier seine Verwandten besucht und gepredigt.
Dasselbe Thema ist von C. A. Schwerdgeburth dargestellt worden (vgl. Kat.-Nr. 60.3.). Wahrscheinlich hat das Blatt Schwerdgeburths V. Cramer beim Entwurf seiner Komposition vor Augen gestanden.

KK Coburg Neg.-Nr. 12978

53
(C. B. Polet, Leipzig)

Über den Verlag C. B. Polet, Leipzig, ist mir nichts bekannt.

Gedenktafel an die dreihundertjährige Jubelfeier der Einführung der Reformation in Sachsen. 1839
Bez. u. l.: Steindr. v. C. C. Böhme, Leipzig; u. Mitte: Verlag v. C. B. Polet, Leipzig; u. r.: Gez. v. A. Brandt. Lith. v. A. Berger. Oben Titel (s. o.)
Lithographie. Bildgr. mit Rahmen: 36,2 x 47,3 cm; Größe bis zur äußeren Umrandung: 37,3 x 48,35 cm
Die Genannten sind nicht eindeutig nach dem Thieme-Becker zu identifizieren. Ein C. Böhme hat 1840 Ansichten von Köln lithographiert. R. A. Winkler, Die Frühzeit der deutschen Lithographie, 1957, S. 41, Nr. 091, verzeichnet einen J. C. Böhme, geb. 1771 in Leipzig, der 1820 zwei Steindrucke herausgegeben hat.
In einem Rahmenwerk mit Blattranken und vier statuenartigen Bildnissen (Kurfürst Johann Friedrich der Großmütige, Herzog Ernst der Fromme, Martin Luther und Philipp Melanchthon) sind sieben Szenen zur Geschichte der Reformation in Sachsen dargestellt (zwei Szenen spielen noch in katholischer Zeit). — Martin Luther Ausstellung, Kunstsammlungen der Veste Coburg, 1967, S. 49, Nr. 186.
Inv.-Nr. VI, 485,1;Neg.-Nrn. 6576 u. 13293

Im folgenden werden die einzelnen Szenen aufgezählt. Die Bildtitel entsprechen den Unterschriften der Lithographie.

53.1. Palmesel-Procession auf dem Markte zu Leipzig.
Neg.-Nr. 13293 B

53.2. Tetzel predigt den Ablass in der Pauliner-Kirche zu Leipzig, 1516.
Neg.-Nr. 13293 G

53.3. Luthers Reformationspredigt in der Nicolai-Kirche zu Leipzig, am 25. Mai 1539.
Neg.-Nr. 13293 C

53.4. Einzug der Reformatoren zu Leipzig, 1519.
Neg.-Nr. 13293 A

53.5. Disputation auf der Pleissenburg zu Leipzig, 1519.
Zu Füßen Herzog Georgs von Sachsen sitzt ein Narr. Luther (rechts) und Eck stehen sich, hinter Pulten, gegenüber. Auch bei Gustav Königs Komposition (vgl. Kat.-Nr. 62.18.4.) taucht ein Narr auf, Eck und Luther stehen hinter Pulten, Schreiber notieren das Gesprochene.
Neg.-Nr. 13293 E

53.6.

53.6. M. Fröschels Veranlassung auf dem leipziger Johannis-Kirchhofe zu predigen, 1523.
Sebastian Fröschel (1497 Amberg/Oberpfalz — 1570 Wittenberg) „studierte in Leipzig, wurde 1519 Magister, wohnte 1520 der Disputation zwischen Luther und Eck bei und wurde dadurch ganz für Luther gewonnen. Er studierte nun in Leipzig. 1523 hielt er reformatorische Predigten in Leipzig, wurde auf Befehl Herzog Georgs verhaftet und dann des Landes verwiesen, wobei der Herzog erklärte, „das Fröschel sei zu einer in der Wittenberger Ketzergrube voll Gift gesogenen Kröte" geworden. Nach kurzer Wirksamkeit in Halle wurde er Hilfsprediger in Wittenberg, dann Diakonus, endlich Archidiakonus an der dortigen Stadtkirche" (Paul Schreckenbach u. Franz Neubert, Martin Luther, Leipzig 1916, S. 167).
Neg.-Nr. 13293 D

53.7. Die erste evangelische Abendmahlsaustheilung durch Luther zu Leipzig, am 26. Mai 1539.
Neg.-Nr. 13293 F

53.7.

GEDENKTAFEL AN DIE DREIHUNDERTJÄHRIGE JUBELFEIER DER EINFÜHRUNG DER REFORMATION IN SACHSEN.
Palmesel-Procession auf dem Markte zu Leipzig.
Tetzel predigt den Ablass in der Pauliner-Kirche zu Leipzig, 1516.
Einzug der Reformatoren zu Leipzig, 1519.
Luthers Reformationspredigt in der Nicolai-Kirche zu Leipzig, am 25. Mai 1539.
Die erste evangelische Abendmahlsaustheilung durch Luther zu Leipzig, am 26. Mai 1539.
Disputation auf der Pleissenburg zu Leipzig, 1519.
M. Fröschels Veranlassung auf dem leipziger Johannis-Kirchhofe zu predigen, 1523.

53.

54
Peter Wilhelm App

P. W. App, gebürtiger Darmstädter, „wurde um 1820 auf der Akademie in München vorgebildet, dann in Düsseldorf Schüler von Cornelius“ (Thieme-Becker 2, 1908, S. 36). Er war Historienmaler.

54.

Martin Luther vor Kaiser Karl V. auf dem Reichstage zu Worms, 1829
Bez. u. l.: Gez. von P. App; u. Mitte: Gedr. von F. Selb; u. r.: Lith. v. H. Anschütz.
Lithographie. Bildgr.: 32,95 x 45,4 cm; Blattgr.: 35,1 x 47,5 cm.
Abb. in: David Koch, Bilderbuch aus Luthers Zeit, Stuttgart 1917, 64. Bild.
Das Blatt stammt aus dem Gustav-König-Nachlaß im Stadtarchiv Erlangen. König hat es z. B. für sein 1839 entstandenes Gemälde „Johann der Beständige, die Reichsfürsten zur Unterzeichnung der Augsburgischen Konfession ermutigend“, benutzt (vgl. Kat.-Nr. 63.4.). — Es wird erwähnt von Ernst Gustav Vogel, Bibliotheca Biographica Lutherana, Halle 1851, S. 70, Nr. 654: „M. Luther vor Kaiser Karl V. auf dem Reichstage zu Worms. A. D. MDXXI. — (Titel auch in engl. und frz. Sprache). Gezeichnet von Pet. App. lithograph. von H. Anschütz. I. Bl. 21 1/3 Höhe 27 3/4 Zoll Breite. Nebst Erklärung unter dem Titel: Der Reichstag zu Worms, nebst Gedanken über die Reformation v. E. Schacht. Worms 1829. 8.“ Die Unterschriften fehlen auf dem Blatt, die Erklärung ist nicht mehr vorhanden. Möglicherweise hat König ein Exemplar „vor der Schrift“ erhalten, wie es in andern Fällen auch nachweisbar ist.
Hermann Anschütz (1802 Koblenz — 1880 München) studierte zuerst in Dresden, dann in Düsseldorf bei P. Cornelius, mit dem er 1826 an die Akademie in München ging. „36 Jahre leitete er mit Hiltensberger und Strähuber den Zeichenunterricht an der Münchener Akademie“ (Thieme-Becker 1, 1907, S. 537). — Anschütz und App waren beide Schüler von Peter Cornelius, der von 1825 bis 1841 mit Unterbrechungen in München lebte. Möglicherweise ist das Blatt in München entstanden (wo saß der Drucker F. Selb?), wohin Gustav König 1833 kam, um an der Akademie Schüler von J. Schnorr v. Carolsfeld zu werden.

55
Martin Disteli
1802 Olten (Kanton Solothurn) – 1844 Solothurn

Martin Distelis Bedeutung lag in der politischen Karikatur und in Illustrationen historischer Ereignisse. Er war – von einem kurzen Besuch der Münchener Akademie Mitte der 20er Jahre abgesehen – Dilettant, ein Naturtalent. Die Revolution von 1830 machte auf ihn einen starken Eindruck und hatte „in ihm einen entschiedenen Anhänger der Reform gefunden" (G. Zehnder). Ab 1839 gab er den Schweizerischen Bilderkalender heraus, der als „Distelikalender" schnell sehr volkstümlich wurde und als „Waffe im Kampfe der freisinnigen Bestrebungen gegen Aristokraten und Klerikale" aufgefaßt worden ist. Bis 1834 lebte Disteli in Olten, danach in Solothurn, wo er unerwartet früh starb. – Vgl. Carl Brun, Schweizerisches Künstler-Lexikon, Frauenfeld 1905, S. 372 ff. (Artikel von G. Zehnder). – Thieme-Becker 9, 1913, S. 331 f. Dort weitere Lit.-Angaben.

Luther in Worms, (1828–32)
Bez. u. l.: Gez. v. M. Distele (!); u. r.: Ges. (= Gestochen) v. W. Nilson. Unten Titel (s. o.)
Aquatintaradierung. Bildgr.:
27,3 x 36,6 cm; Größe bis zum äußeren Rand: 27,8 x 37,1 cm; Plattengr.:
37,3 x 40,2 cm
Das Blatt erschien im zweibändigen Werk „Pantheon der Geschichte des teutschen Volkes" von Ernst Münch (1798–1841), Freiburg i. B., 1828–32. Insgesamt hat Disteli (neben anderen Künstlern) für dies Werk acht Illustrationen gezeichnet: „Schlacht bei Iconium", „Konrad von Hohenstaufen nimmt das Kreuz", „Schlacht bei Morgarten", „Schlacht bei Sempach", „Schlacht bei Murten", „Schlacht bei St. Jakob an der Birs", „Turnier in Worms" und „Luther auf dem Reichstag zu Worms". Das Blatt scheint die einzige Illustration Distelis zum Leben Luthers gewesen zu sein.

55.

Die Zeichnung Distelis, die in der Komposition einem gängigen Schema folgt, unterscheidet sich von allen anderen Lutherillustrationen durch eine manieristische Übersteigerung der Formen und des Lichts sowie die Kombination von Gegensätzen (Architektur!).
Wilhelm Joh. Esaias Nilson (geb. 1788) war in Augsburg, Freiburg i. B. (im Herderschen Verlag) und bei Ebner in Stuttgart tätig. Vgl. Thieme-Becker 25, 1931, S. 480.
Inv.-Nr. III, 407, 11 Neg.-Nr. 13306

56

Wenzel Pobuda

1797 in Böhmen, lebte in Stuttgart.

Über die Ausbildung Wenzel Pobudas im einzelnen wissen wir nichts. Er war gelernter Kupferstecher. Nagler 11, 1841, bemerkt, daß Pobuda für Buchhändler arbeitete: „Blätter seiner Hand sieht man neben andern in den 24 Umrissen zu Wielands Werken, Stuttgart, G. Scheible, 1840." Conrad Lamparter berichtet in seiner „Geschichte der Lithographie in Württemberg" (Württ. Jahrbücher, Jg. 1898, S. 66), daß sich Pobuda 1833 in Stuttgart zur Herstellung kartographischer Werke mit dem Lithographen J. Rees aus Baden verbunden habe. Pobuda war damals selbst schon Lithograph, und zwar scheint er – wie in den Blättern unserer Lutherfolge – den Steinstich, eine lithographische Tiefdrucktechnik, die in erster Linie in der Kartographie angewendet wurde, auch bei Illustrationen benutzt zu haben. Die lithographische Anstalt Pobudas und Rees' in Stuttgart hatte geschäftlichen Erfolg. Wie lange sie bestanden hat, wissen wir nicht. – Vgl. auch Thieme-Becker 27, 1933, S. 166. – Wolfgang Brückner, Populäre Druckgraphik Europas. Deutschland. Vom 15. bis zum 20. Jahrhundert, München 1969, S. 228. Dort weitere Literatur.

Die Kunstsammlungen besitzen 10 gleichformatige Lutherillustrationen Pobudas, die zu einer wahrscheinlich größeren Folge gehören.

56.1. Luther als Schüler.
Bez. u. l.: Stich u. Druck d. W. Pobuda. Unten Titel (s. o.)
Steinstich. Bildgr.: 12,1 x 8,9 cm; Größe der Tonplatte: 13,7 x 10,5 cm (wie bei den folgenden Blättern)
Inv.-Nr. VI, 500, 1 Neg.-Nr. 13281

56.2. Luther beim Tode seines Freundes Alexius.
Bez. u. l.: Stich u. Druck d. W. Pobuda. Unten Titel (s. o.)
Steinstich. Bildgr.: 12,1 x 8,9 cm
Inv.-Nr. VI, 500, 2 Neg.-Nr. 13282

56.1.

56.2.

56.3.

56.4.

56.3. Luther wird gestärkt.
Bez. u. l.: Stich u. Druck d. W. Pobuda. Unten Titel (s. o.)
Steinstich. Bildgr.: 12,2 x 9 cm
Der ältere Mönch weist auf das Kruzifix. In seinem Buch steht der Satz: „Ich glaube an die Vergebung der Sünden". Die lateinische Inschrift des Rundbogens lautet: „O beata culpa qua talum meruisti redemptorem" (O selige Schuld, durch die ihr gewonnen habt einen solchen Erlöser).
Inv.-Nr. VI, 500, 3 Neg.-Nr. 13283

56.4. Luther läßt 95 Sätze gegen den Ablaß anschlagen.
Nicht bez. Unten Titel (s. o.)
Steinstich. Bildgr.: 12,6 x 8,9 cm
Inv.-Nr. VI, 500, 4 Neg.-Nr. 13284

56.5. Luther verbrennt die päbstliche Bulle.
Nicht bez. Unten Titel (s. o.)
Steinstich. Bildgr.: 12,1 x 8,9 cm
Auch in dieser Komposition wird noch der Catelsche Stich von 1811 sichtbar (Kat.-Nr. 20), vermittelt möglicherweise durch die Kopie der v. Löwensternschen Lutherfolge, die ebenfalls in Stuttgart herausgekommen ist (Kat.-Nr. 34.5.).
Inv.-Nr. VI, 500, 5 Neg.-Nr. 13285

56.6. Luther auf den Wormser Reichstag berufen.
Nicht bez. Unten Titel (s. o.)
Steinstich. Bildgr.: 12,1 x 8,9 cm
Dargestellt ist die legendenhafte Begegnung zwischen Luther und dem Landsknechtsführer Georg v. Frundsberg, bevor Luther den Saal betritt, in dem der Reichstag tagt.
Inv.-Nr. VI, 500, 6 Neg.-Nr. 13286

56.7. Luther wird auf die Wartburg geführt.
Nicht bez. Unten Titel (s. o.)
Steinstich. Bildgr.: 12,1 x 8,9 cm
Inv.-Nr. VI, 500, 7 Neg.-Nr. 13287

56.8. Luther übersetzt die Bibel.
Bez. u. l.: Stich u. Druck d. W. Pobuda. Unten Titel (s. o.)

56.5.

56.6.

56.7.

56.8.

Steinstich. Bildgr.: 12,1 x 8,9 cm
Inv.-Nr. VI, 500, 8 Neg.-Nr. 13288

56.9. Luther betet für Melanchton.
Nicht bez. Unten Titel (s. o.)
Steinstich. Bildgr.: 12,1 x 8,9 cm
Anschrift auf dem Brief im Bücherregal: „An Philipp von Hessen." – Der Bildtypus entspricht im allgemeinen J. E. Hummels „Die Geburt Martin Luthers" (Kat.-Nr. 18.1.) und G. Königs „Luther im Gebet am Bette des kranken Melanchthon" (Kat.-Nr. 62.39.).
Inv.-Nr. VI, 500, 9 Neg.-Nr. 13289

56.10. Luther auf dem Sterbebette.
Nicht bez. Unten Titel (s. o.)
Steinstich. Bildgr.: 12,1 x 8,9 cm
Der Spruch an der Wand lautet: „Das Christenherz/auf Rosen geht,/zumal weñs/unterm Kreuze steht."
Dargestellt ist in Wirklichkeit nicht Luthers Tod, sondern der Tod seiner Tochter Magdalena. Die falsche Bezeichnung der Darstellung dürfte darauf hindeuten, daß Pobuda der Stoff nicht geläufig und er nicht der Erfinder der Zeichnungen war.
Inv.-Nr. VI, 500, 10 Neg.-Nr. 13290

Die Lutherfolge W. Pobudas wird wohl in den 30er Jahren des 19. Jahrhunderts erschienen sein. Dafür sprechen eine recht ungehemmte Ritterromantik, die Linienmanier in der zeichnerischen Darstellung, auch die ungewöhnliche graphische Technik.

56.9.

56.10.

57
Ferdinand Fellner
1799 Frankfurt – 1859 Stuttgart

Fellner war fertiger Jurist, bevor er 1825 nach München ging, um sich, unter dem Einfluß von Peter Cornelius, der Kunst zuzuwenden. Auf der Rückreise 1831 nach Frankfurt blieb er in Stuttgart. Seine Bedeutung liegt auf dem Gebiet der Zeichnungen, speziell der Illustration. R. Bangel charakterisiert Fellner als „genial veranlagte Natur" mit einer „gewaltigen romantesken Phantasie", bemängelt aber sein technisches Können. Als Kostümfachmann baten ihn viele Künstler, u. a. J. Schnorr v. Carolsfeld und M. v. Schwind, um Rat. Fellner hat u. a. ein Blatt von Luthers Thesenanschlag gezeichnet (Thieme-Becker 11, 1915, S. 374 ff.). Nagler (Monogr. 2067) erwähnt ein von E. Schuler gestochenes Blatt „Martin Luther im Tode": „Die Hauptvorstellung ist einem Gemälde L. Cranachs entnommen, und die Randzeichnung fügte Fellner bei. Dieses schöne Blatt erschien 1837 in Stuttgart mit Text von E. Sartorius, gr. fol." – Vgl. Peter Brieger, Die deutsche Geschichtsmalerei des 19. Jahrhunderts, Berlin 1930, S. 14.

Die vier im folgenden beschriebenen Blätter sind erschienen in: Gustav Pfizer, Martin Luthers's Leben, Stuttgart, Verlag von S. G. Liesching, 1836. Zwei von ihnen sind von einem Dietrich gezeichnet worden, über den mir keine Nachrichten vorliegen.

57.1. Luther auf dem Wege nach Worms, 1836

Bez. u. l.: Fellner, del:; u. r.: Eduard Schuler, scp. Unten Titel (s. o.)
Stahlstich. Bildgr.: 13 x 8,3 cm. Größe bis zur Umrahmung: 13,3 x 8,6 cm
Eduard (Edouard) Schuler (1806 Straßburg – 1882 Baden-Baden (Lichtenthal)) war reproduzierender Stahlstecher und Lithograph in Karlsruhe, der wegen der Qualität seiner Stahlstiche gelobt wurde. Vgl. Nagler 16, 1846, S. 54 f. – Thieme-Becker 30, 1936, S. 322. Dort weitere Literatur. Die Stiche zu Pfizers Buch werden auch erwähnt in: E. G. Vogel, Bibliotheca Biographica Lutherana,

57.1.

Halle 1851, S. 70, Nr. 649 (mit der Jahresangabe 1837).
Die Illustration ist als Frontispiz in Pfizers Buch eingebunden und bezieht sich auf eine S. 208 angedeutete Szene: „Sickingen ließ Luther durch Bucer einladen, und ihm die Gefahren vorstellen, welchen er sich in Worms aussetze." Luther soll geantwortet haben: „Nicht nach der Ebernburg (dem bei Kreuznach gelegenen Stammsitz Franz v.

57.2.

Sickingens), sondern nach Worms sey er beschieden, und dort sey er zu sprechen." Martin Bucer (1491–1551), ehem. Dominikaner, schied, nachdem er 1518 Luther während der Heidelberger Disputation kennengelernt hatte, aus dem Orden aus und fand eine Zeitlang Zuflucht auf der Ebernburg.

Inv.-Nr. VI, 501, 4 Neg.-Nr. 13315

57.2. Luther vor seinem Eintritt in den Saal zu Worms, 1836
Bez. u. l.: Dietrich del:; u. r.: Eduard Schuler scp. Unten Titel (s. o.)
Stahlstich. Bildgr.: 12,7 x 7,9 cm; Größe bis zur Umrandung: 12,9 x 8,2 cm
Der Zeichner Dietrich konnte nicht eindeutig ermittelt werden. – Dargestellt ist die legendäre Begegnung zwischen Luther und dem Landsknechtsführer Georg v. Frundsberg. In Pfizers Buch eingebunden zwischen S. 192 u. 193; vgl. Text S. 211.

Inv.-Nr. VI, 501, 5 Neg.-Nr. 13316

57.3. Luther übersetzt die heilige Schrift, 1836
Bez. u. l.: Dietrich del:; u. r.: Eduard Schuler scp. Unten Titel (s. o.)
Stahlstich. Bildgr.: 12,8 x 7,9 cm; Größe bis zur Umrandung: 13 x 8,1 cm
In Pfizers Buch eingebunden zwischen S. 384 u. 385; vgl. Text S. 287.

Inv.-Nr. VI, 501, 7 Neg.-Nr. 13317

57.4. Luther betet für Melanchthon, 1836
Bez. u. l.: Fellner del:; u. r.: Edouard Schuler sculp.
Stahlstich. Bildgr.: 12,9 x 8,2 cm; Größe bis zur Umrandung: 13,1 x 8,4 cm
In Pfizers Buch eingebunden zwischen S. 624 u. 625; vgl. Text S. 822 ff.
Melanchthon, so berichtet Pfizer, erkrankte 1540 auf der Reise zu einem Konvent in Hagenau. Luther wurde gerufen. „Wie er ankam, traf er Philippum in den letzten Zügen an, die Augen waren gebrochen, der Verstand gewichen, die Sprache verfallen, das Gehör verloren, das Angesicht und Schläfe eingefallen, dazu kennete er Niemand, aß und trank auch nichts.“ Luther errettete Melanchthon aus dieser tiefen Depression, indem er für ihn betete und mit ihm sprach.

Inv.-Nr. VI, 501, 6 Neg.-Nr. 13314

Das besondere an diesen vier Blättern, von denen die Dietrichschen die schwächere Einbildungskraft verraten, ist es, daß die dramatische Handlung in das Innere der Menschen verlegt ist.

57.3.

57.4.

58
(F. W. Genthe)

1841 erschien bei E. Poenicke & Sohn, Leipzig, das Buch „Das Leben Dr. Martin Luthers“ von F. W. Genthe. Mir liegt ein Exemplar der Landesbibliothek Coburg vor, in dem der Verfassername nicht gedruckt, sondern lediglich mit Bleistift angegeben ist. Bei Ernst Gustav Vogel, Bibliotheca Biographica Lutherana, Halle 1851, findet sich S. 22, Nr. 216 die Angabe: „Genthe, F. W., Leben und Wirken Dr. M. Luthers im Lichte unserer Zeit. Ein Erinnerungsbuch für die ganze Christenheit. Lpz. 1841–1842. Mit Stahlstichen. 4. 2te Aufl. B. 1. daselbst 1843–1844. 4.“ Es bliebe zu klären, wie sich diese Angaben zu denen des mir vorliegenden Exemplars verhalten.
Vor den Text sind 26 Stahlstiche eingebunden, beginnend mit einem Porträt Luthers und fortfahrend mit Lutherlebenillustrationen. Die meisten Blätter sind von Georg Emanuel Opiz (1775–1841) wohl in seiner letzten Lebenszeit gezeichnet worden. Hinzu kommen einige Zeichnungen von Johannes Theodor Zumpe (1819–1864) (Kat.-Nrn. 58.11., 58.15., 58.19., 58.21. u. 58.26) sowie zwei nicht bezeichnete eines Unbekannten (Kat.-Nrn. 58.4. und 58.6.). Ob weitere drei nicht bezeichnete Zeichnungen Opiz zugeschrieben werden können oder einem vierten Zeichner gegeben werden müssen, bleibt vorläufig offen (Kat.-Nrn. 58.9., 58.10., 58.18.).
Die meisten dieser Stahlstiche tragen oben rechts eine Blattnummer in römischen Ziffern. Ordnet man die Blätter nach diesen Nummern, folgen sie zeitlich nicht der Biographie Luthers. Da eine Nummer doppelt besetzt ist (XXI, Kat.-Nrn. 58.5. und 58.26.) und zwei Blätter keine Nummern haben (Luthers Gespräch mit den Schweizer Studenten in Jena, Kat.-Nr. 58.19., und die Flucht der Nonnen aus dem Kloster, Kat.-Nr. 58.21.) sind die Blätter im folgenden nach der zeitlichen Reihenfolge des Lebens Luthers geordnet.

58.1. Martin Luther am Schreibtisch
Bez. u. l.: G. Opiz del.; u. r.: Winkles dir. Stahlstich. Bildgr. (ohne Rahmen, abgefaste Ecken): 12,2 x 9,95 cm
Georg Emanuel Opiz (1775 Prag – 1841 Leipzig) war ein hervorragender Schilderer seiner Zeit, z.B. in seinen „Charakterszenen“ aus dem Leben in Paris und den Szenen von der Leipziger Messe. Er war über Dresden, Wien, Paris (ab 1814), Heidelberg und Altenburg 1820 nach Leipzig gekommen, wo er seine fruchtbare Illustrationstätigkeit fortgesetzt hat. Vgl. Thieme-Becker 26, 1932, S. 28 f.
Henry Winkles war ein gebürtiger Engländer, der in England die 1820 von seinem Landsmann Charles Heath für die Praxis entwickelte Technik des Stahlstiches erlernt hatte. 1824 ließ sich der Karlsruher Professor für Malerei und Kupferstechkunst, Karl Ludwig Frommel (1789–1863), in England in der neuen Technik ausbilden. Noch im selben Jahr gründeten Winkles und Frommel in Karlsruhe ein Reproduktionsatelier, insbesondere für Stahlstiche, das erste seiner Art in Deutschland. Nagler (21, 1851, S. 535 f.) erwähnt das Institut als „rühmlichst bekannt“. Winkles habe bereits eine große Anzahl von Schülern herangebildet. 1832 soll Winkles wieder in London, später ist er in Leipzig tätig gewesen (Fa. Winkles & Lehmann, vgl. Kat.-Nrn. 58.6., 58.22., 58.23. und 58.25.). Aus dem Naglerschen Verzeichnis von Stichen Winkles' geht hervor, daß in den Jahren 1835, '36, '38, '39 noch Arbeiten von ihm in Karlsruhe erschienen sind und daß er noch 1836 u. '37 mit C. Frommel zusammengearbeitet hat. 1836 ff. erschien in Leipzig „Carl Frommels pittoreskes Italien“, „gestochen im Atelier von C. Frommel und H. Winkles“, und 1839 in Braunschweig „Leipzig und seine Umgebungen . . .“, nach Originalzeichnungen von Winkles und Verhas, mit Text von O. Ramshorn. Die genaueren Beziehungen Winkles' zu Leipzig wären noch zu untersuchen, jedenfalls scheinen sie seit mindestens 1836 bestanden zu haben. Vgl. Thieme-Becker 36, 1947, S. 69. – Zum Stahlstich vgl.: Heinrich Gürsching, Nürnberg und der Stahlstich, in: Mitt. d. Vereins f. Gesch. der Stadt Nürnberg, Bd. 40, 1949, S. 207–235, und Angelika Marsch, Meyers Universum, Ein Beitrag zur Geschichte des Stahlstiches und des Verlagswesens im 19. Jahrhundert, Lüneburg 1972.
Landesbibliothek Coburg Q 64,51

58.2.

58.2. M. Luther als Knabe auf der lateinischen Schule zu Eisenach erwerbt sein Brod durch Singen und gewinnt die Gunst u. Unterstützung einer wohlhabenden Bürgersfrau, Conrad Cottens Gattin.
Bez. u. l.: G. Opiz del.; u. r.: Winkles dir.; o. r.: I. Unten Titel (s. o.)
Stahlstich. Bildgr.: 12 x 17,45 cm
G. E. Opiz u. H. Winkles vgl. Kat.-Nr. 58.1.
Die Anordnung der Kompositionselemente ist mit der Variantengruppe 34.2. der v. Löwensternschen Lutherlebenfolge vergleichbar (seitenverkehrt). Im Hintergrund ist bei Opiz die Wartburg sichtbar.
Landesbibliothek Coburg Q 64,15 und KK Coburg Neg.-Nr. 12988

58.3. Luther findet auf der Bibliothek zu Erfurt eine lateinische Bibel und liest darin mit großem Eifer die Evangelisten.
Bez. u. l.: G. Opiz del.; u. r.: Winkles dir.; o. r.: II. Unten Titel (s. o.)
Stahlstich. Bildgr.: 12,25 x 17,05 cm
G. E. Opiz u. H. Winkles vgl. Kat.-Nr. 58.1.
Landesbibliothek Coburg Q 64,51

58.4. Alexius, Luthers Freund, wird an seiner Seite vom Blitz erschlagen. 1505.
Nicht bez. O. r.: XX. Unten Titel (s. o.)

Stahlstich. Bildgr.: 12,55 x 17,1 cm
Gustav König hat aus diesem Blatt die Darstellung der Eiche mit dem zurückgebogenen Ast (in der Mitte) entnommen und in seine Darstellung desselben Themas übertragen (Kat.-Nr. 62.5.1.)

Landesbibliothek Coburg Q 64,51

58.5. Luthers Probejahr im Augustiner-Kloster zu Erfurt, wo er sich in Demut niedern Verrichtungen unterzieht.
Nicht bez. O. r.: XXI. Unten Titel (s. o.)
Stahlstich. Bildgr.: 12,35 x 16,6 cm

Landesbibliothek Coburg Q 64,51

58.6. Luther's Unterredung mit Dr. Staubitz im Klostergarten zu Erfurt.
Bez. u. r.: Winkles & Lehmann.; o.r.: VII. Unten Titel (s. o.)
Stahlstich. Bildgr.: 12,45 x 17,3 cm
Zum Thema vgl. Kat.-Nrn. 35 (Christoph Faulhaber), 41.5. (Frauenfeld), 42.5. (Schömbs), 43.3. (J. Jäger).

Landesbibliothek Coburg Q 64,51

58.7. Luther, als Lehrer auf der Universität zu Wittenberg und in Aufträgen seines Ordens zu Rom, wird in seinem frommen Glauben von der Heiligkeit des Papstes enttäuscht.
Bez. u. l.: G. Opitz del.; o. r.: IV. Unten Titel (s. o.)
Stahlstich. Bildgr.: 12,5 x 17,1 cm
Diesem Stahlstich hat Gustav König Einzelheiten für seine gleichthematige Komposition entnommen (Kat.-Nr. 62.13.1.).

Landesbibliothek Coburg Q 64,51

58.8. Der päpstliche Ablaßkrämer Tetzel wird durch den Unfug, den er mit seinem Ablaßkram zu Jüterbock treibt, die Veranlassung Luther's frommen Eifer für die reine Lehre der Evangelien aufzuregen.
Bez. u. l.: G. Opiz del.; o. r. V. Unten Titel (s. o.)
Stahlstich. Bildgr.: 12,2 x 17,05 cm
Oben rechts hängt eine Fahne mit den Schlüsseln Petri und der Bezeichnung „Leo X". Auf dem Kasten steht der bekannte Vers: „So wie das Geld im Kasten klingt, die Seele in den Himmel springt."

Landesbibliothek Coburg Q 64,51

58.3.

58.4.

58.5.

58.6.

58.7.

58.8.

58.9. Dr. M. Luther schlägt den 31 Octob. 1517 seine 95 Sätze wider den Ablaß, um über dieselben zu disputiren, an die Schloßkirche zu Wittenberg.

Bez. u. r.: L. Hoffmann sc.; o. r.: VI. Unten Titel (s. o.)
Stahlstich. Bildgr.: 12,25 x 17,05 cm
L. Hoffmann wird nicht im Thieme-Becker erwähnt.
Vereinfachte Wiederholung der Opizschen Komposition Kat.-Nr. 58.27.
Landesbibliothek Coburg Q 64,51

58.10. Dr. Martin Luther vor dem Cardinale Cajetan in Augsburg, den 12 October 1518.
Nicht bez. O. r.: XIII. Unten Titel (s. o.)
Stahlstich. Bildgr.: 12,3 x 16,95 cm
Landesbibliothek Coburg Q 64,51

58.11. Luther verläßt Augsburg nach der Zusammenkunft mit Cajetan, Staupitz und der Ratsherr Langemantel rathen ihm dazu, und sind ihm behülflich.
Bez. u. l.: Zumpe gez.; u. r.: Stahlstich von Carl Mayer's Kunst-Anstalt in Nürnberg; o. r.: XXII. Unten Titel (s. o.)
Stahlstich. Bildgr. (ohne äußere Umrandung): 12,05 x 17 cm
Johannes Theodor Zumpe (1819 Bautzen — 1864 Dresden) besuchte die Leipziger Akademie zunächst noch bei Veit Hans Schnorr, der aber schon 1841 starb. Unter seinem Einfluß dürften die Illustrationen Zumpes entstanden sein. Später war Zumpe Schüler eines Nazareners (G. A. Hennig) und eines Corneliusschülers (Bernhard Neher). 1850 wurde er in Dresden — nach Jahren praktischer Tätigkeit — Schüler von Julius Schnorr von Carolsfeld, mit dem er in den folgenden Jahren eng zusammengearbeitet hat. Vgl. Thieme-Becker 36, 1947, S. 598. — Über Carl Mayer, Nürnberg, ist mir nichts bekannt.
Landesbibliothek Coburg Q 64,51

58.12. Dr. M. Luther erscheint im J. 1519 zu Altenburg vor dem päpstlichen Abgesandten, Carl von Miltitz, wird von diesem schonend zur Ruhe ermahnt, bleibt aber standhaft bei den erkannten Wahrheiten.
Bez. u. l.: G. Opiz del.; u. r.: Winkles dir.; o. r.: VIII. Unten Titel (s. o.)
Stahlstich. Bildgr.: 12,1 x 17,2 cm
G. E. Opiz u. H. Winkles vgl. Kat.-Nr. 58.1.
Landesbibliothek Coburg Q 64,51 u. KK Coburg Neg.-Nr. 12987

58.13. Dr. M. Luther disputirt zu Leipzig auf der Pleißenburg über seine Sätze.
Bez. u. l.: G. Opiz del.; o. r. IX. Unten Titel (s. o.)
Stahlstich. Bildgr.: 12,45 x 17,05 cm
G. E. Opiz vgl. Kat.-Nr. 58.1.
Dieser Stahlstich hat anregend auf die gleichthematige Komposition Gustav Königs gewirkt (Herzog Georg von Sachsen). Vgl. Kat.-Nr. 62.18.1.
Landesbibliothek Coburg Q 64,51

58.14. D. M. Luther verbrennt am 10ten Decemb. 1520 vor dem Elsterthor zu Wittenberg den päpstlichen Bannbrief wider ihn u. die Schriften der Dr. Eck u. Emser.
Bez. u. l.: G. Opiz del.; u. r.: Winkles dir.; o. r.: X. Unten Titel (s. o.)
Stahlstich. Bildgr.: 12,55 x 17,2 cm
G. E. Opiz u. H. Winkles vgl. Kat.-Nr. 58.1.
Landesbibliothek Coburg Q 64,51

58.15. Luther, vor seinem Eintritt in die Reichsversammlung zu Worms wird von dem Hauptmann der kaiserl. Landsknechte: Georg von Freundsberg, freundlich ermuthigt.
Im Stich bez. l. (Tisch): JTZ (Monogramm). Bez. u. l.: Zumpe del.; u. r.: Payn's engl. Kunst-Anst.; o. r. XIX. Unten Titel (s. o.)
Stahlstich. Bildgr.: 12,15 x 16,95 cm
J. T. Zumpe vgl. Kat.-Nr. 58.11. — Albert Henry Payne (1812 London — 1902 Leipzig) war reproduzierender Stahlstecher, Maler und Illustrator. Er arbeitete seit 1838 in Leipzig, wo er seine „Englische Kunstanstalt" gegründet hat. Vgl. Thieme-Becker 26, 1932, S. 325. S. Kat.-Nr. 65.2.
Landesbibliothek Coburg Q 64,51

58.11.

58.13.

58.15.

58.16. Dr. Martin Luther im J. 1521 auf dem Reichstage zu Worms vor K. Karl V und den Reichsständen bekennt sich zu den Wahrheiten (Stecherfehler: Wahrheiteiten!), die er bisher vertheidigte.
Bez. u. l.: G. Opiz del; o. r.: XI. Unten Titel (s. o.)
Stahlstich. Bildgr.: 12,15 x 16,85 cm
G. E. Opiz vgl. Kat.-Nr. 58.16.
Landesbibliothek Coburg Q 64,51

58.17. Dr. M. Luther wird auf Veranstaltung des Churfürsten Friedrich auf der Rückreise von Worms unfern Walterhausen von dem Schloßhauptmann von Berlepsch u. d. Ritter Burchard v. Wangenheim aufgefangen und auf die Wartburg in Sicherheit gebracht.
Bez. u. l.: G. Opiz del; o. r.: XII. Unten Titel (s. o.)
Stahlstich. Bildgr.: 12,15 x 16,9 cm
Mit dieser Komposition verwandt sind diejenigen der Kat.-Nrn. 40.2. (Gustav May), 41.10. (Frauenfeld) und 42.10. (Schömbs).
G. E. Opiz vgl. Kat.-Nr. 58.1.
Landesbibliothek Coburg Q 64,51

58.18. Dr. M. Luther als Junker Görge auf der Wartburg fängt seine Bibelübersetzung an u. schreibt seine Kirchenpostille.
Nicht bez. O. r.: III. Unten Titel (s. o.)
Stahlstich. Bildgr.: 12,15 x 17 cm
Landesbibliothek Coburg Q 64,51 u. KK Coburg Neg.-Nr. 12995

58.19. Luther trifft von der Wartburg zurückkehrend, zwei Schweitzer Studenten, mit denen er sich, unerkannt über die neue Lehre unterhält.
Bez. u. l.: Zumpe del; u. r.: Naumburgs Kunst Anst Lpzg
Stahlstich. Bildgr. (ohne äußere Umrandung): 12,15 x 17,4 cm
J. T. Zumpe vgl. Kat.-Nr. 58.11. Über Naumburgs Kunstanstalt in Leipzig ist mir nichts bekannt.
Landesbibliothek Coburg Q 64,51

58.18.

58.19.

58.20. Dr. M. Luther stillt in der Grafschaft Mansfeld einen Aufstand der Bergleute und stellt durch seine Predigten die Ruhe her.
Bez. u. r.: L. Hoffmann sc.; o. r.: XV. Unten Titel (s. o.)
Stahlstich. Bildgr.: 12,2 x 17,1 cm

L. Hoffmann wird nicht im Thieme-Becker erwähnt, vgl. Kat.-Nr. 58.9.

Landesbibliothek Coburg Q 64,51 u. KK Coburg Neg.-Nr. 12989

58.21. Auflösung der geistlichen Orden. Flucht der zwölf Nonnen aus dem Kloster Nimpschen bei Grimma, unter denen Katharina Bora.
Bez. u. l.: Zumpe gez.; u. r.: Dertinger gest. Unten Titel (s. o.)
Stahlstich. Bildgr. (ohne äußere Umrandung): 12,15 x 16,9 cm
J. T. Zumpe vgl. Kat.-Nr. 58.11. — Ernst Dertinger (1816—1865 Stuttgart) war reproduzierender Kupfer- und Stahlstecher. Vgl. Thieme-Becker 9, 1913, S. 101.

Landesbibliothek Coburg Q 64,51

58.22. Dr. M. Luther legt den Mönchshabit ab und wird den 12.ten Juni 1525 durch Johann Bugenhagen mit Katharina von Bora vermählt.
Bez. u. l.: G. Opitz del; u. r.: Winkles & Lehmann in Leipzig; o. r.: XIV. Unten Titel (s. o.)
Stahlstich. Bildgr.: 12,3 x 16,95 cm
G. E. Opiz u. Winkles & Lehmann vgl. Kat.-Nr. 58.1.

Landesbibliothek Coburg Q 64,51

58.23. Philipp Melanchthon übergiebt an Luthers statt 1530 auf dem Reichstage zu Augsburg das evangelische Glaubensbekenntniß, welches der churf. Rat Dr. Bayer in der Versammlung vorliest.
Bez. u. l.: G. Opitz del.; u. r.: Winkles & Lehmann in Leipzig; o. r.: XVI. Unten Titel (s. o.)
Stahlstich. Bildgr.: 12,25 x 17 cm
G. E. Opiz u. Winkles & Lehmann vgl. Kat.-Nr. 58.1.

Landesbibliothek Coburg Q 64,51

58.20.

58.21.

58.22.

58.24. Nachdem Herzog Heinrich der Fromme von Sachsen auch in seinen Landen die Reformation eingeführt hat, predigt Dr. M. Luther am Pfingstfeste 1539 zuerst das Evangelium zu Leipzig.
Bez. u. l.: G. Opitz del.; o. r.: XVII. Unten Titel (s. o.)
Stahlstich. Bildgr. (ohne äußere Umrandung): 12,2 x 16,65 cm
Diesem Stahlstich hat Gustav König einige Anregungen für seine Komposition „Die Predigt" (Kat.-Nr. 62.34.1.) entnommen (Fürstenloge, Chor).
G. E. Opiz vgl. Kat.-Nr. 58.1.
Landesbibliothek Coburg Q 64,51

58.25. Dr. M. Luthers Tod den 18.ten Februar 1546 zu Eisleben.
Bez. u. l.: G. Opiz del.; u. r.: Winkles & Lehmann in Leipzig; o. r.: XVIII. Unten Titel (s. o.)
Stahlstich. Bildgr.: 12,3 x 16,9 cm
G. E. Opiz und H. Winkles vgl. Kat.-Nr. 58.1.
Eine verkleinerte Kopie dieser Illustration in: Franz Otto Stichert, Dr. Martin Luthers Tod. Eine ausführliche Darstellung der letzten Lebensumstände . . ., als Gedächtnisschrift für die 3. Säcularfeier von Luther's Tod den 18. Februar 1846, Annaberg, Verlag von Rudolph und Dieterici, 1845 („Dr. M. Luther's Tod den 18.ten Februar 1546 zu Eisleben", Lithographie, 8,8 x 12,1 cm, nicht bez., zwischen S. 16 u. 17 eingeklebt). Veränderungen gegenüber der Illustration von Opiz: Neben der Tür rechts hier ein Porträt; der Mann hinter dem Pastor (links) ist fortgelassen; bei der rechten Gruppe ist der hintere Mann gegen eine betende Frau ausgetauscht worden.
Landesbibliothek Coburg Q 64,51

58.26. Kaiser Carl V und Herzog Alba an Luthers Grabe.
Bez. u. l.: Zumpe gez.; u. r.: Stahlstich von Carl Mayer's Kunst-Anstalt in Nürnberg; o. r.: XXI. Unten Titel (s. o.)
Stahlstich. Bildgr. (ohne äußere Umrandung): 12,1 x 16,95 cm
Das Thema bildet auch das Ende der v. Löwensternschen Lutherlebenfolge, vgl. Kat.-Nr. 34.16.
J. T. Zumpe vgl. Kat.-Nr. 58.11.
Landesbibliothek Coburg Q 64,51

Mit diesem Stahlstich endet die Illustrationsfolge aus Genthes Lutherbuch von 1841. Angeschlossen wird eine von G. E. Opiz entworfene Lithographie, die als Vorbild für den Stahlstich Kat.-Nr. 58.9. gedient hat.

58.27. Der Beginn der Reformation.
Luther schlägt an die Kirche zu Wittenberg seine 95 Sätze gegen den Ablaß und die übrigen Missbräuche de . . . (abgerissen) 1517.
Bez. u. l.: Opitz delt.; u. r.: Ma . . . (abgerissen). Unten Titel (s. o.)
Lithographie. Bildgr.: 50,6 x 59 cm
Das Blatt befindet sich im Gustav-König-Nachlaß im Stadtarchiv Erlangen. Bei diesem Blatt schimmert — seitenverkehrt — eine Komposition der v. Löwensternschen Lutherlebenfolge durch: Kat.-Nr. 34.4.5. Die Entstehungszeit fällt in die 1830er Jahre.
G. E. Opiz vgl. Kat.-Nr. 58.1.

58.24.

58.27.

59
Ludwig Richter
1803 Dresden – 1884 ebda.

Schüler seines Vaters Carl August Richter, auch der Dresdener Akademie. 1820/21 bereiste er als Begleiter des Fürsten Narischkin Frankreich, für den er Landschaften zeichnete. 1823–26 lebte Richter in Italien, hauptsächlich in Rom, im Kreis J. A. Kochs und der deutschen Romantiker (z. B. J. Schnorr v. Carolsfeld). 1828–35 war er Lehrer an der Zeichenschule der Porzellanmanufaktur Meißen. 1836 wurde er Lehrer, 1841 Professor der Dresdener Akademie (bis 1876). Vgl. Thieme-Becker 28, 1934, S. 298 ff. – Hans Joachim Neidhardt, Ludwig Richter, Leipzig 1969. – Ders., Die Malerei der Romantik in Dresden, Leipzig 1976, pass.

59.1.

59.1. Luther auf der Wartburg, 1840
Bez. u. l.: L. R.; u. r.: E. K. sc.
Holzstich. Bildgr.: 12,9 x 9,7 cm
Vgl. K. Budde, A. L. Richter, Verzeichnis seines gesamten graphischen Werkes, Freiburg i. B. 1922[2], S. 143, Nr. 755. Der Holzstich ist erschienen in: Eduard Duller, Die Geschichte des deutschen Volkes. Mit hundert Holzschnitten nach Originalzeichnungen von Ludwig Richter und J. Kirchhoff. Leipzig 1840, Verlag von Georg Wigand. – Der Band enthält 44 in den Text gedruckte Illustrationen von L. Richter.
Abb. in: Hans Preuß, Lutherbildnisse, Leipzig o. J. (2. Aufl. 1918). – Ernst Thiene, Ein feste Burg, Dresden 1917, S. 51 („Das gemütvollste Lutherbild des neunzehnten Jahrhunderts"). – Ludwig Richter Album. Sämtliche Holzschnitte. Einleitung Wolf Stubbe, Herrsching o. J., S. 363. –, David Koch, Bilderbuch aus Luthers Zeit, Stuttgart 1917, in einer aquarellierten Reproduktion von Bertha Meißner als 6. Bild (farbig).

Ludwig Richter und andere Künstler haben Illustrationen, reproduziert als Lithographien, zum Werk Moritz Meurers „Luthers Leben aus den Quellen erzählt" geschaffen, die im folgenden geschlossen beschrieben werden, um den Zusammenhang der Illustrationsfolgen zu erhalten. Die erste Ausgabe des Werks erschien in drei Büchern, gebunden in zwei Bänden, im Verlag von Justus Naumann, Dresden, 1843, 1845 und 1846. 1869 erschien ein Auszug aus Meurers Werk mit dem Titel „Luthers Leben für christliche Leser insgemein aus den Quellen erzählt von Moritz Meurer. Zweite Auflage. Neue illustrirte Ausgabe. Mit Luthers Portrait und 20 Bildern von Ludwig Richter und A. Karst. Leipzig, Justus Naumann's Buchhandlung, 1869." Hierin befinden sich, soweit sie L. Richters Illustrationen betreffen, neu auf den Stein gezeichnete Wiederholungen der Illustrationen Richters der Erstausgabe, im übrigen Lithographien nach neuen Zeichnungen Adolph Karsts. 1878 erschien eine Jugend- und Volksausgabe: „Luthers Leben aus den Quellen erzählt von Moritz Meurer. Dritte von neuem durchgesehene Auflage, mit Luthers Portrait und zwanzig Bildern von Ludwig Richter und A. Karst. Leipzig, Verlag von Justus Naumann, 1878." Diese Illustrationen sind mit einer fotomechanischen Technik nach der Ausgabe von 1869 reproduziert worden. – Eine englischsprachige Ausgabe des dreibändigen Werks von M. Meurer erschien in New York 1848. Die 3. Auflage der großen Ausgabe kam in Leipzig 1870 heraus.

Moritz Meurer, Luthers Leben aus den Quellen erzählt, Erstausgabe:

59.2. Luther als Currentschüler. 1843
Nicht bez. (Von Ludwig Richter gezeichnet). Unten Titel (s. o.)
Lithographie. Bildgr.: 11,8 x 7,7 cm
Meurer Bd. 1, S. 4/5
Budde 3319. Vgl. Budde 2919. Eine lithographische Wiederholung, 12 x 7,7 cm, in der 1869 erschienenen Auflage (Lehmann &

Opitz, Dresden; Opitz lith.). Danach wohl die Wiedergabe in der Volksausgabe von 1878, S. 6/7. (Kat.-Nr. 59.11.)

59.3. Luther am 31. October 1517. 1843
Nicht bez. (Unbekannter Zeichner). Unten Titel (s. o.)
Lithographie. Bildgr.: 12,6 x 8,15 cm; Größe bis zur Umrandung: 13,05 x 8,8 cm
Meurer Bd. 1, S. 44/45
Dem Zeichner hat ein Blatt der Variantengruppe 34.4. der v. Löwensternschen Lutherlebenfolge als Vorbild gedient, wohl 34.4.3. oder 34.4.4. Hier Beschränkung auf das Portal der Wittenberger Schloßkirche und den die Thesen Anschlagenden. Neu der in der geöffneten Tür stehende Luther, der auf die Thesen zeigt. – Nicht mehr in der Volksausgabe von 1878.

59.4. Luthers Einzug in Leipzig. 1843
Nicht bez. (Von Ludwig Richter gezeichnet). Unten Titel (s. o.)
Lithographie. Bildgr.: 11,8 x 7,7 cm; Größe bis zur Umrandung: 12,45 x 8,4 cm
Meurer Bd. 1, S. 126/127
Budde 3320. Vgl. Budde 2927. Eine lithographische Wiederholung, 12 x 7,7 cm, in der 1869 erschienenen Auflage (Lehmann & Opitz, Dresden; Opitz lith.). Danach wohl die Wiedergabe in der Volksausgabe von 1878, S. 66/67. (Kat.-Nr. 59.15.)

59.5. Luther verbrennt die Bulle und Decretalen. 1843
Bez. u. l.: MBerendt. del.; u. r.: Goedsche & Steinmetz. Meissen. Unten Titel (s. o.)
Lithographie. Bildgr.: 12 x 8,5 cm; Größe bis zur äußeren Umrandung:
12,55 x 9,05 cm
Meurer Bd. 1, S. 208/209
Die Komposition enthält Bestandteile des Catelschen Blattes von 1811 (Kat.-Nr. 20), vermittelt evtl. durch eine Lithographie der Variantengruppe 34.5. aus der v. Löwensternschen Lutherlebenfolge (seitenverkehrt).
Zu Moritz Berendt vgl. Kat.-Nr. 50.

59.6. Luther in Worms zur Reichsversammlung gehend. 1843
Bez. u. l.: MBerendt del.; u. r.: Goedsche &

59.2.

59.4.

59.3.

Steinmetz. Unten Titel (s. o.)
Lithographie. Bildgr.: 11,7 x 8,5 cm; Größe bis zur Umrandung: 12,4 x 9,2 cm
Meurer Bd. 1, S. 226/227
Zu M. Berendt und Goedsche & Steinmetz vgl. Anm. Kat.-Nr. 59.5.

59.7. Luther auf dem Reichstag zu Worms. 1521. 1843
Bez. u. l.: M. Berendt del:; im Blatt bez. u. r.: A. Klaus. Unten Titel (s. o.)
Lithographie. Bildgr.: 9,6 x 12,1 cm; Größe bis zur äußeren Umrandung: 10,1 x 12,6 cm
Meurer Bd. 1, S. 228/229
Zu M. Berendt vgl. Anm. Kat.-Nr. 59.5. Thieme-Becker 20, 1927, S. 418 nennt einen Maler und Lithographen Anton Klaus (1810 Althaldensleben bei Magdeburg — 1857 Berlin). Er hat auch Zeichnungen von Ludwig Richter nach H. Kletkes „Deutscher Kinderschatz", Berlin o. J., lithographiert. Es ist möglich, daß auch dies Blatt von dem offenbar in Berlin arbeitenden (?) Anton Klaus auf Stein gezeichnet worden ist.

59.8. Die Entführung Luthers auf die Wartburg. 1843
Bez. u. l.: M. Berendt del:; (wohl ebenfalls von A. Klaus lithographiert). Unten Titel (s. o.)
Lithographie. Bildgr.: 12,15 x 9,15 cm; Größe bis zur äußeren Umrandung: 12,6 x 9,5 cm
Meurer Bd. 1, S. 246/247
Zu M. Berendt vgl. Anm. Kat.-Nr. 59.5.

59.9. Luther im Gasthof zum schwarzen Bären in Jena. 1845
Bez. u. l.: L. Richter del.; u. r.: Goedsche & Steinmetz in Meissen. Unten Titel (s. o.)
Lithographie. Bildgr.: 12,3 x 9,4 cm; Größe bis zur äußeren Umrandung: 12,8 x 9,95 cm
Meurer Bd. 2, S. 36/37
Budde 3375 (hier die weitere Angabe: Ullrich lith.). Eine lithographische Wiederholung, 12,2 x 9,6 cm, in der 1869 erschienenen Auflage (Lehmann & Opitz, Dresden; Opitz lith.). Zu Goedsche & Steinmetz, Meißen, vgl. Anm. Kat.-Nr. 59.5. Danach wohl die Wiedergabe in der Volksausgabe von 1878, S. 140/141.

59.5.

59.8.

59.9.

59.10

59.10. Luther in seiner Krankheit 1527. 1845
Bez. u. l.: L. Richter del.; u. r.: Goedsche u. Steinmetz. Unten Titel (s. o.)
Lithographie. Bildgr.: 12,2 x 9,35 cm; Größe bis zur äußeren Umrandung: 12,75 x 9,9 cm
Meurer Bd. 2, S. 160/161
Budde 3376 (hier die weitere Angabe: Rudolph lith.). Eine lithographische Wiederholung, 12 x 9,6 cm, in der 1869 erschienenen Auflage (Lehmann & Opitz, Dresden; Opitz lith.). Vgl. außerdem Budde 3431. Zu Goedsche & Steinmetz, Meißen, vgl. Anm. Kat.-Nr. 59.5. Danach wohl die Wiedergabe in der Volksausgabe von 1878, S. 194/195.

Im 3. Band der Meurerschen Erstauflage befinden sich keine Illustrationen zum Leben Luthers im engeren Sinne (sondern Porträts, Luthers Standbild zu Wittenberg u. a.).

Moritz Meurer, Luthers Leben aus den Quellen erzählt, Jugend- und Volksausgabe, 1878 (nach einer Ausgabe von 1869).
Die Bildtitel entsprechen dem „Verzeichniß der Illustrationen", S. XVI. Die Abbildungen „Luthers Porträt", „Die Wartburg zu Luthers Zeit", „Luthers Wohnhaus in Wittenberg", „Luthers Wohnstube in Wittenberg", „Luthers Standbild in Wittenberg" sind im folgenden nicht berücksichtigt.

59.11. Luthers Geburt (vor 1868)
Bez. u. r.: AK (Ligatur) = Adolph Karst
Lichtdruck (?). Bildgr.: 12,5 x 8,5 cm
Meurer 1878, S. 2/3
Adolph Karst (1815 Erfurt – 1868 Dresden) war Schüler C. W. Kolbes d. J. an der Berliner Akademie. Seit 1844 lebte er, mit Unterbrechungen, in Dresden als Maler und Zeichenlehrer. Er malte Genrebilder. Karst war auch als Lithograph tätig, u. a. nach Zeichnungen Ludwig Richters. Vgl. Thieme-Becker 19, 1926, S. 573.
Das Thema ist nicht in der Meurerschen Erstauflage enthalten. Die Komposition erinnert an diejenige Gustav Königs (vgl. Kat.-Nr. 62.1.1.).

59.12. Luther als Currentschüler, (1843)
Lichtdruck (?). Bildgr.: 11,9 x 7,6 cm
Meurer 1878, S. 6/7
Nach einer Zeichnung von Ludwig Richter. Vgl. Kat.-Nr. 59.2.

59.13. Luther wird von einem alten Klosterbruder getröstet, (vor 1868)
Gezeichnet von Adolph Karst (vgl. Kat.-Nr. 59.11.).
Lichtdruck (?). Bildgr.: 12,15 x 8,4 cm
Meurer 1878, S. 16/17
Das Thema ist nicht in der Meurerschen Erstauflage enthalten. Karst hatte wohl die entsprechende Komposition Gustav Königs vor Augen (vgl. Kat.-Nr. 62.10.2.).

59.14. Luther schlägt seine 95 Thesen an die Schloßkirche zu Wittenberg, (vor 1868)
Gezeichnet von Adolph Karst (vgl. Kat.-Nr. 59.11.)
Lichtdruck (?). Bildgr.: 12,05 x 8,4 cm
Meurer 1878, S. 34/35

59.11.

59.13.

Völlig neue Komposition gegenüber derjenigen der Meurerschen Erstausgabe (vgl. Kat.-Nr. 59.3.).

59.15. Luthers Einzug in Leipzig, (1843)
Lichtdruck (?). Bildgr.: 12 x 7,8 cm
Meurer 1878, S. 66/67
Nach einer Zeichnung von Ludwig Richter. Vgl. Kat.-Nr. 59.4.

59.16. Luther verbrennt die Bannbulle und päpstlichen Decretalen, (vor 1868)
Bez. u. r.: AK (Ligatur) = Adolph Karst
Lichtdruck (?). Bildgr.: 12,4 x 8,45 cm
Meurer 1878, S. 94/95
Die Komposition behält einige Bestandteile der Meurerschen Erstausgabe bei und damit auch der Komposition Catels (1811). Vgl. Kat.-Nr. 59.5.

59.17. Luther und Ritter Georg von Freundsberg vor der Reichsversammlung zu Worms, (vor 1868)
Gezeichnet von Adolph Karst (vgl. Kat.-Nr. 59.11.).
Lichtdruck (?). Bildgr.: 12,3 x 8,45 cm
Meurer 1878, S. 106/107
Neue Komposition, jedoch relativ eng mit der Meurerschen Erstausgabe verwandt. Vgl. Kat.-Nr. 59.6.

59.18. Luther auf dem Reichstag in Worms, (vor 1868)
Gezeichnet von Adolph Karst (vgl. Kat.-Nr. 59.11.)
Lichtdruck (?). Bildgr.: 12,25 x 8,5 cm
Meurer 1878, S. 112/113
Die Komposition lehnt sich eng an die entsprechende Gustav Königs an (vgl. Kat.-Nr.62.22.1.).

59.19. Luthers Entführung auf die Wartburg, (vor 1868)
Gezeichnet von Adolf Karst (vgl. Kat.-Nr. 59.11.)
Lichtdruck (?). Bildgr.: 12 x 9,1 cm
Meurer 1878, S. 120/121
Die Komposition entspricht im ganzen der der Meurerschen Erstausgabe, während die Waldszenerie eher mit Gustav Königs Version in Zusammenhang gebracht werden kann (vgl. Kat.-Nr. 62.23.1.).

59.20. Luther auf der Wartburg die Bibel übersetzend, (vor 1868)
Gezeichnet von Adolph Karst (vgl. Kat.-Nr. 59.11.)
Lichtdruck (?). Bildgr.: 12,2 x 8,65 cm
Meurer 1878, S. 130/131
Das Thema ist nicht in der Meurerschen Erstauflage enthalten. Karst hatte bei seiner Zeichnung sicher die Komposition Gustav Königs vor Augen (vgl. Kat.-Nr. 62.24.1.).

59.21. Luther im Gasthof zum schwarzen Bären in Jena, (1845)
Lichtdruck (?). Bildgr.: 11,9 x 9,55 cm
Meurer 1878, S. 140/141
Nach einer Zeichnung von Ludwig Richter. Vgl. Kat.-Nr. 59.9.

59.22. Luthers Trauung, (vor 1868)
Gezeichnet von Adolph Karst (vgl. Kat.-Nr. 59.11.)
Lichtdruck (?). Bildgr.: 12,2 x 8,4 cm
Meurer 1878, S. 180/181
Das Thema ist nicht in der Meurerschen Erstausgabe enthalten.

59.23. Luther in seiner Krankheit, (1845)
Lichtdruck (?). Bildgr.: 12 x 9,55 cm
Meurer 1878, S. 194/195
Nach einer Zeichnung von Ludwig Richter. Vgl. Kat.-Nr. 59.10.

59.24. Luther vor der Leiche seiner Tochter Magdalena, (vor 1868)
Gezeichnet von Adolph Karst (vgl. Kat.-Nr. 59.11.)
Lichtdruck (?). Bildgr.: 12,2 x 8,5 cm
Meurer 1878, S. 324/325
Das Thema ist nicht in der Meurerschen Erstausgabe enthalten. Karst hatte bei seiner Zeichnung sicher die Komposition Gustav Königs vor Augen (vgl. Kat.-Nr. 62.43.1.).

59.25. Luthers Tod, (vor 1868)
Gezeichnet von Adolph Karst (vgl. Kat.-Nr. 59.11.)
Lichtdruck (?). Bildgr.: 12,5 x 8,6 cm
Meurer 1878, S. 336/337
Das Thema ist nicht in der Meurerschen Erstausgabe enthalten. Karst hatte bei seiner Zeichnung sicher die Komposition Gustav Königs vor Augen (vgl. Kat.-Nr. 62.47.1.).

59.20.

59.25.

60

Carl August Schwerdgeburth

1785 Dresden — 1878 Weimar

C. A. Schwerdgeburth war Schüler seines Vaters Joh. Burkhard Schwerdgeburth (geb. 1759 in Dresden, tätig in Dessau, Weimar, Gera und seit 1822 in Dresden) und der Dresdener Akademie. Er war, wie sein Vater, tätig am Chalcographischen Institut in Dessau und nach dessen Auflösung in Weimar, seit 1805 als Hofkupferstecher. Er arbeitete nach eigenen und fremden Vorlagen in verschiedenen graphischen Techniken, so des Stahlstichs, u. a. Illustrationen für Almanache und Taschenbücher (vgl. E. Baumgärtel, Die Almanache, Kalender und Taschenbücher (1750—1860) der Landesbibliothek Coburg, Wiesbaden 1970, Nr. 166, 241, 293, 450). Von Schwerdgeburths Hand stammen Bildnisse Goethes und andere, mit diesem in Verbindung stehende Graphiken. Eine Würdigung seiner Lutherfolge von C. C., Lutherbilder, in: Christliches Kunstblatt, 1859, S. 129 ff. (in diesem Aufsatz werden die Lutherlebenbilder Schwerdgeburths und Königs besprochen und miteinander verglichen). Vgl. ferner: Nagler 16, 1846, S. 141 f. — E. G. Vogel, Bibliotheca Biographica Lutherana, Halle 1851, S. 71, Nr. 657. — A. Apell, Hdb. für Kupferstichsammler, 1880, S. 388. — v. Boetticher, II, 2, S. 698. — Thieme-Becker 30, 1936, S. 383 (dort weitere Lit.). — Martin Scharfe, Evangelische Andachtsbilder, 1967, S. 194 (Anm. 231 Hinweis auf eine Lithographie Schwerdgeburths nach C. Fries „Luther im Tode"). — Neuauflage der Schwerdgeburth-Serie 1917 (Christl. Kunstblatt, 1917, S. 288).
Die Lutherfolge C. A. Schwerdgeburths besteht aus acht Stahlstichen, die zwischen 1843 und 1862 entstanden sind. Die Wormser Reichstagsszene besitzt ein größeres Format. Vom „Christabend 1536" existiert eine kleinerformatige, frühere Fassung. 1883 wurde im Verlag von Rudolf Uhlig in Leipzig eine großformatige neue Ausgabe der Lutherfolge A. Schwerdgeburths in Originaldrucken herausgebracht: D. Martin Luther in Wort und Bild. Festschrift zur vierhundertjährigen Geburtstagsfeier des großen Reformators mit acht Stahlstichen von Professor C. A. Schwerdgeburth in Weimar, herausgegeben von C. Evers, der Theologie und Philosophie Doctor, Pastor zu St. Matthäi Leipzig (Hinweis von Prof. Dr. V. Neuhaus, Köln). Im folgenden sind die Blätter thematisch, also in historischer Reihenfolge, nicht nach den Daten ihrer Entstehung geordnet.

60.1. Dr. Martin Luther's Abreise von Wittenberg zum Reichstage in Worms d. 2. April 1521, 1862

In der Darstellung bez. u. r. (auf dem Stein): W (= Weimar) CSA (= CAS) 1862. Unter der Darst.: Erfunden und gestochen v. C. A. Schwerdgeburth in Weimar. Unten Titel (s. o.)
Stahlstich. Bildgr.: 16,7 x 24,4 cm; Plattengr.: 23,3 x 27,8 cm

Der Wittenberger Magistrat hatte auf Betreiben Lucas Cranachs für Luthers Reise nach Worms ein „Rollwäglein" zur Verfügung gestellt. „Als Begleiter hatte er, der Ordensvorschrift entsprechend, einen Augustinerbruder, dazu noch einen Studenten und Nikolaus Amsdorf, seinen Kollegen an der Universität" (R. Friedenthal, Luther, 1967, S. 325). Nikolaus von Amsdorf (1483—1565) war seit 1518 Anhänger M. Luthers. Er begleitete ihn zur Leipziger Disputation und nach Worms, obwohl er kein freies Geleit hatte (Schreckenbach/Neubert, Martin Luther, 1916, S. 160).
Im Vergleich mit Gustav Königs „Luthers Empfang in Worms" (Kat.-Nr. 62.20.1.) wird die Schlichtheit und Natürlichkeit, die antimünchnerische Auffassung Schwerdgeburths deutlich.
Abb. in: David Koch, Bilderbuch aus Luthers Zeit, 1917, 63. Bild.
Inv.-Nr. VI, 511,11 Neg.-Nr. 13300

60.2. Dr. Martin Luther vor dem Reichstage zu Worms, 1857

In der Darstellung bez. u. l. (Rückenlehne): CSA (= CAS) 1857. Unter der Darst.: Erfunden und gestochen von C. A. Schwerdgeburth in Weimar. Unter dem Titel (s. o.) l.: Eigenthum des Verfertiger's; Mitte: H. Felsing gedr. Zu Füßen des Schreibers links ein Aktenpaket mit der Aufschrift: Wormatiae 1521.
Stahlstich. Bildgr.: 30,6 x 46,8 cm; Plattengr.: 40 x 54 cm
Inv.-Nr. VI, 511,15 Neg.-Nr. 13304

60.1.

60.2.

60.3. Dr. Martin Luther predigt im Dorfe Möhra, 1847
In der Darstellung bez. u. r.: CSA (= CAS) 1847. Unter der Darst.: gezeichnet und in Stahl gestochen von C. A. Schwerdgeburth in Weimar. Unten Titel (s. o.)
Stahlstich. Bildgr.: 16,9 x 23,7 cm. Plattengr. ca. 23,5 x 28 cm
Vgl. zum Thema Kat.-Nr. 52. – Abb. in: David Koch, Bilderbuch aus Luthers Zeit, 1917, 68. Bild.
Inv.-Nr. VI, 511,14 Neg.-Nr. 13303

60.4. Dr. Martin Luther's Ankunft auf der Wartburg, den 4 Mai 1521, 1846
In der Darstellung bez. u. r.: CSA (= CAS) 1846. Unter der Darst. l.: Gedruckt im Atelier von AWeger in Leipzig; u. r.: gezeichnet und in Stahl gestochen von C. A. Schwerdgeburth in Weimar. Unten Titel (s. o.)
Stahlstich. Bildgr.: 16,8 x 24 cm; Plattengr.: ca. 23 x 29 cm
Im rundbogigen Tympanon ein geflügelter Drache mit einem Buch zwischen den Pranken (?). Im oberen Fenster des Torhauses sitzt eine Eule. Luther wird vom Wartburger Schloßhauptmann Hans von Berlepsch geleitet. – Abb. in: David Koch, Bilderbuch aus Luthers Zeit, 1917, 66. Bild.
Inv.-Nr. VI, 511,12 Neg.-Nr. 13301

60.3. ▲ 60.4. ▼

60.5. Dr. Martin Luther in Jena, 1851
In der Darstellung bez. u. r.: 1851. Unter der Darst.: Gezeichnet und in Stahl gestochen von C. A. Schwerdgeburth. Unten Titel (s. o.)

Stahlstich. Bildgr.: 16,8 x 24 cm; Plattengröße ca. 22,5 x 28 cm
Die Darstellung gibt eine historische Begebenheit wieder: Im März 1522 hatte Luther die Wartburg verlassen, um nach Wittenberg zurückzukehren. Er machte im Gasthof „Zum schwarzen Bären" in Jena Rast. Hier trafen ihn die Schweizer Studenten Johannes Keßler und Johannes Rütiner aus St. Gallen am 4. 3. 1522; sie unterhielten sich mit ihm über die Wittenberger Universität, auch über Luther selbst, ohne ihn zu erkennen. Luther, noch als Junker Jörg, hatte in einer Bibel in hebräischer Sprache gelesen. (Nach Keßlers Bericht in seinem Buch „Sabbatha"). Diese, auch von König dargestellte Szene war besonders beliebt bei den Künstlern der 2. Hälfte des 19. Jahrhunderts. — Abb. in: David Koch, Bilderbuch aus Luthers Zeit, 1917, 67. Bild.

Inv.-Nr. VI, 511,13 Neg.-Nr. 13302

60.6. Dr. Martin Luther's Vermählung am 13. Juni 1525 zu Wittenberg, 1849

In der Darstellung bez. Mitte r. (Schrankseitenwand): CSA (= CAS) 1849. Unter der Darst.: gezeichnet und in Stahl gestochen v. C. A. Schwerdgeburth in Weimar. Unten Titel (s. o.)
Stahlstich. Bildgr.: 16,9 x 23,9 cm

„Dienstag, den 13. Juni 1525, abends nach 5 Uhr, ließ sich Luther im Beisein des Ehepaars Cranach und der Professoren Jonas und Apel in seiner Wohnung im Schwarzen Kloster zu Wittenberg von dem Stadtpfarrer Bugenhagen in aller Stille mit der ehemaligen Nonne Katharina von Bora kopulieren. Der Kopulation folgte sogleich in Gegenwart der gleichen Zeugen das sogenannte Beilager und am folgenden Mittwoch, den 14. Juni, früh 10 Uhr, ein bescheidenes Festmahl" (Heinrich Böhmer, Jahrbuch der Luthergesellschaft 1925, S. 40 ff. Vgl. auch: Walter von Loewenich, Luthers Heirat, in „Zeitschrift der Luthergesellschaft", 1976, S. 47 ff.). — In der Darstellung Schwerdgeburths steht Cranach zwischen Bugenhagen und dem knienden Paar. — Abb. in: David Koch, Bilderbuch aus Luthers Zeit, 1917, 69. Bild.

Inv.-Nr. VI, 511,13 Neg.-Nr. 13302

60.5. ▲

60.6. ▽

60.7. Siehe: ich verkündige euch große Freude. Vor 1843
In der Darstellung bez. u. l.: CSA (= CAS). Unter der Darst.: Gezeichnet und in Stahl gearbeitet (!) von C. A. Schwerdgeburth. Unten Titel (s. o.)
Stahlstich. Bildgr.: 10,8 x 14,7 cm; Plattengr. ca. 13,8 x 19,1 cm
Dargestellt ist der Heiligabend 1536 bei der Familie Luther in Wittenberg. Am Tisch sitzen Luther, seine Frau und ihre Kinder. Auf die Stuhllehne stützt sich Philipp Melanchthon, am (authentischen) Ofen sitzt die Muhme Lene. Rechts vom Tisch, isoliert betend, Magdalena, die am 20. 9. 1542 vierzehnjährig gestorben ist. — Wann dieser im Format kleine Stahlstich entstanden ist, ist mir unbekannt, jedenfalls vor 1843. Auf dies Jahr ist die größere, zur Lutherfolge im Format passende Version datiert (nächste Kat.-Nr.). Diese erste Fassung ist m. W. in der Literatur bisher nicht erwähnt. — Das Blatt fand sich im Gustav-König-Nachlaß, Stadtarchiv Erlangen. Es hat deutliche Spuren in der gleichthematigen Komposition Gustav Königs hinterlassen (vgl. Kat.-Nr. 62.42.1.).

60.7. ▲

60.8. ▼

60.8. Dr. Martin Luther im Kreise seiner Familie zu Wittenberg am Christabend 1536, 1843
In der Darstellung bez. u. l.: CSA (= CAS) 1843 (4 ist seitenverkehrt). Unter der Darstellung in der Mitte: Druck v. F. A. Zehl in Lpzg.; r.: gezeichnet und in Stahl gestochen v. C. A. Schwerdgeburth 1843. Unten Titel (s. o.)
Stahlstich. Bildgr.: 17,05 x 24,4 cm
Zum Thema vgl. die vorige Kat.-Nr. — Schwerdgeburth hat diese zweite Darstellung angereichert. Die wichtigste Veränderung besteht in der Aufnahme eines weiteren Reformators in die Komposition (r. Ecke). Johannes, der älteste Sohn Luthers, hat die Rechte gesenkt; außer der in einem Brief seines Vaters an ihn genannten Armbrust ist noch ein Deckelkrug auf den Tisch gestellt. Am rechten Wandpfeiler sieht man einen Reifen mit einem Stab; der alten Muhme hat sich eine Katze zugesellt; Katharina von Bora hat eine kleidsamere

Haube erhalten. Die Physiognomien von Luther und Melanchthon sind sprechender geworden. Auf dem Ofensims stehen einige Gegenstände. Außerdem sind Ornamente hinzugefügt worden.
Abb. in: David Koch, Bilderbuch aus Luthers Zeit, Stuttgart 1917, 70. Bild. — Hans Preuß, Lutherbildnisse, Leipzig o. J., S. 55, Abb. 31. — Claus-Jürgen Roepke, Die Protestanten in Bayern, München 1972, S. 345. — Volker Neuhaus, Technik der Graphik, Wanderausstellung des Kulturkreises im Bundesverband der Deutschen Industrie, o. O., o. J., S. 26. — Ingeborg Weber — Kellermann, Das Weihnachtsfest, Luzern und Frankfurt a. M. 1978, S. 47. Hierin wird darauf hingewiesen, daß es sich bei Schwerdgeburths Blatt um eine historisch falsche Darstellung handele. Im Kap. V ihres Buches „Tannenzweig und Weihnachtstraum" (S. 104 ff.) gibt sie eine Geschichte des Lichterbaums, wie wir ihn kennen, vgl. insbes. S. 108 f.: „Bis zu dem Zeitraum von 1850—70 waren es in Deutschland wie in andern Ländern vornehmlich Aristokratie und Großbürgertum, die den Brauch pflegten". „Das erste bisher bekannte Zeugnis für einen Weihnachtsbaum im Privathaus" stammt aus der Zeit um 1642. Zu Luthers Zeit war der Brauch noch unbekannt. — In den 30er Jahren des 19. Jahrhunderts wird der Christbaum des öfteren besungen, z. B. von H. W. Wackernagel im Schweizer Taschenbuch „Alpenrosen", Jg. 1839, S. 197 (u. a. „Stolz im Glanz des Siegerruhmes,/Schwer von Frucht und schattenmild,/Steht der Baum des Christenthumes:/Und der Christbaum ist sein Bild."). — Mit diesem Blatt begann Schwerdgeburth seinen Lutherzyklus.

Inv.-Nr. VI, 511,16 Neg.-Nr. 14226

60.9.

60.9. Dr. Martin Luther's Abschied im Jahre 1546, den 23. Januar zu Wittenberg, 1844

In der Darstellung bez. u. r.: CSA (= CAS) 1844. Unter der Darst.: Gezeichnet und in Stahl gestochen v. C. A. Schwerdgeburth in Weimar, Druck v. F. A. Zehl in Leipzig. Unten Titel (s. o.)
Stahlstich. Bildgr.: 16,7 x 24,4 cm; Plattengr.: ca. 23,5 x 29,5 cm
In den Kunstsammlungen hat sich ein gedrucktes loses Blatt mit Erläuterungen zur Darstellung erhalten. Ob es solche auch für die übrigen Stahlstiche gegeben hat, vermag ich nicht zu sagen: „. . . Das Bild zeigt hier die Abschiedsszene, Luther reisefertig, segnet seine noch einzige Tochter Margaretha, seine Gattin bittend im trüben Vorgefühl an seiner Seite. Neben Luther steht sein Freund Lucas Cranach, der Maler und Bürgermeister zu Wittenberg; zwischen beiden sieht man den Professor Dr. Johannes Bugenhagen, Pastor zu Wittenberg. Neben Cranach steht Luthers ältester Sohn Johannes, dessen beide jüngeren Brüder werden noch von dem treuen Freund Melanchthon väterlich ermahnt, während die altersschwache Muhme Lene das Fortschaffen des Reisegepäcks sorgsam anordnet, hinter welcher ein Bürger den Augenblick erwartet, auch Abschied von dem geliebten Mann nehmen zu können. An der Wand sieht man das Bild des Churfürsten Johann Friedrich des Großmüthigen, Luthers Beschützer, und die von Luthers Gattin und seiner verstorbenen geliebten Tochter Magdalene. Die Laute hängt verlassen . . ."
Abb. in: David Koch, Bilderbuch aus Luthers Zeit, 1917, 71. Bild.

Inv.-Nr. VI, 330,8 Neg.-Nr. 13298

61
(E. T. Jäkel, Leipzig)

1840–46 erschien in Leipzig eine dreibändige Lutherbiographie von E. T. Jäkel: „Leben und Wirken Dr. Martin Luther's im Lichte unserer Zeit. Ein Denkbuch für die ganze Christenheit." 1. Band: „Prachtausgabe in 3 Bänden. mit Stahlstichen.", bei C. W. B. Naumburg, Leipzig, (1840); 2. Band: „Mit vielen Bildern aus Luthers Leben und seiner Zeit", bei Robert Binder, Leipzig, 1841; 3. Band: (wie 2. Bd.), bei Robert Binder, Leipzig 1842. In den drei Bänden sind eine Reihe von Lutherlebenillustrationen enthalten, die im folgenden geschlossen beschrieben werden (nicht erwähnt werden reine Porträts und Ortsansichten).
Ein Exemplar des Werkes befindet sich in der Landesbibliothek Karlsruhe.

61.1. Elisabeth Cotta und Luther als Currentschüler zu Eisenach 1498.
Nicht bez. Titel (s. o.)
Lithographie. Bildgr.: 8,1 x 11,75 cm (nicht umrandet)
E. T. Jäkel, 1. Bd., (1840), S. 96/97

Die Komposition ist eine seitenverkehrte freie Wiederholung der v. Löwensternschen Variantengruppe 34.2. Frau Cotta hält sich mit der Rechten am Treppengeländer fest und segnet Luther mit der Linken. Die Nische mit der Heiligenfigur ist an die Kirchhofmauer versetzt. Die Gruppierung der Sänger hat sich verändert, ebenfalls die architektonische Hintergrundstaffage. – Vgl. auch G. E. Opiz (Kat.-Nr. 58.2.).

61.2. Luther wird durch Musik aus seiner Betäubung geweckt.
Bez. u. r.: Lith. Anst. v. Goedsche u. Steinmetz in Meissen. Titel (s. o.)
Lithographie. Bildgr.: 8,15 x 11,35 cm (nicht umrandet)
E. T. Jäkel, 1. Bd., (1840), S. 116/117
Zu Goedsche & Steinmetz vgl. Kat.-Nrn. 31.1., 59.5., 59.6., 59.9., 59.10.

61.3. Luther und Staupitz im Klostergarten zu Erfurt, 1512.
Nicht bez. Titel (s. o.)
Lithographie. Bildgr.: 11,65 x 8,25 cm (dünn umrandet)
E. T. Jäkel, 1. Bd., (1840), S. 146/147
Die Komposition entspricht, auf einer künstlerisch höheren Stufe, denjenigen bei „Frauenfeld", Kat.-Nr. 41.5., und „Schömbs", Kat.-Nr. 42.5.

61.4. Luthers Einzug in Leipzig.
Nicht bez. Titel (s. o.)
Lithographie. Bildgr.: 8 x 11,3 cm (fett umrandet)
E. T. Jäkel, 1. Bd., (1840), S. 388/389
Gustav König (vgl. Kat.-Nr. 62) hat das Jäkelsche Lutherwerk gelesen und daher auch die Abbildungen der Bände gekannt. Aus der hier vorliegenden Illustration hat er Einzelheiten für sein Blatt „Luthers Empfang in Worms, 1521" entnommen (Kat.-Nr. 62.20.1.): Wagen, Anordnung der Staffagefiguren.

61.5. Dr. Martin Luther disputirt zu Leipzig auf der Pleissenburg mit Dr. Johann Eck 1519.
Nicht bez. Titel (s. o.)
Lithographie. Bildgr.: 8,3 x 11,55 cm
E. T. Jäkel, 1. Bd., (1840), S. 394/395
Auch bei dieser Illustration taucht der Narr auf.

61.6. Luther verbrennt die päpstliche Bulle
Bez. u. r.: Naumburg's Kunst Anstalt. Lpzg
Stahlstich. Bildgr.: 11,9 x 8 cm (nicht umrandet)
E. T. Jäkel, 1. Bd., (1840), S. 480/481

61.7. Habt Friede! Luther vor der Augustinerkirche zu Erfurt den 7. April 1521 über Joh: 20., 19–23.
Nicht bez. Titel (s. o.)
Lithographie. Bildgr.: 11,45 x 8,3 cm (dünn umrandet)
E. T. Jäkel, 2. Bd., 1841, S. 130/131
Luther ist nach einem Vorbild Lucas Cranachs gezeichnet.

61.2.

61.4.

61.5.

61.8. Luther's Einzug in Worms zum Reichstag 1521.
Nicht bez. Titel (s. o.)
Lithographie. Bildgr.: 8,3 x 11,65 cm (dünn umrandet)
E. T. Jäkel. 2. Bd., 1841, S. 136/137
Die Komposition folgt derjenigen eines unbekannten Lithographen, vgl. Kat.-Nr. 51. Die rechte Seite der Illustration ist gegenüber der älteren Lithographie stärker verändert.

61.9. Luther'n zerspringt an der Tafel Richards von Trier ein Glas mit Gift. 1521.
Bez. u. l.: H. S. lith.; u. r.: Lith. Anst. v. Goedsche u. Steinmetz in Meissen. Titel (s. o.)
Lithographie. Bildgr.: 11,65 x 8,1 cm (dünn umrandet)
E. T. Jäkel, 2. Bd., 1841, S. 168/169
Zu Goedsche u. Steinmetz vgl. Kat.-Nr. 61.2.

61.10. Luther's Entführung auf die Wartburg. 1521.
Bez. u. r.: Lith. Anst. v. Goedsche u. Steinmetz in Meissen. Titel (s. o.)
Lithographie. Bildgr.: 8,15 x 11,65 cm (dünn umrandet)
E. T. Jäkel, 2. Bd., 1841, S. 168/169
Zu Goedsche & Steinmetz vgl. Kat.-Nr. 61.2.
Die Szene ähnelt der Komposition von J. D. Schubert aus dem Jahre 1794 (vgl. Kat.-Nrn. 11.4. u. 11.10.) und dem Campeschen Blatt von 1817 (Kat.-Nr. 26.6.) sowie, in der Figur des linken Ritters, der späteren Campeschen Folge aus der Zeit um 1825 (Kat.-Nr. 33.6.), enthält aber auch selbständige Erfindungen. — Ein Exemplar der Illustration im KK Coburg, Neg.-Nr. 12996.

61.8. ▲

61.10. ▼

61.11. Luther's Anfechtung auf der Wartburg 1522.
Bez. u. r.: Lith. Anst. v. Goedsche u. Steinmetz in Meissen. Titel (s. o.)
Lithographie. Bildgr.: 10,5 x 8,35 cm (dünn umrandet)
E. T. Jäkel, 2. Bd., 1841, S. 212/213
Zu Goedsche u. Steinmetz vgl. Kat.-Nr. 61.2.

61.12. Luther auf der Wartburg 1521.
Bez. u. r.: lith. v. C. C. Böhme. Leipzig. Titel (s. o.)
Lithographie. Bildgr.: 11,65 x 8,4 cm (dünn umrandet)
E. T. Jäkel, 2. Bd., 1841, S. 228/229
Im Thieme-Becker 4, 1910, S. 196 wird unter „Johann Christian Böhme" ein Lithograph C. Böhme genannt. Es ist jedoch zweifelhaft, ob dieser mit C. C. Böhme, Leipzig, identisch ist.

61.13. Luther und Karlstadt in Orlamünde 1524.
Bez. u. r.: Lith. Anst. v. Goedsche u. Steinmetz in Meissen. Titel (s. o.)
Lithographie. Bildgr.: 8,2 x 11,95 cm (dünn umrandet)
E. T. Jäkel, 3. Bd., 1842, S. 208/209. Vgl. Text S. 205 ff. Hiernach fand die Unterredung zwischen Luther und Karlstadt in der „Herberge zum schwarzen Bären" in *Jena* statt. Karlstadt kam in Begleitung Dr. Gerhard Westerburgs aus Köln, Luther wurde von Pastoren, dem Bürgermeister von Jena, Martin Reinhard, und anderen begleitet. Reinhard hat über diese Begebenheit berichtet. Zum Schluß des Gesprächs soll Luther seinen Widersacher Karlstadt aufgefordert haben, gegen ihn „öffentlich und nicht heimlich" zu schreiben: „Thut's! Ich will auch einen Gulden darauf geben." Karlstadt nahm den Goldgulden sofort an, indem er sagte: „Liebe Brüder! Das ist Arrabo, ein Zeichen, daß ich Macht habe, wider Doctor Luther zu schreiben; ich bitte euch Alle, ihr wollet mir's bekenntlich und Zeugen sein." — Diese Szene ist in der Lithographie dargestellt.
Zu Goedsche u. Steinmetz vgl. Kat.-Nr. 61.2.

61.11.

61.12.

61.13▼

61.14. Luther als Familienvater.
Nicht bez. Titel (s. o.)
Lithographie. Bildgr.: 8 x 11,6 cm (dünn umrandet)
E. T. Jäkel, 3. Bd., 1842, S. 244/245
Die Komposition entspricht in großen Zügen der der jüngeren Campeschen Folge (vgl. Kat.-Nr. 33.7.) bzw. deren Nachahmern. Luther blickt hier nicht seinen Sohn an bzw. aus dem Bild heraus, sondern auf die Noten. Das Interieur ist biedermeierlich ausgestattet, selbst der historische Ofen ist dem Zeitgeschmack entsprechend umgewandelt worden.

61.15. Luther's Leiche wird nach Wittenberg abgeführt, den 22 Febr. 1546.
Nicht bez. Titel (s. o.)
Stahlstich. Bildgr.: 8,1 x 11,7 cm (dünn umrandet)
E. T. Jäkel, 3. Bd., 1842, S. 350/351
In dieser Komposition wirkt die v. Löwensternsche Fassung nach (vgl. 34.15.1.: bes. die Pferde).

61.16. Kaiser Carl V. am Grabe Luther's in der Schlosskirche zu Wittenberg. 1547.
Bez. u. r.: Lith. Anst. v. Goedsche u. Steinmetz in Meissen. Titel (s. o.)
Lithographie. Bildgr.: 12,05 x 82 cm (dünn umrandet)
E. T. Jäkel, 3. Bd., 1842, S. 360/361.
Die Komposition des Blattes geht auf die v. Löwensternsche Variantengruppe 34.16. zurück.

61.14.

61.15.

61.17.

61.17. Dr. Martin Luther theilt das heilige Abendmahl aus, 1846
Prämie zu „Luthers Leben & Wirken v. E. T. Jäkel".
Bez. u. l.: Verlag v. C. W. B. Naumburg's Kunstanstalt in Leipzig; u. r.: nach Geisler, in Stahl gest. v. Rosmäsler, 1846. Unten Titel (s. o.)
Stahlstich. Bildgr.: 36,6 x 27,5 cm
Eine sichere Identifikation Geislers ist mir nicht gelungen. — In Leipzig waren seit dem endenden 18. Jahrhundert mehrere Reproduktionsgraphiker Rosmäsler (Rossmäßler) tätig. In diesem Fall dürfte es sich um Joh. Friedrich Rossmäßler handeln (um 1775 in Leipzig — 1858 ebda.), Kupfer- und Stahlstecher. — Vgl. E. G. Vogel, Bibliotheca Biographica Lutherana, Halle 1851, S. 22, Nr. 214; S. 70, Nr. 653.

Inv.-Nr. V, 90,53 Neg.-Nr. 13323

62

Gustav König

1808 Coburg – 1869 Erlangen

Die besten Informationen über Leben und Werk Gustav Königs enthält das Buch von August Ebrard „Gustav König. Sein Leben und seine Kunst", Erlangen 1871. Ebrard, der zu den bedeutendsten Theologen Deutschlands im 19. Jahrhundert gezählt wird und einige Jahre lang den ersten Lehrstuhl für reformierte Theologie an der Universität Erlangen innegehabt hat, war jahrelang mit König befreundet und besaß den besten Einblick in sein Werk, auch in seine künstlerische wie schriftliche Hinterlassenschaft. Er hat die zeitgenössische Literatur über König nahezu vollständig ausgewertet und zitiert. Von ihm stammt ein erstes Oeuvreverzeichnis. Eine Zusammenfassung der Arbeiten Königs bietet der Artikel im Thieme-Becker (21, 1927, S. 149 ff.) mit ebenfalls guten Literaturverweisen. 1930 hat Ludwig Kaemmerer einen Aufsatz über König in den „Coburger Heimatblättern" veröffentlicht mit dem Titel: Zum Gedächtnis an Gustav König – Coburg, gen. der ‚Lutherkönig' (Heft 11, S. 115 ff.). Eine kritische Bearbeitung der Kunst Gustav Königs liegt noch nicht vor. Sie würde sich, ohne Königs Bedeutung überschätzen zu wollen, insofern lohnen, als sich bei einer Zusammenfassung aller noch erhaltenen oder überlieferten Arbeiten beobachten und beschreiben ließe, wie sich bei König aus einem relativ blutvollen Historienbild allmählich die historisch gewandete religiöse Allegorie entwickelt, die sich mehr und mehr aus dem Kontext der Zeit entfernt. Ich beschränke mich auf die Katalogisierung der mit Luther im Zusammenhang stehenden Arbeiten Königs. Zum erstenmal können die eigenhändigen Stahlradierungen der Lutherfolge mit den Vorarbeiten verglichen werden, die sich im künstlerischen Nachlaß Königs, der z. Z. im Stadtarchiv Erlangen aufbewahrt wird, und in Windsor Castle befinden. Im Stadtarchiv Coburg liegen, soweit ich sehe, keine auf König bezügliche Archivalien; sie sind jedoch in Weimar oder anderen Archiven der Deutschen Demokratischen Republik zu erwarten. Der Bestand Königscher Arbeiten, auch in öffentlichen Sammlungen, scheint in der Kriegs- und Nachkriegszeit dezimiert worden zu sein.

Gustav König wuchs in Coburg auf und ist immer wieder für längere oder kürzere Besuche in seine Vaterstadt zurückgekehrt. Sein früh verstorbener Vater Johann Nikolaus König war Porzellanmaler, und auch Gustav Königs ältere Schwester Amalie (1803–1847) erlernte diesen Beruf, schließlich Gustav König selbst. Die Geschwister arbeiteten im Coburger Institut für Porzellanmalerei, in das Gustav König im 16. Lebensjahr (1823/24) eingetreten ist. Sie kopierten fremde Vorlagen; ein Maler Müller, „der lange in Paris auf der Akademie gewesen", gab ersten künstlerischen Unterricht. Vielleicht hat sich schon Mitte der 20er Jahre, jedenfalls vor 1827, eine lebensbestimmende Freundschaft zwischen den Kindern des Coburger Geheimen Regierungs- und Justizrates Carl Heinrich Prätorius – Eduard, Max und Natalie – und Amalie und Gustav König entwickelt (vgl. Tagebuch des Eduard Prätorius im Germanischen Nationalmuseum, Nürnberg – Archiv 4°, Hs. Pr. 1071 a (4) –, aus dem mir Dr. Axel Janeck, GNM, freundlicherweise Auszüge zur Verfügung gestellt hat. Dr. Janeck beabsichtigt, das Tagebuch zu publizieren). Gustav König und Natalie Prätorius sowie Eduard Prätorius und Amalie König haben später geheiratet. L. Kaemmerer hat im Zusammenhang seines König-Aufsatzes auf das Buch von C. Kühner, Dichter, Patriarch und Ritter, Frankfurt a. M. 1869, hingewiesen, in dem u. a. sehr lebendig die Bedeutung des Freiherrn Christian Truchseß von Wetzhausen auf Bettenburg für das geistige Leben des Coburger Landes in der Zeit um 1800 und später beschrieben wird. Er war der Mittelpunkt eines Kreises, zu dem Friedrich Rückert und der württembergische Minister Carl August Freiherr von Wangenheim gehörten. Wangenheim war zeitweilig die Klammer zwischen schwäbischen Geistern der Zeit, wie Uhland und Gustav Schwab, und Coburgern. Rückert, Freiherr v. Wangenheim, Uhland und Gustav Schwab spielen in der frühen Biographie Gustav Königs eine

Carl August Freiherr von Wangenheim (1773 Gotha – 1850 Coburg)

Rolle, so daß man annehmen kann, Gustav König habe schon als junger Mann Kontakt zu geistigen Menschen seiner Umwelt gehabt und durchaus nicht (nur) als kleiner Handwerker dahingelebt. Seine späteren Briefe lassen König als einen gescheiten Menschen erkennen, und seine Beredsamkeit war berühmt.

Ostern 1828 reiste Gustav König nach Heidelberg zu Eduard Prätorius, der Erstsemester an der Heidelberger Universität war. Bei ihm blieb König bis zum Herbst. König soll in dieser Zeit Kontakt mit dem Heidelberger Romantiker Ernst Fries (1801—33), der im September 1827 aus Italien zurückgekehrt war und in frischem Ruhm stand, gehabt haben. Ebrard sagt, König habe von Fries (er nennt ihn fälschlicherweise Frey) das Ölmalen gelernt. Im Herbst 1828 wanderten Prätorius und König über Karlsruhe nach Coburg zurück. König wurde wieder Porzellanmaler. 1830 ging Gustav König zu Fuß nach Nürnberg, arbeitete auch hier zunächst als Porzellanmaler, bis seine Mutter starb (12. 11. 1830). Sporadisch besuchte er die Nürnberger Kunstschule, wo er Schüler des Kupferstechers Albert Christoph Reindel (1784—1853), des Direktors der Schule, gewesen ist. Von Johann Adam Klein (1792—1875) soll er das Radieren gelernt haben. Im Frühjahr 1831 kam der jüngere Bruder Eduards, Max Prätorius (1814—?), der sich später als Pferde- und Jagdmaler betätigt hat, nach Nürnberg, um dort ebenfalls an der Kunstschule zu studieren. Gustav König malte seine ersten Kompositionen — nach Uhlands Gedichten. Das war und wurde Mode (vgl. „Bilder zu Uhlands Gedichten" von Pflug und Nisle, Stuttgart 1834; „Deutsche Lieder in Bildern" von Friedrich Kaiser, München 1842). König selbst fand diese Produkte ersten selbständigen Schaffens — mit Recht — „herzlich schlecht". Immerhin gelang es dem Freiherrn v. Wangenheim, Herzog Ernst I. von Sachsen-Coburg und Gotha zu überreden, bei König zu kaufen. Eines dieser frühen Gemälde ist noch Eigentum des Schlosses Ehrenburg in Coburg. Besser als diese übereilten künstlerischen Arbeiten — denen allerdings eine koloristische Begabung nicht abgesprochen werden kann — sind Naturstudien: Häuser, Kirchen, Porträts.

Am 13. 7. 1831 verließ König Nürnberg, blieb kurz in Ansbach, um von dort aus — vermittelt durch einen Zufall — an den Fürsten Karl von Hohenlohe-Waldenburg-Schillingsfürst in Kupferzell bei Schwäbisch-Hall weitergereicht zu werden, dessen „Hofmaler" er wurde: eigentlich eine Sinekure, allerdings ohne Einkommen. König konnte machen, was er wollte, hatte jedoch überhaupt keine Anleitung. Er malte oder zeichnete Kompositionen nach dem Nibelungenlied, nach Schiller und Uhland („Die sterbenden Helden" besaß Justinus Kerner), Porträts, Stadtansichten, Tierstudien, Genreszenen. Zwischendurch besuchte er im Oktober 1831 in Stuttgart Nikolaus Lenau, in Weinsberg Justinus Kerner. Im Januar/Februar 1832 besuchte König Coburg. Ende 1832 nahm Eduard Prätorius König „von Hohenlohe mit weg", sie holten in Nürnberg Amalie Prätorius ab, um gemeinsam nach Coburg zurückzukehren. König war inzwischen 24 Jahre alt.

Mitte Januar 1833 brachen Gustav König und Max Prätorius gemeinsam auf, um ein Kunststudium an der Münchener Akademie zu beginnen. In der ersten Zeit wohnten sie zusammen. König wurde Schüler Julius Schnorr v. Carolsfelds, der auf Vorschlag Peter Cornelius' 1827 von Rom nach München gekommen war. Cornelius, Schnorr von Carolsfeld, Heinrich Heß sowie die Architekten L. Klenze und F. Gärtner bestimmten 1833 noch weitgehend das künstlerische Profil Münchens. Cornelius und seine Schüler arbeiteten an den Entwürfen zu den Fresken der Ludwigskirche, mit deren Ausführung Ende Juni 1836 begonnen wurde. 1841 verließ Cornelius München, um nach Berlin zu gehen. J. Schnorr v. Carolsfeld war mit der Ausmalung der Münchener Residenz beschäftigt (Nibelungenfresken, Vorarbeiten für den Barbarossazyklus). Er ging 1846 nach Dresden. F. Reber zählte König in seiner „Geschichte der neueren deutschen Kunst", Stuttgart 1876, zu den wichtigsten Schülern Schnorr v. Carolsfelds (S. 343) und spricht von einem engen Anschluß Königs an Schnorr. Wichtig ist, daß König den herben, monumentalen Stil der heroischen Zeit der Münchener Schule bis an sein Lebensende als vorbildlich anerkannt und gegen die modernere Geschichts- und Genremalerei und Koloristik belgischer und Düsseldorfer Provenienz sowie der späteren Münchener Schule verteidigt hat. So lehnte er Wilhelm Kaulbach, der 1834 die „Hunnenschlacht" vollendet hatte, in den folgenden Jahren eine monochrome Ölfassung der Komposition malte und 1838—1845 am Kolossalgemälde „Die Zerstörung Jerusalems" arbeitete, im Rückblick entschieden ab. König scheint bis in die 40er Jahre hinein mit aller Selbstverständlichkeit zur Münchener Künstlerszene gehört zu haben. Später fühlte er sich isoliert, war es wohl auch. Genelli, der seit 1836 in München lebte, vermochte er sich nicht zu nähern, mit Moritz v. Schwind und Eugen Neureuther unterhielt König ein gutes Verhältnis (Ebrard S. 154). Seit 1847 kannte Gustav König Ludwig Richter und den hervorragenden Reproduktionsstecher J. C. Thaeter, der 1849 von Dresden nach München übersiedelte und Königs „täglicher Umgang und sein unzertrennlicher Freund geblieben ist" (Ebrard S. 140). Mit beiden, wie mit dem berühmten Bildhauer Ernst Rietschel, verband König das brüderliche Du.

Max Prätorius (geb. 1814 in Coburg), Maler. Zeichnung von Gustav König, um 1835

Max Prätorius hat Königs Neigung festgehalten, sich gern jahrelang mit *einer* Aufgabe zu beschäftigen und „eine Anzahl von einzelnen Compositionen zu einem Ganzen zu vereinigen“ (Ebrard S. 41 f.), also zyklisch und illustrativ zu denken. Dieser Begabung kam ein Auftrag seines Landesfürsten, Herzog Ernst I., entgegen, wiederum vermittelt durch Freiherrn von Wangenheim, „eine Reihe wichtiger Momente aus der sächsischen Geschichte, deren Wahl ihm überlassen wurde, in einem Cyklus von Ölgemälden darzustellen“ (Ebrard S. 45). König wählte nach vorhergegangenem Studium der sächsischen Geschichte sieben Begebenheiten aus, in deren Mittelpunkt die sächsischen Reformationsfürsten Friedrich der Weise, Johann der Beständige und Johann Friedrich der Großmütige stehen. Er „entwarf die Skizzen, sandte dieselben ein und erhielt sie genehmigt zurück. Die Ausführung begann er auf der Akademie unter der Leitung Schnorr's“ (Ebrard S. 45). Der Auftrag gab König die Möglichkeit, sich selbständig zu machen. Am 17. 7. 1837 heiratete er Natalie Prätorius. Am 17. 8. 1839 wurde sein einziges Kind, Clara, geboren. Etwa 1841 vollendete König seinen angeblich für Schloß Reinhardsbrunn bei Gotha bestimmten Reformationsfürsten-Zyklus; mir ist unbekannt, ob er je dort aufgehängt worden ist. Er gehört heute zum Inventar der Ehrenburg in Coburg. Aus den Arbeiten an den Reformationsfürstenbildern und aus den im Zusammenhang damit stehenden historischen Studien hat sich bei König die Idee entwickelt, einen Luther-Zyklus zu gestalten.

Das Verhältnis Königs zur Geschichte und damit zu seinem Stoffangebot hat Ebrard so charakterisiert: „Ehe der Künstler daran denken kann, wie er darstellen wolle, muß er sich zum klaren Bewußtsein gebracht haben, was er darstellen wolle, und um dies zu vermögen, muß er seinen Gegenstand gründlich kennen“ (S. 59). Ähnliches könnte man über viele Historienmaler der Zeit sagen. König scheint sich dem Studium der Geschichte mit besonderer Gründlichkeit hingegeben zu haben. Im Erlanger Nachlaß fanden sich zwei umfangreiche Bände mit dem Titel „Dr. Luther I“ und

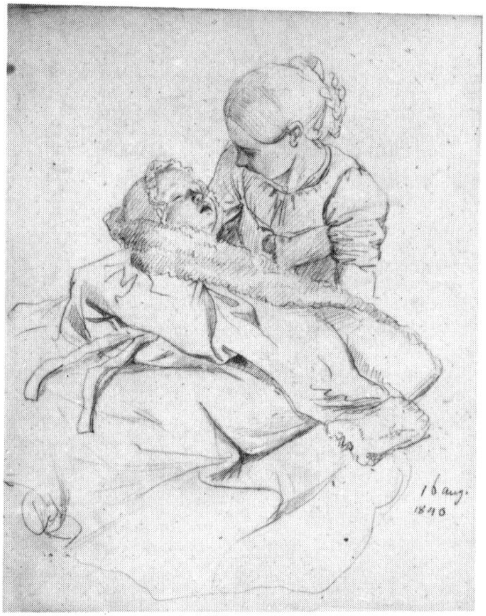

Natalie König, geb. Prätorius (1805 Coburg) mit ihrer Tochter Clara. München 16. 8. 1840. Zeichnung von Gustav König

„Dr. Luther II“, in denen König handschriftlich die verschiedensten Quellen, historische Darstellungen und z. T. kontroversen Interpretationen kompiliert hat, und zwar thematisch geordnet und in aller Ausführlichkeit: I. Luthers Geburt und Luthers Eltern. – II. Luthers Schuljahre – III. Luther studiert zu Erfurt usw. Im 2. Band hat er die Bücher und Aufsätze notiert, die er durchgearbeitet hatte oder die auf seinem Programm standen, unter diesen die Lutherbiographien Gustav Pfizers mit den Stahlstichen F. Fellners und Dietrichs von 1836 (Kat.-Nr. 57), E. J. Jäkels von 1840–46 (vgl. Kat.-Nr. 61) und M. Meurers von 1843–46 mit den Illustrationen L. Richters (vgl. Kat.-Nr. 59). Es wurde schon verschiedentlich darauf hingewiesen, daß er auch Einzelblätter mit Lutherillustrationen anderer Künstler besessen hat: P. W. App (Kat.-Nr. 54), G. E. Opiz (Kat.-Nr. 58.27.), C. A. Schwerdgeburth (Kat.-Nr. 60.7.), C. Hermann (Kat.-Nr. 62 und die übrigen Blätter der Folge). Er hatte Blätter der Baron v. Löwensternschen Reformatorenfolge (vgl. 34, Einleitung). Vieles, was es schon an Lutherillustrationen zu seiner Zeit gab, kannte er jedoch nicht (vgl. seinen Brief an L. Ranke). Ob ihm die Hummelsche Lutherfolge (Kat.-Nr. 18) und die v. Löwensternsche (Kat.-Nr. 34) bekannt waren, ist nicht ganz sicher.

Man darf sich das Verhältnis von literarischem Studium der Geschichtsquellen und -darstellungen und der künstlerischen Umsetzung des daraus geschöpften Wissens und der sich allmählich entwickelnden inneren Phantasiegestalten in Bilder nicht allzu schematisch und systematisch, in einer logischen zeitlichen Abfolge vorstellen. Zeitliche Vorstöße und Rückgriffe werden die Regel gewesen sein. Der erste Band der Luther-Kompilationen Königs endet mit dem Vermerk: „Ende des I. Theils. München d. 29ten Septbr. 1844“. Damals wird König den größten Teil seiner Lutherillustrationen schon vollendet gehabt haben! So schreibt er unter den Titel des Bandes: „Die Momente welche ich aus Luthers Leben bildlich dargestellt habe und die einzelnen Stellen welche ich bey meinen Zeichnungen benutzte, habe ich roth unterstrichen. Gustav König 1844“. Interessant an dieser Bemerkung ist nicht nur die abschließende Geste, sondern auch die Unterscheidung Königs von Bildern und Zeichnungen. Vermerkt sei an dieser Stelle, daß sich in den beiden Lutherbänden Königs genaue Exzerpte über das „Mönchtum“, den „Heiligendienst“, das „Fegfeuer“, die Evangelisten und Kirchenväter befinden sowie Tabellen der Kaiser und Päpste, eine „Tabellarische Uebersicht der Kirchengeschichte“ in zeitlicher Ordnung, Bemerkungen über das lateinische Kirchenlied, die Anfänge des deutschen Kirchenliedes usw., daß sich Königs Interesse also nicht auf das Nötigste beschränkte. So befinden sich in seinem Nachlaß außer seinen eigenen Skizzen, Lutherstudien (Porträts, Kostüme, Architektur und Lutherillustrationen anderer Künstler) auch Graphiken nach oder von Cornelius, Schnorr v. Carolsfeld, Schwind, Neureuther usw.

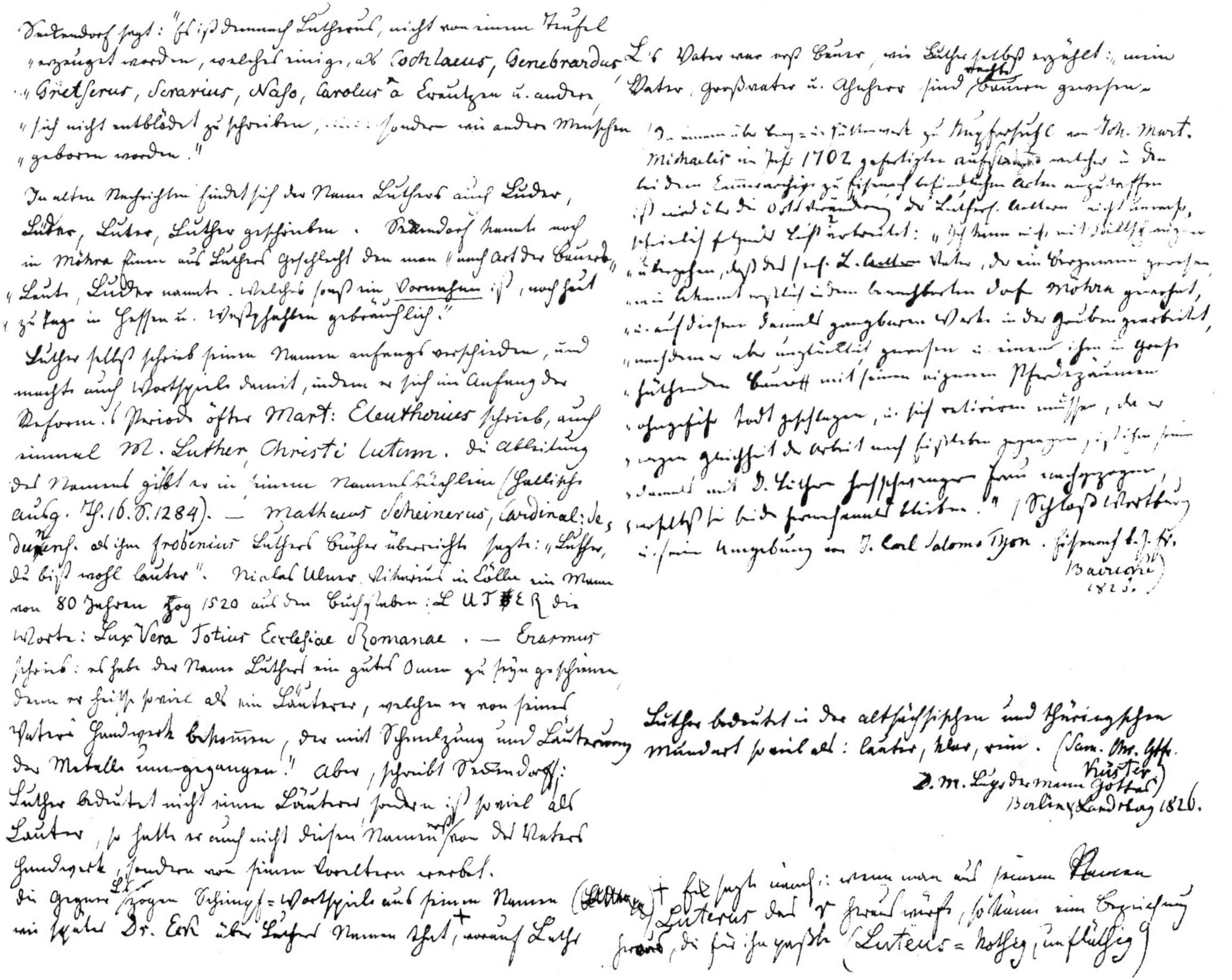

Gustav König, Dr. Martin Luther; handschriftliche Zusammenstellung von Lutherliteratur. Abgebildet ist die Seite 2 des 1. Bandes: Kapitel I. Luthers Geburt und Luthers Eltern

Ebrard erzählt eine hübsche Anekdote. König zeichnete nach Abschluß seiner Historienbilder der sächsischen Reformationsfürsten zur Erholung einige Lutherillustrationen. „Als er im eifrigsten Zeichnen war, trat plötzlich Kaulbach ein. Schnell suchte König seine Zeichnung ins Schubfach zu schieben, aber zu spät. „Was haben Sie da?" fragte Kaulbach. „Nichts", sagte König; aber keine Ausrede half; er mußte mit den Zeichnungen herausrücken. „Ei, das ist schön!" rief Kaulbach, „so sollten Sie's machen! Hätten Sie doch alles von Anfang an so gemacht!" Ernst Förster, Corneliusschüler und Kunstschriftsteller, und Kaulbach „ermahnten ihn, in Luther's Leben fortzufahren" (S. 57).
Wahrscheinlich hat König 1840 ernsthaft mit der Verwirklichung des Lutherzyklus' begonnen. Ende 1844/Anfang 1845 war die Arbeit getan. Im Oktober 1844 begann er Verhandlungen über die Publikation mit dem Verleger Bernhard Perthes in Gotha, am 29. 1. 1845 hatte „alles seine Richtigkeit". König verpflichtete sich, die Kompositionen selbst auf Stahlplatten zu radieren, monatlich ein Blatt. Da der Zyklus 48 Blätter hat, veranschlagte man für diese Arbeit also vier Jahre, 1845–1848. König blieb aber nicht stetig dabei, es schoben sich andere Arbeiten dazwischen. Am 28. 8. 1846 schrieb König, er habe nach längerer Zeit einmal wieder eine Platte zu Luthers Leben radiert; 1847 war er mit dem Radieren der Platten in Rückstand gekommen; am 19. 4. 1850 hatte er gerade die Bearbeitung der letzten Platte begonnen. Am 24. 3. 1851 übersandte Perthes G. König das erste fertige Buchexemplar des Lutherzyklus. 1847 war die erste Lieferung der Folge erschienen und sogleich auch besprochen worden. Die Datierung von „Luthers Leben" in das Jahr 1851 ist korrekt und falsch zugleich. Besser wäre es, die Arbeiten allgemein in die 40er Jahre zu datieren. Die Radierungen stellten die für König seinerzeit endgültige Fassung dar. Er stufte sie höher ein als seine ausgeführten Vorzeichnungen.
Das Buch besteht aus den Stahlradierungen Königs und aus von ihm verfaßten (vielleicht redigierten) Bildtexten sowie einer Lutherbiographie des Historikers Heinrich Gelzer (1813 Schaffhausen – 1889 Mitwald bei Basel). Gelzer hatte Theologie und Geschichte in Basel studiert, habilitierte sich dort und wurde 1843 als Historiker nach Berlin berufen. 1850 gab er seine Professur wegen einer Erkrankung auf; seit 1852 war er in Basel Herausgeber der „Protestantischen Monatsblätter für unsere Zeitgeschichte". Er war besonders engagiert an den deutschen Einigungsbestrebungen und hat eine Reihe zeitgeschichtlicher Werke geschrieben – und die Lutherbiographie. Ausersehen war als Autor eigentlich Leopold v. Ranke, der seit 1825 an der Berliner Universität Geschichte lehrte und dessen „Deutsche Geschichte im Zeitalter der Reformation" 1839–47 in 6 Bänden erschien. Die Idee dazu hatte womöglich Freiherr v. Wangenheim, der Mitte der 40er Jahre in Berlin lebte. Er fand sich schließlich mit der Autorschaft Gelzers ab, für den Rückert sich verwendet hatte. Aber v. Wangenheim bewog König, doch wenigstens die Bildkommentare zu seinen Lutherillustrationen selbst zu schreiben. Gustav König hatte sich am 4. 11. 1843 brieflich an Ranke gewandt und ihm einige Zeichnungen (wohl vom „Leben Luthers") geschickt (Ebrard S. 81/82). Das Konzept des Briefes befindet sich in einem der Notizbücher Königs im Erlanger Nachlaß: „Herrn Professor Leop. Ranke in Berlin. Hochzuverehrender Herr Professor! Ihre deutsche Geschichte im Zeitalter der Reformation hat einen so mächtigen und begeisternden Eindruck auf mich gemacht daß ich einem schon längst gehegten künstlerischen Drang nicht länger wiederstehen konnte: Schon seit 10 Jahren sind Scenen aus der Reformationsgeschichte fast der alleinige Gegenstand meiner Bilder, und je mehr ich mich nach meinen schwachen Kräften mit jener merkwürdigen Zeit vertraut zu machen suchte umso stärker erwachte die Sehnsucht in mir den Haupt Repräsentanten u. Lichtpunkt derselben Luther in seinem ganzen Leben u. Würken auch in der Sprache meiner Kunst darzustellen. Fand ich doch in der deutschen Geschichte nicht leicht eine zweite Gestalt die sich so wie er zur Darstellung in der bildenden Kunst eignet; vielleicht zunächst darum weil er stets handelt, und dann wohl auch, weil er wie nicht leicht einer, von allen Seiten betrachtet werden darf, deren jede gleich interessant zu seiner völligen Ergänzung auch wenn eine oder die andere derselben an sich schöner gedacht werden könnte. Und es war mir deshalb immer unbegreiflich, daß sich bis jetzt meines Wissens noch nie irgend tüchtige Künstler diesen herrlichen Gegenstand zum Vorwurf ihrer Bilder gemacht haben, wenigstens nicht in dieser umfassenden Weise. Ihnen nun hochzuverehrender Herr Professor verdanke ichs, daß sich dieß deutlicher in mir entwickelte, u. würden Sie in beiliegenden Zeichnungen keinen ganz unwürdigen Leser ihres Werkes ersehen, so hätte ich einen meiner . . ." Das Konzept bricht an dieser Stelle ab. Ebrard kannte den Schluß (S. 81): "will Ihnen hochgeehrter Herr Professor, schließlich nur die Bitte an's Herz legen, daß Sie mir Ihren gütigen Rath in dieser meiner Angelegenheit nicht versagen, und in obigem Fall vielleicht einen Mann nennen möchten, zu dem ich mich ebenso vertrauensvoll, als zu Ihnen wenden könnte. Genehmigen Sie schließlich die wiederholte aufrichtigste Versicherung meiner innigsten Verehrung und Hochachtung, mit der ich verharre – München den 4 Nov. 1843 – Ihr ergebenster Gustav König." Dem Brief waren zwei Empfehlungsschreiben J. Schnorr v. Carolsfelds und Ernst Försters beigegeben. Ranke schlug Gelzer vor.
König hat das Bewußtsein gehabt, die erste künstlerisch vollgültige Lutherlebendarstellung geschaffen zu haben. Das kommt auch in späterer Zeit zum Ausdruck und entsprach subjektiv sogar den Tatsachen, insofern als König unmittelbar zu den Quellen hinabgestiegen war, um seine Bilder zu entwickeln, sich also – soweit ich sehe – nur ausnahmsweise oder in Details auf vorformulierte Ergebnisse gestützt hat. Insgesamt ist die Lutherfolge sein geistiges Eigentum, das selbstverständlich künstlerische Einflüsse erkennen läßt, etwa seines Lehrers J. Schnorr von Carolsfeld oder Ludwig Richters. Kurz vor seinem Tod, als das Rietschelsche Lutherdenkmal in Worms enthüllt wurde (1868), sprach König noch einmal von seinem Lutherlebenzyklus:

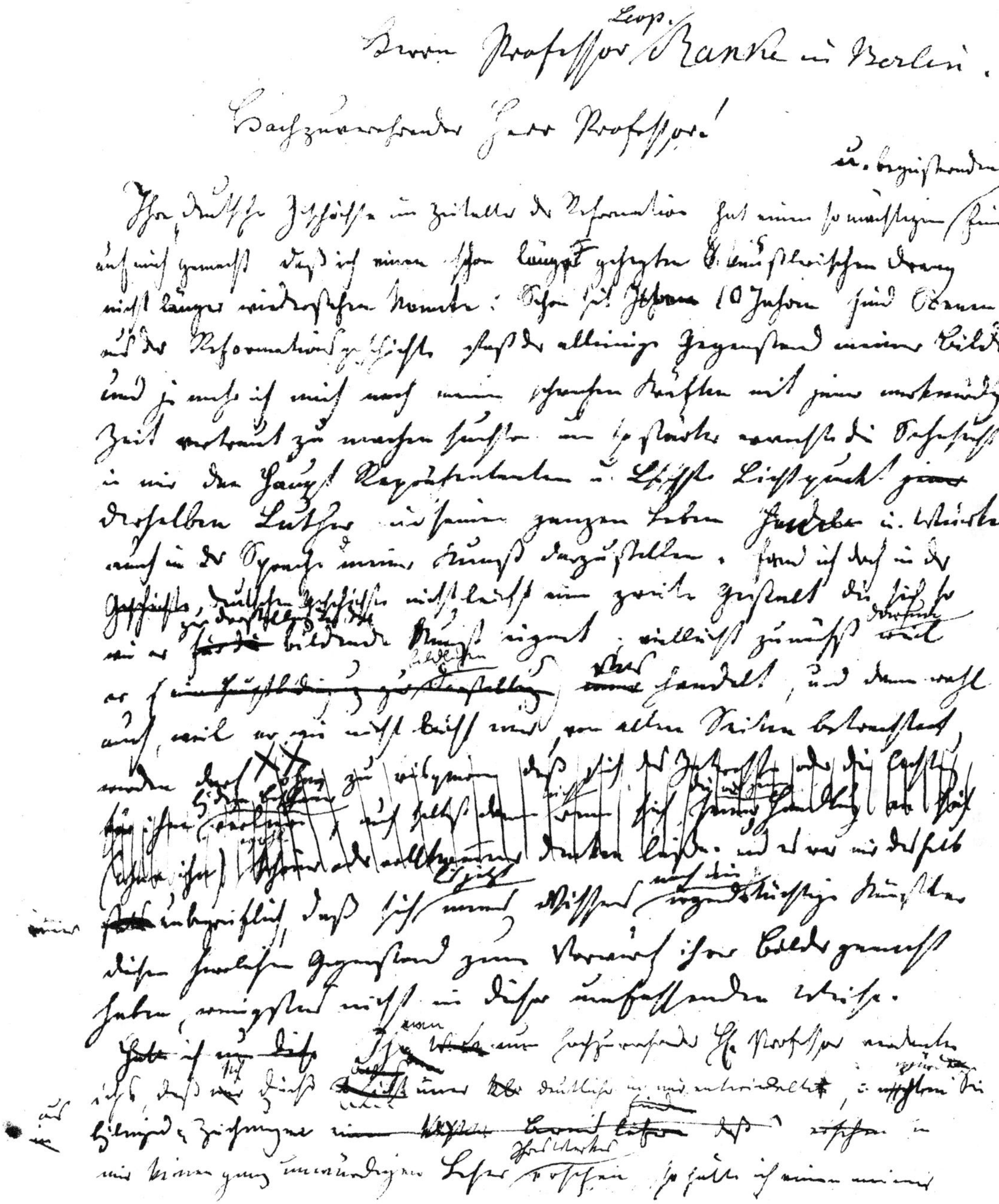

Herrn Professor Leop. Ranke in Berlin.

Hochzuverehrender Herr Professor!

Ihre deutsche Geschichte im Zeitalter der Reformation hat einen so mächtigen ...

Konzept eines Briefes von Gustav König an Leopold v. Ranke, 1843

„. . . leicht könnte ich nachweisen, daß seit der Zeit der Reformation dasselbe nie dargestellt wurde, wenigstens nie im Cyklus und von einem, der nur irgend den Namen Künstler verdient; und erst nach dem Erscheinen meines Werkes haben es Andere und Mehrere versucht, einzelne Scenen aus Luthers Leben größer auszuführen . . . Dennoch war ich an diesem Tag (der Wormser Denkmalsenthüllung) überzeugt, daß niemand in Worms sich befand, der sich meiner erinnerte, oder dem nur eingefallen wäre, daß ich noch lebe“ (Ebrard S. 332/333).

Schon nach Erscheinen der ersten Lieferung von „Luthers Leben“ 1847 wurden die Königschen Illustrationen, Historienbilder im kleinen Format, in Zeitschriften und Zeitungen besprochen, und zwar sehr positiv. Diese (im ganzen) positive Einschätzung der Folge hielt an. Ebrard hat die wichtigsten Kritiken S. 85 ff. zitiert. Die Zeitgenossen empfanden eine starke Affinität des Stils der Radierungen zur deutschen Graphik der 1. Hälfte des 16. Jahrhunderts. König „weiß Luthern'n vorzuführen, als wäre er etwa an Meister Kranachs' Stelle gewesen“ (S. 88.). Diese Formulierung enthält Lob und Bedauern zugleich. Sie lobt die Einbildungskraft Königs und seine Fähigkeit, historische Ereignisse mit historischen, nachempfundenen Mitteln wiederzugeben. Sie bedauert, daß Cranach nicht tatsächlich selbst diese Lutherreportagen gezeichnet hat, eine zwar unhistorische Erwartung, die sogar den Beigeschmack des Vorwurfs an Cranach enthalten könnte – zugutezuhalten aber den geschichtsbesessenen Wunschvorstellungen einer Zeit, die von den unseren gar nicht so sehr weit entfernt sein dürften. In einer anderen Kritik wird eine „auffallende Verwandtschaft zu dem großen Hans Holbein“ (S. 87) bemerkt, eine dritte findet die Illustrationen so schön, „als ob(!) ein guter Meister des 16. Jahrhunderts“ sie gezeichnet hätte (S. 86), im Athenaeum erhielten Königs Arbeiten die Bezeichnung „Albert-Dürer-style“ (S. 92). Mit diesen Kritiken korrespondierte Gustav Königs eigene Ansicht. In einem Brief vom 24. 8. 1866 schrieb er: „Und gerade die altdeutschen Meisterbilder sind es vorzüglich, die mich als Künstler interessieren, weil ich überzeugt bin, daß wir bei ihnen immer wieder anzuknüpfen haben, und zwar deswegen, weil wir eben immer noch (und Gott Lob!) Deutsche sind, und darum auch nur als Deutsche etwas leisten können“ (S. 321). In dieser Formulierung, so wenig orthodox sie vorgetragen und gemeint sein mag, ist eine Position vertreten, die zu Beginn unseres Jahrhunderts sowie in den dreißiger Jahren zu hören war und auch heute wieder (als Ideologie) gehört werden kann.

Gustav König (1808 Coburg-1869 Erlangen). Kupferstich (nach einer Photographie) von Heinrich Merz (1806 – 1875)

Ende März 1851 erschien, wie gesagt, das fertige Buch: „Dr. Martin Luther der deutsche Reformator. In bildlichen Darstellungen von Gustav König. In geschichtlichen Umrissen von Heinrich Gelzer. Hamburg, Rudolf Besser. Gotha, Justus Perthes. 1851“. Zwei Jahre später kam in London eine englische Ausgabe mit Holzstichreproduktionen der Königschen Stahlstiche heraus: „The Life of Martin Luther. The German Reformer, in fifty pictures, from design by Gustav König. To which is added a sketch of the rise and progress of the reformation in Germany. London: Nathaniel Cooke, Milford House, 1853.“ 1855 wurde eine weitere englische Ausgabe ediert: „The life of Luther in forty eight historical engravings by Gustav König, with explanations by Archidiacon Hare, continued by Susanna Winkworth“ (Ebrard S. 92). 1857 brachte der Verlag Rudolf Besser, Gotha, eine einfachere Ausgabe der Erstausgabe von 1851 heraus: Dr. Martin Luther der deutsche Reformator. In bildlichen Darstellungen von Gustav König (Inhaltsverz., neu abgesetzte Bilderläuterungen, mit den Originalradierungen, ohne den Text Gelzers). 1883 erschien im Verlag Reuther & Reichard, Berlin, eine weitere Ausgabe mit den Originalradierungen (in einem Sepiaton gedruckt): „Dr. Martin Luther der deutsche Reformator. In bildlichen Darstellungen von Gustav König. Neue durchgesehene Auflage mit einem Vorwort von Julius Köstlin.“ Diese Ausgabe (mit den Originalen oder fotomechanischen Reproduktionen?) wurde 1896 erneut herausgegeben: „Martin Luther. Dem deutschen Volke geschildert in 48 bildlichen Darstellungen von Gustav König und in geschichtlicher Ausführung von Julius Koestlin. Berlin, Verlag von Reuther und Reichard, 1896 (35. Tausend).“ Sie ist 1907 wieder auf den Markt gebracht worden. Vorausgegangen war ihr die Ausgabe: „Dr. Martin Luther. Der deutsche Reformator. In bildlichen Darstellungen von Gustav König. Leipzig, Verlag von Friedrich Jansa, (1904).“ Es mögen weitere Ausgaben erschienen sein. In einem Brief vom 30. 1. 1866 schreibt König, es seien von seinem Lutherleben 18 000 Exemplare verkauft, trotz dreier Nachdrucke (Raubdrucke). Ludwig Kaemmerer bezifferte die Gesamtauflage 1930 mit rund 80 000 Exemplaren. David Koch bildete in seinem „Bilderbuch aus Luthers Zeit“, Stuttgart 1917, eine Reihe der Königschen und Illustrationen Schwerdgeburths ab, als ob es Originale des 16. Jahrhunderts seien! In knapp 70 Jahren hatte sich also die Differenz zwischen Original und Nachahmung aufgelöst. Eine notwendige Reaktion hierauf war das Verwerfen aller „Illustrationen" nicht-authentischen Charakters und die Illustrierung historischer Werke allein mit authentischen, aus der jeweiligen Zeit selbst stammenden Bildern. Dies hatte den Nachteil, daß solche authentischen Illustrationen keineswegs immer unmittelbar der Vertiefung des Verständnisses dienten, weil sie, als historisch ferngerückte Dokumente, der Interpretation bedurften, die die nachschaffenden Illustrationen des Historismus in ihrer Eigenschaft als Interpretationen des historischen Stoffes ihrer Zeit sozusagen mitlieferten. Unsere Zeit, die das bildhafte geschichtliche Geschehen atomisiert hat, wird möglicherweise die verlorengegangenen positiven Seiten eines Geschichts*bildes* wiederentdecken.

Das Thema „Luther" hat König, obwohl er in seinem Leben viele andere Themen gestaltet hat, nicht wieder losgelassen. Das 19. Jahrhundert nannte ihn „Luther-König". Bei den Beschreibungen der einzelnen Illustrationen wird des öfteren auf spätere Variationen eines Lutherthemas hingewiesen. Ende 1852 wiederholte König drei nicht genannte Zeichnungen aus Luthers Leben in vergrößertem Maßstab und schickte sie nach Dresden, wo der Kunstverein sie auf Betreiben Schnorr v. Carolsfelds ankaufte (Ebrard, S. 353, Nr. 114–116). 1854–1858 verhandelte Gustav König mit dem Großherzog Karl Alexander von Sachsen-Weimar-Eisenach (1853–1901) wegen geplanter Lutherfresken auf der Wartburg. Obwohl sich König Ludwig I. von Bayern, den der Großherzog gefragt hatte, für Gustav König, den Ludwig kannte und schätzte, eingesetzt hat, endeten die Verhandlungen negativ, ein für König wenig erfreuliches Kapitel seines Lebens, das Ebrard S. 214 ff. ausführlich dargelegt hat, das aber nach erforderlichen Archivstudien noch ergänzt werden könnte. Seit 1858 korrespondierte König mit dem mit ihm befreundeten Dresdener Bildhauer Ernst Rietschel (1804–61), der ihn um Material für sein für Worms geplantes Lutherdenkmal gebeten hatte. Es entspann sich eine sehr aufschlußreiche Diskussion (Ebrard S. 270 ff.).

Die jahrelange intensive Beschäftigung mit Luther scheint König über das historische Interesse hinaus bestimmt, vielleicht sogar verändert zu haben. Jedenfalls legt Ebrard diesen Schluß nahe, wenn er mit den Worten seiner Zeit sagt: „So ernst und gewissenhaft trachtete König, sich Luthers geistig zu bemächtigen. Und dabei geschah es nun, daß Luther sich Königs geistlich bemächtigte. Schöner hat nie ein Held seinem Dichter, ein Fürst seinem Maler gedankt, als Luther *seinem* Maler vergolten hat" (S. 60).

Ein Dreivierteljahr nach Gustav Königs Tod (30. 4. 1869) übersandte seine Frau, die „Historienmalerswittwe Natalie König, geborene Prätorius aus Coburg", dazu aufgefordert, die 48 „Originalbleistiftzeichnungen zu Luthers Leben" an Königin Victoria von Großbritannien und Irland. Natalie König legte der Sendung ein Begleitschreiben (Erlangen, 12. 1. 1870) und eine Liste der Zeichnungen in englischer und deutscher Sprache bei. Queen Victoria erwarb die Folge wenig später. Sie befindet sich heute in Windsor Castle.

Im folgenden werden die 48 Lutherlebenillustrationen Königs beschrieben, indem zunächst die Stahlradierungen, danach Vorstudien und spätere Varianten, soweit sie vorliegen, geschlossen abgehandelt werden. Vom Königschen Bildertext wird nur soviel zitiert oder wiedergegeben, wie für das Verständnis der Illustrationen erforderlich ist. Die Bildtitel werden nur bei den Stahlradierungen, nicht bei den Studien, vollständig zitiert.

62.1.1. Luthers Geburt. Nachts 11 Uhr, 10. November 1483.
Bez. in der Darstellung u. l.: G K (Monogramm)
Stahlradierung. Bildgr.: 7,55 x 9,55 cm
„Rechts an der Wand erblicken wir das Bild des heiligen Martin, welcher dem am St. Martinstage geborenen Knäblein den Namen gab." Zur Geste von Luthers Vater vgl. Kat.-Nr. 25.1. In einem Skizzenbuch (grauer Leineneinband, 13,2 x 11,5 cm, darin einmal das Datum 1838) befinden sich mehrere sehr kleinformatige Kompositionsskizzen des Themas, die alle den knienden Vater gemeinsam haben, sich aber durch die Blickrichtung der Personen und das Mobiliar unterscheiden. Die Komposition erinnert an diejenige J. E. Hummels (Kat.-Nr. 18.1.); eine Beeinflussung Königs ist nicht auszuschließen. Bei Hummel empfiehlt der Vater das Neugeborene der Obhut der Jungfrau Maria, deren Bild über einem altarähnlichen Tisch hängt. Bei König blickt der Vater zum Fenster, „ihn Gott darzubringen", wie Ebrard meint. — Ebrard S. 71. — E. G. Vogel, Bibliotheca Bibliographica Lutherana, Halle 1851, S. 70, Nr. 650 (vermerkt die 1. u. 2. Lieferung).
KK Coburg Neg.-Nr. 12660

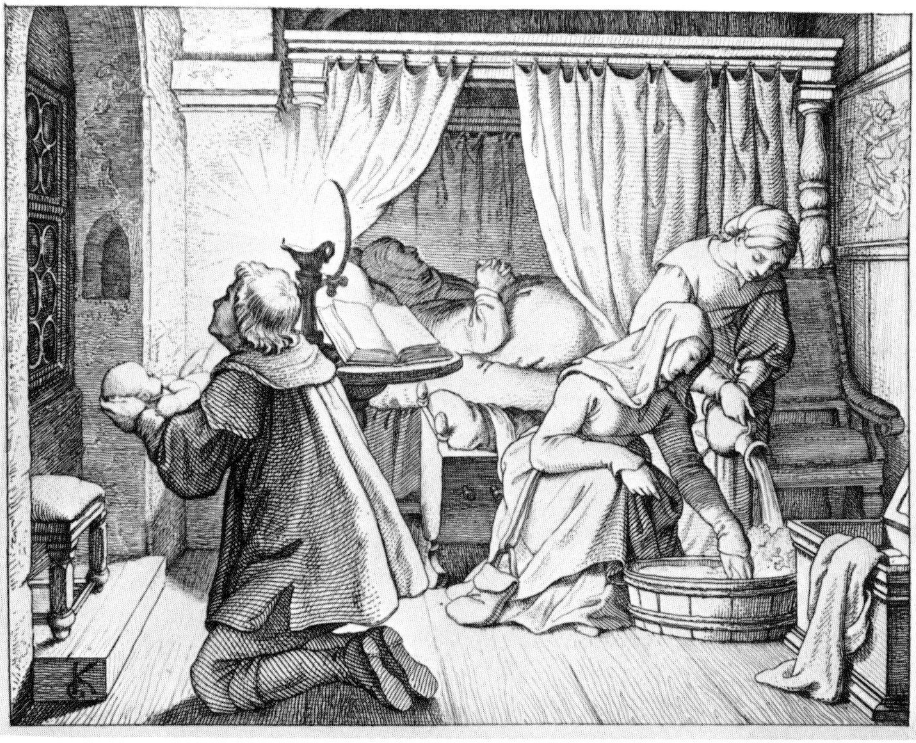
62.1.1.

62.1.2. Luthers Geburt
Bez. u. l.: G K (Monogramm)
Bleistiftzeichnung auf Transparentpapier, aufgezogen. Bildgr.: 7,7 x 9,8 cm
Die Komposition entspricht der Radierung.
Windsor Castle, Inv.-Nr. RL 21373

62.1.3. Luthers Geburt
Nicht bez.
Bleistiftumrißzeichnung auf Transparentpapier, aufgezogen. Bildgr.: 7,9 x 10 cm
Wahrscheinlich Durchzeichnung nach dem Blatt in Windsor Castle.
Inv.-Nr. Z 4702 Neg.-Nr. 12794

62.1.4. Luthers Geburt
Nicht bez.
Bleistift auf Transparentpapier.
Bildgr.: 44 x 56,2 cm
Die Komposition entspricht der Radierung, nur daß sie gegenüber dieser vergrößert ist. König verbessert beim Vater das Verhältnis vom Kopf zum Rumpf. Die kniende Hebamme hat er in eine ältere Frau verwandelt.
König-Nachlaß, Erlangen

62.2.1. Luther wird in die Schule geführt.
Bez. auf dem Schemel: GK (Monogramm)
Stahlradierung. Bildgr.: 8,25 x 9,7 cm
„Wir treten in die Schule zu Mansfeld, in welche Hans Luther seinen Martin einführt." Die Rute in der Hand des Lehrers deutet auf Luthers Schulerlebnisse hin. „An einem einzigen Morgen . . . sei er fünfzehn Mal wacker gestrichen worden." — Ebrard (S. 71) sieht in die Szene das Rührende und Herzige der Situation hinein: „Ein Hauch der Liebe und Pflichttreue durchweht die ganze Szene."
KK Coburg Neg.-Nr. 12667

62.2.1.

62.2.2. Luther wird in die Schule geführt.
Bez. auf dem Schemel: GK (Monogramm)
Bleistiftzeichnung auf Transparentpapier, aufgezogen. Bildgr.: 8,45 x 9,95 cm
Früherer Zustand: Der Stuhl des Lehrers steht näher am linken Bildrand, das rechte Stuhlbein ist sichtbar, der hinter dem Stuhl sitzende weinende Knabe ist sehr an den Rand gedrückt. Die Fensterkonstruktion ist komplizierter.

Windsor Castle, Inv.-Nr. RL 21374

62.2.3. Luther wird in die Schule geführt
Nicht bez.
Bleistiftumrißzeichnung auf Transparentpapier, aufgezogen. Bildgr.: 8,65 x 10,25 cm
Entspricht der vorigen Komposition.

Inv.-Nr. Z 4703 Neg.-Nr. 12795

62.3.1. Luther singt als Kurrentschüler vor der Türe der Frau Ursula Cotta in Eisenach. 1498.
Bez. auf der untersten Stufe und unter der Bank: G K (Monogramm)
Stahlradierung. Bildgr.: 16,1 x 8,2 cm
„Niedergeschlagen, vor mehreren Türen abgewiesen, kommt Martin mit seinem Chor endlich vor das gastliche Haus seiner künftigen Pflegemutter, der guten Frau Cotta, ‚eine andächtige Matrone (wie Mathesius schreibt), die nahm ihn zu sich an ihren Tisch, dieweil sie um seines Singens und herzlichen Gebets willen eine sehnliche Zuneigung zu dem Knaben trug'." Im Cottaschen Hause lernte Luther das Flöten- und Lautenspiel. — 1857 malte König von diesem Thema im Zusammenhang mit den Wartburgverhandlungen eine Ölskizze für Großherzog Karl Alexander von Sachsen-Weimar-Eisenach (Ebrard S. 351, Nr. 25); die Skizze hat König später als Gemälde ausgeführt (Ebrard S. 217, Anm.). — Ebrard S. 71/72. — Abb. in: David Koch, Bilderbuch aus Luthers Zeit, Stuttgart 1917, 37. Bild (nur der obere Teil).

KK Coburg Neg.-Nr. 12668

62.3.2. Luther singt als Kurrentschüler
Bez. auf der untersten Stufe und unter der Bank: GK (Monogramm)

62.3.1.

Bleistiftzeichnung auf Transparentpapier, aufgezogen. Bildgr.: 16,35 x 8,35 cm
Die Komposition entspricht der Radierung.

Windsor Castle, Inv.-Nr. RL 21375

62.3.3. Luther singt als Kurrentschüler
Nicht bez.
Bleistiftumrißzeichnung auf Transparentpapier, aufgezogen. Bildgr.: 16,6 x 8,55 cm
Entspricht der vorigen Komposition.

Inv.-Nr. Z 4704 Neg.-Nr. 12796

62.4.1. Luther entdeckt auf der Erfurter Universitäts-Bibliothek eine lateinische Bibel. 1501.
Bez. u. r.: GK (Monogramm)
Stahlradierung. Bildgr.: 10,25 x 7,5 cm
„Auf der Universität Erfurt findet er zum ersten Male das Buch, welches der Eckstein seiner Taten werden sollte": ein vollständiges Exemplar der lateinischen Bibel. Luther legt „die Scholastiker (Thomas Aquin) und ihr mißverstandenes Haupt (Aristoteles) bei Seite.". — Aufschlußreicher Kommentar Ebrards (S. 72): „ . . . Kraft des Ausdrucks und Schönheit der Linien sind hier völlig eins geworden. Solch ein Blatt zeichnet nur ein Meister." 1857 als Farbskizze für Großherzog Karl Alexander von Sachsen-Weimar-Eisenach im Zusammenhang mit den Wartburgverhandlungen ausgeführt. Die Farbskizze befand sich (1871) im Besitz des Buchhändlers Pfeiffer in Mainz (Ebrard S. 351, Nr. 27). — Ebrard S. 72. — Abb. in: David Koch, Bilderbuch aus Luthers Zeit, Stuttgart 1917, 38. Bild.

KK Coburg Neg.-Nr. 12669

62.4.2. Luther in Erfurt
Bez. u. r.: GK (Monogramm)
Bleistiftzeichnung auf Transparentpapier, aufgezogen.
Größe des Transparentpapiers: 13,1 x 11 cm
Die Komposition entspricht der Radierung.

Windsor Castle, Inv.-Nr. RL 21376

62.4.3. Luther in Erfurt
Nicht bez.
Bleistiftumrißzeichnung auf Transparentpapier, aufgezogen.
Bildgr.: 10,6 x 7,85 cm

62.4.1.

Entspricht der vorigen Komposition.

Inv.-Nr. Z 4705 Neg.-Nr. 12797

62.5.1. Luthers Freund Alexius wird an seiner Seite auf einer Reise, die sie zusammen machten, vom Blitz erschlagen.
Bez. u. l.: GK (Monogramm)
Stahlradierung. Bildgr.: 9,1 x 10,9 cm
König wußte, daß die Bekehrungs- und Alexiusgeschichten Legenden sind. So wird im Bildkommentar formuliert: „Todesahnungen in schreckender Gestalt treten vor die ernste Seele des jungen Luther; ein Universitätsfreund (Alexius soll er geheißen haben) wird ihm plötzlich erschlagen; ein Gewitter überrascht und schrecket ihn auf einsamer Wanderung. Beide Eindrücke bringen in ihm den Entschluß zur Reife: der Welt zu entfliehen und ganz sich Gott zu weihen . . . Der Künstler folgte mit Absicht(!) der bekannten sagenhaften Darstellung, der zufolge Luthers Freund neben ihm vom Blitz erschlagen worden wäre. So sehen wir nun die beiden mächtigsten Todesmahnungen Luthers, die Leiche des Freundes und den Blitz des Gewitters, zu *einem* Eindrucke auf dem Bild vereinigt." Interessant ist die fortschreitende Abstraktion vom Bild zur Überschrift und zum Kommentar, in dem sich das historische Gewissen zu Wort meldet. — Die Lage des gestürzten Alexius erinnert sowohl an Hummel (Kat.-Nr. 18.2.) als auch an v. Löwenstern (Kat.-Nr. 34.3.). — Ebrard S. 72. — Abb. in: David Koch, Bilderbuch aus Luthers Zeit, Stuttgart 1917, 39. Bild.

KK Coburg Inv.-Nr. 12670

62.5.2. Luthers Freund Alexius wird vom Blitz erschlagen
Bez. u. l.: GK (Monogramm)
Bleistiftzeichnung auf Transparentpapier, aufgezogen. Bildgr.: 9,2 x 11,15 cm
Die Komposition unterscheidet sich von der Radierung dadurch, daß am rechten Bildrand zwei Gestalten vor dem Gewitter davonlaufen. Außerdem ist die Zeichnung des Mantels Luthers noch etwas unbestimmter.

Windsor Castle, Inv.-Nr. RL 21377

62.5.3. Luthers Freund Alexius wird vom Blitz erschlagen
Nicht bez.
Bleistiftumrißzeichnung auf Transparentpapier, aufgezogen
Bildgr.: 9,45 x 11,35 cm
Die Komposition entspricht der vorigen.

Inv.-Nr. Z 4706 Neg.-Nr. 12798

62.6.1. Luther tritt ins Kloster der Augustiner Eremiten. 1505.
Bez. u. r.: GK (Monogramm)
Stahlradierung. Bildgr.: 9,55 x 7,3 cm
„Das Gelübde wird erfüllt; Luther tritt am Alexistage, 17. Juli, 1505 ins Kloster der Augustiner Eremiten zu Erfurt; der Magister wird Mönch . . . noch im bangen innern Kampfe tritt er über die Schwelle. Wie eine Weissagung dereinstiger Befreiung blickt die Bildsäule seines Ordensheiligen Augustinus auf ihn herab." — Ebrard, den Komposition, Kleidung und Faltenwurf nicht ganz befriedigen, kommentiert: „Sinnig . . . scheint durch die geöffnete Klosterpforte

62.5.1. △

62.5.2. ▼

62.6.1.

die Sichel des abnehmenden Mondes." – In einem Skizzenbuch (grauer Leineneinband, 13,2 x 11,5 cm, darin einmal das Datum 1838) befinden sich mehrere Bleistiftideenskizzen zum Thema: Luther, außerhalb des Klosters, tritt von links heran, ein Mönch geht ihm, noch auf den Stufen des Eingangs, etwas nach vorn gebeugt entgegen. Die ausgeführte Komposition sieht den Vorgang nicht mehr von außen, sondern innen, nicht mehr von der Position Luthers, sondern des Klosters. Luther wird von vorn sichtbar. – Ebrard S. 72. – Abb. in: David Koch, Bilderbuch aus Luthers Zeit, Stuttgart 1917, 40. Bild.

KK Coburg Neg.-Nr. 12671

62.6.2. Luther tritt ins Kloster ein
Bez. u. r.: GK (Monogramm)
Bleistiftzeichnung auf Transparentpapier, aufgezogen. Größe des Transparentpapiers: 12,1 x 10,1 cm
In der Radierung hat König das Kreuz über dem Spitzbogen fortgelassen und dafür die Nische mit der Glocke dorthin versetzt.

Windsor Castle, Inv.-Nr. RL 21378

62.6.3. Luther tritt ins Kloster ein
Nicht bez.
Bleistiftumrißzeichnung auf Transparentpapier, aufgezogen. Bildgr.: 9,8 x 7,7 cm
Die Komposition entspricht der vorigen.
Inv.-Nr. Z 4707 Neg.-Nr. 12799

62.7.1. Luther wird feierlich zum Priester geweiht.
Nicht bez.
Stahlradierung. Bildgr.: 10,1 x 7,5 cm
„Der Magister ist Mönch geworden; der Mönch wird nun Priester. Wie zwei Mauern erheben sich Mönchsgelübde und Priesterweihe zwischen Luther und der profanen Welt, zwischen Luther und dem ursprünglichen Evangelium". – Ebrards Kommentar: „Die Physiognomien des Bischofs und seiner Assistenten zeigen, ohne jegliche Übertreibung, die kalte Verknöcherung des römischen Kirchenthums; ein sinniger Gedanke ist, daß das Messgewand das der Bischof ihm eben umlegt, Luthers Gestalt und Haupt fast ganz verhüllt." – (In der Zeichnung (62.7.2.) ist nicht die Einkleidungsszene dargestellt). Die Altarstufen sind nackt, dem Pfeiler im Hintergrund ist eine Säule zugeordnet usw. – Ebrard S. 72.
KK Coburg Neg.-Nr. 12672

62.7.2. Luther wird feierlich zum Priester geweiht
Bez. u. r.: GK (Monogramm)
Bleistiftzeichnung auf Transparentpapier, aufgezogen. Größe des Transparentpapiers: 12,4 x 9,8 cm
Der Bischof legt beide Hände auf das Haupt Luthers. Der Mönch steht zwischen dem Bischof und Luther. Die unterste Altarstufe ist mit einem Teppich belegt. Die Bibel auf dem Altar ist stärker nach vorn gerückt usw.
Windsor Castle, Inv.-Nr. RL 21379

62.8.1. Luther in seiner körperlichen und geistigen Selbstquälerei.
Bez. u. l.: GK (Monogramm)
Stahlradierung. Bildgr. (bis zum äußeren Rand): 9,5 x 6,35 cm
„Aber weder Mönchsgelübde noch Priesterweihe konnten den Frieden in dies geängstigte, nach Gott verlangende Herz bringen . . . Nichts Äußerliches, nicht das Marterholz, das er umklammert, nicht die Kasteiungen, womit er sich peinigte, sollten die Sehnsucht seiner Seele stillen." – Neu eingefügt ist das INRI-Brett. – Im Zusammenhang mit den Wartburgplänen zeichnete König 1858 einen Karton des betenden Luther „in der Größe, wie er gemalt werden sollte . . . Der (damals noch jugendliche) Mönch kniet (fast im Profil) in heißem gläubigem Flehen emporblickend und die gefalteten Hände erhebend. Hinter ihm sieht man durch das geöffnete Fenster den nahen Dom unter dem Sternenhimmel. Luthers Gestalt ist durch ein auf Seite des Beschauers zu denkendes Licht beleuchtet." König schickte den Karton an Großherzog Karl Alexander: man vermißte darin den monumentalen Stil (Ebrard S. 218 f.). – Ebrard S. 72.
KK Coburg Neg.-Nr. 12673

62.7.1.

62.8.2. Luther in seiner körperlichen und geistigen Selbstquälerei.
Bez. u. l.: GK (Monogramm)
Bleistiftzeichnung auf Transparentpapier, aufgezogen. Größe des Transparentpapiers: 11,5 x 8,9 cm
Die Komposition entspricht der Radierung, ist jedoch ohne INRI-Brett.
Windsor Castle, Inv.-Nr. RL 21380

62.8.1.

62.9.1. Luther liegt ohnmächtig, die Bibel in der Hand, in seiner Zelle. Freunde bringen ihn durch Lautenspiel wieder zur Besinnung.
Bez. u. r.: GK (Monogramm)
Stahlradierung. Bildgr.: 8,4 x 9,5 cm
„. . . Luthers Klosterzelle in *Erfurt* . . . Nach Seckendorfs Bericht mag dieser Vorfall wahrscheinlich in *Wittenberg* stattgefunden haben . . . Der Künstler folgte der bekannteren Annahme (Erfurt) . . . In der Tat ist es sehr wahrscheinlich, daß diese Art der Vertiefung und Erweckung mehr als einmal sich wiederholte." – Ebrard (S. 72): „. . . mehr ergreifend, als (um der Kutten willen) schön."
KK Coburg Neg.-Nr. 12674

62.9.2. Luther liegt ohnmächtig in der Zelle.
Bez. u. r.: GK (Monogramm)

Bleistiftzeichnung auf Transparentpapier, aufgezogen. Größe des Transparentpapiers: 11 x 12,7 cm
Die Komposition entspricht der Radierung.
Windsor Castle, Inv.-Nr. RL 21381

62.9.3. Luther liegt ohnmächtig in der Zelle.
Nicht bez.
Bleistiftzeichnung auf Transparentpapier, aufgezogen. Bildgr.: 8,75 x 10,1 cm
Die Komposition entspricht der vorigen.
Inv.-Nr. Z 4708 Neg.-Nr. 12800

62.10.1. Luther, geistig und körperlich ermattet, wird durch den tröstenden Zuspruch eines alten Klosterbruders neu gestärkt.
Bez. u. r.: GK (Monogramm)
Stahlradierung. Bildgr.: 8,65 x 9,8 cm
König gibt zwei sich in einigem widersprechende und ergänzende Berichte von Mathesius und Seckendorf wieder. Ein alter Klosterbruder habe Luther „auf die gnädige Vergebung der Sünden, wie sie in dem apostolischen Glaubensbekenntnis verkündigt wird, hingewiesen, auch auf die Predigten des hl. Bernhards von Clairvaux: ‚er müsse für sich selber auch glauben, daß ihm der barmherzige Gott und Vater durch das einige Opfer und Blut seines Sohnes Vergebung aller Sünden erworben habe‘ (Mathesius)“. — Ebrard S. 73: „Es ist eines der ergreifendsten Bilder.“
KK Coburg Neg.-Nr. 12675

62.10.2. Luther wird durch einen alten Klosterbruder gestärkt
Bez. u. r.: GK (Monogramm)
Bleistiftzeichnung auf Transparentpapier, aufgezogen. Bildgr.: 8,75 x 10 cm
Die Komposition entspricht der Radierung.
Windsor Castle, Inv.-Nr. RL 21382

62.10.3. Luther wird durch einen alten Klosterbruder gestärkt
Nicht bez.
Bleistiftumrißzeichnung auf Transparentpapier, aufgezogen. Bildgr.: 9,05 x 10,2 cm
Die Komposition entspricht der vorigen.
Inv.-Nr. Z 4709 Neg.-Nr. 12801

62.9.1.

62.10.1.

62.11.1. Luther hält als Bakkalaureus philosophische und theologische Vorlesungen. 1508.
Bez. u. l.: GK (Monogramm)
Stahlradierung. Bildgr.: 10,85 x 8,4 cm
Luther, 1508 an die neue Wittenberger Universität berufen, hält philosophische und theologische Vorlesungen. „Unter den Zuhörern in der ersten Reihe erblicken wir den ersten Rektor der Universität Dr. Pollich von Melrichstadt, Leibarzt des Kurfürsten Friedrich und bald auch Doktor der Theologie . . . Zur Rechten Pollichs sitzt Johann Staupitz, Generalvikar des Augustiner Ordens, als solcher Luthers Vorgesetzter, der ihn nach Wittenberg verpflanzt hatte.“ – Ebrard S. 73.
KK Coburg Neg.-Nr. 12676

62.11.2. Luther hält Vorlesungen
Bez. u. l.: GK (Monogramm)
Bleistiftzeichnung auf Transparentpapier, aufgezogen. Größe des Transparentpapiers: 13 x 10,5 cm
Die Komposition entspricht der Radierung.
Windsor Castle, Inv.-Nr. RL 21383

62.11.1.

62.12.1.

62.11.3. Luther hält Vorlesungen
Nicht bez.
Bleistiftumrißzeichnung auf Transparentpapier, aufgezogen. Bildgr.: 10,9 x 8,7 cm
Die Komposition entspricht der vorigen. Der Deckenbalken ist weniger stark profiliert.
Inv.-Nr. Z 4710 Neg.-Nr. 12802

62.12.1. Luther predigt im Kloster vor Staupitz und den anderen Klosterbrüdern, als Vorübung zur Schloß- und Stadtkirche.
Bez. Mitte r.: GK (Monogramm)
Stahlradierung. Bildgr.: 9,2 x 11,1 cm
„Vorn sitzt der greise Staupitz unter den Zuhörern.“ – Ebrard S. 73.
KK Coburg Neg.-Nr. 12677

62.12.2. Luther predigt im Kloster
Bez. Mitte r.: GK (Monogramm)
Bleistiftzeichnung auf Transparentpapier, aufgezogen. Bildgr.: 9,2 x 11,25 cm
Die Komposition entspricht der Radierung.
Windsor Castle, Inv.-Nr. RL 21384

62.13.1. Luthers Reise nach Rom. 1510.
Bez. im Mittelbild u. l.: GK (Monogramm)
Stahlradierung. Bildgr. (bis zur äußeren Linie): 10,85 x 11,7 cm
Oben Luthers Abschied aus dem Kloster. Links unten erblickt Luther Rom: „Sei gegrüßt, du heiliges Rom! ja rechtschaffen heilig von der Märtyrer Blut, das da vergossen ist!" In der Mitte Papst Julius II.: „... er führet das Sakrament auf einem weißen Hengst." Rechts: Luther verläßt Rom: „Wer zu Rom gewest ist, der weiß wohl, daß es leider ärger ist, denn jemand sagen noch glauben mag." — Ebrard S. 73.
KK Coburg Neg.-Nr. 12678

62.13.2. Luthers Reise nach Rom
Bez. im Mittelbild u. l.: GK (Monogramm)
Bleistiftzeichnung auf Transparentpapier, aufgezogen. Größe des Transparentpapiers: 12,8 x 14 cm
Die Komposition entspricht der Radierung.
Windsor Castle, Inv.-Nr. RL 21385

62.13.1.

62.14.1.

62.14.1. Luther wird durch Karlstadt mit großer Feierlichkeit zum Doktor der heiligen Schrift kreiert und promoviert.
Bez. u. r.: GK (Monogramm)
Stahlradierung. Bildgr.: 12,4 x 8,9 cm
„Luther wird feierlich (18. und 19. Oktober 1512) zu seiner großen Bestimmung als Lehrer seines Volkes und seiner Kirche geweiht; er schwört den Eid als Doktor der heiligen Schrift ... Karlstadt stand der Feierlichkeit als theologischer Dekan vor." Karlstadt (eigtl. Andreas R. Bodenstein aus Karlstadt, ca. 1480—1541 Basel) vertrat später — gegen Luther — eine radikale Form der Reformation. In der Königschen Illustration sitzt er vorn im Lehnstuhl. An der Wand ein Porträt Kurfürst Friedrichs des Weisen (1463—1525). — Ebrard S. 73.
KK Coburg Neg.-Nr. 12679

62.14.2. Luther wird zum Doktor promoviert
Bez. u. r.: GK (Monogramm)
Bleistiftzeichnung auf Transparentpapier, aufgezogen. Größe des Transparentpapiers: 14,8 x 11,2 cm
Die Komposition entspricht der Radierung.
Windsor Castle, Inv.-Nr. RL 21386

62.15.1. Luther in seinen ihm von Staupitz übertragenen Geschäften als Distriktsvikar des Augustinerordens.
Bez. u. r.: GK (Monogramm)
Stahlradierung. Bildgr.: 9 x 9,8 cm
„Um diese Zeit ... wurde Staupitz in die Niederlande abgesendet. Inzwischen erhielt Luther das Vikariatsamt über die Augustinerklöster und den Befehl, eine Visitation derselben anzustellen. Zu dem Ende zog er von einem Kloster zum andern, half den Schulen auf und vermahnte alle Brüder seines Sprengels, sich zur Bibel zu halten und daneben heilig, friedlich und züchtig zu leben." – Im Nachlaß Königs (Erlangen) befindet sich ein bisher nicht identifizierter großformatiger Reproduktionsstich (41 x 53,8 cm), und zwar ein 7. Probedruck (in einem ovalen Stempel u. r.), auf dem offenbar die Eintreibung von Steuern im 18. Jahrhundert dargestellt ist. Hierauf befindet sich im Hintergrund ein auf eine Leiter gestiegener Mann, der Akten aus einem Regal holt – eine unmittelbare Anregung für den Mönch rechts am Bücherregal. König hat dem Blatt noch weitere Anregungen entnommen, nicht jedoch seinen beißend-satirischen Ton. – Ebrard zählt das Blatt „zu den minder bedeutenden", wohl weil es alltägliches Handeln zeigt (S. 73).

KK Coburg Neg.-Nr. 12680

62. 15.1.

62.15.2. Luther als Distriktsvikar
Bez. u. r.: GK (Monogramm)
Bleistiftzeichnung auf Transparentpapier, aufgezogen. Größe des Transparentpapiers: 11,5 x 12,4 cm
Die Komposition entspricht weitgehend der Radierung, doch sind hier beim Tisch hinter Luther gedrechselte Diagonalstreben angedeutet.

Windsor Castle, Inv.-Nr. RL 21387

62.15.3. Luther als Distriktsvikar
Nicht bez.
Bleistiftumrißzeichnung auf Transparentpapier, aufgezogen. Bildgr.: 9,3 x 10,3 cm
Die Komposition entspricht der vorigen.

Inv.-Nr. Z 4711 Neg.-Nr. 12803

Großformatiger Reproduktionsstich aus dem König-Nachlaß, Erlangen

62.16.1. Unten: Luther verweigert im Beichtstuhl den auf ihren Ablaß pochenden Beichtkindern die Absolution. Links: Tezels Ablaßkram – er verbrennt Luthers Schrift. Hauptbild: Luther schlägt die 95 Theses an. Rechts: Die Wittenberger Studenten verbrennen Tezels Gegensätze. – 1846
Bez. auf den Basen der Portalsäulen: „1846“ und „GK“ (Monogramm). – (Das Datum bezieht sich auf die Fertigstellung der Radierung, nicht auf die der Komposition: das 300. Todesjahr Luthers).
Stahlradierung. Bildgr. (bis zur Rahmenlinie): 17,5 x 12,2 cm
„Der Künstler faßt in symbolischer Weise die Kirchentüre zu Wittenberg zugleich als das große Tor der allgemeinen christlichen Kirche, woran Luther mit seinen Thesen mahnend und erschütternd pochte. Über seinem Haupte sehen wir wie im Traumbilde den aus Hussens Flammen erstehenden Schwan (vgl. Kat.-Nr. 1.3.). Die Gruppen auf beiden Seiten, die Holzstöße Tezels und der Wittenberger Studenten stellen den schon entbrennenden Kampf dar, dessen verborgene Anfänge wir im unteren Bilde im Beichtstuhl Luthers wahrnehmen“. – Im König-Nachlaß, Erlangen, befindet sich eine sehr kleinformatige Bleistiftzeichnung (auf Transparentpapier, ca. 6,6 x 3,6 cm), auf der König die rechte, den Hammer fassende Hand Luthers gegenüber der in der Zeichnung von Windsor Castle vorliegenden Vorstufe verbessert hat (vgl. 62.16.2.). – Ebrard S. 73. – Abb. in: David Koch, Bilderbuch aus Luthers Zeit, Stuttgart 1917, 41. Bild (abgeb. nur die Mittelzone der Komposition). – Zum Schwan-Phoenix-Motiv vgl. Martin Scharfe, Evangelische Andachtsbilder, Stuttgart 1968, S. 189 ff.
KK Coburg Neg.-Nr. 12681

62.16.1.

62.16.2. Luther schlägt die 95 Theses an
Bez. auf der Basis der rechten Portalsäule: GK (Monogramm)
Bleistiftzeichnung auf Transparentpapier, aufgezogen. Bildgr.: 17,6 x 11,9 cm
Größere Unterschiede zur späteren Fassung der Radierung. In der Radierung werden die Fialen links und rechts bis zum Sockel heruntergezogen, die Ecken bis fast nach unten abgefast. Dadurch erhält der architektonische Aufbau seine dreidimensionale, altarähnliche Erscheinung. Die Ornamente links und rechts des Sockelbildes erinnern in der Zeichnung noch an Bandelwerk, während sie in der Radierung gotisch aussehen und außerdem, wiederum als plastische Formen, in eine Nische gesetzt sind. Die Portaltür ist verändert: hier Rahmen- und Füllwerk, Türklopfer, in der Radierung schlichte Brettertür mit Beschlägen und einem geschmiedeten Schloß. Entsprechend der thematischen Verdichtung der Komposition läßt König in der Radierung auf den Strebebögen der „alten“ Kirche Gras und Unkraut sprießen! Luther hält in der Zeichnung den Hammer gezierter.
Windsor Castle, Inv.-Nr. RL 21388

62.16.3. Luther schlägt die 95 Theses an
Bez. auf der Basis der rechten Portalsäule: GK (Monogramm)
Bleistiftumrißzeichnung auf Transparentpapier, aufgezogen. Bildgr.: 18,2 x 12,25 cm
Die Komposition entspricht der vorigen.
Inv.-Nr. Z 4712 Neg.-Nr. 12804

62.17.1. Luther vor Cajetan.
Im Hauptbild bez. u. r.: GK (Monogramm)
Stahlradierung. Bildgr. bis zur äußeren Umrandungslinie: 17 x 8,8 cm
Kardinal Cajetan hat Luther dessen Verteidigungsschrift vor die Füße geworfen. „Dem Künstler schwebt der Moment vor, wo Luther das vom Kardinal weggeworfene Papier wieder aufnimmt, während sein Freund Staupitz offenbar über den Zorn des Kirchenfürsten in Angst gerät und beide beschwichtigen möchte. Im unteren Bilde verläßt Luther, dem Rate der Freunde folgend, von Staupitz (mit Fackel) und dem Ratsherrn Langemantel unterstützt, bei Nacht „durch ein klein Pförtlein“ die Stadt Augsburg“, begleitet von einem alten „Ausreuter“, der die Wege wußte. — Ebrard S. 73 f.

KK Coburg — Neg.-Nr. 12682

62.17.2. Luther vor Cajetan
Bez. im Hauptbild u. r.: GK (Monogramm)
Bleistiftzeichnung auf Transparentpapier, aufgezogen. Größe des Transparentpapiers: 19,3 x 11 cm
Die Komposition entspricht der Radierung.

Windsor Castle, Inv.-Nr. RL 21389

62.17.3. Luther vor Cajetan
Nicht bez.
Bleistiftzeichnung auf Transparentpapier, aufgezogen. Bildgr.: 17,5 x 9,2 cm
Die Komposition entspricht der vorigen.

Inv.-Nr. Z 4713 — Neg.-Nr. 12805

62.17.1.

62.18.1. Die Leipziger Disputation mit Eck. 1519.
Bez. u. r.: GK (Monogramm)
Stahlradierung. Bildgr.: 10,85 x 11,7 cm
„Im Saal der Pleißenburg stehen die beiden Hauptkämpfer Luther (r.) und Eck sich gegenüber, jener kühn angreifend und eindringend, dieser gewandt abwehrend und schlau zu weiteren Folgerungen lockend. Zur Seite Luthers sitzt der jugendliche Melanchthon in stillem Bangen sinnend, während der beweglichere Karlstadt in Büchern Hilfe für sein schwaches Gedächtnis sucht. Inmitten des Saales hört Herzog Georg von Sachsen aufmerksam den Streitern zu . . . zu seinen Füßen sitzt sein einäugiger Narr, den Dr. Eck wild anstarrend“. — Ebrard: „Der architektonische Aufbau der Gruppierung ist meisterhaft“ (S. 73). — Vgl. Kat.-Nr. 53.5.

KK Coburg — Neg.-Nr. 12683

62.18.2. Die Leipziger Disputation
Bez. u. r.: GK (Monogramm)
Bleistiftzeichnung auf Transparentpapier, aufgelegt. Bildgr.: 11 x 11,9 cm
Die Komposition weicht nur wenig von der Radierung ab: die Wandbilder (Gobelins?) sind unbestimmter in der Thematik, dagegen ist die Darstellung am Pult Ecks deutlicher als Kampf mit dem Drachen erkennbar. Geringe Abweichungen der Ornamente über dem Fenstergesims.

Windsor Castle, Inv.-Nr. RL 21390

62.18.3. Die Leipziger Disputation
Nicht bez.
Bleistiftumrißzeichnung auf Transparentpapier, aufgezogen. Bildgr.: 11,1 x 12,2 cm
Die Komposition entspricht der vorigen.

Inv.-Nr. Z 4714 — Neg.-Nr. 12806

62.18.4. Die Leipziger Disputation
Nicht bez.
Bleistiftumrißzeichnung, z. T. mit Feder und Pinsel (grau) übergangen, auf Papier. Bildgr.: 13,25 x 15,65 cm. Am Rand der Zeichnung eine Einteilung nach Zoll.
Die Komposition liegt vor den bereits aufgeführten: sie ist breitformatiger. König hat die Figuren im einzelnen zwar fast unverändert in die Radierung übernommen, sie aber

stärker zusammengedrängt (Luther-Melanchthon-Karlstadt-Gruppe, Eck-Professoren-Gruppe und die Gruppen selbst zueinander). Die Gestaltung ist in Einzelheiten noch unklar: Luthers Pult, der Platz unter der Kanzel, die Hintergrundgruppe am rechten Rand. — Man erkennt an diesem Beispiel gut die Vorteile der Einschaltung der Transparentzeichnungen in den künstlerischen Prozeß der Entwicklung der Komposition: man konnte durch einfaches Hin- und Herschieben des Transparentpapiers Abstände von Figuren und Gruppen verändern, außerdem natürlich Details wie Gesten, Ornamente usw. Dies kompositorische Hilfsverfahren war ein Mittel der Zeit; vielleicht hat König es bei seinem Lehrer Schnorr v. Carolsfeld kennengelernt.

König-Nachlaß, Erlangen

62.18.5. Die Leipziger Disputation
Nicht bez.
Bleistift auf vergilbtem, etwas durchsichtigem Papier. Blattgr.: ca. 35 x 30,5 cm
Dargestellt ist die Luthergruppe mit der sich dahinter befindenden Gruppe sitzender Männer — allerdings in viel größerem Format als bei den vorigen Darstellungen. Melanchthons und Karlstadts Abstand voneinander liegt zwischen dem in der Radierung und dem in der Zeichnung von Windsor Castle: der linke Fuß Melanchthons endet vor Karlstadts rechtem. Die Gruppe im Hintergrund besteht aus fünf Männern.

König-Nachlaß, Erlangen

62.18.1.

62.18.4.

62.19.1.

62.20.1. Luthers Empfang in Worms. 1521.
Bez. u. r.: GK (Monogramm, seitenverkehrt)
Stahlradierung. Bildgr.: 9,2 x 11,15 cm
König betont, Luther sei in dieser Zeit „der Mann der deutschen Nation geworden", weshalb er ihn hier „in die Mitte seines Volkes" stellt. „Im Wagen bei Luther sitzen seine Freunde Amsdorf (vgl. Kat.-Nr. 60.1.), Petrus von Suaven und der Mönch Pezenstein; Justus Jonas und mehrere Herrn des sächsischen Adels, die ihm entgegen gekommen, folgten zu Pferde. Tausende von Menschen aus allen Ständen geleiteten ihn bis zu seiner Herberge im deutschen Hofe". — Ebrards Kommentar ist u. a. davon bestimmt, daß das 19. Jahrhundert Darstellungen Luthers mit Tonsur und Mönchstracht nicht liebte, diese Abneigung aber gern auf das ästhetische Gleis schob: „. . . befriedigt wegen der Kleinheit der vielen Figuren nicht ganz, und die Kutte und Tonsur Luthers wirkt hier besonders störend; auch tritt in seinem Gesicht mehr Niedergeschlagenheit, und zu wenig Muth hervor." Das ist richtig, doch ist gerade dieser Zug zu tadeln? R. Friedenthal gab König nachträglich recht: „Luther hatte, wie wir glauben, Angst, wie jeder mutige Mann vor einem großen Kampf" (S. 332). — Die Komposition erinnert an ein Vorbild seines Lehrers J. Schnorr v. Carolsfeld: „Siegfrieds Rückkehr aus den Sachsenkriegen" nach Worms für den „Saal der Hochzeit" in der Münchener Residenz. Schnorrs Gemäldefassung der Stuttgarter Staatsgalerie ist 1838 entstanden, wonach Schnorr die

62.20.1.

62.19.1. Luther verbrennt die päpstliche Bannbulle. 1520.
Bez. u. r.: GK (Monogramm)
Stahlradierung. Bildgr.: 11 x 12,1 cm
König zitiert Mathesius: „(Luther) ließ am 10. Dezember zu Wittenberg vor dem Elstertore wieder ein großes Feuer anschüren, darein er des Papstes Dekretalen samt Leo des Zehnten Bulle selber warf mit diesen Worten: Weil du gottlos Buch den Heiligen des Herrn betrübet oder geschändet hast, so betrübe und verzehre dich das ewige Feuer!" — Ebrard S. 74.
KK Coburg Neg.-Nr. 12684

62.19.2. Luther verbrennt die Bannbulle
Bez. u. r.: GK (Monogramm)
Bleistiftzeichnung auf Transparentpapier, aufgezogen. Größe des Transparentpapiers: 13,2 x 14,4 cm
Die Komposition entspricht der Radierung.
Windsor Castle, Inv.-Nr. RL 21391

62.19.3. Luther verbrennt die Bannbulle
Nicht bez.
Bleistiftumrißzeichnung auf Transparentpapier, aufgezogen. Bildgr.: 11,45 x 12,2 cm
Die Komposition entspricht der vorigen.
Inv.-Nr 4715 Neg.-Nr. 12807

zweite Fassung des Freskos malte (vgl. Inken Nowald, Die Nibelungenfresken von Julius Schnorr von Carolsfeld im Königsbau der Münchener Residenz, 1827–1867. Kiel 1978, S. 35 ff., Abb. S. 298; S. 197 ff., Nr. 45–49, Abb. S. 333 ff.). – Eine weitere Anregung bildete eine Illustration aus dem Lutherwerk von E. T. Jäkel (1840), vgl. Kat.-Nr. 61.4. („Einzug in Leipzig"). – In einem Skizzenbuch des König-Nachlasses, Erlangen, (blauer Deckel, 26 x 21,8 cm) befindet sich eine Pferdestudie, die als Vorbild für Königs Komposition gedient haben könnte. – Ebrard S. 74. – Abb. in: David Koch, Bilderbuch aus Luthers Zeit, Stuttgart 1917, 45. Bild.

KK Coburg Neg.-Nr. 12685

62.20.2. Luthers Empfang in Worms
Bez. u. r.: GK (Monogramm)
Bleistiftzeichnung auf Transparentpapier, aufgezogen. Bildgr.: 9,2 x 11,3 cm
Die Haltung des Ritters im Vordergrund ist in der Radierung verändert worden. Hier steht er relativ steif da; in der Radierung beugt er sich nach hinten, streckt die Rechte aus, sein Schwert überschneidet nicht mehr die Radnabe.

Windsor Castle, Inv.-Nr. RL 21392

62.20.3. Luthers Empfang in Worms
Nicht bez.
Bleistiftumrißzeichnung auf Transparentpapier, aufgezogen. Bildgr.: 9,4 x 11,5 cm
Die Komposition entspricht der vorigen.

Inv.-Nr. Z 4716 Neg.-Nr. 12808

62.21.1. Oben: Luther bereitet sich durch Gebet vor, vor Kaiser und Reich zu erscheinen. Hauptbild: Luther und Frundsberg vor dem Reichssaaleingang.
Bez. u. r.: GK (Monogramm)
Stahlradierung. Bildgr. bis zur äußeren Begrenzungslinie: 16,2 x 10,7 cm
König zitiert den Ausspruch Georgs von Frundsberg (vgl. Kat.-Nr. 10.1.), „wenn wir der Überlieferung glauben dürfen." Er fährt dann fort: „An zwei andere deutsche Ritter erinnern die beiden schützenden Gestalten oben zur Rechten und Linken Luthers: Hutten mit Harfe und Schwert, den Dichterlorbeer um die Stirne, und sein Freund, der tapfere Sickingen, den Feldherrnstab in der Hand". – Die Darstellung erinnert ein wenig an die Komposition von J. H. Lips (Kat.-Nr. 10.1.). – Ebrard (S. 74) bezeichnet die Königsche Komposition als „ein geradezu wundervolles Bild". – Ebrard merkt S. 216 f., Anm. S. 217 an, daß König für den Großherzog von Sachsen-Weimar-Eisenach in Öl eine Skizze „Luther in Worms vor dem Erscheinen vor dem Reichstag betend" gemalt habe (vgl. Ebrard S. 351, Nr. 26). 1871 befand sich diese Skizze im Besitz des Buchhändlers Pfeiffer in Mainz. – Abb. in: David Koch, Bilderbuch aus Luthers Zeit, Stuttgart 1917, 46. Bild (nur die Hauptszene!).

62.21.1.

KK Coburg Neg.-Nr. 12686

62.21.2. Luther und Frundsberg
Bez. u. r.: GK (Monogramm)
Bleistiftzeichnung auf Transparentpapier, aufgezogen. Größe des Transparentpapiers: 18,2 x 12,5 cm
Die Komposition entspricht der Radierung, doch gibt die Radierung links den Blick in den Versammlungssaal frei.

Windsor Castle, Inv.-Nr. RL 21393

62.22.1. Luther vor Kaiser und Reich. 1521.
Nicht bez.
Stahlradierung. Bildgr.: 10,4 x 11,8 cm
„Neben dem jungen Kaiser Karl sitzt sein Bruder Ferdinand, zu beiden Seiten die drei geistlichen und die drei weltlichen Kurfürsten, voran der weise Friedrich von Sachsen (mit dem Reichsschwert); auf der Fürstenbank gegenüber blickt rechts Philipp von Hessen aufmerksam auf Luther hin. – Dr. Hieronymus Schurf steht hinter Luther als sein Rechtsbeistand, diesem gegenüber hinter dem Tische mit Luthers Büchern der kaiserliche Orator und Offizial des Bischofs von Trier, Dr. Johann Eck; näher dem Kaiser hält der Kardinal Aleander schon die verdammende Bulle in der Hand. Im Hintergrund erblickt man die spanischen Wachen, die den deutschen Mönch beim Herausgehen verspotteten." (In der Mitte der geistlichen Kurfürsten sitzt Albrecht von Brandenburg). – Die Komposition enthält Elemente der Hummelschen Darstellung (vgl. Kat.-Nr. 18.6.), z. T. sogar in Einzelheiten (rechte Hand Friedrichs d. W.). Haltung und Gestik Luthers erinnern an die Darstellung P. W. Apps (vgl. Kat.-Nr. 54); bei App tritt Luther allerdings nicht als Mönch auf. – Ebrard S. 74.
KK Coburg Neg.-Nr. 12687

62.22.1.

62.22.2. Luther vor Kaiser und Reich
Nicht bez.
Bleistiftzeichnung auf Transparentpapier, aufgezogen. Bildgr.: 10,6 x 11,95 cm
Die Komposition entspricht der Radierung.
Windsor Castle, Inv.-Nr. RL 21394

62.22.3. Luther vor Kaiser und Reich
Nicht bez.
Bleistiftumrißzeichnung auf Transparentpapier, aufgezogen.
Bildgr.: 10,75 x 12,25 cm
Die Komposition entspricht der vorigen.
Inv.-Nr. Z 4717 Neg.-Nr. 12809

62.23.1. Luthers Entführung auf seiner Rückreise. 1521.
Bez. u. Mitte: GK (Monogramm)
Stahlradierung. Bildgr.: 10,45 x 12,35 cm
„In der Nähe des Schlosses Altenstein in einem Hohlwege, in der Richtung nach Waltershausen, wird Luthers Wagen von dem Hauptmann von Berlepsch und Burkhard Hund, Herrn von Altenstein, nebst einigen Knechten angehalten, um Luther zu entführen. Sein Begleiter Amsdorf muß allein weiterfahren, nachdem Luthers Klosterbruder Pezenstein beim Anblicke der herannahenden Reiter erschrocken entflohen war." – Ebrards Kommentar: „Verworrener der Natur der Sache nach, aber voll höchster Lebendigkeit, aber damit immer noch reizend schön" (S. 74). – Abb. in: David Koch, Bilderbuch aus Luthers Zeit, Stuttgart 1917, 47. Bild.
KK Coburg Neg.-Nr. 12688

62.23.2. Luthers Entführung
Bez. u. Mitte: GK (Monogramm)
Bleistiftumrißzeichnung auf Transparent-

papier, seitenverkehrt aufgeklebt. Bildgr.: 10,5 x 12,45 cm
König hat seine Komposition mit Hilfe dieses Blattes auf die Stahlplatte übertragen (Durchdrückspuren auf der Rückseite) und das Blatt anschließend seitenverkehrt, also mit der Zeichnung nach unten, auf eine Unterlage geklebt.
König-Nachlaß, Erlangen

62.23.5. Luthers Entführung
Nicht bez.
Bleistiftzeichnung auf weißem Papier, quadriert. Bildgr.: 21,45 x 25,4 cm
Möglicherweise frühe (erste?) Komposition, die mit Hilfe des Rasters verkleinert worden ist. In der Radierung ist die Komposition räumlich klarer: Millimeterarbeit!
König-Nachlaß, Erlangen

62.23.3. Luthers Entführung
Bez. u. Mitte: GK (Monogramm)
Bleistiftzeichnung auf Transparentpapier, aufgezogen. Größe des Transparentpapiers: 12,8 x 14,7 cm
Die Komposition entspricht der Radierung.
Windsor Castle, Inv.-Nr. RL 21395

62.23.4. Luthers Entführung
Nicht bez.
Bleistiftumrißzeichnung auf Transparentpapier, aufgezogen. Bildgr.: 10,8 x 12,7 cm
Die Komposition entspricht der vorigen.
Inv.-Nr. Z 4718 Neg.-Nr. 12810

62.23.1.

62.24.1.

62.24.1. Luther beginnt auf der Wartburg die Bibelübersetzung
Bez. u. r.: GK (Monogramm)
Stahlradierung. Bildgr.: 10,35 x 8,5 cm
Das Gemälde ist dem Apostel Paulus von Albrecht Dürer nachgestaltet („Die vier Apostel", Bayerische Staatsgemäldesammlung, München, Inv.-Nr. 545: 1526 dat.). — König spielt damit auf Luthers besonderes Verhältnis zu Paulus an („Römerbrief-Theologie").
KK Coburg Neg.-Nr. 12689

62.24.2. Luthers Bibelübersetzung
Bez. u. r.: GK (Monogramm)
Bleistiftzeichnung auf Transparentpapier, aufgezogen. Bildgr.: 10,6 x 8,6 cm
Die Komposition ist gegenüber der Radierung in Details verändert: hier hängt an der Wand noch die Rüstung des Junkers Jörg; der Federbusch auf seiner Mütze ist hier etwas üppiger.
Windsor Castle, Inv.-Nr. RL 21396

62.24.3. Luthers Bibelübersetzung
Nicht bez.
Bleistiftumrißzeichnung auf Transparentpapier, aufgezogen. Bildgr.: 10,8 x 8,65 cm
Die Komposition entspricht der vorigen.
Inv.-Nr. Z 4719 Neg.-Nr. 12811

62.25.1. Unten: Luther reitet von der Wartburg weg. Oben links: Luther und die schweizer Studenten im Wirtshaus zum schwarzen Bären in Jena. Oben rechts: Luther im Kreise seiner Wittenberger Freunde, von den eintretenden schweizer Studenten erkannt.
Nicht bez.
Stahlradierung. Bildgr. (größte Höhe und Breite): 16,95 x 12,25 cm
Beim Verlassen der Wartburg nahm Luther die (hebräische) Bibel mit. Die Episode in Jena ist bereits geschildert worden, König zitiert sie nach Keßlers Bericht (vgl. Kat.-Nr. 60.5.). Einige Tage später trafen die beiden Studenten aus St. Gallen Luther in Wittenberg bei ihrem schweizer Landsmann Dr. Hieronymus Schurf (geb. 1480 St. Gallen, seit 1503 juristischer Doktor und Professor an der Universität Wittenberg, gest. 1554) wieder: hier ließ sich Luther von Schurf, Melanchthon (zur Linken Luthers, der noch den Bart trägt), Amsdorf und Justus Jonas über die Zeit seiner Abwesenheit von Wittenberg berichten. — Ebrard S. 74 f. — Abb. in: David Koch, Bilderbuch aus Luthers Zeit, Stuttgart 1917, 48. Bild (untere Szene), 49. Bild (die beiden oberen Szenen).
KK Coburg Neg.-Nr. 12690

62.25.2. Luther verläßt die Wartburg
Bez. im oberen r. Bild u. r.: GK (Monogramm)
Bleistiftzeichnung auf Transparentpapier, aufgezogen. Größe des Transparentpapiers: 18,5 x 13,4 cm
Die Komposition entspricht der Radierung.
Windsor Castle, Inv.-Nr. RL 21397

62.25.1.

62.26.1. Luther dämpft den Bildersturm. 1522.
Bez. u. l.: GK (Monogramm)
Stahlradierung. Bildgr.: 10,5 x 11,8 cm
„Karlstadt und die Zwickauer Schwärmer (hatten) durch kirchenstürmerischen Unfug die junge Gemeinde in Wittenberg zu verwirren angefangen." Luther trat mit Wort und Text dagegen an. „Die beschwichtigende Macht des Lutherischen Predigtwortes wird vom Künstler in *der* Weise frei versinnlicht, daß er den Reformator in die Mitte der Bilderstürmer abwehrend eintreten läßt." — Ebrard lobt: „Die Kunst stilvoller Schönheit tritt auf diesem Blatte besonders hervor" (S. 75). — Der Bildersturm in Europa ist relativ früh dargestellt worden. Vgl. Kat. „Reformation in Nürnberg", 1979, S. 132 f., Nr. 137, und R. H. Bainton, Martin Luther, Göttingen 1980[7], S. 180. Außerdem: O. Thulin (Hg.), Reformation in Europa, Leipzig 1967, S. 249 u. 250. Hierzu auch: C.-J. Röpke, Die Protestanten in Bayern, München 1972, S. 128, und A. G. Dickens, Reformation and Society in Sexteenth-century Europe, London 1966, S. 169. — Oskar Thulin, Martin Luther, München/Berlin 1967, S. 67 (Karlstadt) und P. Schreckenbach/F. Neubert, Martin Luther, Leipzig 1916, S. 67. — Abb. in: David Koch, Bilderbuch aus Luthers Zeit, Stuttgart 1917, 50. Bild.
KK Coburg Neg.-Nr. 12691

62.26.2. Luther dämpft den Bildersturm
Bez. u. l.: GK (Monogramm)
Bleistiftzeichnung auf Transparentpapier, aufgezogen. Größe des Transparentpapiers: 12,3 x 13,5 cm
Die Komposition entspricht der Radierung.
Windsor Castle, Inv.-Nr. RL 21398

62.27.1. Luther setzt mit Hilfe Melanchthons die Bibelübersetzung fort. 1523—24.
Bez. u. l.: GK (Monogramm)
Stahlradierung. Bildgr. bis zur äußeren Umrandungslinie: 10,25 x 7,6 cm
Diese Komposition ist in etwas erweiterter Form (s. u.) von Johann Georg Schreiner (1801 Mergelstetten/Württ. — 1859 München) lithographiert worden, allerdings in einem wesentlich größeren Format als dem der Radierung. Schreiner übte sich, wie Nagler 16, 1846, S. 15 f. sagt, in Stuttgart in der Zeichenkunst, wurde dann (noch in Stuttgart?) Lithograph, „worin er in München die nöthige Anweisung fand". Nagler zählte seine Arbeiten „zu den besten Erzeugnissen der Lithographie". 1837—41 lithographierte Schreiner die „Frescogemälde in der K. Allerheiligen Hofkirche zu München" von H. Hess. Unmittelbar danach muß G. König Kontakt mit Schreiner aufgenommen haben, denn König dachte zunächst daran, seine im Entstehen begriffenen Lutherlebenkompositionen als Lithographien reproduzieren zu lassen und herauszubringen. Aus an Schreiner adressierten Briefkonzepten Königs in einem Skizzenbuch des Erlanger Nachlasses (6. 12. 1842, 23. 4., 24. 7., 3. 8., 16. 8., 26. 9. 1843) geht hervor, daß König für Schreiner einige Ölgemälde (wohl „Luther und Melanchthon" und „Luthers Tod", bestimmt „Luther das Abendmahl reichend") gemalt und an ihn verkauft hat, offenbar mit der Verabredung, daß sie Schreiner auf seine Kosten lithographiere und vertreibe. Schreiner konnte seinen finanziellen Verpflichtungen König gegenüber jedoch nicht nachkommen, so daß

62.26.1.

62.27.1.

62.27.3.

62.27.4.

König sich am 16. 8. 1843 bereit erklärte, das letzte für Schreiner gemalte Gemälde „Luther das Abendmahl reichend“ an Zahlung statt für die ihm noch schuldige Summe zurückzunehmen. Weiter bedingte sich König aus, das Bild binnen vier Wochen inklusive des Rahmens unverletzt zurückzuerhalten – „in welcher Zeit nach Herrn Atzingers (Joseph A., 1814 München – 1885 ebda., erlernte die Lithographie bei J. N. Strixner, dessen Gehilfe und Mitarbeiter er blieb; Thieme-Becker 2, 1908, S. 221) Aussage die Steinzeichnung vollendet seyn wird“. Außerdem wünschte König, daß Schreiner ihm die früher versprochenen Exemplare von Abdrucken zukommen ließe (den Verdienst am Vertrieb der Auflage sollte also Schreiner erhalten). Welche Bilder hat Schreiner lithographiert? Nagler 16, 1846, S. 16 nennt unter Schreiner Nr. 19 „Luther als Bibelübersetzer mit seinem Freunde Melanchthon, nach Gustav König, 1842 als erstes Blatt einer Folge von Darstellungen aus dem Leben Luther's, gr. fol.“ und als Nr. 20 „Der Tod Luther's nach demselben, fol. Diese Darstellung zeichnete Schreiner zweimal, da die erste Platte nicht gerieth“. Nagler in Monogr. 3, 1863, S. 21, Nr. 70 (unter G. König) berichtet, daß Joseph Atzinger (!) zwei Gemälde Königs lithographiert habe, qu. roy.fol. „Das eine stellt die Austheilung des Abendmahls in beiderlei Gestalt vor, das andere den Tod Dr. Martin Luthers am 18. Februar 1846.“ Ob hier eine Verwechslung Schreiners mit Atzinger vorliegt, vermag ich nicht zu sagen; immerhin wird Atzinger von König in seinem Brief erwähnt. Auch ist es verwirrend, daß Nagler zwar jeweils zwei Bildtitel, insgesamt aber drei verschiedene nennt. Dr. Janeck, Nürnberg, wies mich darauf hin, daß es im Kunstblatt 23, 1842, Nr. 54 (7. 7. 1842), S. 216 folgende Nachricht gibt („Nachrichten vom Mai, Malerei): „Im Kunstvereinslokal waren zwei geistreiche Gemälde von König aus Koburg, Luther mit Melanchthon, das eine Mal im Gespräch mit einander über die Auslegung der heiligen Schrift, das andere Mal in der Austeilung des heiligen Abendmahls begriffen, ausgestellt; dieselben, nach welchen eine Steinzeichnung von Schreiner gefertigt wird.“ In Nr. 63 vom 9. 8. 1842, S. 252 wird ein Irrtum berichtigt: Nicht Melanchthon, sondern Justus Jonas teile neben Luther das Abendmahl aus! Schon Ebrard durchschaute das Durcheinander nicht ganz, offenbar lag ihm von den beiden (mir unbekannten) Lithographien mindestens eine vor: „Luther und Melanchthon“ und vielleicht auch die Abendmahlszene. Er datiert die Entstehung der Gemälde auf „um 1841 oder 42“, die der Lithographien auf „irren wir nicht: 1844“. Auf jeden Fall sah die lithographierte Komposition des Luther-Melanchthon-Themas noch etwas anders aus als in der Radierung. Im Hintergrund rechts wird „durch eine geöffnete Thür Katharina von Bora im Nebengemach sichtbar . . . , die ein Kind auf dem Schooße liegen hat“ (Ebrard S. 64). – Vgl. auch Ebrard S. 355, D 1: „Luther und Melanchthon, die Bibel übersetzend (I, A 18), Lith. von J. G. Schreiner, 1843.“ – Abb. in: David Koch, Bilderbuch aus Luthers Zeit,

Stuttgart 1917, 52. Bild. – Der Plan einer lithographischen Ausgabe des Königschen Lutherlebens ist gescheitert. – Aus dem Vorgang scheint hervorzugehen, daß König die Lutherillustrationen nicht unbedingt in der historischen Reihenfolge gezeichnet hat.

KK Coburg Neg.-Nr. 12692

62.27.2. Luther und Melanchthon
Bez. u. l.: GK (Monogramm)
Bleistiftzeichnung auf Transparentpapier, aufgezogen. Größe des Transparentpapiers: 12,6 x 19,7 cm
Die Komposition entspricht der Radierung.

Windsor Castle, Inv.-Nr. 12692

62.27.3. Luther und Melanchthon
Nicht bez.
Federzeichnung über flüchtiger Bleistiftskizze, Korrekturen mit Bleistift. Blattgr.: 13,2 x 9,25 cm
Völlig andere, sicher frühe Komposition desselben Vorgangs, der in der Radierung an Deutlichkeit und Direktheit gewonnen hat.

König-Nachlaß, Erlangen

62.27.4. Melanchthon und Luther
Holzstich nach einer Zeichnung G. Königs in: Christliches Kunstblatt, Jg. 1860, S. 51, in einem Aufsatz von C. Grüneisen „Melanchthons Gedächtnis“. Die Komposition Königs, die unten „1860“ datiert und mit „GK“ (Monogramm) signiert ist, geht auf die vorige Zeichnung zurück.

62.28.1. Luther predigt in Seeburg gegen den Bauernkrieg. 1525.
Nicht bez.
Stahlradierung. Bildgr.: 11 x 12,2 cm
Ebrard S. 75. – Abb. in: David Koch, Bilderbuch aus Luthers Zeit, Stuttgart 1917, 51. Bild.

KK Coburg Neg.-Nr. 12693

62.28.2. Luther predigt gegen den Bauernkrieg
Bez. u. r.: GK (Monogramm)
Bleistiftzeichnung auf Transparentpapier, aufgezogen. Größe des Transparentpapiers: 12,8 x 14,4 cm
Die Komposition entspricht der Radierung.

Windsor Castle, Inv.-Nr. RL 21400

62.28.1.

62.29.1.

62.29.2.

62.29.1. Luthers Vermählung
Bez. u. l.: GK (Monogramm)
Stahlradierung. Größe bis zur äußeren Rahmenlinie: 14,1 x 10,6 cm
„Einige Wochen später, am 13. Juni (1525), ward er mit seiner Katharina Eins für das ganze Leben; im Hause des Stadtschreibers zu Wittenberg, wo Freund Bugenhagen den heiligen Bund in Gegenwart des Juristen Apel und des Lukas Cranach einsegnete.“ (Vgl., was den Ort der Trauung betrifft, Kat.-Nr. 60.6.). — In einem Skizzenbuch mit marmoriertem Einband (Seitengr. 20 x 16,4 cm) befindet sich eine kleine, verwischte (oder abgeriebene?) Zeichnung derselben Komposition. Das Etikett ist bez.: „Gust. Koenig 1. Dez. 1839“. Mag sein, daß dies Thema zu den frühen Luther-Kompositionen Königs gehört. — Ebrard S. 75.

KK Coburg Neg.-Nr. 12694

62.29.2. Luthers Vermählung
Bez. u. l.: GK (Monogramm)
Radierung. Größe bis zur äußeren Rahmenlinie: 14,15 x 10,25 cm
Diese Radierung (auf Stahl?) ist im ganzen identisch mit der vorigen, jedoch zaghafter in der Zeichnung, weniger treffend in der Mimik, schwächer in der Plastizität der Figuren.

König-Nachlaß, Erlangen

62.29.3. Luthers Vermählung
Bez. u. l.: GK (Monogramm)
Bleistiftzeichnung auf Transparentpapier, aufgezogen. Größe bis zur äußeren Rahmenlinie: 14,2 x 10,85 cm
Die Komposition entspricht den Radierungen.

Windsor Castle, Inv.-Nr. RL 21401

62.29.4. Luthers Vermählung
Bez. u. l.: GK (Monogramm)
Bleistiftumrißzeichnung auf Transparentpapier, aufgeklebt. Größe bis zur äußeren Rahmenlinie: 14,9 x 11,1 cm
Die Komposition entspricht den vorigen.

König-Nachlaß, Erlangen

62.29.5. Luthers Vermählung
Bez. u. l.: GK (Monogramm)
Bleistiftumrißzeichnung auf Transparentpapier, lose mit Karton hinterlegt. Größe bis zur äußeren Rahmenlinie:
13,75 x 10,5 cm
Seitenverkehrt aufgelegt.

König-Nachlaß, Erlangen

62.30.1.

62.30.1. Luthers Gespräch mit Zwingli über die Sakramentsfrage.
Bez. u. l.: GK (Monogramm)
Stahlradierung. Bildgr.: 9,9 x 12,05 cm
„Wittenberg und Zürich, Sachsen und die Schweiz, von ihren bedeutendsten Lehrern vertreten, kämpfen im Schlosse zu Marburg vom 1. bis 4. Oktober 1529 über das theologische Verständnis des Abendmahls und seiner Einsetzungsworte ... Vorne links besprechen sich Melanchthon und Oekolampad (Johannes Hüßgen, 1482 Weinsberg – 1531 Basel, stand in diesem Gespräch auf Seiten Zwinglis); hinter ihnen folgen Philipp von Hessen und Ulrich von Württemberg mit Spannung dem Gespräche Luthers (r.) und Zwinglis; rechts sitzen, unter dem Bilde des friedlichen Friedrich des Weisen, andere Theologen der beiden streitenden Parteien." 1861/62 malte König im Auftrage Chr. Pfeiffers, Associe der Buchhandlung Jos. Scholz in Mainz, das „Marburger Gespräch" (Absendung des vollendeten Gemäldes 2. 4. 1862). Es war in Aarau, Paris und Wiesbaden ausgestellt. In Paris wurde es nicht verkauft, „da das Haus Goupil & Comp. schon mehrere Bilder über Luther von Labouchère, die mit diesem Übereinkunft hatten, herausgegeben hat" (Ebrard S. 221 ff.). Franz Reber, Geschichte der neueren dt. Kunst, 1876, S. 343, beurteilte das Bild negativ. – Ebrard S. 75/76.

KK Coburg Neg.-Nr. 12695

62.30.2. Luthers Gespräch mit Zwingli
Bez. u. l.: GK (Monogramm)
Bleistiftzeichnung auf Transparentpapier, aufgezogen. Größe des Transparentpapiers: 11,6 x 13,8 cm
Die Komposition entspricht der Radierung.

Windsor Castle, Inv.-Nr. RL 21402

Gustav König, Entwürfe für die Rahmenarchitektur der „Übergabe der Augsburger Konfession“

62.31.1. Oben: Luther im Gebete. Hauptbild: Übergabe der Augsburger Konfession. 1530.

Bez. u. r. (auf der Mauer): GK (Monogramm)

Stahlradierung. Bildgr. (größte Höhe und Breite): 17,95 x 11,8 cm

Am Nachmittag des 25. Juni 1530 wurde im Saal des Bischofshofes in Augsburg der deutsche Text der Augsburgischen Konfession verlesen. „Auf dem Bilde hat der Künstler die Evangelischen zur Rechten, die Katholiken zur Linken des Beschauers gruppiert: dort Melanchthon mit seinem sorgenvollen sinnenden Angesicht, voll Kummer über die bevorstehende Scheidung der Kirchen; neben ihm mit betend gefalteten Händen der Kurfürst Johann der Beständige und hinter diesem der Markgraf Georg von Brandenburg, auf sein Schwert gestützt Landgraf Philipp von Hessen. Vor dem Kaiser steht der Kanzler Christian Baier, der die evangelische Bekenntnisschrift mit lauter Stimme verliest; die Treppe herauf (von links) sieht man das Volk aufmerksam sich zudrängen. Oben im Spitzbogenfelde liegt Luther im Gebet. Im Unterbau des Bildes werden Luthers und Melanchthons Wappen durch ein Band zusammengeschlungen, worauf wir Luthers damaligen Wahlspruch aus seinem Lieblingspsalme lesen: Non moriar, sed vivam. ‚Ich werde nicht sterben, sondern leben und des Herrn Werk verkünden!‘ .“ — Diesen Spruch hatte Luther, der vom 23. 4. bis 5. 10. 1530 von der Veste Coburg aus den Augsburger Reichstag verfolgte, an die Wand eines seiner Zimmer in der heutigen Steinernen Kemenate der Veste geschrieben. In dieser Zeit schöpfte Luther häufig, wie Veit Dietrich berichtet, in stundenlangen Gebeten neue Kraft. — Im König-Nachlaß, Erlangen, haben sich vier recht großformatige Blätter mit mehreren Entwürfen der die Szene rahmenden Architektur erhalten. Auf einem frühen Entwurf erkennt man, daß ein Wächter versucht, die von links Heraufdrängenden zurückzuhalten; im Zwickel oben befindet sich noch keine Darstellung. Erst später wird hier der betende Luther eingefügt, allerdings nach rechts gewendet. Die Entwürfe spielen z. T. auf den Querschnitt einer gotischen Basilika an, in der Radierung jedoch stärker auf einen Altar, wobei Elemente einer Burg (Veste Coburg?) und eines Sakralbaus miteinander kombiniert sind. — Ebrard S. 76. — Abb. in: David Koch, Bilderbuch aus Luthers Zeit, Stuttgart 1917, 57. Bild (nur die Hauptszene).

KK Coburg Neg.-Nr. 12696

62.31.2. Übergabe der Augsburger Konfession
Bez. u. Mitte: GK (Monogramm)
Bleistiftzeichnung auf Transparentpapier, aufgezogen. Größe des Transparentpapiers: 19,9 x 13,5 cm
Die Komposition entspricht der Radierung.
Windsor Castle, Inv.-Nr. RL 21403

62.31.3. Übergabe der Augsburger Konfession
Nicht bez.
Holzstich(?). Bildgr. ca. 8,2 x 13,9 cm
Die Darstellung hat alle Elemente der Königschen Hauptdarstellung übernommen, jedoch die Rahmenarchitektur weggelassen (vgl. Kat.-Nr. 62.47.3.) und die Komposition mehr in die Länge gezogen.
König-Nachlaß, Erlangen

62.31.3.

62.31.1. ▶

Gustav König, Innenraumentwürfe für „Die Bibelübersetzung" im Stil der Romanik, Gotik und Renaissance (von links nach rechts)

62.32.1. Die Bibelübersetzung.
Bez. u. l.: GK (Monogramm)
Stahlradierung. Bildgr.: 13,65 x 10 cm
König stellt einige Textstellen von Mathesius zusammen, in denen über die Praxis der Bibelübersetzung bei Luther die Rede ist. Aufgrund der lateinischen, griechischen, hebräischen und chaldäischen Bibeln, unterstützt durch Rabbiner, suchte man, die gute und rechte deutsche Übersetzung zu finden. Luther „hörete, was ein jeder dazu zu reden hätte nach Eigenschaft der Sprache oder nach der alten Doktoren Auslegung". „Auf dem Bilde steht Luther zwischen Melanchthon und Bugenhagen, links gegen Luther hinaufsehend Jonas, neben diesem, ihn ansehend, Dr. Forstenius, rechts im Gespräch mit den Rabbinen Dr. Kreuziger. Dem Ganzen gab der Künstler einen Ausdruck pfingstfestlicher Weihe, und mit Recht; denn es war eine der wichtigsten und würdigsten Synoden in der Geschichte der christlichen Kirche." — Ebrard (S. 76) meint, dieses Bild „dürfte wohl als das geradezu vortrefflichste und als das Centralbild bezeichnet werden ... Aufbau und Harmonie der Linien zeigt die keusche, stilistische Schönheit in höchster Vollendung, und erinnert in dieser Beziehung durchaus an Raffael's Stanzen, ohne daß dabei von einer Nachahmung die Rede wäre". — In einem Skizzenbuch des Erlanger König-Nachlasses (Aufschrift: Gust. Koenig 1. Dez. 1839.) befinden sich mehrere Entwürfe der „Bibelübersetzung". Einer dieser (frühen) Entwürfe ist wie eine romanische Emailplatte mit einer Dreipaßform bekrönt. Luther ist hier und auf einem weiteren Entwurf sitzend vorgestellt. In einer späteren Skizze hat König die Dreipaßform in eine gotische verwandelt. — Im Erlanger Nachlaß fanden sich vier Entwürfe für die Architektur des Innenraumes im Stil der Romanik, Gotik und Renaissance. Die Figurengruppe erscheint lediglich als Umriß. König wählte die Renaissancearchitektur. — Ebrard S. 76.

KK Coburg Neg.-Nr. 12697

62.32.2. Die Bibelübersetzung
Bez. u. l.: GK (Monogramm)
Bleistiftzeichnung auf Transparentpapier, aufgezogen. Größe des Transparentpapiers: 15,8 x 12,8 cm
Die Figuralkomposition entspricht der Radierung. Die Innenarchitektur jedoch ist noch völlig anders, „überhöht" dargestellt, Die Hauptgruppe wird seitlich von Steinschranken begrenzt, die von der nicht genau definierbaren Rückwand ausgehen. Auf die Schranken sind brennende Kandelaber gestellt; von der Decke herab hängt eine phantastische Lampe, ebenfalls brennend, so daß der Eindruck einer nächtlichen, katakombenartigen Szenerie erzeugt wird. Der Fußboden ist einfach quadriert. Die Komposition ist oben mit einem Bogen geschlossen.

Windsor Castle, Inv.-Nr. RL 21404

62.32.3. Die Bibelübersetzung
Nicht bez.
Bleistiftumrißzeichnung auf Transparentpapier. Blattgr.: ca. 13 x 10,5 cm
Die Komposition — auch der Architektur — entspricht weitgehend der vorigen. Die noch etwas zufällig wirkende Zuordnung der Figuren läßt auf ein frühes Stadium der Komposition schließen.

König-Nachlaß, Erlangen

62.32.1.

62.32.4.

62.32.4. Die Bibelübersetzung
Fotografie aus dem König-Nachlaß, Erlangen. Wahrscheinlich nach dem in den 50er Jahren des 19. Jahrhunderts entstandenen Karton mit lebensgroßen Figuren (vgl. Ebrard S. 212 ff.). Der Karton wurde nach Ebrards Angaben von König gezeichnet, kurz nachdem er damit begonnen hatte, für König Friedrich Wilhelm IV. von Preußen den Zyklus „Das Leben Davids“ auszuführen (1855–61). Dieser Zyklus ist 1862–63 von Hanns Hanfstaengl, Dresden, in drei verschiedenen Formaten fotografisch reproduziert worden. „Die Bibelübersetzung“ ist wie die Zeichnungen des Davidlebens durch ein merkwürdig fahles Licht, durch Weiträumigkeit, gelängte Figuren, die Zunahme abstrakter Formelelemente und eine absolut sichere Zeichnung bestimmt. König hat seine alte Komposition hier nicht nur in ein sehr viel größeres Format, sondern aus dem Hoch- in ein Breitformat verwandelt. Außerdem hat er seine frühe Idee in veränderter Form wiederaufgenommen, die Rückwand zu schließen. Die Deckenlampe ist weggelassen. Luther steht frei da, nur noch vom Tisch überschnitten. So erscheint er – als Ganzfigur – im Königschen Gemälde für die evangelische Kirche in Möttingen bei Nördlingen, 1863–65 (erhalten?), das Paul Barfus (1823 Großgründlach bei Nürnberg – 1895 München) für den Verlag der Agentur des Rauhen Hauses in Hamburg in Stahl gestochen hat (Heller-Andresen S. 64; Ebrard S. 220, S. 296, S. 351 Nr. 28 u. Nr. 30). – König hat für die lebensgroße Ausführung seines alten Themas Modellstudien gemacht. Im Erlanger Nachlaß befinden sich Zeichnungen zu dem Gelehrten vorn links: Bewegungsstudie (Akt) und Kostümstudie. – Ebrard hat S. 212 ff. ausführlich über das Schicksal des Kartons berichtet. König soll den Karton „zu seinem eigenen Vergnügen“ gezeichnet haben. König Ludwig I. hielt ihn für das Schönste, was König gemacht habe. Der Karton wurde 1858 (in einer neuen Zeichnung) in München ausgestellt, von August Luthardt erworben und dem Germanischen Nationalmuseum in Nürnberg als Leihgabe übergeben. „In Nürnberg war der herrliche Carton eine Zeitlang in dem Lokal des Albrecht-Dürer-Vereins ausgestellt.“ Er sollte dann in der

Gustav König, Blatt 12 aus „Davids Leben": Davids Tod, 1859

großen Haupthalle des Museums „bleibend aufgehängt werden". Dazu kam es jedoch nicht. Kaulbach hatte in der Haupthalle gerade das Fresko „Otto III. öffnet die Gruft Karls des Großen" gemalt (1859) und duldete die Königsche Zeichnung daneben nicht. A. Luthardt schenkte den Karton daraufhin dem Kunstmuseum in Leipzig. Wo er sich heute befindet — falls er erhalten ist — ist mir unbekannt.

62.33.1. Die Schulenverbesserung. Einführung des Katechismus.
Bez. u. r.: GK (Monogramm)
Stahlradierung. Bildgr.: 11,4 x 11,6 cm
„Zu den schönsten Früchten der Reformationsbewegung gehörte der Jugendunterricht, namentlich der religiöse, in der Volksschule . . . In diesem Geiste schenkte er der Jugend seines Volkes das Meisterwerk volksmäßiger Belehrung in den Elementarwahrheiten des Christentums: seinen kleinen Katechismus . . . Das Bild stellt den Reformator in die Mitte einer Kinderschar, denen er . . . seinen Katechismus erklärt, während Jonas das Buch unter sie austeilt, und im Hintergrund ein Zuhörerkreis von Schullehrern an seinem Unterrichte sich selber zu ihrem Berufe vorbereiten." — Ebrard S. 76. — Abb. in: David Koch, Bilderbuch aus Luthers Zeit, Stuttgart 1917, 56. Bild.

62.33.1.

KK Coburg Neg.-Nr. 12698

62.33.2. Die Schulenverbesserung
Bez. u. r.: GK (Monogramm)
Bleistiftzeichnung auf Transparentpapier, aufgezogen. Größe des Transparentpapiers: 14,2 x 14,4 cm
Die Komposition entspricht der Radierung.

Windsor Castle, Inv.-Nr. RL 21405

62.33.3. Die Schulenverbesserung
Nicht bez.
Bleistiftzeichnung auf Papier, quadriert. Bildgr.: 27,95 x 28,6 cm
Die Komposition — im Format wesentlich größer als die Radierung — entspricht derjenigen der Radierung. Die Zeichnung geht in der Charakterisierung der Personen, insbesondere ihrer Physiognomien, über die Radierung hinaus. Entwurfszeichnung für die Verkleinerung? Vergrößerung?

König-Nachlaß, Erlangen

62.33.4. Luther in der Schule, 1851/52
Bez. u. r.: GK (Monogramm)
Kupferstich. Bildgr. bis zur äußeren Rahmenlinie: 19,4 x 26,2 cm. (Vor der Schrift)

Die Zeichnung wurde von Hermann Walde (1827 Bautzen – 1883 München) gestochen. Walde war Schüler von J. C. Thaeter und seit 1848 in München tätig. Er stach u. a. nach J. Schnorr v. Carolsfeld und M. v. Schwind. Vgl. Apell, S. 453, Nr. 15.
König hat das Thema neu gezeichnet im Auftrage des „Vereins für Verbreitung christlicher Bilder", Stuttgart, dem er auch eine Federzeichnung vom Traum Josephs und Durchzeichnungen von drei Evangelisten zur Auswahl übersandt hatte. Der Verein bestellte die beiden Themen „Luther in der Schule" und „Luther in der Kantorei" (vgl. Kat.-Nr. 62.40.3.). Die Verhandlungen begannen im Juni 1851, im April 1852 war der Stich, im Juli der Druck vollendet (Ebrard S. 179 f.). – Im Gegensatz zur älteren Fassung im „Lutherleben" handelt es sich hier um eine Zentral- und Frontalkomposition. Einige Elemente der alten Komposition sind, besonders im linken Bildteil, erhalten. Die Darstellung ist volkreicher geworden; als weitere historische Persönlichkeit ist Melanchthon (r. neben Jonas) erkennbar. Luther wirkt denkmalhaft, durch eine Säule überhöht. – Obwohl König das Blatt im unmittelbaren Anschluß an die Herausgabe seines „Lutherlebens" komponiert hat, werden große stilistische Unterschiede zwischen den Fassungen deutlich, ein Zeichen dafür, wie fern ihm zu diesem Zeitpunkt schon seine älteren Kompositionen gestanden haben.

Inv.-Nr. VI, 467,2 Neg.-Nr. 12254 u. 6550

62.33.5. Luther in der Schule, 1851
Nicht bez.
Bleistift auf Transparentpapier. Bildgr.: 18,65 x 25,65 cm
Vorstudie zu dem vorigen Kupferstich. Es fehlen noch u. a.: die Rundsäule hinter Luther, die Einzeichnung der Dielen, ein Buch im Vordergrund links. Die Figurengruppen bestehen z. T. aus weniger Personen. In dem Kupferstich ist durch Hinzufügen einiger Personen die kompositionelle Tendenz verstärkt worden, das Halbrund der figürlichen Anordnung zu schließen.

König-Nachlaß, Erlangen

62.33.4.

62.33.5.

62.34.1. Die Predigt. 1848
Bez. u. l. (im Gestühl): GK (Monogramm); o. r. (Liedertafel): 1848 (Entstehung der Radierung)
Stahlradierung. Bildgr.: 13,55 x 10,9 cm

Die Predigt wurde „das hauptsächlichste Werkzeug für Gründung und Leitung der evangelischen Kirche. Der Geistliche wurde von jetzt an vorzugsweise Prediger . . . Auf dem Bilde sind alle Elemente des evangelischen Kultus angedeutet: durch Taufstein und Altar die Sakramente, durch Orgel und Gesangbuch der Gesang, durch den Almosenstock das Opfer der Barmherzigkeit. Zugleich wird uns die Wahrheit in Erinnerung gebracht, daß Luther und die durch ihn erneuerte Kirche frei waren von dem herzlosen fanatischen Streben, die Künste auszuschließen von der Verkündigung der Gottesoffenbarung". – Ebrard (S. 76/77) hatte Luther „etwas zu deklamatorisches". – Auf der Empore sitzt Kurfürst Johann der Beständige. Der Kirchenraum ist ein Produkt der Phantasie. – Diese Komposition ist wesentlich vergrößert auf dem Plakat der Coburger Ausstellung reproduziert

62.34.2.

62.34.3.

worden, was ihre Schönheit noch steigerte: ein Zeichen für ihre innere Monumentalität. – 1839 hat König bereits das Thema „Luther predigend" gezeichnet und gemalt. Das Gemälde wurde 1844 nach Hannover verkauft (Ebrard S. 57, 351, Nr. 16). Henri Dorra hat in seinem Beitrag: Die französischen „Nazarener" (in: Ausst.-Kat. „Die Nazarener", Städelsches Kunstinstitut, Frankfurt a. M., 1977, S. 350, Abb. 26) die Königsche Radierung als Arbeit von Wilhelm Kaulbach (Bibl. Nat., Cab. des Estampes, Paris) abgebildet und mit einem Gemälde von Paul Chenavard „Luther verbrennt die päpstliche Bulle", 1848 bis 1851, Mus. des Beaux-Arts, Lyon, verglichen (Abb. 25). Dorra äußert die Meinung, daß die Radierung („Kaulbachs") fraglos dem französischen Künstler als Anregung gedient habe. Falls es sich bei beiden Arbeiten nicht nur um eine kompositionelle und zeitliche Parallele handelt, liegt hier ein Beispiel für eine unmittelbare Wirkung Königs vor. — Abb. in: David Koch, Bilderbuch aus Luthers Zeit, Stuttgart 1917, 58. Bild.

KK Coburg Neg.-Nr. 12699

62.34.2. Die Predigt, 1845

Bez. u. l.: GK (Monogramm); o. r. (Liedertafel): 45 (= 1845)
Bleistiftzeichnung auf Transparentpapier, aufgezogen. Bildgr.: 14,1 x 10,95 cm
Die Komposition entspricht im wesentlichen der Radierung, weicht aber noch in zwei wichtigen Details von der endgültigen Fassung ab. Der Kirchendiener steht hier in etwas unnatürlicher, spontaner Haltung da (anstatt, Luther den Rücken zukehrend, in sich versunken sitzend zuzuhören: ein ganz entscheidendes Wirkungselement!). Die Empore, ohne aufwärtsführende Pfosten, steht weiter vorn. — Das Datum bezieht sich auf die Entstehung der Zeichnung.

Windsor Castle, Inv.-Nr. RL 21406

62.34.3. Die Predigt

Nicht bez.
Bleistiftzeichnung auf Papier. Bildgr.: 13,5 x 10,65 cm
Frühes Stadium der Komposition (von 1839?, vgl. 62.34.1.). Der Betrachter befindet sich auf erhöhtem Standpunkt und schaut auf das Geschehen herab. Luther ist zwar in ganzer Gestalt sichtbar, aber von hinten. Der Aufgang zur Kanzel ist unschön, die vordere Gruppe der Zuhörer sieht an Luther vorbei. Schön dagegen ist die Zuhörergruppe im Mittelgrund. In der Radierung sind die Fehler der Komposition verbessert, das Thema durchdacht und bereichert (Differenzierung der Stände, des Alters; das rührende Motiv „Mutter und Kind", das Mitleiderregende des Lahmen). Gleichzeitig hat eine Allegorisierung stattgefunden (einbrechendes Licht, das das Kruzifix streift). Schließlich ist die Komposition geordnet worden (parallele Schrägen). — Im Erlanger Könignachlaß befinden sich mehrere kompositionelle Versuche, das Problem der Wiedergabe des predigenden Luther zu lösen (Gestik, Rücken-, Frontalansicht).

König-Nachlaß, Erlangen

62.34.1.

62.35.1. Das heilige Abendmahl unter beiderlei Gestalt.
Nicht bez.
Stahlradierung. Bildgr.: 11,6 x 11,9 cm
„Luther (r.) reicht seinem Kurfürsten Johann Friedrich den Kelch, während Bugenhagen das Brot bricht." — Die Komposition geht zurück auf den bekannten Holzschnitt der Cranachschule, in dem Luther und Hus das Abendmahl in beiderlei Gestalt an die sächsischen Reformationsfürsten austeilen (vgl. z. B. Kat. der Coburger Luther-Ausstellung, 1967, Nr. 170, Abb. 15. — O. Thulin, M. Luther, Berlin o. J., S. 83). Eine flüchtige Bleistiftzeichnung des Holzschnitts enthält das Skizzenbuch des Erlanger König-Nachlasses mit der Aufschrift „Gust. Koenig 1. Dez. 1839". Im Skizzenbuch mit der Aufschrift „Costume" (mit den Daten 1840, 42, 43) Zeichnung des den Kelch haltenden, mit der Linken segnenden Luther. In der Radierung aktiviert König Luther: Schrittstellung, Zeigegestus. — Dies Motiv hat König (wohl 1842) gemalt und das Bild dem Münchener Lithographen J. G. Schreiner verkauft unter der Voraussetzung, daß dieser es lithographiere. König erhielt das Gemälde 1843 (nach Vollendung der Lithographie?) von Schreiner zurück (vgl. Kat.-Nr. 62.27.1.). — Ebrard teilt S. 92 mit, daß König das Thema ein weiteres Mal 1845 in großem Maßstab in Öl ausgeführt und das Gemälde der evangelischen Kirche zu Pappenheim zum Geschenk gemacht habe (ist es erhalten?). — Ebrard S. 77. — Abb. in: David Koch, Bilderbuch aus Luthers Zeit, Stuttgart 1917, 59. Bild.
KK Coburg   Neg.-Nr. 12700

Gustav König, Skizze nach einem Holzschnitt der Cranachschule (vgl. S. 11)

62.35.2. Das heilige Abendmahl
Bez. u. l. (Sockel): GK (Monogramm)
Bleistiftzeichnung auf Transparentpapier, aufgezogen. Größe des Transparentpapiers: 13,6 x 14,1 cm
Die Komposition entspricht der Radierung, allerdings ist der hier noch vorhandene bogenförmige Abschluß dort weggelassen worden.
Windsor Castle, Inv.-Nr. RL 21407

62.36.1. Luther liest dem Kurfürsten Johann dem Beständigen aus der Bibel vor.
Bez. u. r. (Basis): GK (Monogramm)
Stahlradierung. Bildgr. bis zur äußeren Rahmenlinie: 14,2 x 10,4 cm
Kennzeichnend für den Skrupel der historisch kritisch gewordenen Zeit ist folgender Kommentar in der Bilderläuterung Königs: „Läßt sich dies als bestimmter *einzelner* Vorfall auch nicht gerade geschichtlich nachweisen, so drückt das Bild dennoch vollkommen der geschichtlichen Wahrheit gemäß die schöne unerschütterliche Geistes- und Gesinnungsgemeinschaft aus, welche den Lehrer mit dem Fürsten verband." — Ebrard (S. 57, 351) nimmt an, daß König bald nach Abschluß des Zyklus der Reformationsfürsten u. a. diese Komposition gezeichnet und gemalt habe (das Ölgemälde habe in Bremen einen Käufer gefunden). Diese Annahme könnte eine kleine Studie im Skizzenbuch des Erlanger Nachlasses mit der Aufschrift „Gust. Koenig 1. Dez. 1839" stützen. Im Nachlaß befindet sich ferner eine kleine Bleistiftzeichnung auf

Gustav König, Entwurfsskizze zu „Luther liest Johann dem Beständigen vor"

einem losen Blatt Papier, auf dem ebenfalls das Thema verarbeitet worden ist, der Kurfürst aber noch von Hausgenossen begleitet (vgl. auch Kat.-Nr. 63.3.). Die Architektur ist die einer romantisch-abstrusen Gotik. Auch dies Blatt dürfte noch in den 30er Jahren entstanden sein.

KK Coburg Neg.-Nr. 12701

62.36.2. Luther liest Johann dem Beständigen vor

Bez. u. r. (Basis): GK (Monogramm)
Bleistiftzeichnung auf Transparentpapier, aufgezogen. Größe des Transparentpapiers: 15,4 x 11,6 cm
Die Komposition entspricht der Radierung.

Windsor Castle, Inv.-Nr. RL 21408

62.37.1. Luther wird auf dem Krankenlager (1537) von dem Kurfürsten Johann Friedrich besucht und getröstet.

Bez. u. r. (Bettpfosten): GK (Monogramm)
Stahlradierung. Bildgr. bis zur äußeren Rahmenlinie: 14,65 x 10,45 cm
„Zu Schmalkalden auf den Tod erkrankt, wird er am Sonntag Invokavit (Februar 1537) von dem Kurfürsten Johann Friedrich, dem Sohne des Beständigen, besucht und getröstet . . . Auf unserm Bilde sitzt im Vordergrunde Melanchthon in sich gekehrt, mit schwerer Angst und Sorge ringend . . . hinter ihm zur Rechten des Kranken steht Friedrich Mykonius (1491 Lichtenfels (Main) – 1546 Gotha, er begleitete den kranken Luther auf seiner Heimreise nach Wittenberg), Georg Spalatin (1484–1545, kannte Luther schon von der Erfurter Universität, Hofkaplan Friedrichs des Weisen, war später Superintendent in Altenburg) neigt sich in besorgtem Nachdenken über das Kopfkissen des Leidenden, während der Arzt die Arznei bereithält; hinter dem Kurfürsten steht Hans von Dolzig." – Im Skizzenbuch Königs mit der Aufschrift „Costume" (Erlanger Nachlaß, Daten: 1840, 42, 43) befinden sich mehrere Entwurfsskizzen des Themas: König probiert verschiedene Möglichkeiten aus, das Bett mit der Breitseite oder dem Fußende nach vorn zu stellen. – Sollen die beiden Schwäne auf dem Ofen wieder auf die Weissagung Hus' anspielen? (Todesnähe!). – Ebrard S. 77.

KK Coburg Neg.-Nr. 12702

62.37.1.

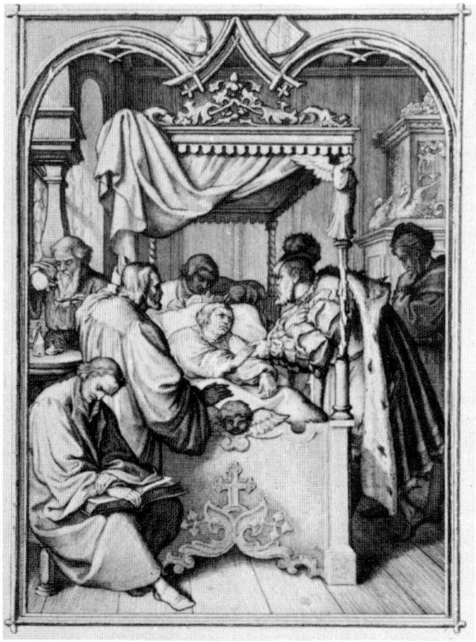

62.37.2. Luther auf dem Krankenlager

Bez. u. r.: GK (Monogramm)
Bleistiftzeichnung auf Transparentpapier, aufgezogen. Größe des Transparentpapiers: 16 x 11,5 cm
Die Komposition entspricht der Radierung. Kleine Verbesserungen in der Radierung: Rechter Arm des Mykonius; Arzt.

Windsor Castle, Inv.-Nr. RL 21409

62.38.1. Luther wird von Lukas Kranach gemalt.

Bez. u. Mitte (Podest): GK (Monogramm)
Stahlradierung. Bildgr. bis zur äußeren Rahmenlinie: 10,8 x 12,95 cm
König erklärt diese Illustration ausdrücklich als „gerechte Tat des Dankes" des „Künstler-Biographen" an Lucas Cranach. Hinter Cranach steht Melanchthon, die „Ähnlichkeit der Züge prüfend": „Er war . . . voraus zu einem Urteile über das Bildnis seines Freundes berufen." Spalatin liest vor. – Die Illustration Königs ist ein Spiel mit der Realität und der Zeit: König löst Luther gewissermaßen wieder aus dem Bilde Cranachs heraus und setzt ihn real ins Zimmer, während er das einzige heute noch wirklich vorhandene Stück Lutherzeit, das Gemälde, so hinstellt, daß wir es nicht erkennen können; es ist ohnehin noch nicht fertig. Wenn irgendwo, ist an dieser Illustration das „Als-ob" als Wunschtraum der Zeit greifbar. – Ebrard S. 77/78.

KK Coburg Neg.-Nr. 12703

62.38.1.

62.39.1.

62.38.2. Luther wird gemalt
Bez. u. Mitte (Podest): GK (Monogramm)
Bleistiftzeichnung auf Transparentpapier, aufgezogen. Größe des Transparentpapiers: 12,6 x 14,6 cm
Die Komposition entspricht der Radierung. Bei Spalatin läßt der Mantel die Knie frei.

Windsor Castle, Inv.-Nr. RL 21410

62.38.3. Luther wird gemalt
Nicht bez.
Bleistiftzeichnung auf Transparentpapier. Bildgr.: 10,25 x 12,75 cm
Die Komposition entspricht der vorigen. Die Figuren sind relativ weit durchgezeichnet, nicht dagegen die Möbel und der Innenraum.

König-Nachlaß, Erlangen

62.39.1. Luther im Gebet am Bette des kranken Melanchthon.
Bez. u. r.: GK (Monogramm)
Stahlradierung. Größe bis zur äußeren Rahmenlinie: 11,75 x 12,9 cm
„Auf dem Wege zum Konvent in Hagenau war Melanchthon in Weimar plötzlich gefährlich erkrankt . . . Da erschien auf den Ruf des Kurfürsten Luther nebst Kreuziger.“ Luther betet für seinen Freund, Kaspar Cruciger (1504 Leipzig – 1548 Wittenberg) reicht Melanchthon Medizin. Melanchthon genas. – Ebrard S. 78.

KK Coburg Neg.-Nr. 12704

62.39.2. Der kranke Melanchthon
Bez. u. r.: GK (Monogramm)
Bleistiftzeichnung auf Transparentpapier, aufgezogen. Größe des Transparentpapiers: 13,8 x 15 cm
Die Komposition entspricht der Radierung. Cruciger hier noch ohne Bart.

Windsor Castle, Inv.-Nr. RL 21411

62.40.1. Luthers „Kantorei im Hause“. Einführung des deutschen Kirchenlieds und Kirchengesangs.
Bez. u. r.: GK (Monogramm)
Stahlradierung. Bildgr. bis zur äußeren Rahmenlinie: 10,4 x 13,15 cm

„Auf dem Bilde übt er (Luther) im Kreise seiner Kinder und Freunde die ersten evangelischen Kirchengesänge ein, unter Leitung des kurfürstlichen Kapellmeisters Johannes Walther (1496 in Thüringen – 1570 Torgau. Walther arbeitete mit Luther 1524 ein protestantisches Meßritual aus und gab das erste evangelische Gesangbuch heraus), links der Kantor, rechts Mathesius (1504 Rochlitz – 1565 Joachimsthal, gab eine Biographie und Tischreden Luthers heraus)." – Ebrard S. 78.

KK Coburg Neg.-Nr. 12705

62.40.2. Luthers „Kantorei im Hause"
Bez. u. r.: GK (Monogramm)
Bleistiftzeichnung auf Transparentpapier, aufgezogen. Größe des Transparentpapiers: 12,1 x 15 cm
Die Komposition entspricht der Radierung.
Windsor Castle, Inv.-Nr. RL 21412

62.40.3. Luther in der Kantorei, 1851/52
Bez. u. r.: GK (Monogramm). Unter der Darstellung l.: G. König invt.; r.: H. Walde sculpt. Darunter: „Die Musica ist eine herrliche Gabe Gottes. Die Jugend soll man stets zu dieser Kunst gewoehnen." Luther. Vgl.: Epheser 5,19. Kol: 3,16. – Im linken Zwickel: „Wohlauf Psalter und Harfen Ich will frühe auf seyn" Ps: 108,3; im rechten: „Ist jemand gutes Muthes der singe Psalmen" Jac: 5,13.
Kupferstich. Bildgr. bis zur äußeren Rahmenlinie: 18,95 x 25,7 cm
Über H. Walde und den Auftrag, aufgrund dessen die Komposition zustandekam, vgl. Kat.-Nr. 62.33.4. – Auch in dieser Komposition ist der stilistische Abstand zu der älteren Komposition deutlich. Sie ist völlig neu entwickelt. Luther begleitet den Gesang nun auf seiner Laute. Frau Luther, die in der älteren Darstellung fehlte, sitzt mit den Kindern im Vordergrund links. Stilistisch hat die gelängte, „manieristische" Figur an Bedeutung zuungunsten der Gruppe, die räumliche Disposition zuungunsten der Flächenkomposition gewonnen: Die Ornamentalisierung der Figur wird wichtiger als die der Fläche.

Inv.-Nr. VI, 467,1 Neg.-Nr. 12253

62.40.1.

62.40.3.

62.41.1.

62.41.1. Luthers Sommerfreuden im Kreise seiner Familie und seiner Tischgenossen.

Bez. u. r.: GK (Monogramm)
Stahlradierung. Bildgr. bis zur äußeren Rahmenlinie: 11,2 x 13,45 cm
„. . . allerdings durfte ein Gartenbild nicht fehlen unter den Gedenkblättern an den Mann, dem im Freien, im Anschauen und Genusse der Natur stets das Herz aufging . . .“ Im Vordergrund rechts einer der Hausgenossen Luthers, dem die Aufzeichnung seiner Tischreden zu verdanken ist. – Ebrard (S. 78/79) nennt die Radierung „ein zauberisches schönes Bild, bei welchem der Künstler wieder volle Freiheit der Erfindung und Bewegung hatte“. – Thematisch und in der Stimmung erinnert die Komposition an Ludwig Richter. Man findet bei L. Richter aber keine bestimmte Arbeit, die König angeregt haben könnte. Im Vergleich mit Richter ist der Ton bei König hoch gestimmt. Gibt Richter idealisiertes Volksleben, so König (hier wie anderswo) profanisierte Heiligen- oder Christuslegende. – Abb. in: Luther-Kalender für das Jahr 1909, hg. von D. Georg Buchwald, Leipzig (1908), S. 76. – David Koch, Bilderbuch aus Luthers Zeit, Stuttgart 1917, 60. Bild (oben beschnitten).

62.41.2. Luthers Sommerfreuden

Bez. u. r.: GK (Monogramm)
Bleistiftzeichnung auf Transparentpapier, aufgezogen. Bildgr. bis zur äußeren Rahmenlinie: 11,5 x 13,65 cm
Die Komposition entspricht der Radierung, nur der Hund im Vordergrund rechts ist in der Radierung verändert worden.

Windsor Castle, Inv.-Nr. RL 21413

62.42.1. Luthers Winterfreuden im Kreise seiner Familie.
Bez. u. l.: GK (Monogramm)
Stahlradierung. Bildgr. bis zur äußeren Rahmenlinie: 11,5 x 13 cm
„Die Armbrust, womit der älteste Knabe auf dem Bilde nach den Äpfeln des Christbaumes schießt, ist eine Erinnerung an jenen Brief, den Luther einst von Coburg aus (1530) an den vierjährigen Hans schrieb . . . Melanchthon hat seine Freude an dem kleinen Schützen, wogegen ‚Muhme Lene' mit dem jüngeren Knaben ein Buch beschaut, während das ältere Mädchen, Magdalene, sich an dem Christengel ergötzt — gleichsam als ahnete ihr die Nähe ihres Engelsfestes." — Das Blatt ist von C. A. Schwerdgeburths Komposition beeinflußt, deren erste Fassung König besessen hat (vgl. Kat.-Nrn. 60.7. u. 60.8.). Dort auch ein Hinweis auf den Anachronismus der Darstellung eines Weihnachtsbaums zu Luthers Zeit. — Ebrard S. 79.
KK Coburg Neg.-Nr. 12707

62.42.2. Luthers Winterfreuden
Bez. u. r.: GK (Monogramm)
Bleistiftzeichnung auf Transparentpapier, aufgezogen. Größe des Transparentpapiers: 13,6 x 15,1 cm
Die Komposition entspricht der Radierung.
Windsor Castle, Inv.-Nr. RL 21414

62.42.3. Luthers Winterfreuden
Nicht bez.
Bleistiftzeichnung auf Papier, quadriert. Bildgr.: 26,2 x 29,6 cm
Die maßstäblich größere Komposition entspricht den vorigen, ist jedoch nicht überall ausgeführt. Abweichend von der Radierung und der Zeichnung in Windsor Castle hat hier das Spielzeugpferd des Vordergrundes beide Vorderhände erhoben.
König-Nachlaß, Erlangen

62.42.1.

62.43.1.

Größe der Darstellung ca. 8,1 x 10 cm
Abweichend von der Radierung befindet sich Luther hier hinter dem Sarg, sich nach vorn beugend, mit den Händen auf das tote Kind weisend.

König-Nachlaß, Erlangen

62.44.1. Luther und Hans Kohlhase.
Bez. u. l.: GK (Monogramm)
Stahlradierung. Größe bis zur äußeren Umrandungslinie: 9,55 x 12 cm
Das Thema ist auch von Wilhelm Kolbe d. J. dargestellt worden (vgl. Kat.-Nr. 23). — „Auf dem Bilde erscheint Kohlhase als ein Verzweifelnder, der sich vor keinem andern beugen könnte als nur vor Luther, dem einzigen, an den er noch glaubt, den er noch achtet; Luther dagegen empfängt ihn mit einem Blicke des tiefsten Ernstes und Mitleides; denn er liest in dieser verdüsterten Seele, daß eine große heilige Kraft in ihr gelegen, deren Entartung und Zerrüttung ihn erschüttert.“ — Ebrard S. 79.

KK Coburg Neg.-Nr. 12709

62.44.2. Luther und Hans Kohlhase
Bez. u. l.: GK (Monogramm)
Bleistiftzeichnung auf Transparentpapier, aufgezogen. Größe des Transparentpapiers: 11,3 x 13,8 cm
Die Komposition entspricht der Radierung.

Windsor Castle, Inv.-Nr. RL 21416

62.44.3. Luther und Hans Kohlhase
Nicht bez.
Bleistiftzeichnung auf Transparentpapier. Bildgr.: 23,1 x 28,45 cm

62.44.1.

62.43.1. Luther am Sarge seiner Tochter Magdalene.
Bez. u. l.: GK (seitenverkehrt)
Stahlradierung. Bildgr. bis zur äußeren Rahmenlinie: 11,4 x 9,2 cm
„Am Mittwoch, 20. Sept. 1542, hatte seine noch nicht vierzehnjährige Magdalene ihre Augen für immer geschlossen, in den Armen des für sie betenden Vaters.“ — Ebrard S. 79. — Abb. in: David Koch, Bilderbuch aus Luthers Zeit, Stuttgart 1917, 61. Bild.

KK Coburg Neg.-Nr. 12708

62.43.2. Luther am Sarge seiner Tochter Magdalene
Bez. u. l.: GK (Monogramm)
Bleistiftzeichnung auf Transparentpapier, aufgezogen. Bildgr. bis zur äußeren Rahmenlinie: 13,8 x 11,25 cm
Die Komposition entspricht der Radierung.

Windsor Castle, Inv.-Nr. RL 21415

62.43.3. Luther am Sarge seiner Tochter Magdalene
Nicht bez.
Bleistiftumrißzeichnung auf Transparentpapier.

Die Komposition – in wesentlich größerem Maßstab – entspricht den vorigen.

König-Nachlaß, Erlangen

62.45.1. Luther bei den Pestkranken.
Bez. u. r.: GK (Monogramm)
Stahlradierung. Bildgr. bis zur äußeren Rahmenlinie: 11,05 x 13 cm
„Dreimal (1516, 1527, 1535) war die Pest in Wittenberg ausgebrochen, und dreimal blieb er (Luther) am Ort der Gefahr, so dringend man ihn auch auffordern mochte, sich zu entfernen ... Auf dem Bilde ... reicht Luther eben noch einer Sterbenden den Kelch des letzten Trostes ...“ – Ebrard (S. 79) urteilt: „So schrecklich der Gegenstand, so sehr hat König durch Einhalten des Maßes und Schönheit der Linien und Gruppirung das Furchtbare zu mildern gewußt.“

KK Coburg Neg.-Nr. 12710

62.45.2. Luther bei den Pestkranken
Bez. u. r.: GK (Monogramm)
Bleistiftzeichnung auf Transparentpapier, aufgezogen. Größe des Transparentpapiers: 13,9 x 16,1 cm
Die Komposition entspricht der Radierung.

Windsor Castle, Inv.-Nr. RL 21417

62.45.3. Luther bei den Pestkranken
Nicht bez.
Bleistiftzeichnung auf Transparentpapier. Bildgr.: 25,15 x 29,7 cm
Die maßstäblich größere Komposition entspricht den vorigen.

König-Nachlaß, Erlangen

62.45.4. Luther bei den Pestkranken
Illustration nach G. Königs Komposition in: Theodor Fliedner (Hg.), Kurzes evangelisches Märtyrer-Buch für alle Tage des Jahrs. Kaiserswerth 1864, S. 170
Holzstich, 9 x 15,3 cm
Abgeb. in: Martin Scharfe, Evangelische Andachtsbilder, Stuttgart 1968, Taf. XLIV, Abb. 86.

62.45.1.

62.46.1.

62.46.1. Luthers Abschied von seiner Familie. — Seine Lebensgefahr auf der Reise. — Sein Empfang von den Grafen von Mansfeld an der Grenze.

Bez. u. r.: GK (Monogramm)
Stahlradierung. Bildgr.: 11,3 x 12,05 cm
Luther verließ am 23.1.1546 Wittenberg, um einer Streitsache wegen nach Eisleben zu den Grafen Mansfeld zu gehen. In den beiden Zwickeln links Katharina Luther mit ihrer Tochter, rechts Luther, begleitet von seinen drei Söhnen. In der Vierpaßform wird die gefährliche Überfahrt über die Saale dargestellt, unten der Empfang Luthers durch den Grafen Mansfeld. — Ebrard S. 79.

KK Coburg Neg.-Nr. 12711

62.46.2. Luthers letzte Reise nach Eisleben

Bez. u. r.: GK (Monogramm)
Bleistiftzeichnung auf Transparentpapier, aufgezogen. Größe des Transparentpapiers: 12,6 x 14,2 cm
Die Komposition entspricht der Radierung.
Windsor Castle, Inv.-Nr. RL 21418

62.47.1. Luthers Tod.

Bez. u. r.: GK (Monogramm)
Stahlradierung. Bildgr. bis zur äußeren Rahmenlinie: 17,7 x 11,3 cm
Luther starb in den ersten Stunden des 18. Februar 1546 in Eisleben. „Auf dem Bilde knien seine zwei Söhne neben dem sterbenden Vater; sein treuer Freund und Begleiter Dr. Justus Jonas richtet die letzten Worte an ihn; Magister Michael Coelius betet um die Erhaltung des teuern Lebens; der Diener Ambrosius ist hinausgegangen, Johannes Aurifaber hält die Lampe, der Arzt Simon Wild aus Eisleben die unnütze Arzneiflasche in den Händen; rechts stehen Graf Albrecht von Manfeld und seine Gemahlin . . . Unten kniet Meister Lukas Fortenagel aus Halle am Sarge des Entschlafenen, dessen Bild er malen will. — Oben steigt der von Huß prophezeite Schwan als Phönix aufs neue aus den Flammen empor". — Ebrard (S. 57) vermutet, daß König gegen Ende der Arbeit am Zyklus der sächsischen Reformationsfürsten oder unmittelbar danach „Luthers Tod" gezeichnet habe (um 1840). Im „Kunstblatt" 21, 1840, Nr. 82, S. 344 (Nachrichten vom August) erschien, die Ebrardsche Vermutung bestätigend, folgende Notiz: „München. Im Locale des Kunstvereins sah man neulich ein interessantes, geistreiches Gemälde, ‚den Tod Luthers bei nächtlicher Beleuchtung', im Auftrage des Herzogs von Coburg von dem talentvollen Maler König gefertigt" (Mitt. Dr. Janeck, Nürnberg). Von dem Gemälde fehlt jede Spur. 1843 erschien im „Kunstblatt" 24, Nr. 68, 24. August, S. 284 (Nachrichten vom Juni) die Notiz: „Von dem Tode Luthers, von Schreiner nach König, ist eine neue Ausgabe veranstaltet worden, da es sich zeigte, daß die ersten Abdrucke nicht ganz glücklich in der Wirkung waren. Diese neue Ausgabe unterscheidet sich in dieser Beziehung wesentlich von der früheren" (Mitt. Dr. Janeck, Nürnberg). Dieser Notiz entspricht der Vermerk bei Nagler 16, 1846, S. 16, Nr. 20. Vgl. Kat.-Nr. 62.27.1. Am 27./28. 8. 1911 wurde bei G. Walther Gasch, Dresden, unter Nr. 330 folgende Zeichnung von Gustav König versteigert: „Luther, im Lehnstuhl den Tod erwartend, im Kreise seiner Familie und Freunde", Bleistift, 37 x

46 cm, Vorbesitzer: Dr. P. Ackermann. (Mitt. Dr. Janeck, Nürnberg). Der Verbleib dieser Zeichnung ist nicht bekannt; interessant daran ist, daß sie etwa so groß ist wie die Pause des Erlanger Nachlasses (Kat.-Nr. 67.47.4.). Außerdem ist mir folgende Notiz bekannt geworden (Dr. H. Bachmann, Coburg): „Martin Luther stirbt zu Eisleben", Gustav König pinx., J. B. Kuhn lith., Qu.-Imp.-Fol., Allgem. Porträtkatalog Bd. III: Jordan . . . , No. 15787. Gemeint ist Johann Baptist Kuhn (1810 Durach – 1861 München), seit 1829 Schüler der Münchener Akademie (vgl. Thieme-Becker 22, 1928, S. 82 f.). Kuhn könnte tatsächlich nach König lithographiert haben. In der Literatur finde ich jedoch keinen weiteren Hinweis darauf. – Über das Schwan-Phoenix-Motiv vgl. Martin Scharfe, Evangelische Andachtsbilder, Stuttgart 1968, S. 192. – Ebrard S. 79. – Abb. in: David Koch, Bilderbuch aus Luthers Zeit, Stuttgart 1917, 62. Bild (nur das Hauptbild).

KK Coburg Neg.-Nr. 12712

62.47.2. Luthers Tod
Bez. u. r. GK (Monogramm)
Bleistiftzeichnung auf Transparentpapier, aufgezogen. Größe des Transparentpapiers: 18,4 x 11,8 cm
Die Komposition entspricht der Radierung.

Windsor Castle, Inv.-Nr. RL 21419

62.47.3. Luthers Tod
Nicht bez.
Holzstich(?). Bildgr. ca. 8,2 x 13,25 cm; Blattgr.: 9,3 x 13,8 cm
Die Komposition, in ein extremes Breitformat verwandelt, entspricht weitgehend den vorigen, allerdings ist die architektonische Rahmengliederung weggelassen, der Mann am rechten Bildrand hinzugefügt worden. Vgl. Kat.-Nr. 62.31.3.: beide Blätter gehören zusammen. Wofür sie verwendet worden sind oder gedacht waren, ist mir unbekannt.

König-Nachlaß, Erlangen

62.47.4. Luthers Tod
Nicht bez.
Bleistift auf Transparentpapier. Blattgr. ca. 35 x 45,5 cm

62.47.1.

62.47.4.

Die Zeichnung (im Format eines mittelgroßen Gemäldes) dürfte die frühe Komposition um 1840 festhalten, damit wohl auch des Ölgemäldes (vgl. Kat.-Nr. 62.47.1.). Sie wirkt, verglichen mit der Radierung, romantischer, ungeregelter. In der Radierung wird durch Reduzierung der Personenzahl und Typisierung der Gesten eine Akzentuierung der dramatischen Situation erreicht. Das Zeitkolorit des 16. Jahrhunderts ist in der Radierung zurückgedrängt, das Zeitlose oder Überzeitliche des Vorgangs betont. — Interessant, wie König den Grafen Mansfeld — in dieser Zeichnung links am Tisch stehend — in der Radierung zwar nach rechts versetzt, die ihn darstellende Figur aber am Platze läßt und dem Arzt Simon Wild gibt.

König-Nachlaß, Erlangen

62.48.1. Luthers Begräbnis.
Nicht bez.
Stahlradierung. Bildgr. (größte Höhe und Breite): 17,3 x 9,5 cm
Auf Befehl des Kurfürsten Johann Friedrich des Großmütigen wurde Luthers Leiche von Eisleben nach Wittenberg überführt, um in der Schloßkirche begraben zu werden. Nach der Predigt Bugenhagens sprach Melanchthon. Dieser Moment ist im Hauptbild dargestellt. In den Nebenbildern sieht man den Leichenzug und die Ankunft in Wittenberg. Der Zug erinnert an J. Schnorr v. Carolsfelds Komposition „Siegfrieds Leiche wird nach Worms gebracht", um 1829 entworfen, 1843 in etwas veränderter Form als Holzschnitt erschienen (Der Nibelungen Noth, illustriert mit Holzschnitten nach Julius Schnorr von Carolsfeld und Eugen Neureuther. Die Bearbeitung des Textes von Dr. Gustav Pfizer, Stuttgart und Tübingen 1843, S. 182). — Ebrard (S. 80) überliefert, daß König diese Komposition als letzte radiert habe, begonnen im April 1850; König hoffte, „in sechs Wochen damit fertig zu werden". — Ebrard S. 97.

KK Coburg Neg.-Nr. 12713

62.48.2. Luthers Begräbnis
Bez. im Hauptbild u. r. (Basis): GK (Monogramm)
Bleistiftzeichnung auf Transparentpapier, aufgezogen. Bildgr. (größte Höhe und Breite): 18,1 x 9,8 cm
Die Komposition entspricht der Radierung.

Windsor Castle, Inv.-Nr. RL 21420

62.48.3. Luthers Begräbnis
Nicht bez.
Bleistift auf Transparentpapier. Bildgr. bis zu den äußeren Umrandungslinien: 16,15 x 9,6 cm
Die Komposition entspricht der Radierung, jedoch fehlt die Architektur.

König-Nachlaß, Erlangen

62.48.1.

62.a.
(A. Schlitt, Baltimore)
Über A. Schlitt, Baltimore, ist mir nichts bekannt.

Dr. Martin Luther, nach 1851
Bez. u. r.: Published by A. Schlitt, Baltimore
Lithographie (Tonplatte). Größte Höhe und Breite des Rahmenwerks: 62,8 x 49 cm; Blattgr. ca. 64,7 x 49,6 cm
Ein Lutherporträt im Rund (Mitte) und elf Lutherlebenillustrationen auf einem Blatt. Die Illustrationen sind in der Reihenfolge des zeitlichen Ablaufs von Luthers Leben angeordnet. Die Folge beginnt links unten und verläuft im Uhrzeigersinn. Von zwei Ausnahmen abgesehen gehen die Illustrationen auf Gustav Königs Lutherfolge zurück. Die amerikanische Lithographie kann also erst nach 1851 entstanden sein. Die Königschen Vorbilder sind z. T. seitenrichtig, z. T. seitenverkehrt wiedergegeben worden. Der engen Abhängigkeit von den Blättern Gustav Königs wegen soll die Schlittsche Lithographie an dieser Stelle folgen. Die deutschen und englischen Bildunterschriften sind als Katalogtitel übernommen worden.
KK Coburg Neg.-Nr. 12 973

62.a.1. Dr. Luthers Geburt am 10. Nov. 1483. — Luthers Birth on the 10th of Nov. 1483
Seitenverkehrte Kopie von Kat.-Nr. 62.1.1.
Neg.-Nr. 12 973 H

62.a.2. Dr. Luther als Currentschüler. — Luther as a Chorister
Seitenverkehrte Kopie von Kat.-Nr. 62.3.1., jedoch ohne die untere Szene. Außerdem ist das Hoch- in ein Breitformat verändert. Die Gruppe, der Äpfel gereicht werden, ist auf vier Schüler reduziert worden. Das kleine Dach über der Haustür ist weggelassen, ebenfalls die Schwalbe mit dem Schwalbennest.
Neg.-Nr. 12 973 F

62.a.3. Dr. Luther findet die erste lateinische Bibel. — Luther discovers the Latin Bible
Seitenverkehrte Kopie von Kat.-Nr. 62.4.1. Auch hier ist das Hochformat der Königschen Komposition in ein Breitformat verwandelt. Der von der Decke herabhängende Globus und die in der Königschen Illustration lesbaren, programmatischen Buchtitel sind weggelassen (Aristoteles, Thomas Aquino, Scholast., Biblia sacra liber Samuelis).
Neg.-Nr. 12 973 D

62.a.4. Dr. Luther erhält die theologische Doctorwürde. — Luther receives the Degree of Divinity.
Kopie von Kat.-Nr. 62.14.1. Veränderung des Hochformats des Vorbildes in ein Breitformat. Die Gruppe hinter Karlstadt wird auf drei Personen vermindert, die gegenüber sich befindliche auf drei. Weggelassen ist das Porträt Kurfürst Friedrichs des Weisen.
Neg.-Nr. 12 973 A

62.a.5. Dr. Luther schlägt die 95 Thesen an. — Luther affixes the 95 Theses to the Church Door.
Unbekanntes Vorbild.
Neg.-Nr. 12 973 B

62.a.6. Dr. Luther verbrennt die papstliche Banbulle. — Luthers burns the Popes Bull
Kopie von Kat.-Nr. 62.19.1. Das Breitformat ist noch verstärkt, die Anzahl der Personen reduziert, die Architektur vereinfacht worden.
Neg.-Nr. 12 973 C

62.a.7. Dr. Luther auf dem Reichstage zu Worms. — Luther at the Diet of Worms
Kopie von Kat.-Nr. 62.22.1. Die Komposition ist noch stärker in die Breite gezogen, die Anzahl der Figuren reduziert, die Details vereinfacht oder verändert (Lampe).
Neg.-Nr. 12 973 E

62.a.8. Dr. Luthers Gespräch mit Zwingli über die Sacramentsworte. — Luthers Discussion with Zwingli on the Words of the Lords Supper
Seitenverkehrte Kopie von Kat.-Nr. 62.30.1. Weggelassen ist der hinter Philipp von Hessen stehende Ulrich von Württemberg. Wie bei allen anderen Kopien sind auch hier die Physiognomien der Personen verallgemeinert und jünger gemacht worden.
Neg.-Nr. 12 973 G

62.a.9. Dr. Luthers Verbesserung seiner deutschen Bibelübersetzung. — Luther revising his Translation of the Bible.
Kopie von Kat.-Nr. 62.32.1. Das Hochformat der Königschen Kopie ist in ein Breitformat verändert, der Kronleuchter und die getäfelte Decke, außerdem die beiden Männer am linken und rechten Bildrand weggelassen worden.
Neg.-Nr. 12 973 K

62.a.10. Dr. Luthers Trauung mit Catharina von Bora. — Luthers Marriage with Catharina von Bora.
Unbekanntes Vorbild.
Neg.-Nr. 12 973 I

62.a.11. Dr. Luthers Tod am 18. Februar 1546. — Luthers Death on the 18th of February 1546.
Kopie von Kat.-Nr. 62.47.1. Relativ weitgehende Veränderungen: Luther stirbt in der amerikanischen Lithographie im Bett, nicht, wie bei König, im Lehnstuhl. Die Figur im Hintergrund links ist weggelassen, außerdem die ornamentale Gliederung, nicht zuletzt der Schwan.
Neg.-Nr. 12 973 J

Dr Luther erhält die theologische Doctorwürde
Luther receives the Degree of Doctor of Divinity
Dr. Luther schlägt die 95 Theses an.
Luther affixes the 95 Theses to the Church Door
Dr Luther verbrennt die päpstliche Bannbulle.
Luther burns the Popes Bull
Dr Luther findet die erste lateinische Bibel.
Luther discovers the Latin Bible
Dr Luther auf dem Reichstage zu Worms.
Luther at the Diet of Worms
Dr Luther als Currentschuler
Luther as a Chorister
Dr Luthers Tod am 18. Februar 1546
Luthers Death on the 18th of February 1546
Dr Luthers Trauung mit Catharina von Bora
Luthers Marriage with Catharina von Bora
Luther revising his Translation of the Bible
Dr MARTIN LUTHER.

62.a.

63

Gustav König

1808 Coburg — 1869 Erlangen

Lebenslauf vgl. Kat.-Nr. 62. Im folgenden werden die sieben Ölgemälde des Bilderzyklus mit Darstellungen sächsischer Reformationsfürsten katalogisiert, entstanden 1836 bis etwa 1841 in München im Auftrag Herzog Ernsts I. von Sachsen-Coburg und Gotha (möglicherweise) für Schloß Reinhardtsbrunn bei Gotha. Sie sind heute Bestandteil des Inventars der Ehrenburg in Coburg.

Der Bilderzyklus gehört nur mit einer seiner Darstellungen, „Luther im Familienkreise Johanns des Beständigen", unmittelbar in den Kreis der Lutherillustrationen. Da der gesamte Zyklus aber die Voraussetzung von Königs Bearbeitung des Lutherlebenzyklus bildet, soll er auch als Ganzes katalogisiert werden, zumal er in der wissenschaftlichen Literatur und der Allgemeinheit heute wenig bekannt ist. Bei der Beurteilung der Gemälde ist zu berücksichtigen, daß es sich bei ihnen um den ersten großen, z. T. noch in der Akademie unter den Augen Schnorr von Carolsfelds entstandenen Auftrag an Gustav König handelt und die Bilder nicht ohne anfängerhafte Befangenheit sind. Vgl. zur Entstehungsgeschichte Kat.-Nr. 62, Einführung. Dort auch Literaturangaben. Zu bemerken wäre noch, daß König wie für das Lutherleben auch in diesem Fall einen Quartband mit Auszügen aus Geschichtswerken angelegt hat, den Ebrard noch benutzen konnte (Ebrard S. 45).

63.1.

63.1. Friedrich der Weise und Johann der Beständige am geborstenen Boot

Nicht bez.

Auf dem Keilrahmen Aufkleber: Kap. XI No 206 „Kurfürst Friedrich der Weise und sein Bruder Johann der Beständige aus einem Sturm auf der Elbe gerettet." Mehrere Stempel Ernsts I. und Ernsts II. von Sachsen-Coburg und Gotha.

Öl auf Leinwand, 89,6 x 108,5 cm

Ebrard zitiert die diesem Gemälde zugrundeliegende Anekdote aus dem „Sächsischen Heldensaal" (1734): „Einst fuhr Friedrich der Weise mit seinem Bruder, Herzog Johannsen auf der Elbe von Torgau nach Wittenberg, und zwar im Vorjahr, da das Eis zu gehen pflegt, von welchem das Schiff also gestoßen wurde, daß es, als sie zu Land ausgestiegen, in zwei Theile sich von einander sonderte, und ihnen also die Gefahr, darinnen sie geschwebt, entdeckte. Der Churfürst sahe solches mit Verwunderung und Nachdenken an, und sagte endlich: „Ich halte das für ein Vorzeichen, daß unser Haus in Gefahr und Zwietracht gerathen aber von Gott noch werde erhalten werden." — Ebrard (S. 49—51) kannte zwei Zeichnungen des Bildes (das Bild selbst, wie die übrigen Bilder des Zyklus, nicht), die kompositionell voneinander abwichen. Vgl. die Beschreibung der Unterschiede dort. — Links, angetan mit dem Hermelin, steht Kurfürst Friedrich d. W., rechts, auf das Boot zeigend, sein Bruder Johann der Beständige.

Inv.-Nr. E (Ehrenburg, Coburg) M 422

Neg.-Nr. 12660

63.2. Gründung der Universität zu Wittenberg durch Kurfürst Friedrich d. Weisen, 1841

Bez. u. r.: G. König, 1841. Auf dem Keilrahmen Aufkleber: R XI. 91. „Gründung der Universität Wittenberg durch Friedrich d. Weisen. v. König".
Öl auf Leinwand, 87,8 x 107,4 cm

der Universität zu Wittenberg durch Friedrich den Weisen darstellend" (Hinweis von Dr. A. Janeck, Nürnberg): Möglicherweise unser Bild? — Die Architektur des Bildes dürfte frei nach Nürnberger Motiven (?) zusammengestellt worden sein. Für die Kirche hat eine Skizze in einem Skizzenbuch des Erlanger König-Nachlasses (grauer Leineneinband, 13,2 x 11,5 cm, u. a. mit der Jahreszahl 1838) als Vorbild gedient, für den mehreckigen Turm im Hintergrund eine Skizze des Jakober Tors. — Im Erlanger König-Nachlaß ist eine Umrißzeichnung auf Pauspapier im Format des Ölgemäldes vorhanden, die auf der Rückseite mit roter Kreide bestäubt ist, bestimmt zum Durchzeichnen auf die Leinwand.

Inv.-Nr. R. (Reinhardtsbrunn?) XI. 91.

Neg.-Nr. 12661

Dargestellt ist die Gründung der Wittenberger Universität am 18. 10. 1502 durch Kurfürst Friedrich d. Weisen. Der Kurfürst hat sich von seinem Thronsessel erhoben, in der Rechten eine Urkunde mit der Bezeichnung: Wittenberg 1502 usw., die wohl in den Grundstein eingemauert werden soll. Hinter ihm mit Globus (Aufschrift: America) steht wohl Martin Pollich aus Mellrichstadt, berühmter Professor der Medizin („lux mundi" genannt), der erste Rektor der Universität Wittenberg. Weiter vorn hält ein theologischer Doktor (Amsdorf?, Karlstadt?) eine Gutenbergbibel im Arm (Biblia sacra 1455. J. Gutenberg), am rechten Bildrand stützt ein Bärtiger (vielleicht Lucas Cranach) auf den rechten Oberschenkel ein Gemälde „Christi Himmelfahrt", bezeichnet mit dem Cranachzeichen und 1501 — ein Hinweis auf die Freundschaft des Kurfürsten mit dem Maler und wohl auch auf die große Heiltumssammlung Friedrichs d. Weisen in der Wittenberger Schloßkirche (1520 besaß der Kurfürst nach dem Katalog Spalatins 19 013 Reliquien). In der Mitte dürfte, als segnender Mönch, der Generalvikar des Augustinerordens, Johann von Staupitz, dargestellt sein, ebenfalls Universitätsprofessor, der 1511 Luther endgültig nach Wittenberg an die Universität berufen hat. Links steht der Baumeister mit dem Modell des Universitätsgebäudes, außerdem Bauarbeiter. — Ebrard beschreibt eine heute verlorene, in vielen Einzelheiten abweichende Variante des Themas (S. 51). — Im „Kunstblatt" 22, 1841, Nr. 44, (3. 6. 1841), S. 191, steht unter „Nachrichten vom April, Malerei": „München, 1. April. Im Kunstverein sah man vorige Woche . . . ein geistreiches Bild von König, die Gründung

63.2.

63.3. Luther im Familienkreise Johanns des Beständigen.
Nicht bez. Auf dem Keilrahmen Aufkleber: Kap. XI No 205. „Erklärung der Bibel durch Luther vor Kurfürst Johann d. Beständigen v. Sachsen. v. König.“ Mehrere Stempel Ernsts I. und Ernsts II. von Sachsen-Coburg und Gotha.
Öl auf Leinwand, 90,2 x 107,7 cm

63.3.

In der Mitte steht Luther. Im Lehnsessel rechts sitzt Kurfürst Johann der Beständige (1468—1532, seit 1525 Kurfürst als Nachfolger seines Bruders Friedrich d. Weisen), hinter ihm steht sein Sohn aus erster Ehe, Johann Friedrich der Großmütige (1503—1554, Kurfürst 1532—47, danach ab 1554 „geborner Kurfürst“). Gegenüber sitzen dessen Frau Sibylla von Cleve (1512—1554, seit 1526 verheiratet) und ihr kleiner Sohn Johann Friedrich II. der Mittlere (1529—1595). Zwischen Johann Friedrich und Luther sitzt eine weitere Frau (sollte Katharina von Bora, mit der Luther seit 1525 verheiratet war, gemeint sein?). Links stehen Melanchthon und Lucas Cranach d. Ä. Das Porträt an der Wand stellt Kurfürst Friedrich den Weisen dar. Als Handlungszeit ist etwa 1530 angenommen (zu jener Zeit war Johann der Beständige schon zum zweitenmal Witwer). — In einem Briefkonzept vom 25. 8. 1843 (München), gerichtet an das Direktorium des Leipziger Kunstvereins, schreibt König: „ . . . melde ich den nächst bevorstehenden Abgang meines Bildes zur Leipziger Ausstellung. Es stellt dar: ‚Luther predigend vor Johann dem Beständigen und Joh. Fr. dem Großmüthigen‘ u. die Größe desselben beträgt samt Rahmen 5 Fuß 2 Zoll (Nürnberger) Höhe u. 4,5 Breite (wohl ca. 130 x 150 cm) . . . die gehorsamste Bitte um einen möglichst geeigneten Platz (da das Bild etwas dunkel gehalten ist) . . .“ Auch in diesem Falle dürfte also eine Zweitfassung des Ölgemäldes existiert haben. — Ebrard (S. 51—52) beschreibt eine abweichende Variante des Bildes.

Inv.-Nr. E (Ehrenburg, Coburg) M. 420
Neg.-Nr. 12659

63.4. Johann der Beständige, die Reichsfürsten zur Unterzeichnung der Augsburgischen Konfession ermutigend, 1839
Bez. u. r.: Koenig 1839. Auf dem Keilrahmen Aufkleber: Kap. XI No: 173. „Verbindung Johann d. Beständigen mit den übrigen Fürsten der Augsburger Konfession. v. König." Mehrere Stempel Ernsts I. und Ernsts II. von Sachsen-Coburg und Gotha.
Öl auf Leinwand, 87,1 x 111,3 cm
Die Szene spielt 1530 während des Reichstags in Augsburg. Kurfürst Johann der Beständige von Sachsen steht in der Mitte. Nach Ebrard faßt er mit einer Hand (der rechten) die Hand seines Sohnes, des damaligen Kurprinzen Johann Friedrich (des Großmütigen), mit der anderen (der linken) die des Fürsten Wolfgang von Anhalt. Im Vordergrund sitzend dürfte dann Landgraf Philipp von Hessen gemeint sein. Die beiden anderen Fürsten sind Markgraf Georg von Ansbach und Herzog Ernst von Braunschweig-Lüneburg. Im Vordergrund links steht Philipp Melanchthon mit dem Text der Confessio Augustana in der Hand. Im Hintergrund befinden sich weitere Theologen und Räte. Ebrard (S. 52) erwähnt eine Variante der Komposition. — Im Erlanger König-Nachlaß ist eine Umrißzeichnung auf Pauspapier im Format des Ölgemäldes vorhanden, die auf der Rückseite mit roter Kreide bestäubt ist, bestimmt zum Durchzeichnen auf die Leinwand.

Inv.-Nr. E (Ehrenburg, Coburg) M. 421.
Neg.-Nr. 12658

63.4.

63.5.1. Die Schlacht bei Mühlberg 1547, 1838
Bez. u. Mitte: Gust. Koenig (z. T. abgerieben) 1838. Auf dem Keilrahmen Aufkleber: R XI. 89. „Gefangennahme Johann Friedrichs v. G. König."
Öl auf Leinwand, 89,9 x 108,6 cm
Kurfürst Johann Friedrich der Großmütige (1503—54) war am 20. 9. 1546 zusammen mit Landgraf Philipp von Hessen der Reichsacht verfallen. Anschließend führten die Fürsten das schmalkaldische Bundesheer bis zur Donau und ins albertinische Sachsen. Der bedrängte Herzog Moritz von Sachsen rief Hilfe herbei. Kaiser Karl V. rückte mit einem großen Heer unter Führung Herzog Albas an und schlug Johann Friedrich am 24. 4. 1547 im Gefecht bei Mühlberg (Elbe). Der sächsische Edelmann Thilo von Trotha nahm den Kurfürsten auf einer Lichtung der Lochauer Heide gefangen. Dieser Moment ist von König dargestellt. Der Kurfürst hebt die Rechte und übergibt mit der Linken sein Schwert, das er an der Scheide hält. — Ebrard (S. 52 ff.) kannte eine weitere Fassung des Themas, die nur mit neun Personen denselben Vorgang wiedergab. Kurfürst Johann Friedrich steht dort in der Rüstung auf der Erde. — Die „Schlacht bei Mühlberg" ist schon im 16. Jahrhundert dargestellt worden (vgl. W. Drugulin's Historischer Bilderatlas, 2. Teil, 1867, S. 23. Eine weitere Darstellung hat J. M. Mettenleiter (vgl. Kat.-Nr. 15) 1799 radiert, in: Historischer Calender für 1800 von L. Westenrieder, München, Blatt VI). — In einem Skizzen-

Gustav König, Skizze zum Gemälde „Die Schlacht bei Mühlberg"

63.5.1.

buch des Erlanger König-Nachlasses (grüner Einband, ca. 17,4 x 11 cm) befindet sich eine erste(?) flüchtige Kompositionsskizze des Bildes. Die Zeichnung der Pferde hat König besondere Mühe gemacht. Im Nachlaß liegen mehrere Durchzeichnungen von galoppierenden Pferden, die König z. T. wörtlich — seitenrichtig oder -verkehrt — in sein Gemälde übernommen hat.

Inv.-Nr. R. (Reinhardtsbrunn?) XI. 89.

Neg.-Nr. 12662

63.5.2. Die Schlacht bei Mühlberg
Nicht bez.
Bleistift- und Federzeichnung, quadriert, aufgezogen, stark fixiert.
Bildgr.: 25,6 x 31,35 cm
Die Komposition entspricht schon weitgehend dem Gemälde, ist aber noch recht unsicher in der Zeichnung im einzelnen wie im gesamten. Figuren sind später verändert oder weggelassen worden. Wichtig für die Wirkung ist, daß der Kurfürst aus der Mittelachse der Komposition, wo er sich in der Zeichnung befindet, im Gemälde nach rechts verschoben worden ist.

König-Nachlaß, Erlangen

Gustav König, Durchzeichnung nach einer Vorlage, verwendet im ausgeführten Gemälde „Die Schlacht bei Mühlberg"

63.6. Dem gefangenen Kurfürsten Johann Friedrich dem Großmütigen wird, während er beim Schachspiel sitzt, das Todesurteil verlesen
Nicht bez. Auf dem Keilrahmen Aufkleber: Kap. XI No 203. „Verkündigung des Todesurteils an Herzog Johann Friedrich v. S. im Kaiserl. Lager v. König." Mehrere Stempel Ernsts I. und Ernsts II. von Sachsen-Coburg und Gotha.
Öl auf Leinwand, 90,7 x 107,6 cm
„Um die schnellere Übergabe des noch standhaltenden Wittenberg zu erzwingen, ließ Karl V. das Todesurteil über den Gefangenen sprechen: die Fassung, mit der er dieses vernahm, der Gleichmut, mit dem er in der Wittenberger Kapitulation (19. Mai) auf Land und Kur zu Moritz' (von Sachsen) Gunsten verzichtete, die Standhaftigkeit, mit der er seine Gefangenschaft ertrug und jede Verschärfung derselben lieber über sich ergehen ließ, als daß er, wie der Kaiser verlangte, in die Annahme des Augsburger Interims gewilligt hätte, haben ihm den Beinamen des Großmütigen verschafft" (Meyers Gr. Konv.-Lex., Bd. 10, 1908 (6. Aufl.), S. 276). — Ebrard kannte auch bei diesem Thema eine andere Fassung, die den Vorgang in „ein Gefängnis mit kleinem hoch oben befindlichem Fenster" versetzt hat (S. 54 f.), während er hier in einem Zelt des kaiserlichen Soldatenlagers spielt.

Inv.-Nr. E (Ehrenburg, Coburg) M 424.
Neg.-Nr. 13696

63.6.

63.7.1. Einzug des befreiten Johann Friedrich des Großmütigen in Coburg
Nicht bez. Auf dem Keilrahmen Aufkleber: Kap. XI No: 204. „Einzug Herzogs Johann Friedrich in Coburg nach seiner Befreiung aus der Gefangenschaft v. König." Mehrere Stempel Ernsts I. und Ernsts II. von Sachsen-Coburg und Gotha.
Öl auf Leinwand, 88 x 108 cm

Johann Friedrich der Beständige wurde 1552 aus der Gefangenschaft entlassen. Am 7. 9. 1552 kam er in Coburg an. Auf dem Bilde reitet er mit seinem Gefolge, unter dem sich der greise Lucas Cranach (1472–1553) befand, aus der Ketschengasse kommend auf den Coburger Marktplatz. Links sieht man das Rathaus, rechts den Brunnen, verdeckt durch eine aufgeschlagene Festarchitektur. Im Hintergrund die Judengasse mit dem Judentor. G. P. Hönn hat den Vorgang in seiner Sachsen-Coburgischen Historia (1700), S. 173 beschrieben: Herzog Johann Ernst, sein jüngerer (Halb-)Bruder, empfing Johann Friedrich vor den Stadtmauern. „Indeme sie also über dem Marckt zu Coburg rieten, stunden daselbst die Knaben nebst denen Jungfrauen mit fliegenden Haaren und aufgesetzten Rauten-Kräntzen, und sangen das Te Deum laudamus mit gantz erhobener Stimme in Anwesen einer unzehlbaren Menge Volckes, welche von allen benachbaren Orten sich hinzu gedrungen“ (Hinweis von Pfarrer Klaus Zimmermann, Coburg). – Ebrard beschreibt eine andere Fassung des Themas (S. 55 ff.).

Inv.-Nr. E (Ehrenburg, Coburg) M. 423.
Neg.-Nr. 13697

63.7.2. Einzug Johann Friedrichs des Großmütigen in Coburg
Nicht bez.
Öl auf festem Papier, 33,7 x 41,7 cm
Farbstudie, deren Komposition schon weitgehend dem ausgeführten Gemälde entspricht. Vom Gemälde abweichende Farbgebung: Zaumzeug des herzoglichen Pferds rot anstatt grün, Wams des Herzogs blau anstatt grün, Schmuckband der Frau mit dem sich zu ihr flüchtenden Jungen rot anstatt blau, Jacke ihres Jungen braunblau anstatt grün. Auf einer Fahne r. fehlt noch das Coburger Wappen (Mohrenkopf), über der Judengasse und an einigen Gebäuden fehlen die Girlanden.

König-Nachlaß, Erlangen

63.7.2.

63.7.1.

64.

64
Carl Heinrich Hermann
1802 Dresden – 1880 Berlin

C. H. Hermann wurde, nach kurzem Studium an der Dresdener Akademie, 1822 Schüler von Peter Cornelius an der Düsseldorfer Akademie. Mit ihm, zu dessen Lieblingsschülern er gehörte, ging er 1825 nach München, wo er an der Ausmalung der Glyptothek, der Hofgartenarkaden, der Matthäuskirche, des Königsbaus und seit 1836 der Ludwigskirche ausführend oder selbständig beteiligt war. 1841 siedelte Hermann zusammen mit Cornelius nach Berlin über, wo er seine Monumentalmalerei fortsetzte. Im Zusammenhang hiermit ist „Die Geschichte des deutschen Volkes in fünfzehn Bildern" zu sehen, die mit erläuterndem Text von R. Loss und mit einem Vorwort von J. Stahl 1854 bei Justus Perthes in Gotha erschien, gedruckt von J. B. Hirschfeld in Leipzig. Im Thieme-Becker 16, 1923, S. 491 wird angegeben, daß sich Hermann bereits seit 1842 mit diesem Thema beschäftigt habe, ursprünglich wohl in der Absicht, sie monumental auszuführen. – Seit 1851 lag die Organisation der Umsetzung der Hermannschen Zeichnungen in Kupferstiche in den Händen J. C.

Thaeters, der seit 1849 die Kupferstichklasse an der Münchener Akademie leitete. Er selbst stach die beiden ersten Blätter, weitere entstanden unter seiner Aufsicht in seiner Münchener Schule, andere in Düsseldorf, Dresden und Stuttgart, wo Ernst Dertinger das uns interessierende Blatt XI stach, ebenfalls unter Thaeters Oberleitung (vgl. Anna Thaeter, Julius Thaeter, Das Lebensbild eines deutschen Kupferstechers, Frankfurt a.M. 1887, S. 129 ff.). Gustav König hat das Hermannsche Werk besessen. — Vgl. Peter Brieger, Die deutsche Geschichtsmalerei des 19. Jahrhunderts, Berlin 1930, S. 50, Anm. 21.

Letztes Auftauchen des Mittelalters, Beginn einer neuen Zeit durch die Reformation von 1417 bis 1576.

Im Stich bez.: CH (Monogramm). Darunter: Titel (s. o.). Darunter bez. u. l.: Carl Hermann aus Dresden erfunden und gezeichnet; u. Mitte: Gedr. bei Wick in München; u. r.: Gestochen von E. Dertinger in Stuttgart 1852. Darunter: Gotha, Verlag von Justus Perthes.

Kupferstich und Radierung. Bildgr. (mit Rahmen): 50,9 x 72,1 cm;

Plattengr.: 59,4 x 76,6 cm

Ernst Dertinger (1816—1865 Stuttgart) arbeitete in Stuttgart.

In diesem Blatt sind folgende Lutherszenen dargestellt: Luther, Anschlag der Theses 1517. — Verbrennung der päpstlichen Bulle (Bann Bulle 1520). — Hier stehe ich, ich kann nicht anders, Gott helfe mir. Luther auf dem Reichstage zu Worms 1521. — Luther und Melanchthon im Gebet. — Luther mit Zwingli im Kampf. — Luther mit dem kleinen Katechismus. — Aus Luthers ehelichem Leben. — Bilder Sturm. — Luther auf der Wartburg 1521. Übersetzung der Bibel. — Predigt (Luthers) gegen den Bauernaufstand 1525. — Im Zentrum der Komposition stehen der Wormser Reichstag von 1521 (oben) und die Einsetzung des Reichskammergerichts in Frankfurt a. M. 1495 durch Kaiser Maximilian I.

KK Coburg Neg.-Nr. 12999

65

Karl Friedrich Lessing

1808 Breslau — 1880 Karlsruhe

K. F. Lessing studierte seit 1822 an der Berliner Bauschule; bei H. A. Dähling (s. Kat.-Nr. 19) zeichnete er. Schon in Berlin gab er das Architekturstudium zugunsten des Studiums der Malerei auf. Seit 1826 war Lessing Schüler der Düsseldorfer Akademie und geriet hier unter den Einfluß Wilhelm Schadows — nicht mehr Peter Cornelius', der 1825 von Düsseldorf nach München gegangen war. Schadow hat ihn bewogen, neben Landschaften monumentale Historienbilder zu malen (ab 1829), mit denen er großen Erfolg hatte (Heldengenre, Räuberromantik). Nach P. F. Schmidt (Thieme-Becker 23, 1929, S. 129 f.) brachte Lessings Freund, der Schriftsteller Friedrich v. Uechtritz, ihn „1833 auf das Thema der Religionskämpfe im 15. und 16. Jahrhundert und die Gestalt Hus': 1836 ‚Hussitenpredigt', 1842 ‚Hus vor dem Konzil in Konstanz', 1844—50 ‚Hus vor dem Scheiterhaufen' . . . in der Spätzeit wurde Luther sein Held: 1853 ‚Verbrennung der Bannbulle', 1867 ‚Disputation Luthers mit Eck'." Seit 1858 lebte Lessing in Karlsruhe, wo er Galeriedirektor und als Nachfolger J. W. Schirmers Direktor der Kunstakademie wurde (bis 1866). — Vgl. Peter Brieger, Die deutsche Geschichtsmalerei des 19. Jahrhunderts, Berlin 1930, S. 17 ff. — Ausst.-Kat. „Die Düsseldorfer Malerschule", Kunstmuseum Düsseldorf 1979, S. 387 ff.

65.1. Luther verbrennt die Bannbulle und päpstlichen Decretalen zu Wittenberg am 20. December 1520, 1852

Im Holzstich bez. u. l.: C.F.L. Jannr. 1852; u. r.: Eduard Kretzschmar sc.; u. l. ferner Monogramm AT oder TA. Darunter: Titel (s. o.); ferner: „Nach der getuschten Cartonzeichnung von C. F. Lessing von 1852, hoch 21½ Zoll, breit 28 Zoll, im Besitz des Herrn Lucanus zu Halberstadt, in Holz geschnitten von Eduard Kretzschmar 1853. Nach diesem Karton ist 1852 das große Gemälde, im Besitz des Herrn Consul Nottebohm zu Rotterdam, ausgeführt, auf dem Holzschnitt aber die Lutherfigur so verändert, wie sie sich auf dem Bilde befindet."

Holzstich. Bildgr.: 23,45 x 32,85 cm; Größe bis zur äußeren Rahmenlinie: 24,3 x 33,7 cm

Eduard Kretzschmar (1807 Oschatz (Sachsen) — 1858 Leipzig) war als Holzschneider Autodidakt, arbeitete zunächst bei F. A. Brockhaus in Leipzig und bildete sich seit 1836 bei dem bekannten Berliner Holzstecher F. L. Unzelmann weiter. Seit 1840 lebte Kretzschmar wieder in Leipzig, wo er u. a. die Holzstiche für Kuglers Geschichte Friedrichs d. Gr. nach Zeichnungen Menzels ausführte. Seit 1843 baute er ein berühmt gewordenes Holzstichatelier in Leipzig auf, in dem 40 bis 50 Mitarbeiter tätig waren. — Thieme-Becker 21, 1927, S. 510 f.

Inv.-Nr. VI, 460,13 Neg.-Nr. 13297

65.2. Luther burning the pope's bull, (1853)

Bez. u. l.: Nach einer Zeichnung v. Lessing; u. r.: Gestochen v. J. L. Raab, Nürnberg. Unter dem Titel (s. o.): Printed & published by A. H. Payne, Leipzig.

Stahlstich. Bildgr.: 40,1 x 48,2 cm; Plattengr.: 51,7 x 58,4 cm

Johann Leonhard Raab (1825 Schwanningen — 1899 München) studierte in Nürnberg u. a. bei Albert Christoph Reindel (1784—1853), dem bekannten Kupferstecher und Direktor der Nürnberger Kunstschule. 1869—95 war er (als Nachfolger J. C. Thaeters) Leiter der Kupferstecherschule an der Münchener Akademie. Vgl. Thieme-Becker 27, 1933, S. 532. — Payne vgl. Kat.-Nr. 58.15.

K. F. Lessing und Gustav König waren gleichaltrig. Verglichen mit Lessing, der einer der führenden Künstler seiner Zeit war, hat König an einem mehr und mehr veraltenden Stil (Cornelius, Schnorr v. Carolsfeld) festgehalten. Im Vergleich der Lessingschen Kompositionen mit denjenigen Königs (Kat.-Nr. 62.19.), die mit nur zwei Jahren Abstand veröffentlicht worden sind (1851 und 1853), wird der sich in Lessings Arbeiten offenbarende Wandel des „Zeitgeistes" deutlich: bei König eine ange-

65.2.

strebte „altdeutsche“ Gründlichkeit, Hintersinnigkeit und Bescheidenheit, bei Lessing moderne Dramatik und Theatralik und gleichzeitig die Absicht, die Realität aus der Linienseligkeit der Corneliusschule zu befreien.

Inv.-Nr. VI, 225,3 Neg.-Nr. 13291

Register

Die Ziffern verweisen auf die *Seiten,* auf denen die Künstler usw. erwähnt sind. Werden sie auf verschiedenen Seiten genannt, ist die Hauptererwähnung fett gedruckt.

Künstler

Autoren, Drucker, Verleger u. a.